北京文物与考古系列丛书

通州田家府村

通州文化旅游区A8、E1、E6
地块考古发掘报告

北京市文物研究所 编

上海古籍出版社

图书在版编目（CIP）数据

通州田家府村：通州文化旅游区A8、E1、E6地块考古发掘报告/北京市文物研究所编. —上海：上海古籍出版社,2020.5
（北京文物与考古系列丛书）
ISBN 978－7－5325－9586－0

Ⅰ.①通… Ⅱ.①北… Ⅲ.①考古发掘–发掘报告–汇编–通州区 Ⅳ.①K872.135

中国版本图书馆CIP数据核字（2020）第064688号

北京文物与考古系列丛书
通州田家府村
——通州文化旅游区A8、E1、E6地块考古发掘报告
北京市文物研究所 编
上海古籍出版社出版发行
（上海瑞金二路272号 邮政编码200020）
（1）网址：www.guji.com.cn
（2）E-mail：guji1 @ guji.com.cn
（3）易文网网址：www.ewen.co
雅昌印刷有限公司印刷
开本889×1194 1/16 印张12.25 插页45 字数282,000
2020年5月第1版 2020年5月第1次印刷
ISBN 978－7－5325－9586－0
K · 2823 定价：198.00元
如有质量问题，请与承印公司联系

北京文物与考古系列丛书

内 容 简 介

　　本书为北京市通州区文化旅游区 2016 年 A8、E1、E6 地块的考古发掘报告集。

　　在配合上述地块土地一级开发的考古工作中，发掘了 135 座古代墓葬（辽代 4 座、清代 131 座），出土了陶、瓷、铜等不同质地的文物。这些发现很好地充实了通州区的考古学研究资料，增添了北京东南部地区的物质文化史信息，了解了北京清代平民墓葬的埋葬制度与丧葬习俗，对认识凉水河流域的历史文化有着一定的学术意义。

　　本书可供从事考古、文物、历史等研究的学者及相关院校师生阅读和参考。

目　　录

插 图 目 录

第一章 前 言

第二章　A8地块考古发掘报告

第三章　E1地块考古发掘报告

第四章　E6地块考古发掘报告

第五章　结　语

彩 版 目 录

第一章 前 言

第一节 自然地理环境与建置沿革

通州区位于北京市东南部,地处京杭大运河北端,自古水陆要会,史称"左辅雄藩"。区域东西宽36.5千米、南北长48千米,面积906平方千米。

它西临北京市大兴区、朝阳区,北与顺义区接壤,东隔潮白河与河北省三河市、大厂回族自治县、香河县相连,南和天津市武清区、河北省廊坊市交界。全区设置4个街道、10个镇和1个乡。

该区主要由永定河、潮白河冲积而成。地势较平坦,西北至东南方向从高到低略有倾斜,平均海拔20米。属华北平原东北部,东南距渤海约100千米,西北距燕山山脉约70千米。

通州区属于大陆性季风气候:春季干旱多风,夏季炎热多雨,秋季天高气爽,冬季寒冷干燥。年平均温度11.3℃,平均降水620毫米。地震和气象灾害是主要的自然灾害。由于地处南苑—通县断裂带,历史上多次发生地震,比较大的有康熙十八年(1679年)平谷—三河大地震、1976年唐山大地震等。此外,水旱、大风、沙尘等也时有发生。

区境内河渠纵横。潮白河、北运河、温榆河、坝河、通惠河、港沟河、小中河、中坝河、凤港减河、凤河、萧太后河、凉水河、玉带河等河流分属于潮白河、北运河两大河系,多为西北—东南走向,总长240千米。

通州区位重要。秦统一全国后,通州是蓟城(今北京)直达辽东襄平(今辽宁省辽阳市)驰道上的中枢。大运河开凿后,更成为北京通往东北、沿海和南方的水陆枢纽。

通州人口较多且民族众多。至2016年年底,全区常住人口为142.8万人。除汉族外,回族人数最多,自元代以来,大量的回族人到此定居,此外还有满族、蒙古族、朝鲜族、苗族、壮族等。

通州地区历史悠久。早在商周时期,这里已有人类活动。迄今所知最早的文化遗物为宋庄镇菜园村出土的属大坨头文化的陶鬲和石器。西周中期,属燕国范围。战国燕昭王时(公元前311~前279年)开拓北疆,置上谷、渔阳、右北平、辽西、辽东五郡,今天的通州地属渔阳郡。秦代沿之。

约汉高祖十二年(公元前195年),在今潞城镇古城村一带设置路县,此乃今通州区单独行政区划建置开端。汉孺子初始元年(8年),王莽改制后称帝建新,路县改名通路亭,渔阳郡亦变曰通路郡。更始元年(23年),恢复郡县原名。东汉建武元年(25年),以潞水而改路县为潞县,并将渔阳郡治(一说在今怀柔区梨园村处)迁至潞县城内。次年,渔阳太守彭宠起兵叛汉,三年后被平,但衙署焚为废墟,民舍化为灰烬,郡治迁还,县署东移至今河北省三河市一带。

汉献帝延康元年(220年),曹丕以魏代汉,废除渔阳郡,于幽州蓟城设置诸侯王国——燕国,潞县改隶之。西晋仍之。东晋十六国、北朝时期,潞县先后改属渔阳郡与前燕、前秦、后燕燕郡。北魏天兴二年(399年),复设渔阳郡,而郡治改在雍奴(约今天津市武清区),潞县属之。太平真君七年、十年(446年、449年),平谷县、安乐县先后废入潞县,此乃历史上潞县辖域最广时期。继而东魏另立,北齐续建,郡县治仍旧。约在天保八年(557年),渔阳郡治自雍奴北迁至今通州旧城北部区域,同时潞县衙署随迁于此,此便为今通州城建设之始。

隋文帝开皇三年(583年),渔阳郡撤销,潞县直属幽州。隋炀帝大业三年(607年),幽州改称涿郡,潞属之。次年,为东征高丽,炀帝"诏发河北诸郡男女百余万",开凿永济渠,以运兵输粮,该渠斜穿今通州区南部。

唐高祖武德二年(619年),为东攻开道,南讨窦建德,在水陆交冲之地潞县城中,以幽玄通达而名设置玄州,并析出其东部区域建置临沟县,以作缓冲地段。太宗贞观元年(627年),废除玄州,临沟还潞,上隶幽州。唐玄宗开元四年(716年),复析出潞县东部而置三河县。

五代十国时期,潞先后上隶后梁、后唐、后晋幽州,而于后晋高祖天福三年(938年)随燕云十六州划入契丹国土,成为南京道幽都府辖县。辽圣宗统和晚期(约1002~1012年),萧太后主持开修辽陪都南京(今北京宣武区一带)东郊运河,称萧太后运粮河,解决潞县至燕京间驳运问题。开泰元年(1012年),南京道幽都府易名南京路析津府,又于太平间(1021~1031年),以"捺钵文化"之需与保证萧太后河漕运,析出武清县北部与潞县南部合为一域建置漷阴县,县治设于今漷县镇漷县村,与潞县并隶于析津府。天祚帝保大二年(1122年)宋金联兵灭辽,夺回燕云十六州,宋朝分得长城内六州,并在燕京设燕山府,潞、漷二县改属之。

宋徽宗宣和七年(1125年),金派兵攻陷燕山府,夺走六州,且在燕京置永安路析津府,潞、漷二县改隶之。金海陵王天德三年(1151年),调集百余万工匠民夫建设首都燕京,同时修治潞水以通漕运,便取"漕运通济之义",在潞县城中设置通州,领潞、三河二县,越年首都建成称中都,此乃古传"先有通州,后有北京"之由来。并将永安路析津府易称中都路大兴府,潞、漷俱隶之。大定、明昌间,曾开金口河、闸河沿高粱河于州城北侧入潞,驳运通州国仓储粮入中都。自此,通州成为"九重肘腋之上流,六国咽喉之雄镇"。

金宣宗贞祐三年(1215年),忽必烈于燕京东北兴建大都,依次设置燕京路、中都路、大都路大兴府,通州领潞、三河二县与漷阴一并改属之。至元十三年(1276年),因唯一行宫设于柳林(今张家湾镇西永和屯村西),并确保白河(今北运河)漕运,将漷阴县升至漷州,领武清、香河二县,出现"一区二郡"罕况。"元都于燕,去江南极远,而百司庶府之繁,卫士编民之众,无不仰给于江南",遂修坝河、凿通惠河、开金口新河,克服大都与通州间驳运困境,以保京杭大运河运到通州之粮及其他各种物资源源不断转运大都,以万户侯"张瑄督海运至此"而出现驰名中外之张家湾。

元顺帝至正二十八年(1368年),明军攻占大都,且于此设置北平府,同时潞县归入通州,通州领一县、漷州领二县并改属之,燕山侯孙兴祖受命重筑通州城。明太祖洪武十年(1377年),宝坻县脱离北平府管辖,改隶通州;十二年(1379年),武清县易属通州,香河县易属北平府;十四年(1381年)漷州降称漷县,上隶通州,通州领四县上属北平府,继而于永乐元年(1403年)属顺天府。四年(1406年),诏建首都北京,江淮流域所产木、砖、石材及其他不可胜计之粮物,连樯而至通州,大运河上下万舟骈集,通州城内外千廒林立。京通间日夜"车毂织络,相望于道"。为加强战备,保卫北京,正统十四年(1449年),抢筑通州新城,用保天庚。嘉靖四十三年(1564年),急修张家湾城,以卫漕运,漕运所涉衙署俱设通州。

清世祖顺治元年(1644年)、七年(1650年)及十四年(1657年),先后于通州城中设置通州、通密、通蓟道,通州领四县先后改属之。十六年(1659年),漷县废入通州。圣祖康熙八年(1669年),通蓟道扩改为通永道;二十七年(1688年),顺天府于通州城中设置东路厅署。世宗雍正六年(1728年),三河、宝坻、武清脱离通州辖领,通州成为顺天府直辖州,被朝廷视为京门,战略地位高出以往[1]。

民国时期,通州改名通县,隶属河北省。1958年3月7日,通县、通州市划归北京市。1997年4月,撤通县设通州区。2012年,北京市首次正式提出将通州打造成城市副中心。

通州地区,名人辈出。自金朝(1115年)建立至清光绪二十六年(1900年)约800年间,产生过通州籍状元2名、文进士172名、武进士37名和文、武举人数百名。如唐宪宗元和年间之同中书门下平章事(宰相)、今大庞村人高崇文;金卫绍王大安年间吏部尚书贾益;元世祖至元年间中都路总管兼大兴府尹、今于家务人郭汝梅;明英宗天顺间内阁大学士、岳飞第10代孙、北辛店人岳正;清高宗乾隆年间被誉为"北方第一学者"的刘锡信;清宣宗道光年间都察院左都御史白镕……济济先贤、沙场豪杰、文化精英、杏林名士等。近现代以来,如世界著名妇女解放运动活动家、新中国第一任卫生部部长李德全;山西省原副省长刘贯一;北京著名老字号荣宝斋创始人、耿楼村人庄虎臣;面塑作品一代宗师通州新城南街人汤子博;单琴大鼓创始者、柴家务人翟青山;著名作家、中国作协副主席刘白羽;中国艺术研究院原常务副院长、红学专家李希凡;中国眼科专家毕华德等,不胜枚举[2]。

作为北京历史文化名城的重要组成部分,通州具有以世界文化遗产大运河为代表的大量不可移动文物。至2016年年底,通州区共有不可移动文物登记项目236处,已公布为各级文物保护单位的48处。包括全国重点文物保护单位2处:燃灯塔、大运河与通州近代教育建筑群;北京市文物保护单位7处:李卓吾墓、潞河中学原教学楼、通州清真寺、通运桥及张家湾镇城墙遗迹、富育女校教士楼和百友楼旧址、通州兵营旧址;市级地下文物埋藏区7处:东垈、里二泗、菜园、小街、南屯、坨堤、通州城遗址群;区级文物保护单位31处;还有不同时期的古遗址、古墓葬、古建筑、古石刻、优秀近现代建筑、其他文物类遗存等。

---

[1] 北京市通州区文化委员会等:《通州文物志》,文化艺术出版社,2006年,第3页。

[2] 北京市通州区文化委员会等:《通州文物志》,文化艺术出版社,2006年,第283页。

第二节　遗址概况与发掘经过

通州文化旅游区主要位于台湖镇田家府村①、前营村、朱家垡村、铺头村，梨园镇曹园村、大稿村、小稿村、大马庄村、魏家坟村、东小马村、将军坟村、高楼金村等地（图一），总面积约12.05平方公里。

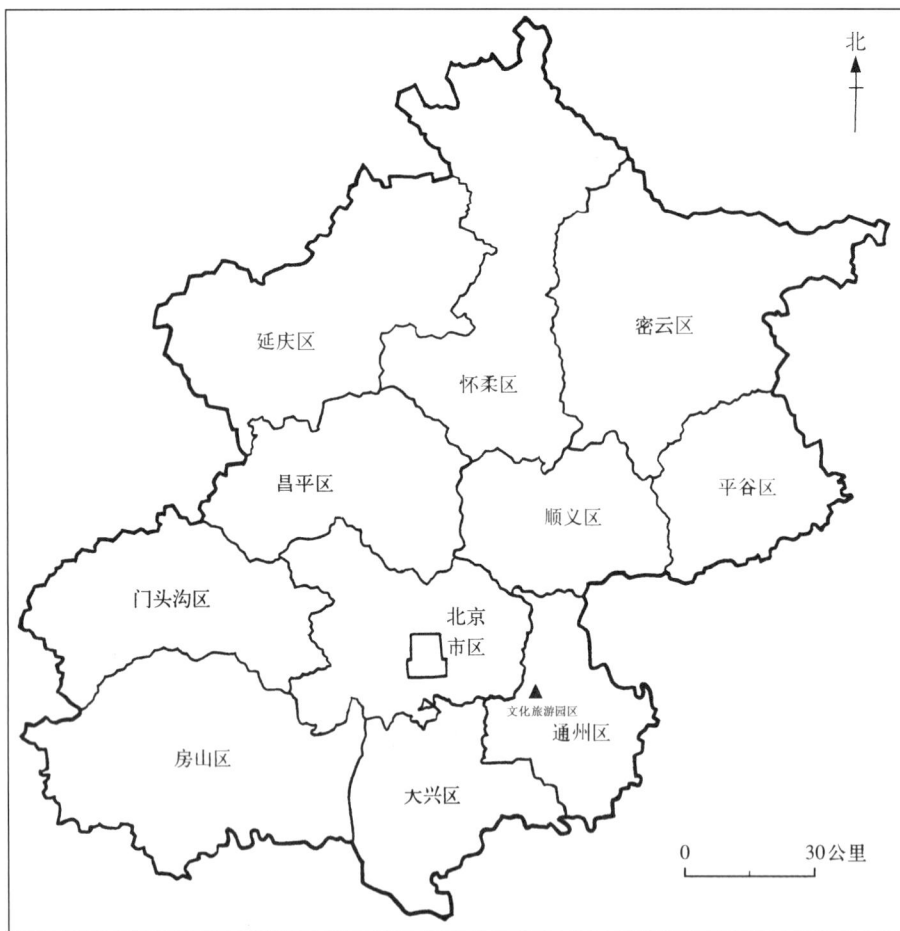

图一　发掘地点位置示意图

2017年9月13日，中共中央和国务院批复的《北京城市总体规划（2016年～2035年）》中指出，"文化旅游区以北京环球主题公园及度假区为主，重点发展文化创意、旅游服务、会展等产业"。按照城市副中心的建设要求，文化旅游区应"为北京城市副中心四大功能、三大板块的重

---

① 一些地图及《通州文物志》（文化艺术出版社，2006年）中，也写作"田府村"。

要承载地之一,将着力打造以文化旅游业为核心、以主题娱乐科技研发体验和现代服务业为支撑的文化创意产业体系"。

自2013年起,为配合通州文化旅游区的土地一级开发,北京市文物研究所开展了在该区域的考古工作。工作之中,得到了北京通州房地产开发有限责任公司的大力配合,在此深表谢意。笔者负责了其中的A8、C2、C3、C4、D1、E1等地块的发掘。

该区域的地下文物十分丰富,先后发掘有汉、唐、辽金、明、清等各个时代遗存①。这样的遗址,本应将资料整合在一起刊布才能真正了解遗址的内涵,才是最佳的做法。但由于一些原因,原本完整的遗址当时被肢解成若干个小地块发掘并由不同的人来负责,也就造成了发表资料的早晚有别,风格有异。同时,不无遗憾地看到,作为北京一个具有自身文物特点的地区,至今通州尚未发表过一部真正意义上的考古报告。

2017年2月,习近平总书记在视察通州时指出,"通州有不少历史文化遗产,要古为今用,深入挖掘以大运河为核心的历史文化资源"。同年9月,《北京城市总体规划(2016年~2035年)》中提出,要推进大运河文化带的建设。

以上种种,都对通州历史文化的保护和传承提出了更高的要求。时不我待,不可能等到文化旅游园区所有的发掘资料整理、汇总后一并发表。为了尽早将这批资料公布,本书将笔者负责发掘的三处相邻近地块的资料先期集中刊布。由此带来的不便之处,还望读者海涵——有的时候,人面对一些情况是无能为力的,但求无愧于心。

台湖镇位于通州区西南部,五环路、六环路之间,镇域西侧与朝阳区、大兴区接壤。全镇辖46个行政村,面积81.5平方公里,户籍人口4.9万②。

相传台湖辽代成村。因位于萧太后河南,地势低洼,致有湖泊,故而得名。辽圣宗统和十年(992年),夏四月,"以台湖为望幸里"。庚寅,"命群臣较射"③。1913年,改回台湖。

台湖的北神树村、东石村、次渠村、北堤村、田家府村、铺头村、口子村等地,曾发现汉代墓葬群④。辽金时期,因这里是通往四时捺钵和操练水兵的通州延芳淀之地,皇帝常巡幸至此。《辽史》中,有辽圣宗统和"八年(990年)春正月辛巳,如台湖"、"九年(991年)春正月甲戌……如台湖"、"十年(992年)春正月丁酉……如台湖"⑤等记载。始建于元代的次渠村宝光禅寺为通州区文物保护单位。明代台湖的麦庄村有娘娘庙等道教庙祠⑥。清代台湖村有关

---

① 北京市文物研究所2013~2016年发掘资料。

② 中共北京市通州区委党史工作办公室、北京市通州区地方志办公室:《北京通州年鉴(2014)》,方志出版社,2014年。

③ (元)脱脱等撰:《辽史》,中华书局,1974年,第142页。

④ 北京市通州区文化委员会等:《通州文物志》,文化艺术出版社,2006年,第65页。

⑤ (元)脱脱等撰:《辽史》,中华书局,1974年,第139、141、142页。

⑥ 北京市通州区文化委员会等:《通州文物志》,文化艺术出版社,2006年,第149页。

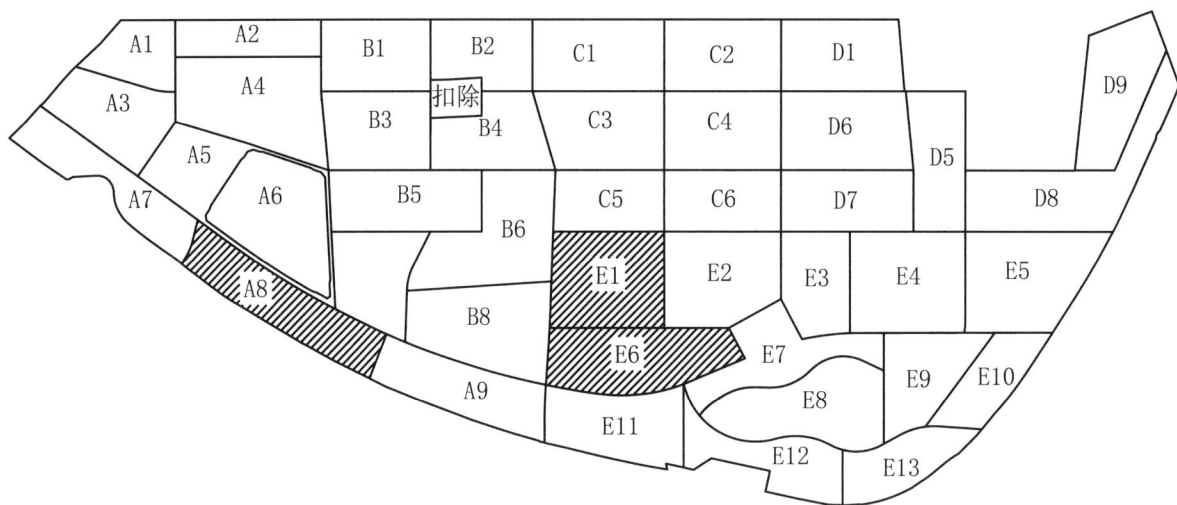

图二 A8、E1、E6地块位置示意图

帝庙[①]。

A8、E1、E6地块分别位于文化旅游区的西南部和中南部（图二）。分属于田家府村和前营村，以田家府村为主。

相传田家府村有建于金天会八年（1130年）的佑胜寺[②]。元代，台湖沼泽淤塞，变为低洼荒地。传说元至元年间，朝廷屯田，有田姓官吏在河边管理屯务，成村后称"田家务"，田家建有高大府第，村名渐代称之"田家府"，也有简化称为"田府"。明初，保卫北京之驻通部队部分军士在萧太后河南设营屯田，于河南岸渐成一村，称"前营"[③]。明代，田家府村和前营村都建有关帝庙[④]。

A8地块平面近长方形，东西长1 180米、南北宽250～256米。地表现状多为耕地，部分为建筑渣土、树林、临时路、河道、高压塔等，杂草丛生，地势平坦。2015年8月17日至2015年9月26日进行勘探（彩版一），勘探面积为298 540平方米。

E1地块平面近长方形，东西长700米、南北宽500米。地表现状为建筑渣土、耕地、树林等，地势平坦。2014年6月18日至2014年7月9日、2015年5月8日至2015年6月8日进行勘探（彩版二，1），勘探面积为316 969平方米。

E6地块平面呈不规则形，东西长880～930米、南北宽310～405米。地表现状为房屋基址、现存路面、树林等，地势平坦。2014年5月19日至2014年6月17日、2015年11月1日至2015年11月15日进行勘探（彩版二，2），勘探面积为322 963平方米。

---

① 北京市通州区文化委员会等：《通州文物志》，文化艺术出版社，2006年，第154页。

② 北京市通州区文化委员会等：《通州文物志》，文化艺术出版社，2006年，第132页。

③ 北京市通州区文化委员会等：《通州文物志》，文化艺术出版社，2006年，第23页。

④ 北京市通州区文化委员会等：《通州文物志》，文化艺术出版社，2006年，第162页。

　　勘探结束后，发现这三个地块均有地下文物遗存，旋即组织考古发掘。A8、E1、E6 地块的发掘领队均为郭京宁，发掘者有北京市文物研究所郭京宁、刘风亮、王蓓蓓。A8 地块的发掘人员还有中国人民大学历史学院任冠、杨春文，E1 地块的发掘人员还有技工刘敬伟、田金城，E6 地块的发掘人员还有技工骆清山、马建堂、马奔、孙恩道等。

第三节　资料整理与报告编写

　　2016 年 4～10 月，对发掘文物进行了整理，整理者为郭京宁、王蓓蓓，器物摄影由王宇新完成。2017 年 6 月至 2018 年 12 月，由郭京宁复核、完善、修改和整合全部资料，并完成报告的编写。其他参加的同志还有雷君燕、刘小贺等。

第二章　A8地块考古发掘报告

第一节　概　　况

A8地块位于台湖镇前营村北,南邻京哈高速、北邻将军坟村(图三)。北京市文物研究所于2016年4月12～28日对该地块范围内的清代墓葬进行了考古发掘(彩版三,1)。发掘证号为考执字(2016)第(393)号。

根据墓葬分布情况,将该地块分为两个小发掘区。Ⅰ区位于西北部(彩版三,2),Ⅱ区位于东南角。共发掘清代墓葬32座(图四;参见附表一),发掘面积共计417平方米,出土各类文物79件(不计铜钱)。

图三　发掘区位置示意图

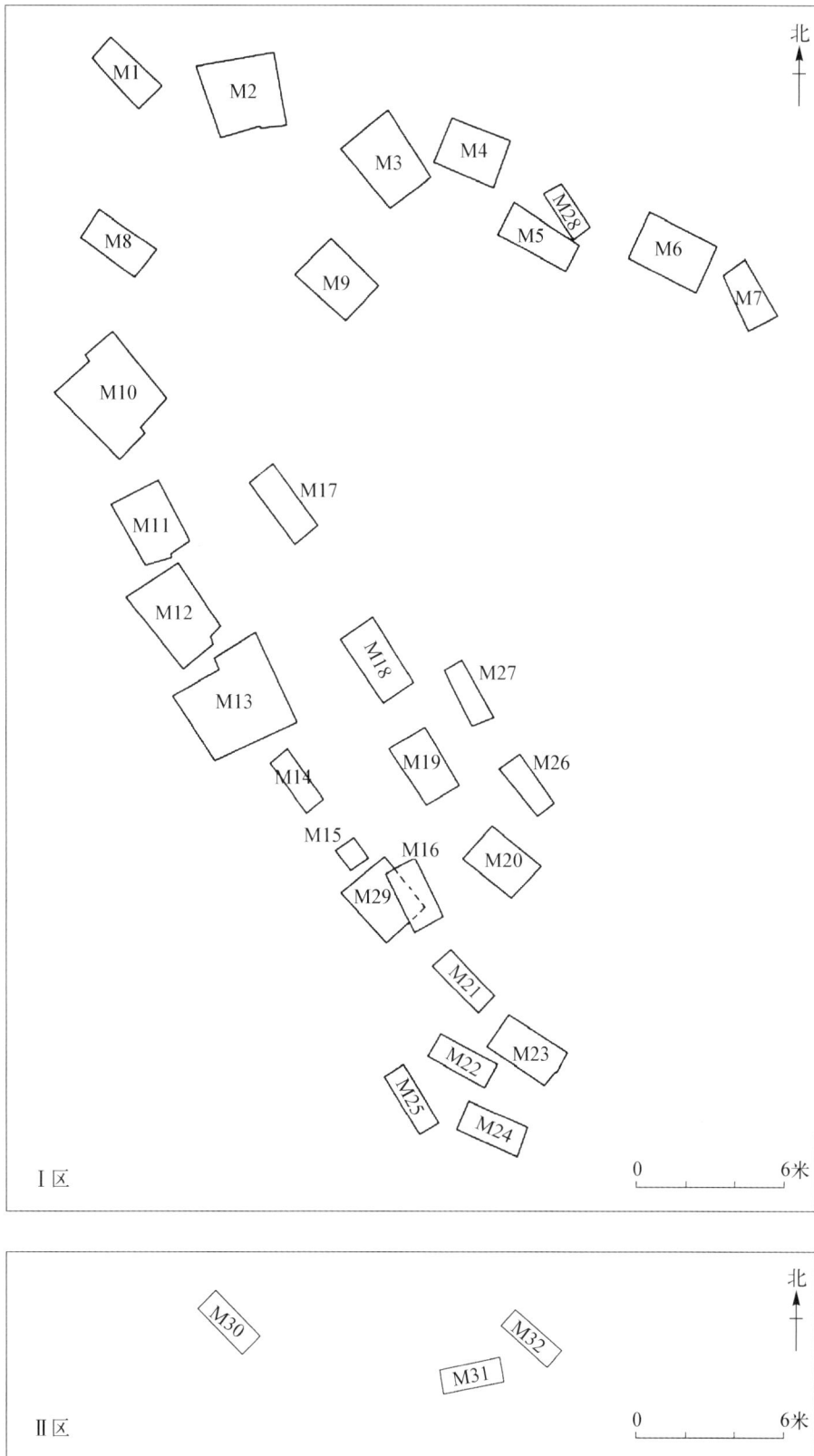

图四　Ⅰ区、Ⅱ区总平面图

第二节　地　层

发掘区的地层堆积自上而下分为两层(图五)。

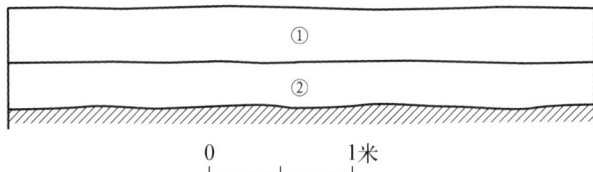

图五　地层剖面图

第①层:耕土层。厚0.3~0.4米,含少量现代建筑垃圾。

第②层:褐色冲积土,致密度较疏松。厚0.2~0.3米,深0.6~0.7米。

以下为生土层,灰褐色黏土。

第三节　墓葬及遗物

均为竖穴土坑墓,开口于②层下。按棺数及葬俗不同分为四种(表一)。

表一　墓葬分类表

分　类	单　棺		双　棺			三　棺	搬　迁
	A型	B型	A型	B型	C型		
数量(座)	13	3	3	5	4	3	1

一、单棺墓

共16座,按形状分为两型。

A型:平面呈长方形,有M8、M14、M16、M17、M21、M22、M24~M27、M30~M32。

M8　位于Ⅰ区西北部,M1的南部,南邻M10。GPS坐标为39°51′04.33″N,116°37′48.43″E。东西向,方向为330°。墓口距地表深0.7米,墓底距地表深1.52米。墓圹东西长2.2米、南北宽0.9米、深0.82米(图六;彩版四,1)。

棺木无存,只残留灰色印痕。骨架保存较差,头向西北,面向下,葬式、性别、年纪均不详。内填花黏土,致密度较疏松。未发现随葬品。

M14　位于Ⅰ区西侧中部,北邻M13、南邻M15。GPS坐标为39°51′03.61″N,116°37′48.59″E。南北向,方向为335°。墓口距地表深0.65米,墓底距地表深1.51米。墓圹南北长2.4米、东西宽0.8~0.88米、深0.86米(图七;彩版四,2)。

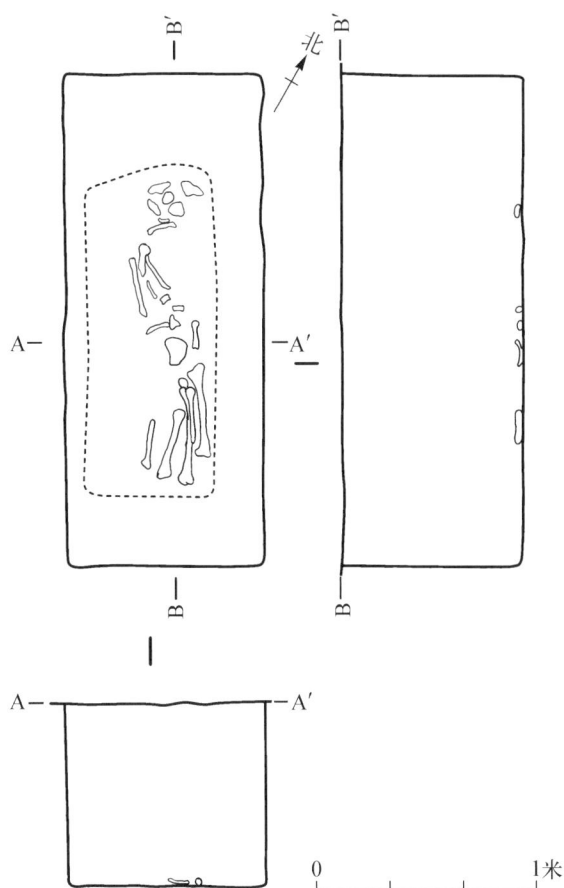

图六　M8平、剖面图

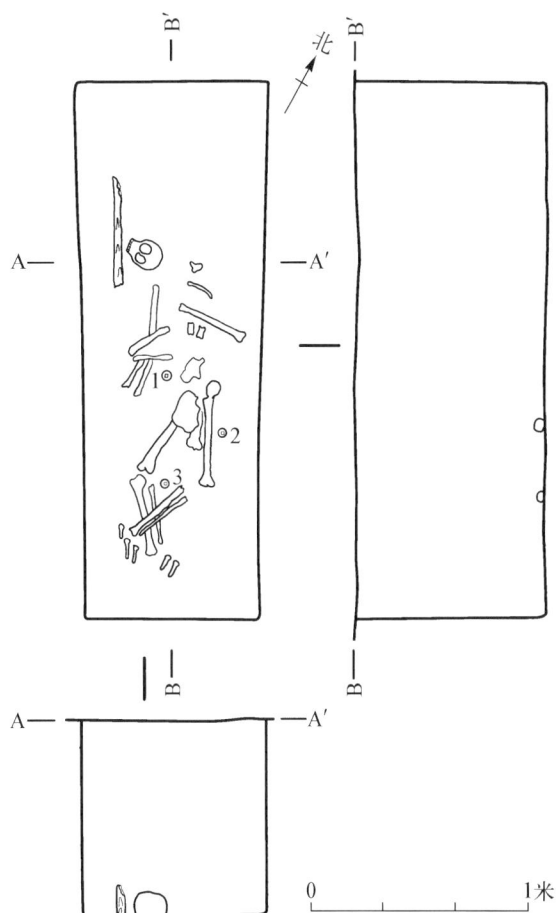

图七　M14平、剖面图

1～3. 铜钱

　　棺木已朽。骨架保存较差、散乱。墓主人为老年男性,侧身屈肢葬。头向北,面向上。内填花黏土,土质较疏松。随葬品有铜钱。

　　康熙通宝1枚。M14:1,模制、完整,圆形、方穿。正面有郭,铸"康熙通宝"四字,楷书,对读;背面有郭,穿左右为满文"宝泉",纪局名。直径2.52厘米、穿径0.6厘米、郭厚0.15厘米(图八,1;参见附表二)。

　　雍正通宝2枚。均模制、完整,圆形、方穿。正面有郭,铸"雍正通宝"四字,楷书,对读;背面有郭,穿左右为满文"宝泉",纪局名。标本:M14:2-1,直径2.71厘米、穿径0.55厘米、郭厚0.12厘米(图八,2)。

　　乾隆通宝3枚。均模制、完整,圆形、方穿。正面有郭,铸"乾隆通宝"四字,楷书,对读;背面有郭,穿左右为满文"宝泉",纪局名。标本:M14:3-1,直径2.42厘米、穿径0.5厘米、郭厚0.13厘米(图八,3)。

　　M16　位于Ⅰ区西侧南部,东邻M20、南邻M21,打破M29。GPS坐标为39°51′03.46″N,

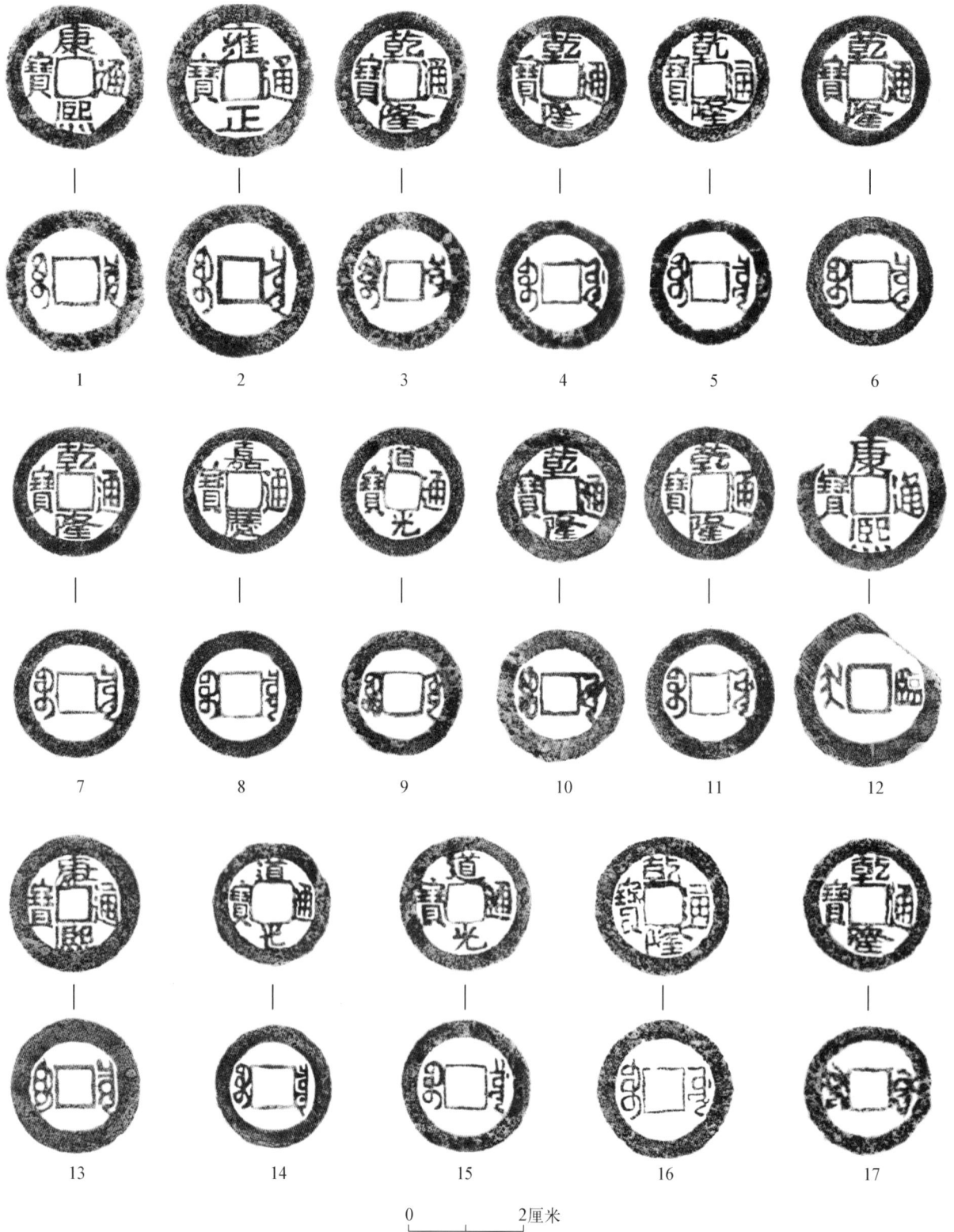

图八　单棺A型墓葬随葬铜钱

1、12、13. 康熙通宝（M14：1、M25：2-1、M25：2-2）　2. 雍正通宝（M14：2-1）　3～7、10、11、16、17. 乾隆通宝（M14：3-1、M16：2-1、M17：6-1、M21：1、M21：3-1、M22：3、M24：1-1、M30：1、M31：2-1）　8. 嘉庆通宝（M21：3-2）　9、14、15. 道光通宝（M21：3-3、M26：2、M26：3）

116°37′48.79″E。南北向,方向为345°。墓口距地表深0.65米,墓底距地表深1.19米。墓圹南北长2.5米、东西宽1.08～1.12米、深0.54米(图九;彩版四,3)。

棺木已朽。骨架保存较差。墓主人为老年男性,仰身直肢葬。头向北,面向西。内填花黏土,致密度较疏松。随葬品有陶罐、铜钱。

陶罐1件。M16:1,方圆唇、敞口,沿面软折稍长,短束颈,溜肩,弧直腹,平底。泥质红陶,胎质较细。素面。外壁有明显轮制痕迹。口径9.4厘米、肩径10.5厘米、底径9.1厘米、通高10.3厘米(图一〇,1;彩版一五,1)。

乾隆通宝3枚。均模制、完整、圆形、方穿。正面有郭,铸"乾隆通宝"四字,楷书,对读;背面有郭,穿左右为满文"宝源",纪局名。标本:M16:2-1,直径2.4厘米、穿径0.52厘米、郭厚0.19厘米(图八,4)。

M17　位于Ⅰ区西侧中部,M11的东部。GPS坐标为39°51′03.95″N,116°37′48.65″E。南北向,方向为340°。墓口距地表深0.75米,墓底距地表深1.91米。墓圹南北长3米、东西宽1.2米、深1.16米(图一一;彩版五,1、2)。

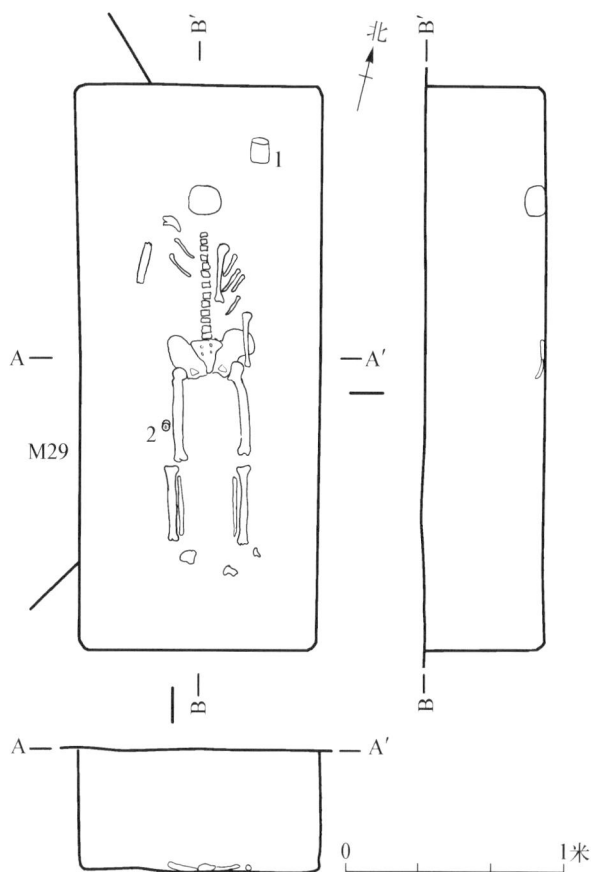

图九　M16平、剖面图
1.陶罐　2.铜钱

棺木保存一般。棺残长2.2米、宽0.6～0.72米、残高0.12米、厚0.04米。骨架保存较差。墓主人为老年女性,仰身直肢葬。头向西北,面向上。内填花黏土,致密度较疏松。随葬品有瓷罐、银簪、铜簪、银耳勺、铜钱。

瓷罐1件。M17:1,方唇、沿面略厚,直口,直颈稍长,鼓肩,腹部以下弧内收,平底略凹。外壁施青白釉,底部未施釉。内壁有轮制痕迹。口径7.2厘米、肩径13.3厘米、底径7.4厘米、通高12.7厘米(图一〇,2;彩版一五,2)。

银簪1件。M17:2,首残,体细长弯曲,尾尖锐。颈部有两道凹弦纹。颈宽0.5厘米、残长10.3厘米(图一〇,4;彩版一五,3)。

铜簪2件。首为葵圆形,截面为"凸"字形。体细直,为锥形。底托为逆时针方向的花瓣形。M17:3,内铸"堂"字。首宽2厘米、高0.2厘米、通长11.83厘米(图一〇,13;彩版一五,4)。M17:4,内铸"福"字。首宽2厘米、高0.2厘米、通长11.75厘米(图一〇,3;彩版一五,5)。

银耳勺1件。M17:5,首为中空半球状,颈部饰四道凸弦纹。体上宽下窄,截面为菱形。首宽0.7厘米、高0.8厘米、残长4.8厘米(图一〇,5;彩版一五,6)。

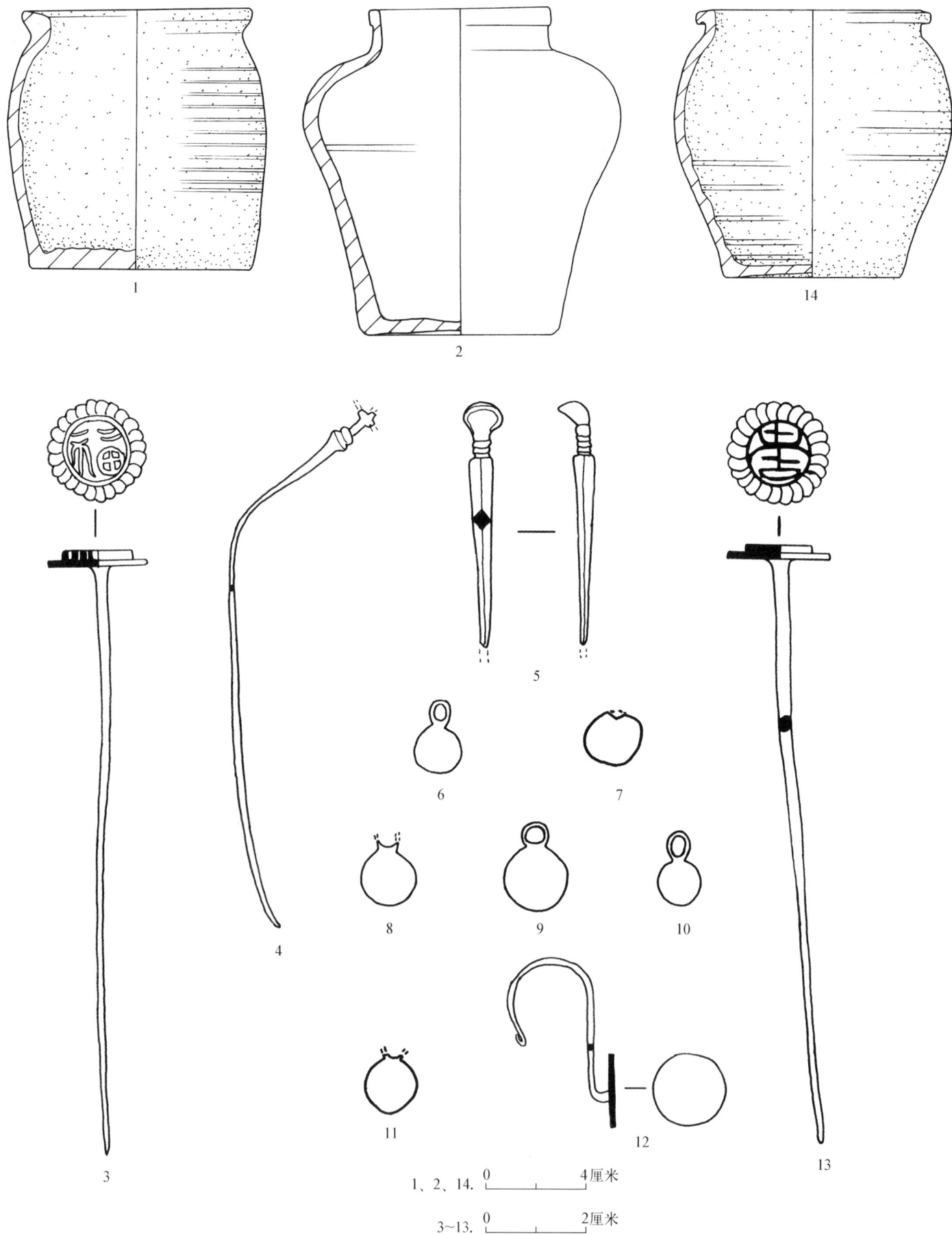

图一〇　M16、M17、M21、M22、M27、M32随葬器物

1、14.陶罐(M16:1、M27:1)　2.瓷罐(M17:1)　3、13.铜簪(M17:4、M17:3)　4.银簪(M17:2)　5.银耳勺(M17:5)

6~11.铜扣(M21:2、M22:1、M27:3、M32:1-1、M32:1-2、M22:2)　12.银耳钉(M27:2)

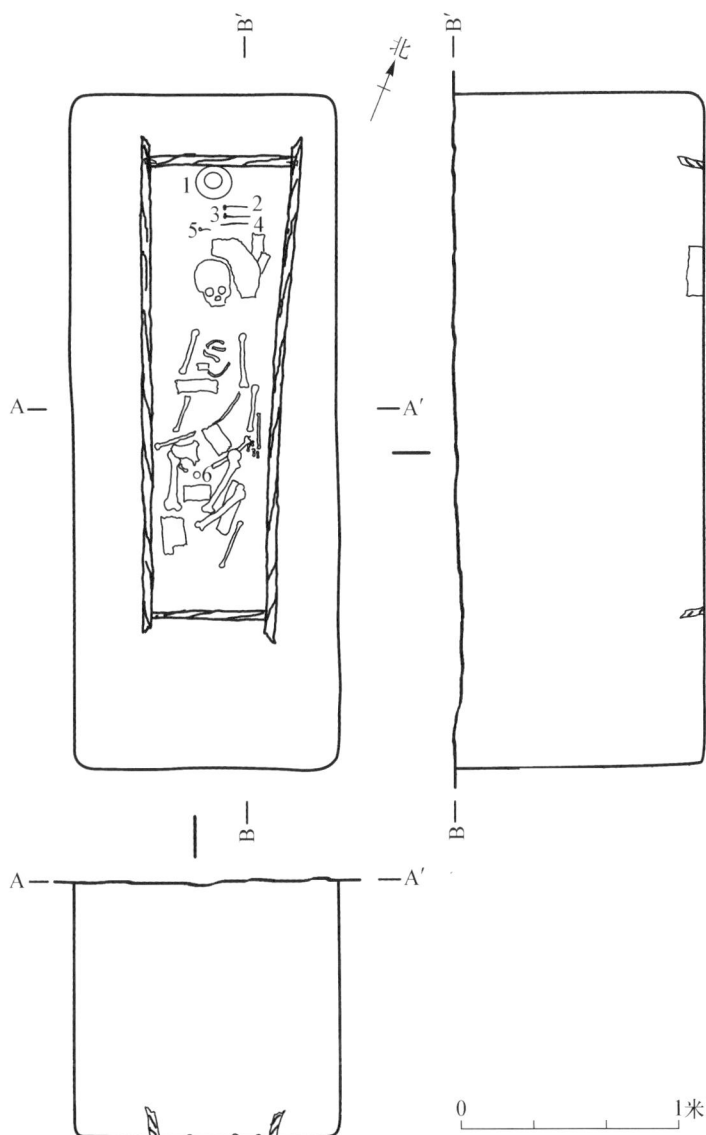

图一一　M17平、剖面图

1. 瓷罐　2. 银簪　3、4. 铜簪　5. 银耳勺　6. 铜钱

乾隆通宝3枚。均模制、完整，圆形、方穿。正面有郭，铸"乾隆通宝"四字，楷书，对读；背面有郭，穿左右为满文"宝泉"，纪局名。标本：M17：6-1，直径2.25厘米、穿径0.49厘米、郭厚0.16厘米（图八，5）。

M21　位于Ⅰ区南侧，北邻M16、南邻M22、东邻M23。GPS坐标为39°51′03.39″N，116°37′48.90″E。东西向，方向为335°。墓口距地表深0.6米，墓底距地表深1.4米。墓圹东西长2.5米、南北宽0.84～0.94米、深0.8米（图一二；彩版五，3）。

棺木已朽。骨架保存较差。墓主人为老年男性，仰身直肢葬。头向西北，面向东。内填花黏土，致密度较疏松。随葬品有铜扣、铜钱。

铜扣1枚。M21：2，扣体呈球形，顶部作环状。素面。直径1厘米、高1.4厘米（图一〇，6；彩版一六，1）。

乾隆通宝5枚。均模制、完整、圆形、方穿。正面有郭，铸"乾隆通宝"四字，楷书，对读；背面有郭，穿左右为满文"宝泉"，纪局名。标本：M21：1，直径2.32厘米、穿径0.51厘米、郭厚0.18厘米（图八，6）。标本：M21：3-1，直径2.32厘米、穿径0.49厘米、郭厚0.17厘米（图八，7）。

嘉庆通宝1枚。M21：3-2，模制、完整、圆形、方穿。正面有郭，铸"嘉庆通宝"四字，楷书，对读；背面有郭，穿左右为满文"宝泉"，纪局名。直径2.29厘米、穿径0.55厘米、郭厚0.16厘米（图八，8）。

道光通宝1枚。M21：3-3，模制、完整、圆形、方穿。正面有郭，铸"道光通宝"四字，楷书，对读；背面有郭，穿左右为满文"宝源"，纪局名。直径2.29厘米、穿径0.55厘米、郭厚0.19厘米（图八，9）。

M22　位于Ⅰ区南侧，东邻M23、南邻M24、西邻M25。GPS坐标为39°51′03.21″N，116°37′48.95″E。东西向，方向为315°。墓口距地表深0.65米，墓底距地表深1.71米。墓圹东西长2.56米、南北宽1米、深1.06米（图一三；彩版五，4）。

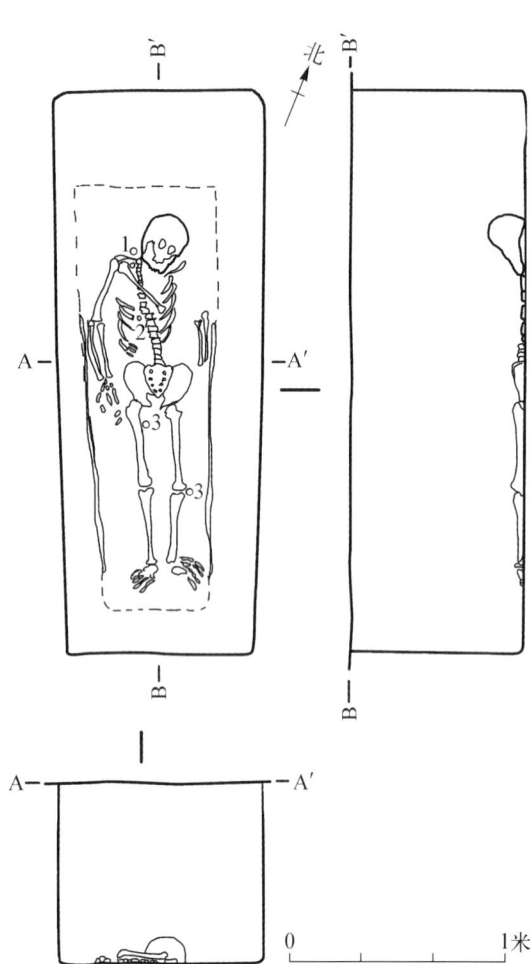

图一二　M21平、剖面图

1、3.铜钱　2.铜扣

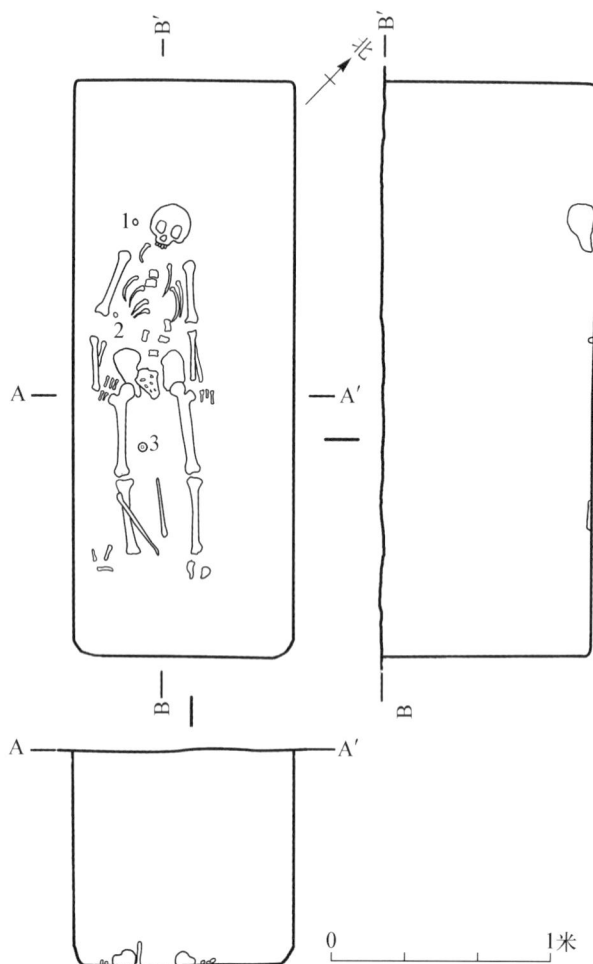

图一三　M22平、剖面图

1、2.铜扣　3.铜钱

棺木已朽。骨架保存一般。墓主人为老年女性,仰身直肢葬。头向北,面向上。内填花黏土,致密度较疏松。随葬品有铜扣、铜钱。

铜扣2枚。扣体均呈球形,素面,顶部残。M22：1,直径0.9厘米、残高1厘米(图一〇,7;彩版一六,2)。M22：2,直径0.8厘米、残高1.12厘米(图一〇,11;彩版一六,3)。

乾隆通宝1枚。M22：3,模制、完整、圆形、方穿。正面有郭,铸"乾隆通宝"四字,楷书,对读;背面有郭,穿左右为满文"宝源",纪局名。直径2.41厘米、穿径0.51厘米、郭厚0.17厘米(图八,10)。

M24 位于Ⅰ区南侧,北邻M22、西北邻M25。GPS坐标为39°51′03.15″N,116°37′48.98″E。东西向,方向为55°。墓口距地表深0.65米,墓底距地表深1.6米。墓圹东西长2.52米、南北宽1.1～1.14米、深0.95米(图一四;彩版六,1)。

棺木已朽。骨架保存一般。墓主人为老年男性,仰身直肢葬。头向西北,面向东南。内填花黏土,致密度较疏松。随葬品有铜钱。

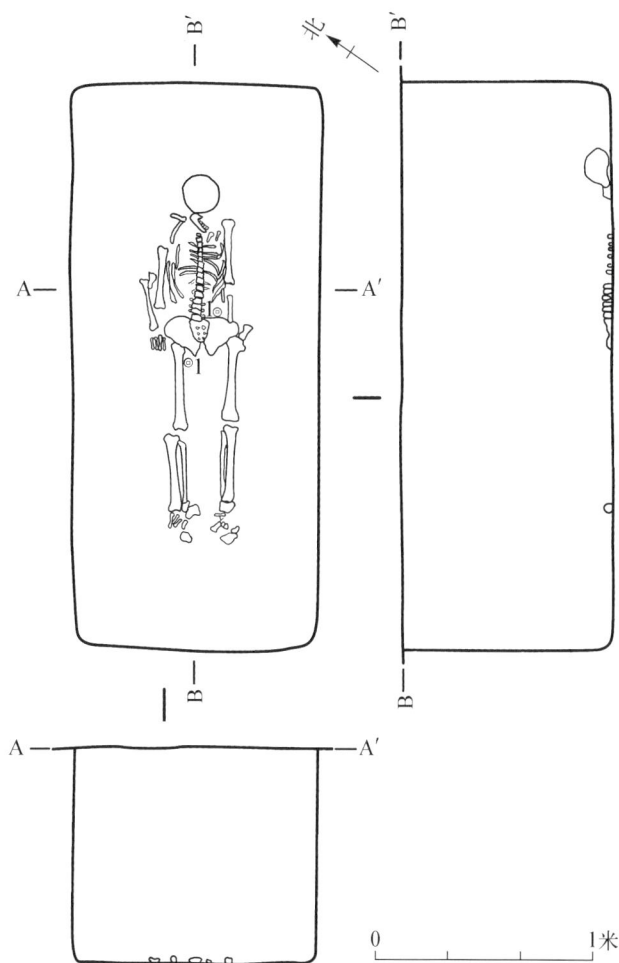

图一四 M24平、剖面图

1. 铜钱

乾隆通宝7枚。均模制、完整、圆形、方穿。正面有郭,铸"乾隆通宝"四字,楷书,对读;背面有郭,穿左右为满文"宝源",纪局名。标本：M24：1-1,直径2.38厘米、穿径0.59厘米、郭厚0.16厘米(图八,11)。

其余2枚。均锈蚀严重,字迹模糊不可辨认。

M25 位于Ⅰ区南侧,东邻M24、北邻M22。GPS坐标为39°51′03.22″N,116°37′48.87″E。南北向,方向为335°。墓口距地表深0.65米,墓底距地表深1.4米。墓圹南北长2.5米、东西宽0.83米、深0.75米(图一五;彩版六,2)。

棺木已朽。骨架保存较差。墓主人为老年女性,仰身直肢葬。头向北,面向上。内填花黏土,致密度较疏松。随葬品有陶罐、铜钱。

陶罐1件。M25：1,厚圆唇、直口、短束颈、溜肩、弧腹、平底略内凹。泥质灰陶,胎质较细。素面。口径9.7厘米、肩径12.4厘米、底径6.9厘米、通高11.6厘米(图一六,1;彩版一六,4)。

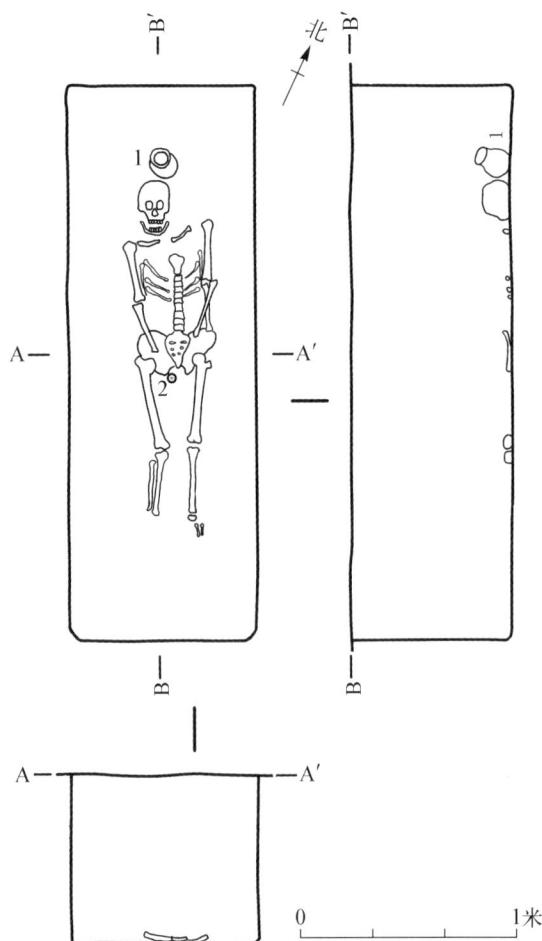

图一五　M25平、剖面图
1.陶罐　2.铜钱

康熙通宝5枚。均模制、完整，圆形、方穿。正面有郭，铸"康熙通宝"四字，楷书，对读。标本：M25：2-1，背面有郭，穿左右为满汉文"临"，纪局名。直径2.71厘米、穿径0.5厘米、郭厚0.12厘米（图八，12）。标本：M25：2-2，背面有郭，穿左右为满文"宝泉"，纪局名。直径2.36厘米、穿径0.49厘米、郭厚0.12厘米（图八，13）。

M26　位于Ⅰ区中部，西邻M19、南邻M20。GPS坐标为39°51′03.63″N，116°37′48.95″E。南北向，方向为330°。墓口距地表深0.6米，墓底距地表深1.4米。墓圹南北长2.4米、东西宽0.84～1米、深0.8米（图一七；彩版六，3）。

棺木已朽。骨架保存较差，散乱。墓主人为老年男性，仰身直肢葬。头向北，面向上。内填花黏土，致密度较疏松。随葬品有陶罐、铜钱。

陶罐1件。M26：1，方唇、直口，短颈，鼓肩，腹以下弧收，平底略内凹。泥质白陶，胎质较粗糙。素面。轮制。口径9.5厘米、肩径17.4厘米、底径9.9厘米、通高12.5厘米（图一六，2；彩版一六，5）。

道光通宝2枚。均模制、完整，圆形、方穿。正面有郭，铸"道光通宝"四字，楷书，对读；背面有郭，穿左右为满文"宝泉"，纪局名。M26：2，直径2.24厘米、穿径0.66厘米、郭厚0.16厘米（图八，14）。M26：3，直径2.39厘米、穿径0.61厘米、郭厚0.15厘米（图八，15）。

M27　位于Ⅰ区中部，西邻M18、南邻M19。GPS坐标为39°51′03.69″N，116°37′48.90″E。南北向，方向为340°。墓口距地表深0.6米，墓底距地表深1.26米。墓圹南北长2.5米、东西宽0.84～0.96米、深0.66米（图一八；彩版六，4）。

棺木已朽。骨架保存较差。墓主人为老年女性，仰身直肢葬。头向北，面向上。内填花黏土，致密度较疏松。随葬品有陶罐、银耳钉、铜扣。

陶罐1件。M27：1，方唇、直口，平折沿，短颈，溜肩，弧腹，平底略内凹。泥质红陶，胎质较粗糙。素面。内壁有明显轮制痕迹。口径9.9厘米、肩径11.6厘米、底径7.4厘米、通高11厘米（图一〇，14；彩版一六，6）。

银耳钉1件。M27：2，呈"S"形，一端为圆饼形，一端尖细。钉面直径1.4厘米、通长2.1厘米（图一〇，12；彩版一七，1）。

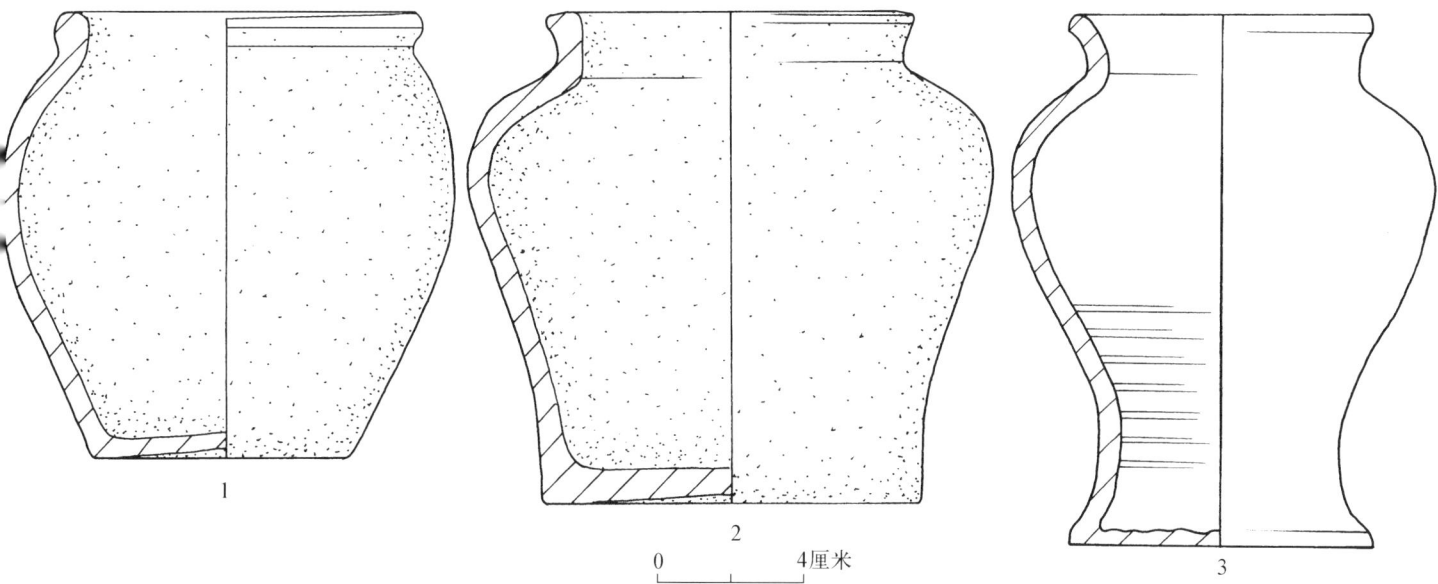

图一六　M25、M26、M31 随葬器物

1、2.陶罐（M25：1、M26：1）　3.瓷罐（M31：1）

图一七　M26 平、剖面图

1.陶罐　2、3.铜钱

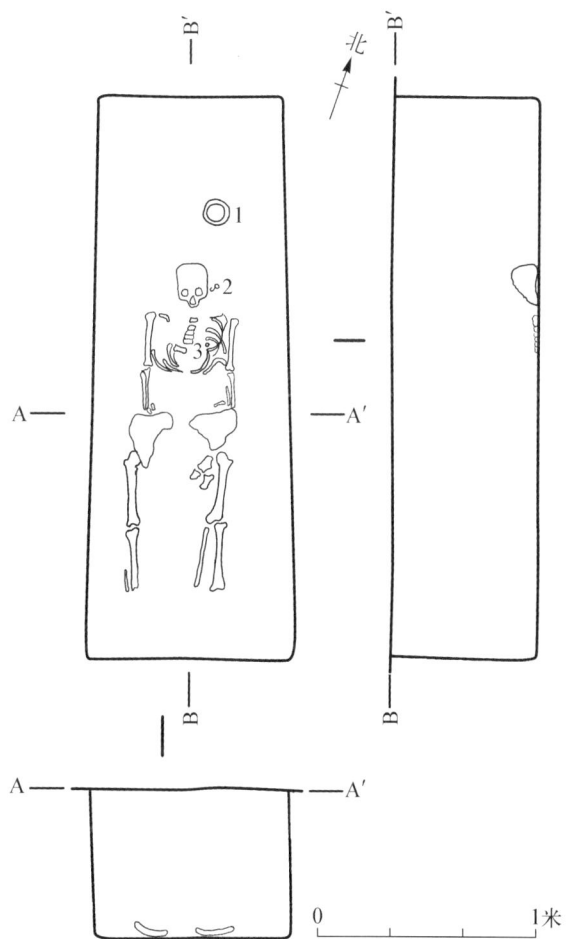

图一八　M27 平、剖面图

1.陶罐　2.银耳钉　3.铜扣

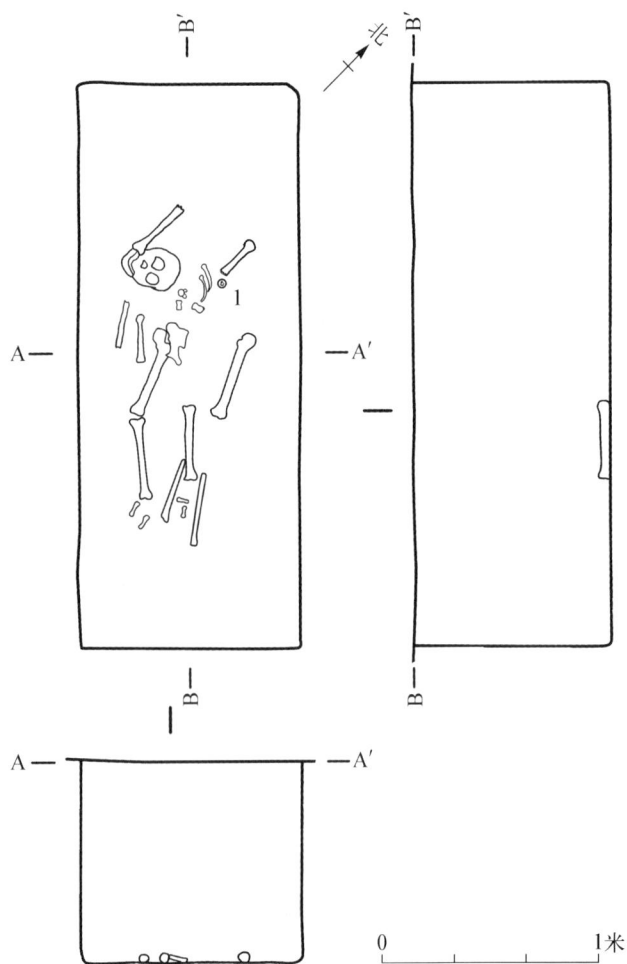

图一九 M30平、剖面图

1. 铜钱

铜扣1枚。M27：3，扣体呈球形，顶部已残。素面。直径1.2厘米、残高1.2厘米（图一○，8；彩版一七，2）。

M30   位于Ⅱ区西北角，M31的西北部。GPS坐标为39°50′45.85″N，116°38′27.27″E。南北向，方向为315°。墓口距地表深0.45米，墓底距地表深1.35米。墓圹南北长2.5米、东西宽1米、深0.9米（图一九；彩版七，1）。

棺木已朽。骨架保存较差，散乱。墓主人为老年男性，仰身直肢葬。头向西北，面向上。内填花黏土，致密度较疏松。随葬品有乾隆通宝1枚。

M30：1，模制、完整、圆形、方穿。正面有郭，铸"乾隆通宝"四字，楷书，对读；背面有郭，穿左右为满文"宝源"，纪局名。直径2.35厘米、穿径0.55厘米、郭厚0.15厘米（图八，16）。

M31   位于Ⅱ区东南角，东邻M32。GPS坐标为39°50′45.77″N，116°38′27.40″E。东西向，方向为260°。墓口距地表深0.4米，墓底距地表深0.96～1.04米。墓圹东西长2.46米、南北宽0.94～0.98米、深0.56～0.64米（图二○；彩版七，2、3）。

棺木已朽。骨架保存较差。墓主人为老年男性，仰身直肢葬。头向西，面向上。内填花黏土，致密度较疏松。随葬品有瓷罐、铜钱。

瓷罐1件。M31：1，方圆唇、敞口、短束颈、卷沿、鼓肩，腹部以下内束，平底，底外凸。胎质较细，外壁施浅酱釉。素面。内壁有明显轮制痕迹。口径8厘米、肩径11.4厘米、底径8厘米、通高13.7厘米（图一六，3；彩版一七，3）。

乾隆通宝2枚。均模制、完整、圆形、方穿。正面有郭，铸"乾隆通宝"四字，楷书，对读；背面有郭，穿左右为满文"宝源"，纪局名。标本：M31：2-1，直径2.29厘米、穿径0.56厘米、郭厚0.14厘米（图八，17）。

M32   位于Ⅱ区东部，西邻M31。GPS坐标为39°50′45.63″N，116°38′27.38″E。东西向，方向为310°。墓口距地表深0.4米，墓底距地表深1.14～1.2米。墓圹东西长2.44米、南北宽0.84～0.88米、深0.74～0.8米（图二一；彩版七，4）。

棺木已朽。骨架保存较差。墓主人为中年女性，仰身直肢葬。头向西北，面向南。内填花黏土，致密度较疏松。随葬品有铜扣2枚。

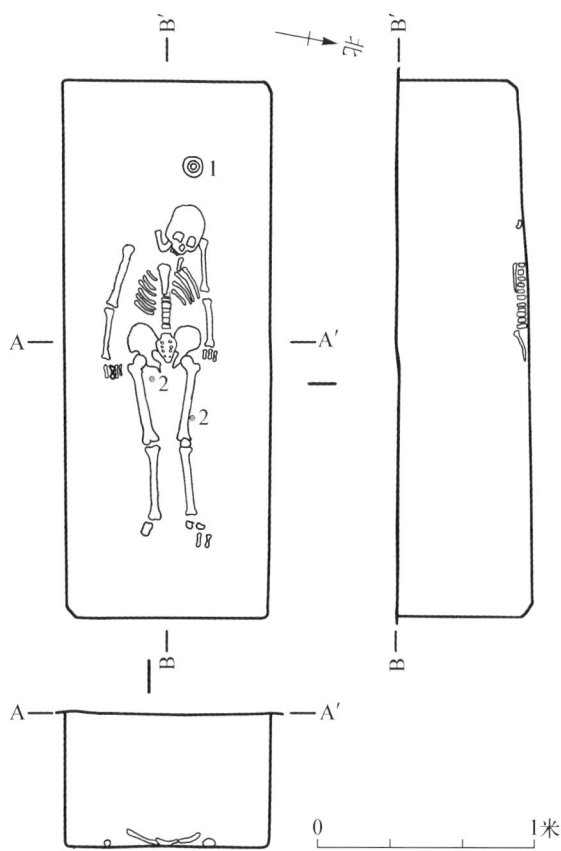

图二〇　M31平、剖面图

1. 瓷罐　2. 铜钱

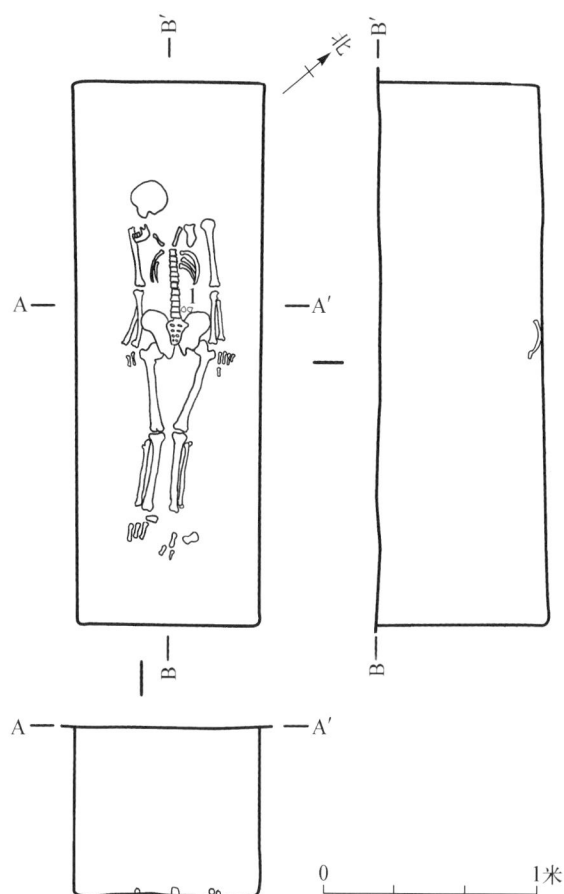

图二一　M32平、剖面图

1. 铜扣

　　铜扣2枚。形制相同，大小不一。扣体呈球形，顶部作环状。素面。M32：1-1，直径0.9厘米，高1.4厘米（图一〇，9；彩版一七，4，左）。M32：1-2，直径1.3厘米，高1.7厘米（图一〇，10；彩版一七，4，右）。

　　B型：平面呈梯形，有M5、M7、M28。

　　M5　位于Ⅰ区北部，西邻M4、北邻M28。GPS坐标为39°51′04.42″N，116°37′49.09″E。东西向，方向为310°。墓口距地表深0.44米，墓底距地表深1.54米。墓圹东西长2.9米、南北宽1.1～1.22米、深1.1米（图二二；彩版八，1、2）。

　　棺木已朽。骨架保存较差。墓主人为老年男性，仰身直肢葬。头向西北，面向上。内填花黏土，致密度较疏松。随葬品有铜钱。

　　康熙通宝2枚。均模制、完整、圆形、方穿。正面有郭，铸"康熙通宝"四字，楷书，对读；背面有郭。M5：1-1，穿左右为满文"宝泉"，纪局名。直径2.42厘米、穿径0.54厘米、郭厚0.09厘米（图二三，1）。M5：2，穿左右为满文"宝源"，纪局名。直径2.38厘米、穿径0.49厘米、郭厚0.13厘米（图二三，3）。

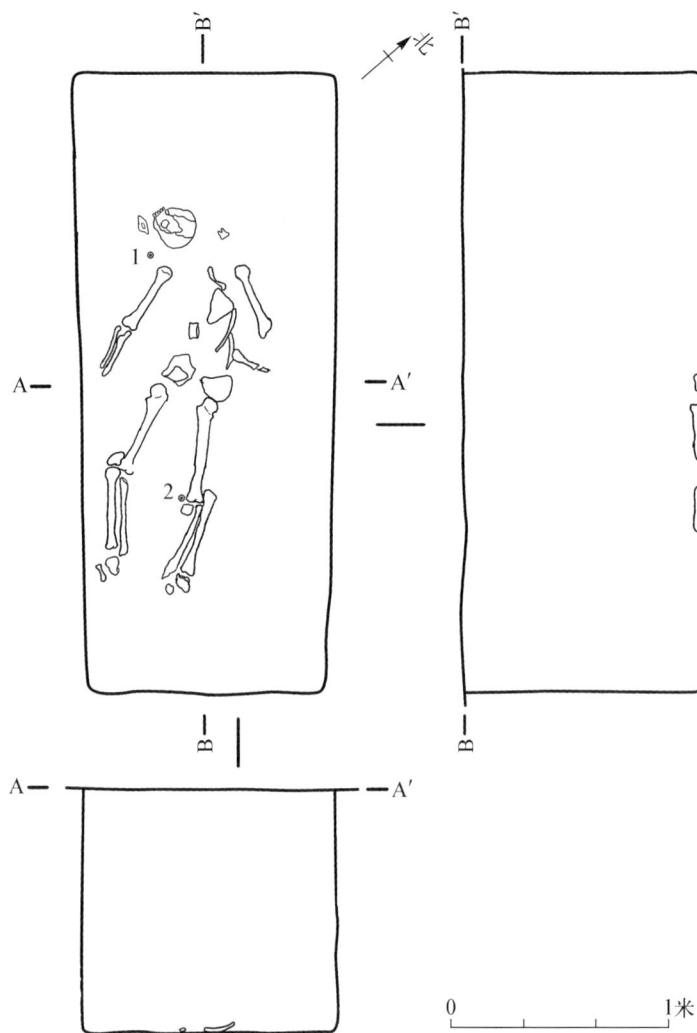

图二二　M5平、剖面图

1、2. 铜钱

乾隆通宝1枚。M5：1-2，模制、完整，圆形、方穿。正面有郭，铸"乾隆通宝"四字，楷书，对读；背面有郭，穿左右为满文"宝源"，纪局名。直径2.54厘米、穿径0.53厘米、郭厚0.12厘米（图二三，2）。

M7　位于Ⅰ区东北部，西邻M6。GPS坐标为39°51′04.22″N，116°37′49.50″E。南北向，方向为340°。墓口距地表深0.85米，墓底距地表深1.41米。墓圹南北长2.36米、东西宽1.08～1.16米、深0.56米（图二四；彩版八，3、4）。

棺木已朽。骨架保存较差。墓主人为老年女性，仰身直肢葬。头向北，面向上。内填花黏土，致密度较疏松。随葬品有铜钱、铜扣、半釉罐。

半釉罐1件。M7：3，方圆唇、侈口、束颈，直腹，平底略凹。胎质较细，外壁口沿施黄褐釉，其余部位露灰胎。素面。有明显轮制痕迹。口径9.7厘米、腹径9.5厘米、底径7.3厘米、通高11.4厘米（图二五，1；彩版一七，5）。

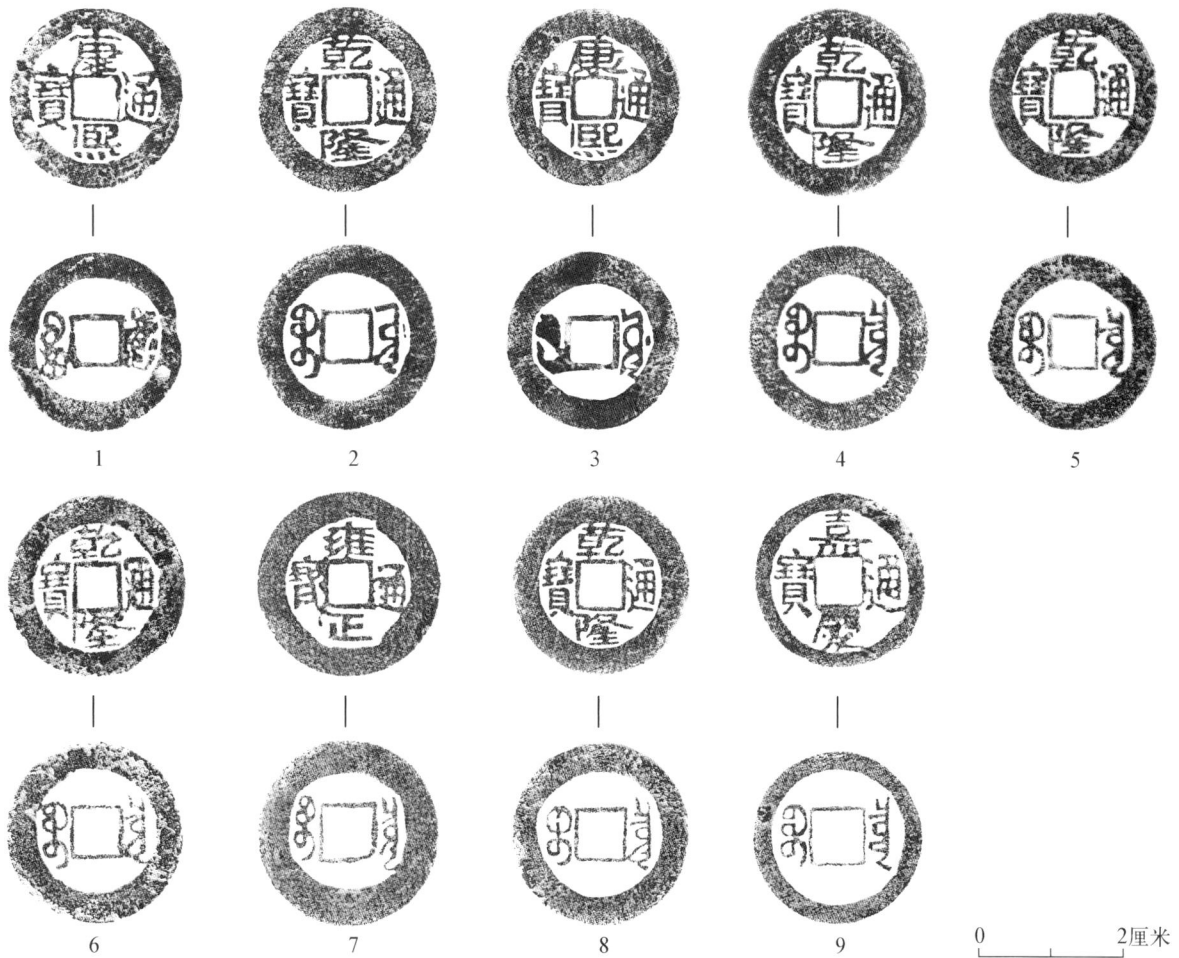

图二三 单棺B型墓葬随葬铜钱

1、3.康熙通宝（M5：1-1、M5：2） 2、4～6、8.乾隆通宝（M5：1-2、M7：1、M28：1、M28：2、M28：3-2） 7.雍正通宝（M28：3-1） 9.嘉庆通宝（M28：3-3）

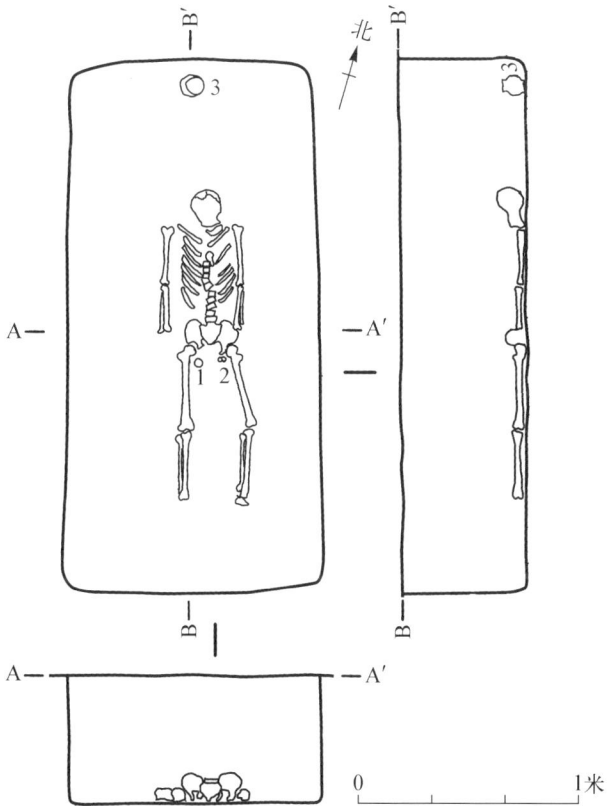

图二四 M7平、剖面图

1.铜钱 2.铜扣 3.半釉罐

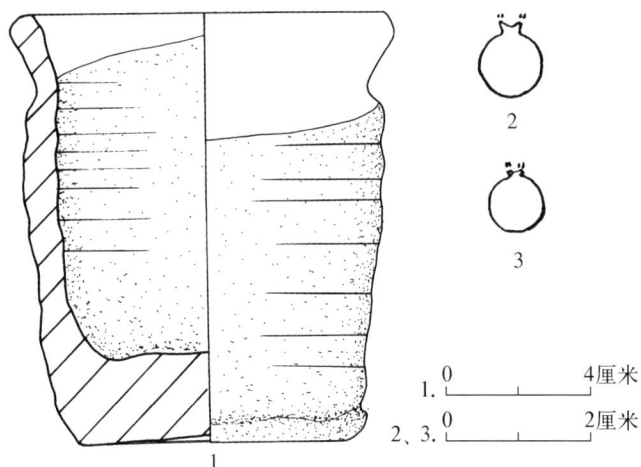

图二五　M7随葬器物

1.半釉罐（M7∶3）　2、3.铜扣（M7∶2-1、M7∶2-2）

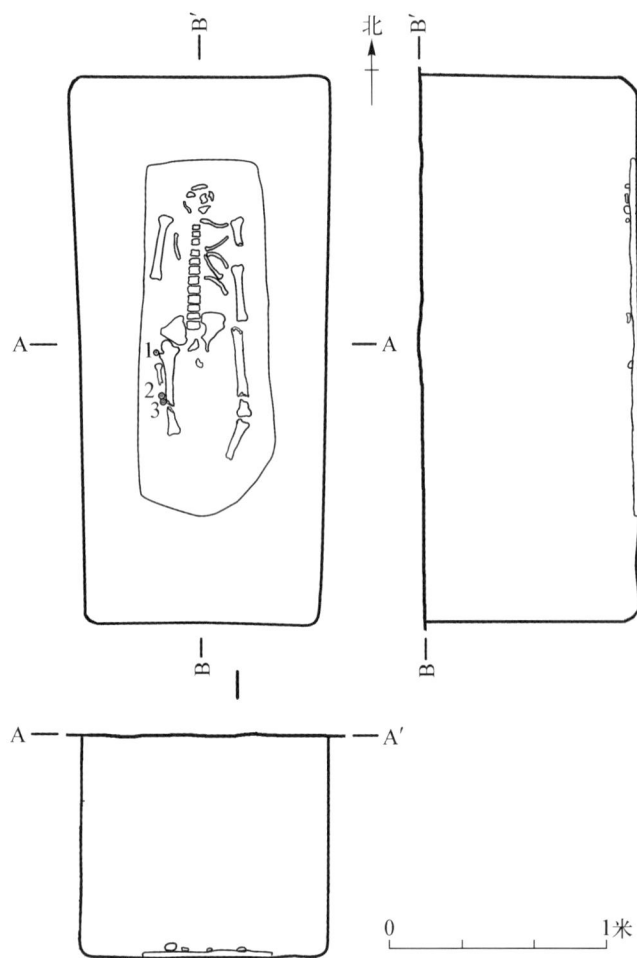

图二六　M28平、剖面图

1～3.铜钱

铜扣2件。形制相同，大小不一。扣体呈球形，顶部已残。素面。M7∶2-1，直径0.9厘米、残高1厘米（图二五，2；彩版一七，6，左）。M7∶2-2，直径0.8厘米、残高0.85厘米（图二五，3；彩版一七，6，右）。

乾隆通宝1枚。M7∶1，模制、完整，圆形、方穿。正面有郭，铸"乾隆通宝"四字，楷书，对读；背面有郭，穿左右为满文"宝泉"，纪局名。直径2.56厘米、穿径0.55厘米、郭厚0.11厘米（图二三，4）。

M28　位于Ⅰ区北部，东邻M6、南邻M5。GPS坐标为39°50′46.29″N，116°38′27.40″E。南北向，方向为359°。墓口距地表深0.44米，墓底距地表深1.4米。墓圹南北长2.44米、东西宽1.04～1.22米、深0.96米（图二六；彩版八，5）。

棺木已朽。骨架保存较差。墓主人为老年女性，仰身直肢葬。头向北，面向不详。内填花黏土，致密度较疏松。随葬品有铜钱。

雍正通宝1枚。M28∶3-1，模制、完整，圆形、方穿。正面有郭，铸"雍正通宝"四字，楷书，对读；背面有郭，穿左右为满文"宝泉"，纪局名。直径2.55厘米、穿径0.55厘米、郭厚0.12厘米（图二三，7）。

乾隆通宝6枚。均模制、完整，圆形、方穿。正面有郭，铸"乾隆通宝"四字，楷书，对读；背面有郭，穿左右为满文"宝泉"，纪局名。标本：M28∶1，直径2.41厘米、穿径0.55厘米、郭厚0.12厘米（图二三，5）。标本：M28∶2，直径2.51厘米、穿径0.51厘米、郭厚0.11厘米（图二三，6）。标本：M28∶3-2，直径2.49厘米、穿径0.51厘米、郭厚0.12厘米（图二三，8）。

嘉庆通宝2枚。均模制、完整，圆形、

方穿。正面有郭,铸"嘉庆通宝"四字,楷书,对读;背面有郭,穿左右为满文"宝泉",纪局名。标本:M28:3-3,直径2.45厘米、穿径0.59厘米、郭厚0.16厘米(图二三,9)。

二、双棺墓

共12座,按形状分为三型。

A型:平面呈长方形,有M3、M4、M9。

M3　位于Ⅰ区北部,东邻M4。GPS坐标为39°51′04.47″N,116°37′48.87″E。东西向,方向为315°。墓口距地表深0.4米,墓底距地表深1.64米。墓圹东西长3米、南北宽2.2米、深1.24米(图二七;彩版九,1)。

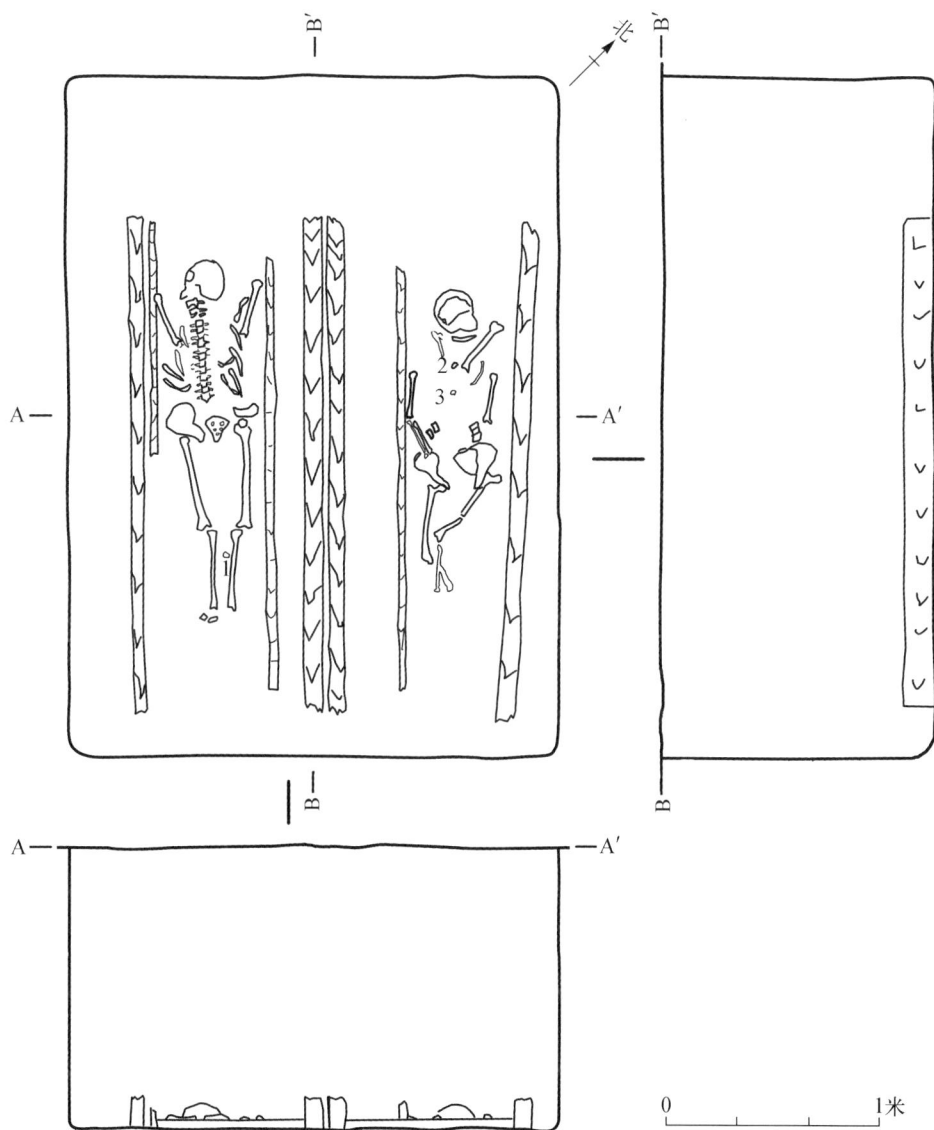

图二七　M3平、剖面图

1～3. 铜钱

　　棺木保存一般。骨架保存均较好,皆仰身直肢葬,头向西北。东棺残长2.16米、残宽0.84～0.96米、残高0.18米、厚0.06米。棺内为老年女性,面向不详。西棺残长2.18米、残宽0.84米、残高0.14米、厚0.06米。棺内为老年男性,面向南。内填花黏土,致密度较疏松。随葬品有铜钱。

　　雍正通宝2枚。均模制、完整、圆形、方穿。正面有郭,铸"雍正通宝"四字,楷书,对读;背面有郭,穿左右为满文"宝泉",纪局名。标本:M3:3-1,直径2.56厘米、穿径0.58厘米、郭厚0.12厘米(图二八,3)。

　　乾隆通宝6枚。均模制、完整、圆形、方穿。正面有郭,铸"乾隆通宝"四字,楷书,对读。标本:M3:1,背面有郭,穿左右为满文"宝泉",纪局名。直径2.55厘米、穿径0.55厘米、郭厚0.14厘米(图二八,1)。标本:M3:2,背面有郭,穿左右为满文"宝源",纪局名。直径2.55厘米、穿径0.54厘米、郭厚0.12厘米(图二八,2)。标本:M3:3-2,背面有郭,穿左右为满文"宝泉",纪局

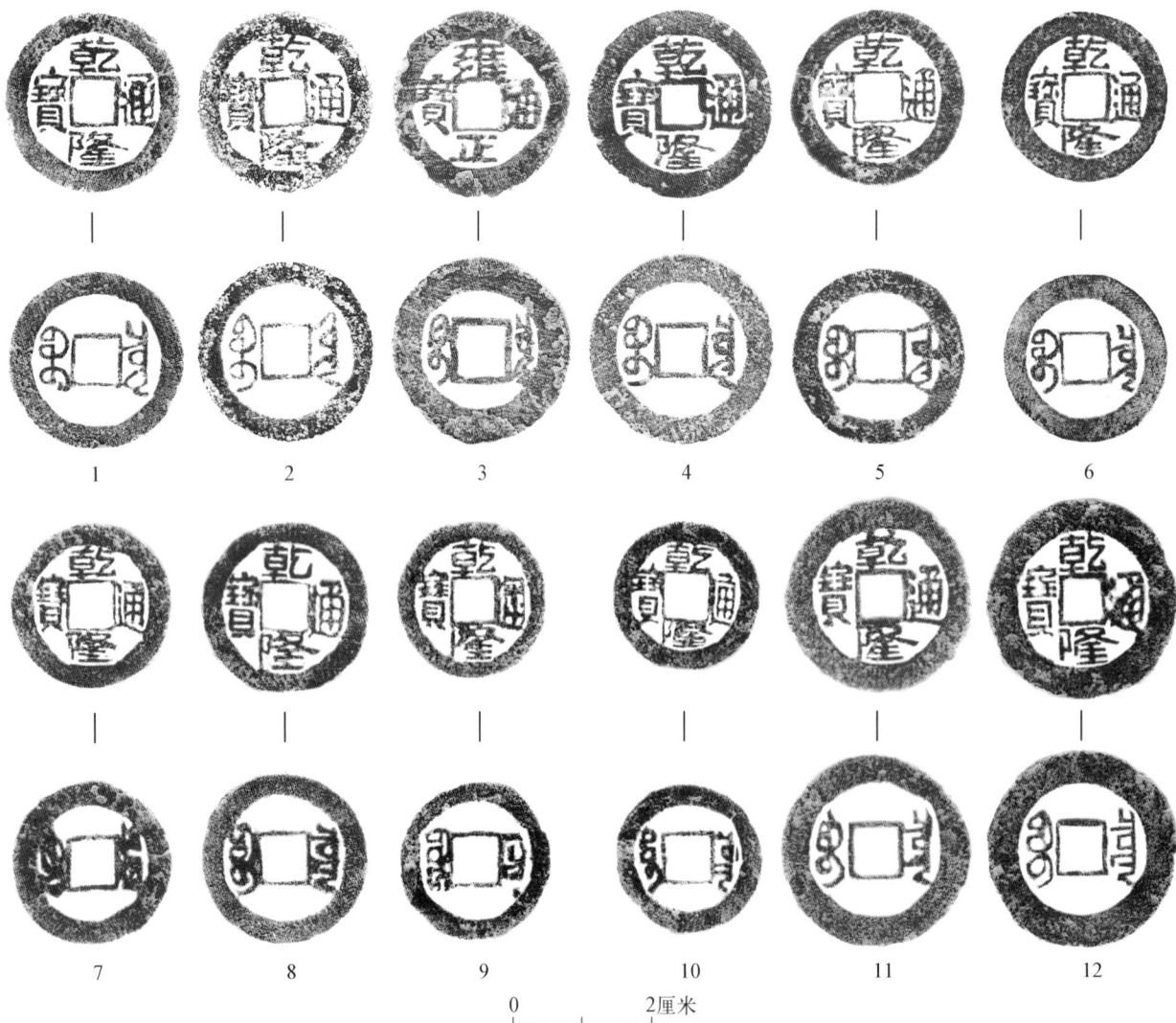

图二八　双棺A型墓葬随葬铜钱

1、2、4～12. 乾隆通宝(M3:1、M3:2、M3:3-2、M4:3、M4:5、M9:1、M9:3、M9:4、M9:5、M9:6、M9:7)　3. 雍正通宝(M3:3-1)

名。直径2.59厘米、穿径0.5厘米、郭厚0.12厘米（图二八，4）。

其余2枚。均锈蚀严重，字迹不可辨认。

M4　位于Ⅰ区北部，西邻M3、东南邻M5。GPS坐标为39°51′04.46″N，116°37′48.98″E。东西向，方向为300°。墓口距地表深0.45米，墓底距地表深1.25～1.45米。墓圹东西长2.3米、南北宽1.6～1.7米、深0.8～1米（图二九；彩版九，2）。

棺木已朽。骨架保存均较差，散乱，皆仰身直肢葬，头向西北。北棺棺内为老年女性，面向东。南棺棺内为老年男性，面向上。南棺打破北棺。内填花黏土，致密度较疏松。随葬品有半釉罐、银簪、铜钱。

半釉罐1件。M4：1，方圆唇、侈口、微束颈、弧直腹、平底内凹。胎质较粗糙，外壁口颈处施绿釉，有流釉现象，其余部位露灰胎。素面。

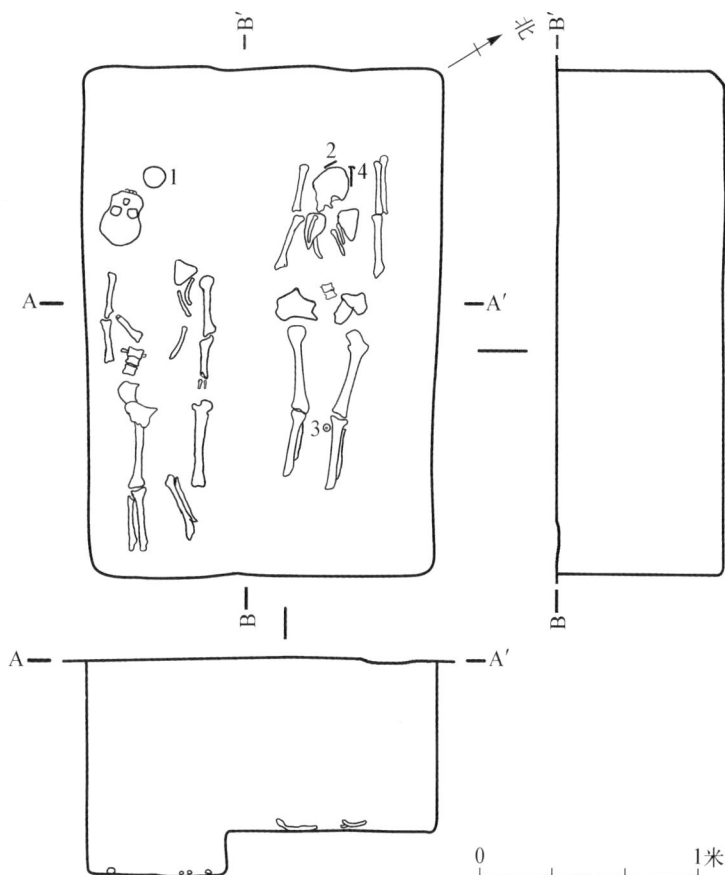

图二九　M4平、剖面图

1.半釉罐　2、4.鎏金银簪　3.铜钱

有明显轮制痕迹。口径9.5厘米、肩径9.64厘米、底径7.8厘米、通高10.5厘米（图三〇，1；彩版一八，1）。

鎏金银簪2件。首为葵圆形，截面为"凸"字形。体细直，锥形。M4：2，首内铸"福"字。首宽1.8厘米、高0.19厘米、通长12.1厘米（图三〇，2；彩版一八，2）。M4：4，首内铸"寿"字。首宽1.8厘米、高0.19厘米、通长11.9厘米（图三〇，3；彩版一八，3）。

乾隆通宝3枚。均模制、完整、圆形、方穿。正面有郭，铸"乾隆通宝"四字，楷书，对读。标本：M4：3，背面有郭，穿左右为满文"宝源"，纪局名。直径2.41厘米、穿径0.57厘米、郭厚0.14厘米（图二八，5）。标本：M4：5，背面有郭，穿左右为满文"宝泉"，纪局名。直径2.39厘米、穿径0.55厘米、郭厚0.12厘米（图二八，6）。

M9　位于Ⅰ区北部，北邻M3。GPS坐标为39°51′04.24″N，116°37′48.76″E。南北向，方向为325°。墓口距地表深0.35米，墓底距地表深1.85米。墓圹南北长2.82米、东西宽2～2.14米、深1.5米（图三一；彩版九，3、4）。

棺木保存一般。骨架保存均较差，皆仰身直肢葬，面向不详。东棺残长1.86米、残宽0.58～0.72米、残高0.22米、厚0.06米。棺内为老年男性，头向不详。西棺残长1.94米、残宽

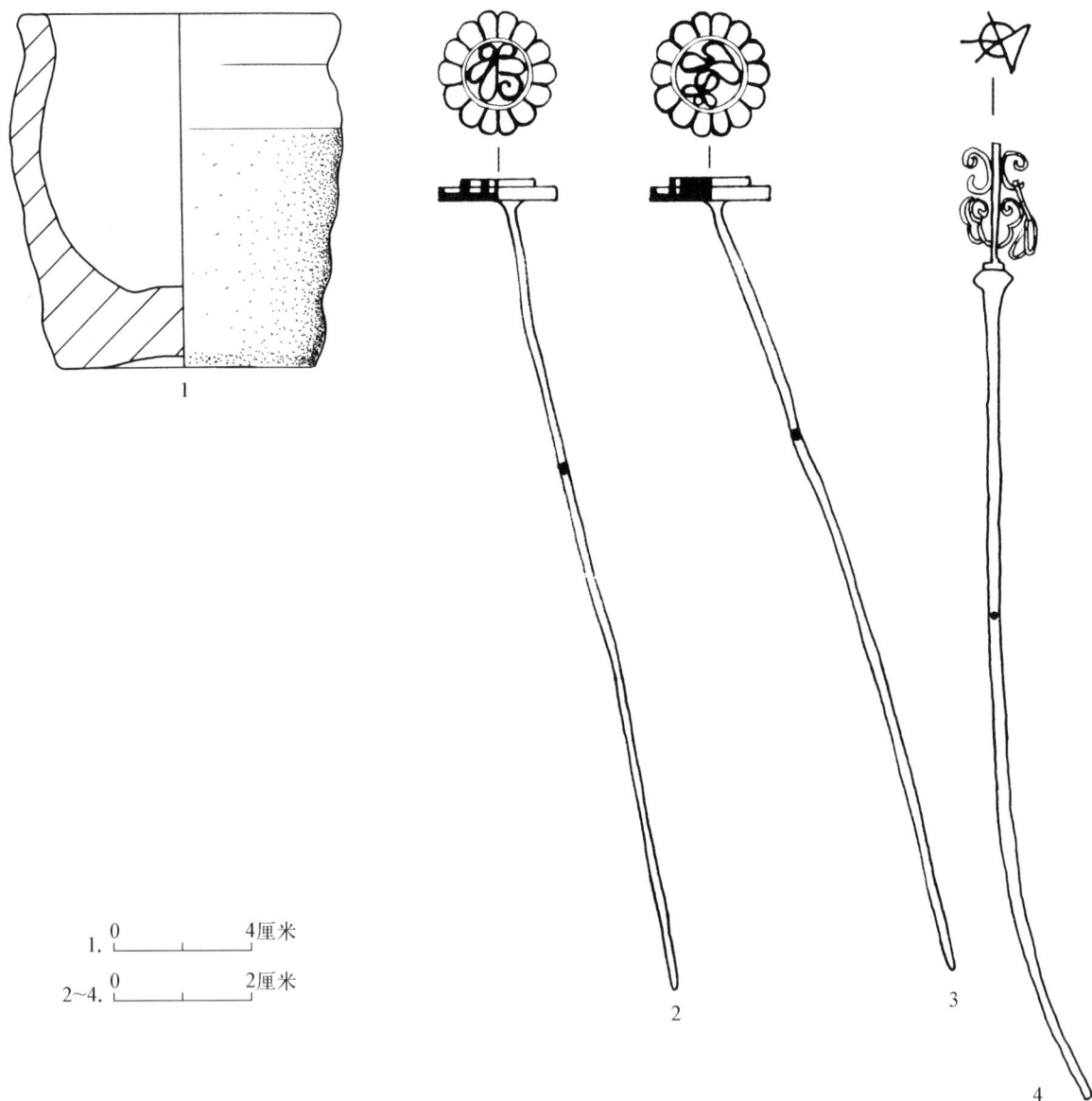

图三〇　双棺A型墓葬随葬器物

1. 半釉罐（M4：1）　2～4. 鎏金银簪（M4：2、M4：4、M9：2）

0.7～0.74米、残高0.24米、厚0.07米。棺内为老年女性，头向北。内填花黏土，致密度较疏松。随葬品有鎏金银簪、铜钱。

　　鎏金银簪1件。M9：2，首为五面禅杖形，由银丝缠绕而成，上套银环。颈部为凸弦纹。体细长弯曲，圆柱形。首残高1.78厘米、宽1厘米、残长13.3厘米（图三〇，4；彩版一八，4）。

　　乾隆通宝10枚。均模制、完整，圆形、方穿。正面有郭，铸"乾隆通宝"四字，楷书，对读。标本：M9：1，背面有郭，穿左右为满文"宝泉"，纪局名。直径2.35厘米、穿径0.57厘米、郭厚0.12厘米（图二八，7）。标本：M9：3，背面有郭，穿左右为满文"宝泉"，纪局名。直径2.48厘米、穿径0.59厘米、郭厚0.14厘米（图二八，8）。标本：M9：4，背面有郭，穿左右为满文"宝源"，纪局名。

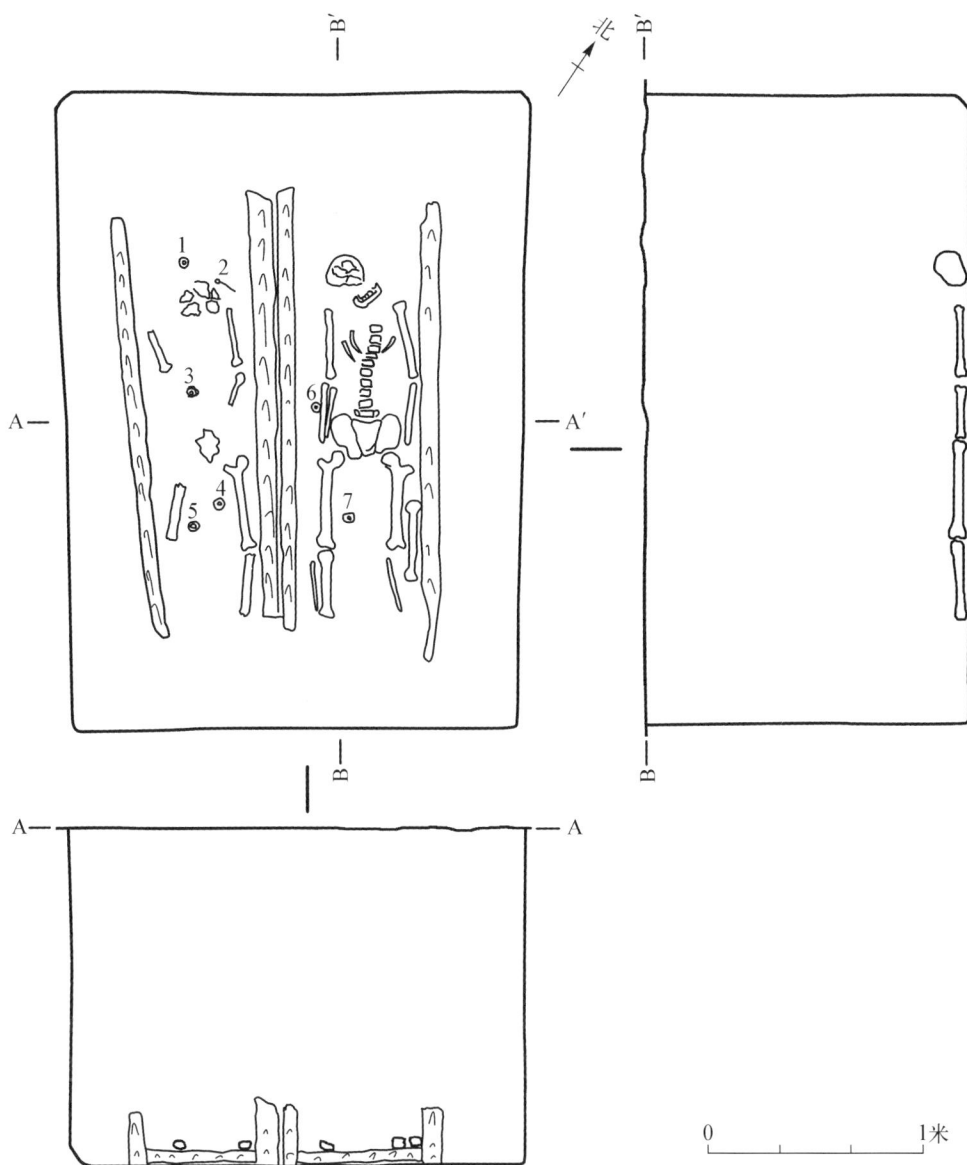

图三一 M9平、剖面图

1、3～7.铜钱 2.鎏金银簪

直径2.26厘米、穿径0.58厘米、郭厚0.13厘米（图二八，9）。标本：M9：5，背面有郭，穿左右为满文"宝源"，纪局名。直径2.2厘米、穿径0.55厘米、郭厚0.18厘米（图二八，10）。标本：M9：6，背面有郭，穿左右为满文"宝泉"，纪局名。直径2.74厘米、穿径0.55厘米、郭厚0.15厘米（图二八，11）。标本：M9：7，背面有郭，穿左右为满文"宝泉"，纪局名。直径2.69厘米、穿径0.49厘米、郭厚0.16厘米（图二八，12）。

B型： 平面呈梯形，有M1、M6、M18、M19、M29。

M1 位于Ⅰ区西北部，东邻M2。GPS坐标为39°51′04.53″N，116°37′48.37″E。南北向，方向为336°。墓口距地表深0.65米，墓底距地表深1.11～1.59米。墓圹南北长2.76米、东西宽

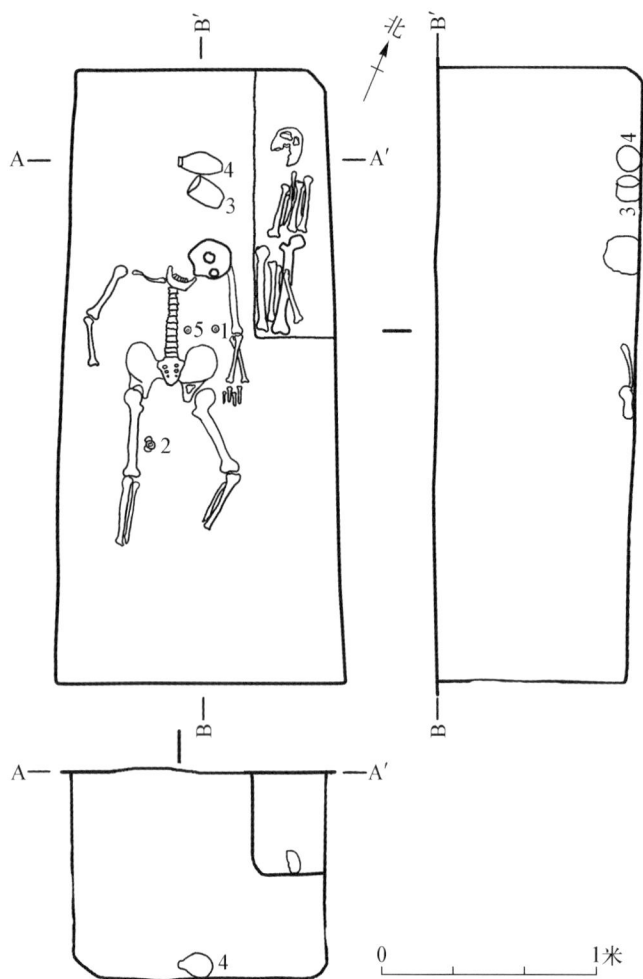

图三二　M1平、剖面图

1、2、5.铜钱　3.半釉罐　4.陶瓶

1.12～1.32米、深0.46～0.94米（图三二；彩版一〇，1）。

棺木已朽。骨架保存均较好，皆头向西北。东棺棺内人骨为老年女性，侧身屈肢葬，面向不详。西棺棺内人骨为仰身直肢葬，性别、年纪不详，面向上。东棺打破西棺。内填花黏土，致密度较疏松。随葬品有半釉罐、陶瓶、铜钱。

半釉罐1件。M1：3，圆唇、侈口、束颈、弧直腹，平底略凹。胎质较粗糙。外壁肩部以上、内壁口沿施黄釉；外壁下部、底部未施釉，露白胎。素面。内壁有明显轮制痕迹。口径10.1厘米、肩径12厘米、底径8厘米、通高12.5厘米（图三三，11；彩版一八，5）。

陶瓶1件。M1：4，唇面有凹槽，敞口、平卷沿，长鼓腹近底部弧收，小平底，底略外凸。泥质黑陶，火候较高，质地坚硬。素面。有明显轮制痕迹。口径5.9厘米、肩径12.7厘米、底径4厘米、通高20厘米（图三三，12；彩版一八，6）。

康熙通宝5枚。均模制、完整，圆形、方穿。正面有郭，铸"康熙通宝"四字，楷书，对读；背面有郭，穿左右为满文"宝泉"，纪局名。标本：M1：1，直径2.82厘米、穿径0.55厘米、郭厚0.12厘米（图三四，13）。标本：M1：2，直径2.81厘米、穿径0.52厘米、郭厚0.11厘米（图三四，14）。标本：M1：5，直径2.79厘米、穿径0.61厘米、郭厚0.14厘米（图三四，15）。

M6　位于Ⅰ区东北部，东邻M7、西邻M28。GPS坐标为39°51′04.31″N，116°37′49.28″E。东西向，方向为305°。墓口距地表深0.45米，墓底距地表深1.55米。墓圹东西长2.82米、南北宽1.6～1.7米、深1.1米（图三五；彩版一〇，2）。

棺木保存一般。骨架保存均较差，皆仰身直肢葬，头向西。北棺残长1.78米、残宽0.68～0.74米、残高0.18米、厚0.05米。棺内为老年女性，面向南。南棺残长1.92米、残宽0.68～0.86米、残高0.2米、厚0.05米。棺内为老年男性，面向北。内填花黏土，致密度较疏松。随葬品有银簪、铜钱。

银簪3件。M6：3，首微折，上饰三道凸棱，侧面为梅花形。素面。体扁平，末端为圆弧状。首宽0.6厘米、高1.1厘米、通长9.5厘米（图三三，1；彩版一九，1）。葵圆形，边缘为逆时针转的花瓣，中部为圆形隆起，状如帽子，首内铸"福"字。M6：5，首宽2厘米、残长1.3厘米（图三三，2；

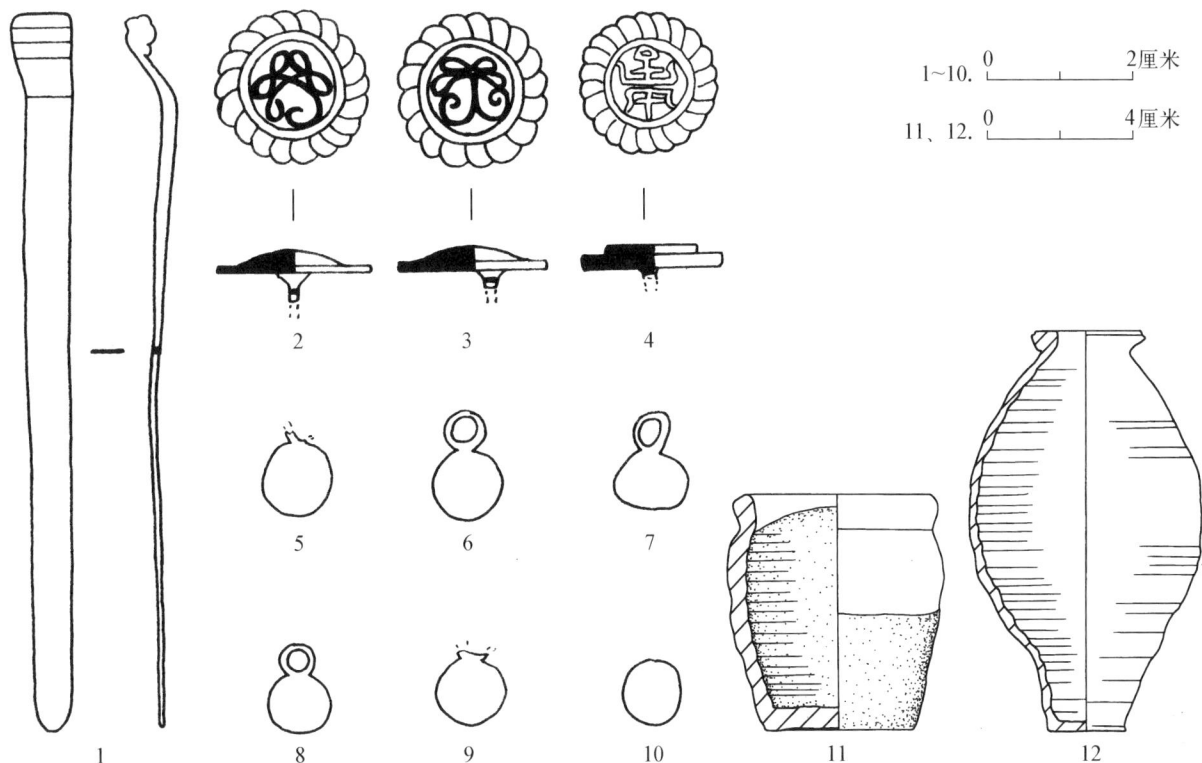

图三三　M1、M6、M18 随葬器物

1～4.银簪（M6：3、M6：5、M6：10、M18：3）　5～10.铜扣（M18：2-2、M18：5-1、M18：5-2、M18：1、M18：2-1、M18：5-3）
11.半釉罐（M1：3）　12.陶瓶（M1：4）

彩版一九,2）。M6:10,首宽2厘米、残长1.2厘米（图三三,3；彩版一九,3）。

　　康熙通宝1枚。M6:4-1,模制、完整、圆形、方穿。正面有郭,铸"康熙通宝"四字,楷书,对读；背面有郭,穿左右为满文"宝源",纪局名。直径2.66厘米、穿径0.58厘米、郭厚0.12厘米（图三四,12）。

　　乾隆通宝31枚。均模制、完整、圆形、方穿。正面有郭,铸"乾隆通宝"四字,楷书,对读。标本:M6:1,背面有郭,穿左右为满文"宝源",纪局名。直径2.39厘米、穿径0.58厘米、郭厚0.13厘米（图三四,2）。标本:M6:2,背面有郭,穿左右为满文"宝源",纪局名。直径2.5厘米、穿径0.58厘米、郭厚0.12厘米（图三四,3）。标本:M6:4-2,背面有郭,穿左右为满文"宝源",纪局名。直径2.35厘米、穿径0.51厘米、郭厚0.15厘米（图三四,4）。标本:M6:6,背面有郭,穿左右为满文"宝源",纪局名。直径2.38厘米、穿径0.52厘米、郭厚0.16厘米（图三四,5）。标本:M6:7,背面有郭,穿左右为满文"宝泉",纪局名。直径2.31厘米、穿径0.54厘米、郭厚0.15厘米（图三四,6）。标本:M6:8,背面有郭,穿左右为满文"宝泉",纪局名。直径2.42厘米、穿径0.51厘米、郭厚0.12厘米（图三四,7）。标本:M6:9,背面有郭,穿左右为满文"宝源",纪局名。直径2.41厘米、穿径0.55厘米、郭厚0.14厘米（图三四,8）。标本:M6:11,背面有郭,穿左右为满文"宝泉",纪局名。直径2.41厘米、穿径0.51厘米、郭厚0.15厘米（图三四,9）。

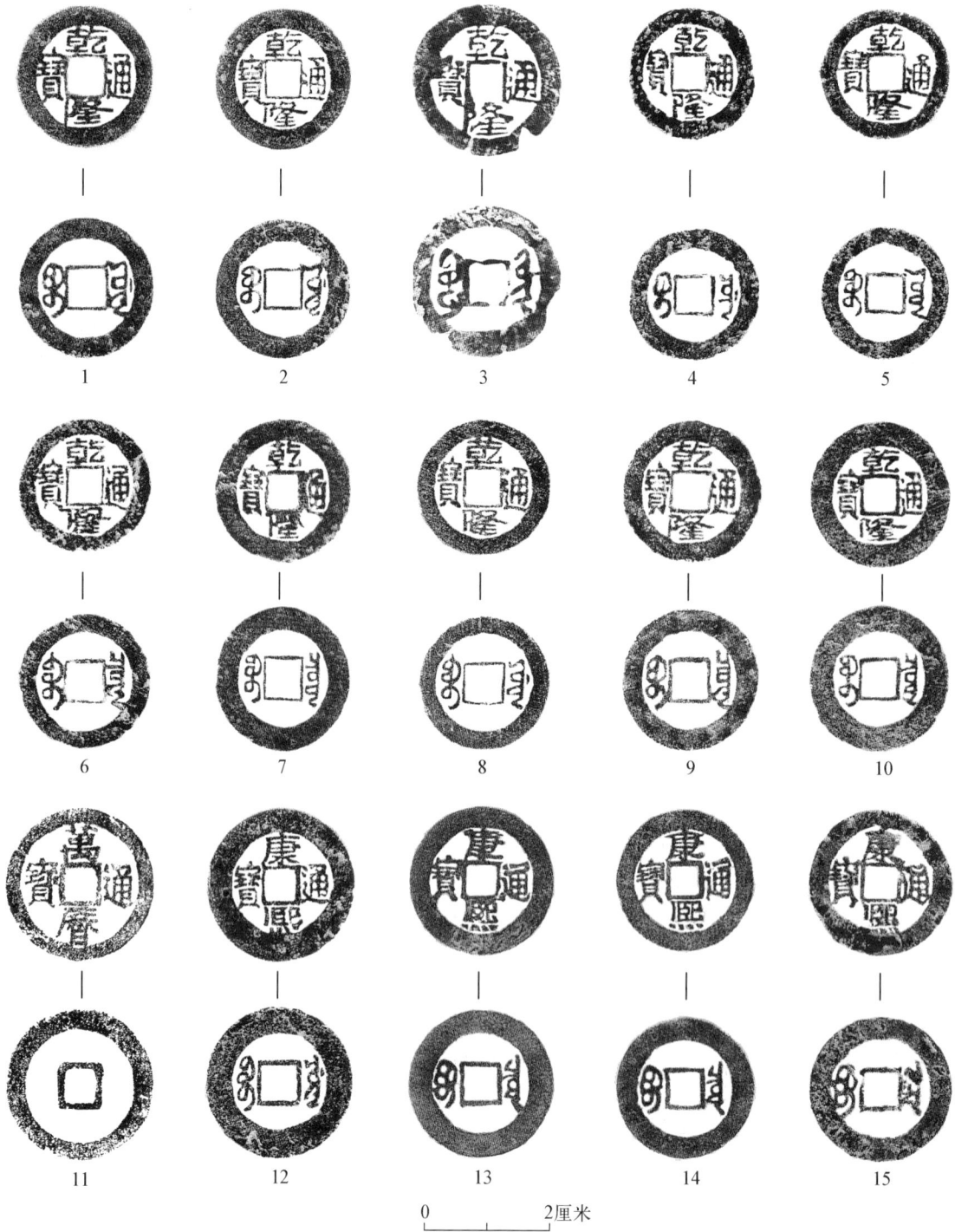

0   2厘米

图三四　双棺B型墓葬随葬铜钱

1～10.乾隆通宝（M29：2、M6：1、M6：2、M6：4-2、M6：6、M6：7、M6：8、M6：9、M6：11、M18：4）　11.万历通宝（M29：4）

12～15.康熙通宝（M6：4-1、M1：1、M1：2、M1：5）

图三五　M6平、剖面图

1、2、4、6～9、11. 铜钱　3、5、10. 银簪

M18　位于 I 区中部，西邻 M13、南邻 M19、东邻 M27。GPS 坐标为 39°51′03.85″N，116°37′48.79″E。南北向，方向为 335°。墓口距地表深 0.65 米，墓底距地表深 1.55 米。墓圹南北长 3 米、东西宽 1.4～1.56 米、深 0.9 米（图三六；彩版一〇，3）。

棺木已朽。骨架保存均较差，皆仰身直肢葬，头向北。东棺为老年男性，面向上。西棺为老年女性，面向东。内填花黏土，致密度较疏松。随葬品有铜扣、银簪、铜钱。

银簪 1 件。M18：3，首为葵圆形，边缘为逆时针转的花瓣。中部为圆形凸起，内铸"寿"字。首宽 1.9 厘米、残高 0.58 厘米（图三三，4；彩版一九，4）。

铜扣 5 枚。形制相同，大小不一。扣体呈球形，顶部有环。素面。M18：1，直径 0.9 厘米、高 1.2 厘米（图三三，8；彩版一九，5）。M18：2-1，直径 1 厘米、残高 0.94 厘米（图三三，9；彩版一九，6，左）。M18：2-2，直径 0.9 厘米、残高 1.03 厘米（图三三，5；彩版一九，6，右）。M18：5-1，直径

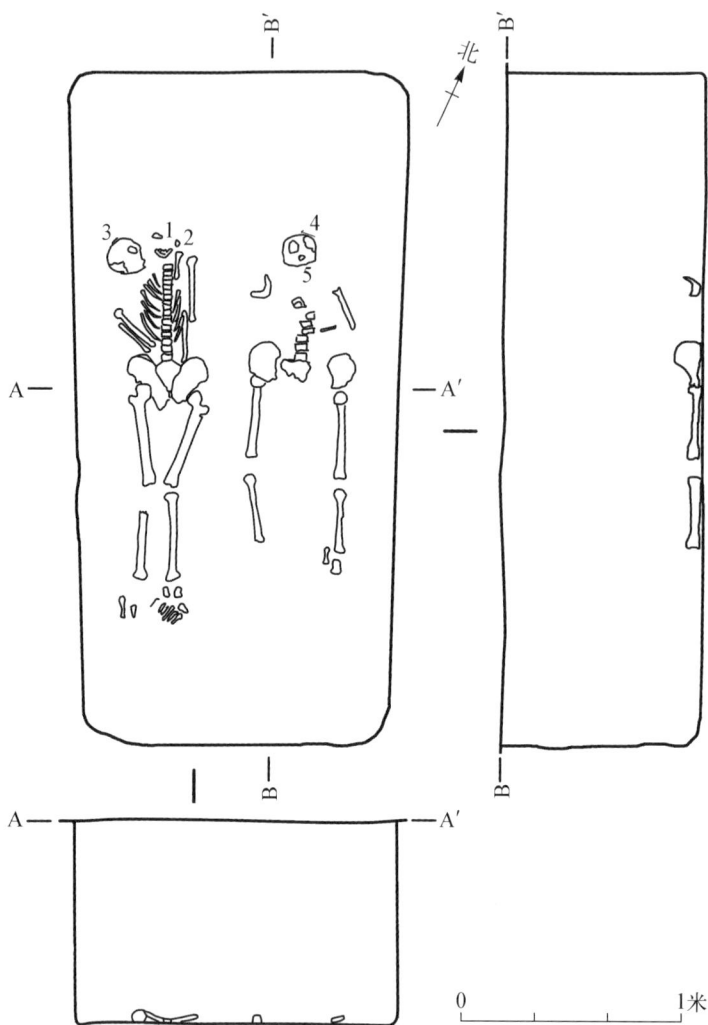

图三六　M18平、剖面图

1、2、5.铜扣　3.银簪　4.铜钱

1厘米、高1.5厘米（图三三,6;彩版二〇,1,左）。M18:5-2,直径1厘米、高0.8厘米（图三三,7;彩版二〇,1,中）。M18:5-3,直径1.3厘米、残高0.8厘米（图三三,10;彩版二〇,1,右）。

乾隆通宝1枚。M18:4,模制、完整,圆形、方穿。正面有郭,铸"乾隆通宝"四字,楷书,对读;背面有郭,穿左右为满文"宝泉",纪局名。直径2.54厘米、穿径0.55厘米、郭厚0.12厘米（图三四,10）。

其余4枚。均锈蚀严重,字迹模糊不可辨认。

M19　位于Ⅰ区中部,北邻M18、东南邻M20。GPS坐标为39°51′03.58″N,116°37′48.87″E。南北向,方向为356°。墓口距地表深0.55米,墓底距地表深1.22～1.38米。墓圹南北长2.58米、东西宽1.48～1.64米、深0.67～0.83米（图三七;彩版一〇,4）。

棺木已朽。骨架保存均较差,皆仰身直肢葬,头向北。东棺为老年男性,面向不详。西棺为老年女性,面向东。西棺打破东棺。内填花黏土,致密度较疏松。未发现随葬品。

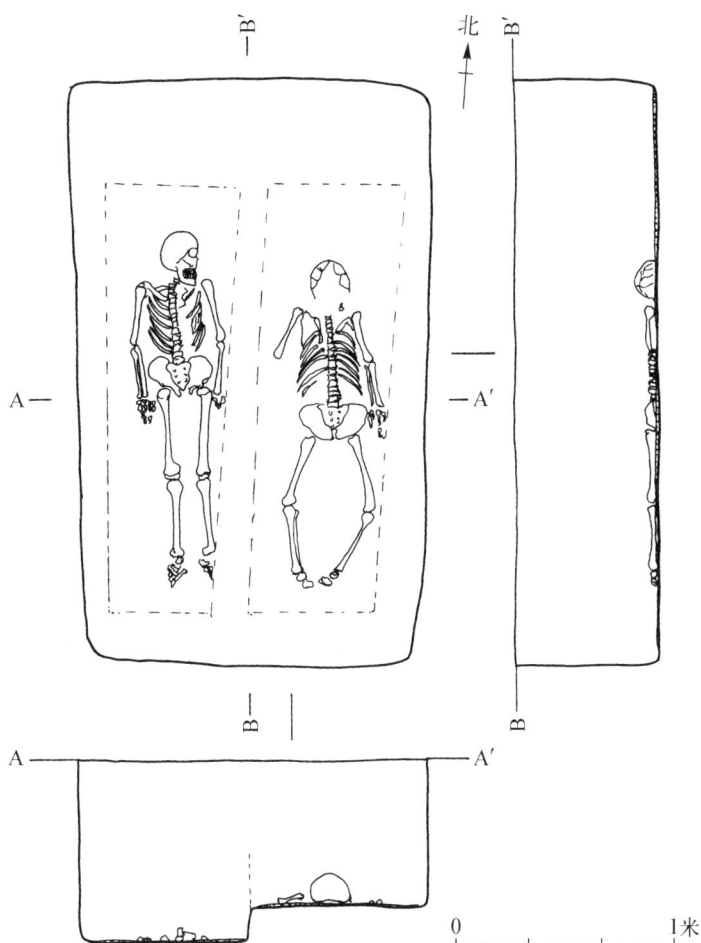

图三七　M19平、剖面图

M29　位于Ⅰ区中南侧，北邻M15，被M16打破。GPS坐标为39°50′46.07″N，116°38′27.38″E。南北向，方向为323°。墓口距地表深0.6米，墓底距地表深1.9米。墓圹南北长2.5米、东西宽1.9～2.1米、深1.3米（图三八；彩版一〇，5）。

棺木保存一般。骨架保存均较差，皆仰身直肢葬，头向北，面向不详。东棺长2.12米、宽0.68～0.9米、残高0.12米、厚0.04米。棺内为老年男性。西棺长2.06米、宽0.54～0.66米、残高0.1米、厚0.07米。棺内为老年女性。内填花黏土，致密度较疏松。随葬品有银耳勺、银簪、银戒指、鎏金耳坠、铜钱。

银戒指1件。M29：1，圆环形，较宽，两端对接。以两道凹弦纹分隔戒面。直径1.8厘米，宽0.7厘米（图三九，4；彩版二〇，2）。

鎏金耳坠1件。M29：3，呈"S"形，一端为如意云纹，一端尖细。附有石榴形挂饰。通长3厘米（图三九，9；彩版二〇，3）。

银簪7件。首为葵圆形，花瓣呈逆时针方向旋转。截面为"凸"字形，中部为圆形凸起。体细直，为锥形。M29：5，首内铸"寿"字。首宽2.2厘米、高0.21厘米、残长12.9厘米（图三九，

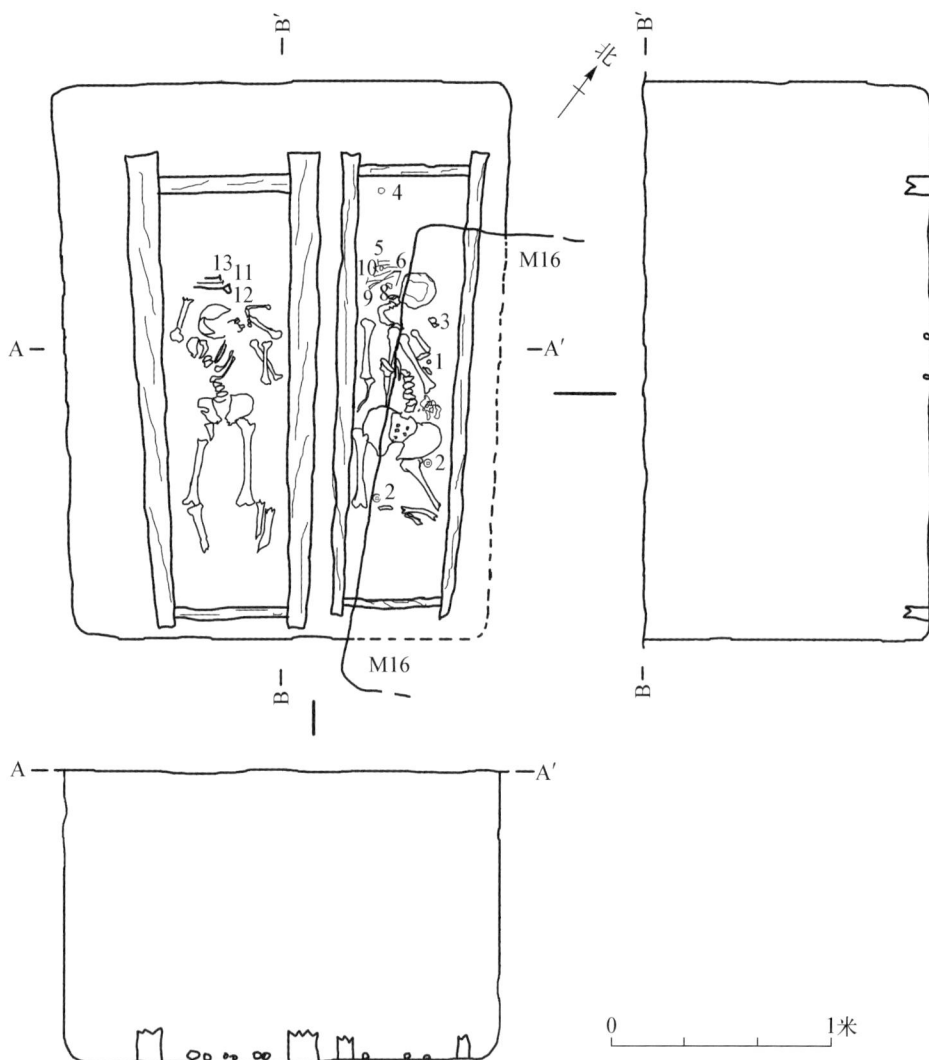

图三八　M29平、剖面图

1. 银戒指　2、4. 铜钱　3. 鎏金耳坠　5、6、8～12. 银簪　7、13. 银耳勺

2；彩版二〇，4）。M29：6，首内铸"福"字。首宽2.4厘米、高0.21厘米、残长12.6厘米（图三九，1；彩版二〇，5）。M29：8，首近长方形，錾刻花叶纹，上部刻竹叶纹，下部刻花草纹；背面戳印"兴化"。体扁平、细长，末端尖锐。首宽0.5厘米、通长16.8厘米（图三九，3；彩版二〇，6）。M29：9，首呈如意形，分为三层，各刻有数道细线纹；中部有一圆形凸起，背面有五孔。体扁平，上部刻有花草纹。残长9.9厘米（图三九，10；彩版二一，1）。M29：10，首为莲花形，内镶嵌一白色圆形珍珠，顶部作梅花形卯。颈部饰数道凸弦纹。体细直。残长6.7厘米（图三九，11；彩版二一，2）。M29：11，首残，余一花瓣形底托。颈部饰数道凸弦纹。细长弯曲。残长12.5厘米（图三九，7；彩版二一，3）。M29：12，首作如意形，分为三层。各层刻细线纹，背部扁平。上部刻花草纹，下部刻细线纹。背面戳印"福"字。首宽2.4厘米、高1.72厘米、通长17.7厘米（图三九，5；彩版二一，4）。

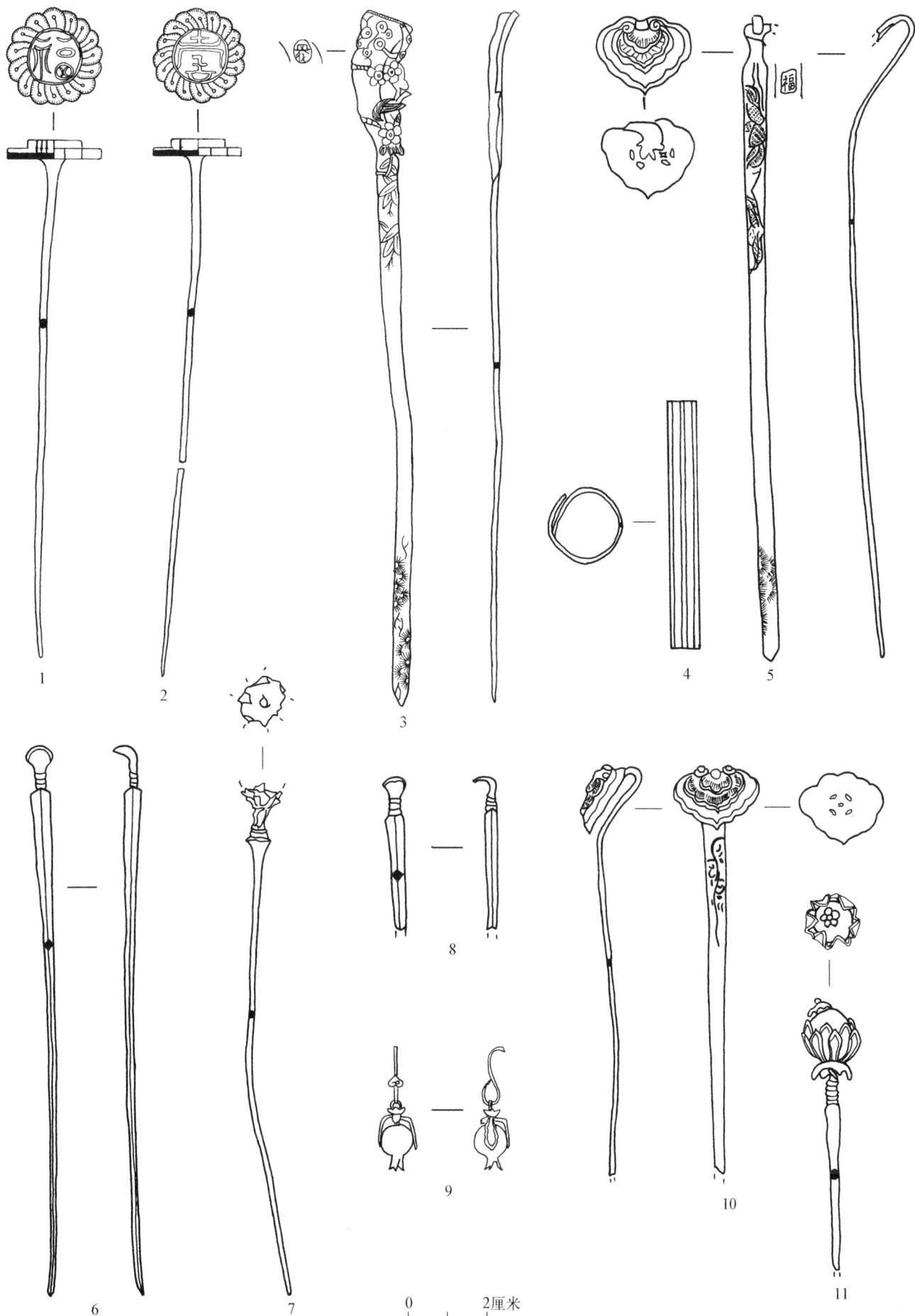

图三九 M29随葬器物

1～3、5、7、10、11.银簪（M29：6、M29：5、M29：8、M29：12、M29：11、M29：9、M29：10） 4.银戒指（M29：1） 6、8.银耳勺（M29：7、M29：13）
9.鎏金耳坠（M29：3）

银耳勺2件。形制基本相同。顶部为圆勺状。颈部饰三道凸弦纹。体细长，为锥形，截面为菱形。M29：7，首高1.2厘米、宽0.5厘米、通长13.4厘米（图三九，6；彩版二一，5）。M29：13，首高0.95厘米、宽0.4厘米、残长3.7厘米（图三九，8；彩版二一，6）。

万历通宝1枚。M29：4，模制、完整、圆形、方穿。正面有郭，铸"万历通宝"四字，楷书，对读；背面有郭。直径2.55厘米、穿径0.5厘米、郭厚0.13厘米（图三四，11）。

乾隆通宝1枚。M29：2，模制、完整、圆形、方穿。正面有郭，铸"乾隆通宝"四字，楷书，对读；背面有郭，穿左右为满文"宝源"，纪局名。直径2.59厘米、穿径0.51厘米、郭厚0.16厘米（图三四，1）。

C型：平面呈不规则形，有M11、M12、M20、M23。

M11　位于Ⅰ区西中部，北邻M10、南邻M12。GPS坐标为39°51′03.99″N，116°37′48.43″E。南北向，方向为340°。墓口距地表深0.65米，墓底距地表深1.55米。墓圹南北长2.8米、东西宽2～2.1米、深0.9米（图四〇；彩版一一，1）。

图四〇　M11平、剖面图

1、2. 铜钱

　　棺木保存一般。骨架保存均较差，皆仰身直肢葬。头向北，性别、年纪不详。东棺残长2.1米、宽0.44～0.66米、残高0.06米、厚0.04米。棺内人骨面向西。西棺长2米、宽0.58～0.68米、残高0.1米、厚0.04米。棺内人骨面向上。内填花黏土，致密度较疏松。随葬品有铜钱。

　　乾隆通宝4枚。均模制、完整，圆形、方穿。正面有郭，铸"乾隆通宝"四字，楷书，对读；背面有郭，穿左右为满文"宝源"，纪局名。标本：M11：1，直径2.52厘米、穿径0.54厘米、郭厚0.12厘米（图四一，1）。

　　其余2枚。均锈蚀严重，字迹模糊不可辨认。

　　M12　位于Ⅰ区西中部，北邻M11、南邻M13。GPS坐标为39°51′03.84″N，116°37′48.40″E。南北向，方向为335°。墓口距地表深0.6米，墓底距地表深1.8米。墓圹南北长3.04～3.4米、东西宽1.46～2.66米、深1.2米（图四二；彩版一一，2）。

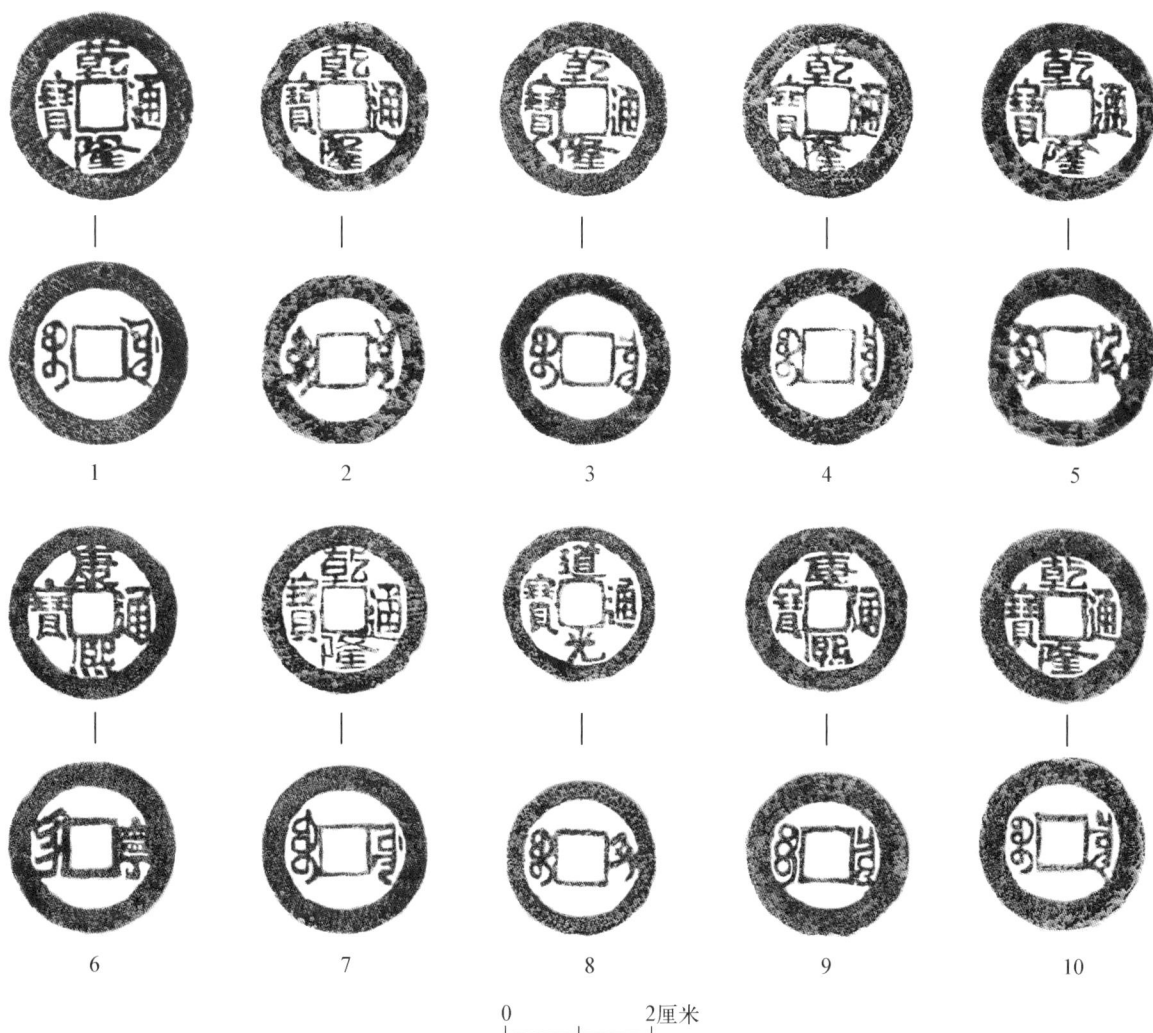

图四一　双棺C型墓葬随葬铜钱

1～5、7、10.乾隆通宝（M11：1、M12：1、M12：7、M12：8、M12：9、M12：11-2、M23：5-2）　6、9.康熙通宝（M12：11-1、M23：5-1）

8.道光通宝（M12：11-3）

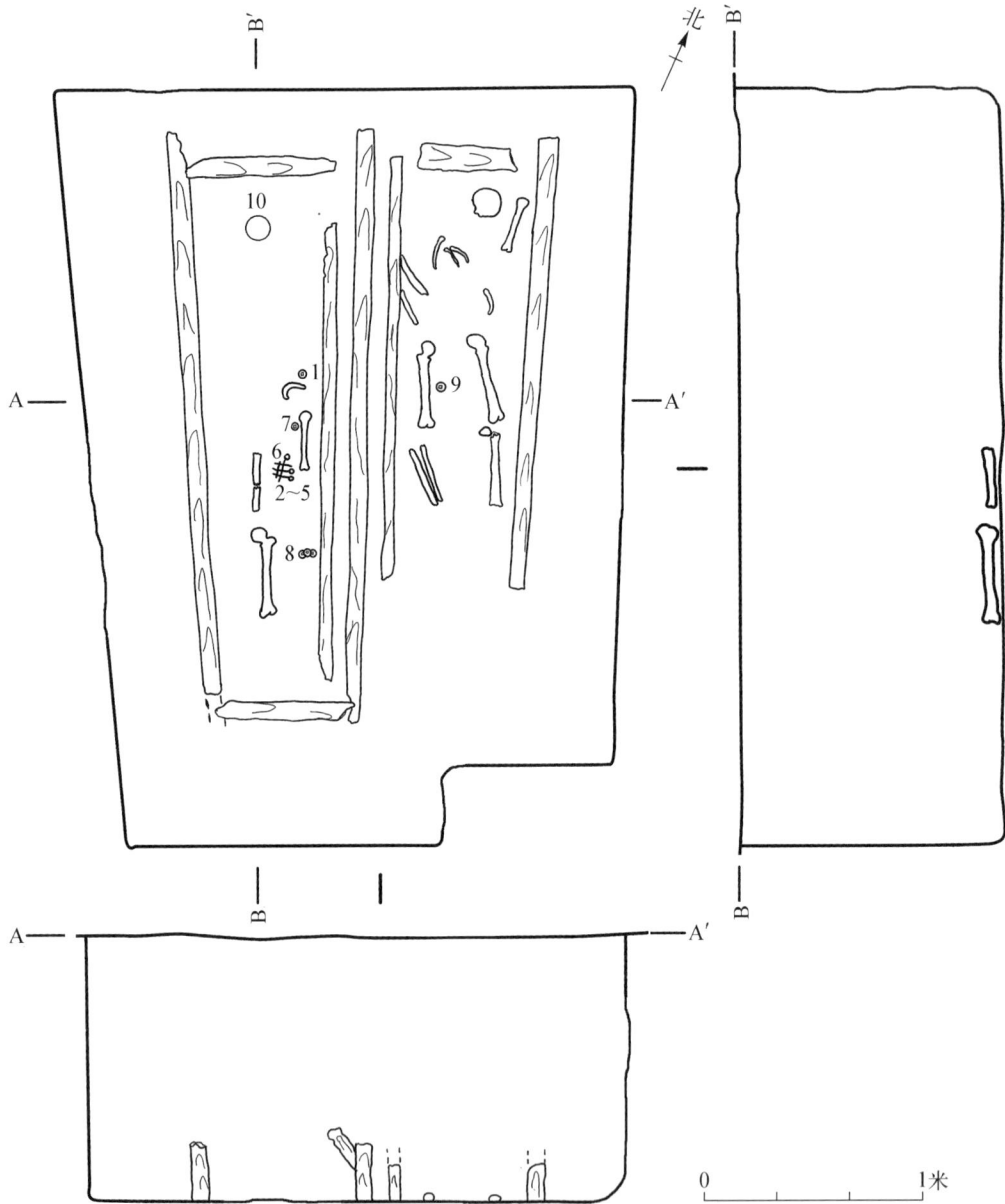

图四二　M12平、剖面图

1、7~9、11.铜钱　2~6.银簪　10.瓷罐

　　棺木保存一般。骨架保存均较差,皆仰身直肢葬,性别、年纪、面向不详。东棺残长1.9米、残宽0.64~0.72米、残高0.14米、厚0.05米。棺内人骨头向北。西棺残长2.5米、残宽0.72~0.94米、残高0.26米、厚0.05米。棺内人骨头向不详。内填花黏土,致密度较疏松。随葬品有瓷罐、银簪、铜钱。

　　瓷罐1件。M12:10,方圆唇、直口,口沿外有凸棱一周,短颈,鼓肩,鼓腹弧内收,平底。器身施白釉,外壁底部未施釉。口径7.6厘米、肩径12.8厘米、底径8.9厘米、通高14.7厘米(图四三,1;彩版二二,1)。

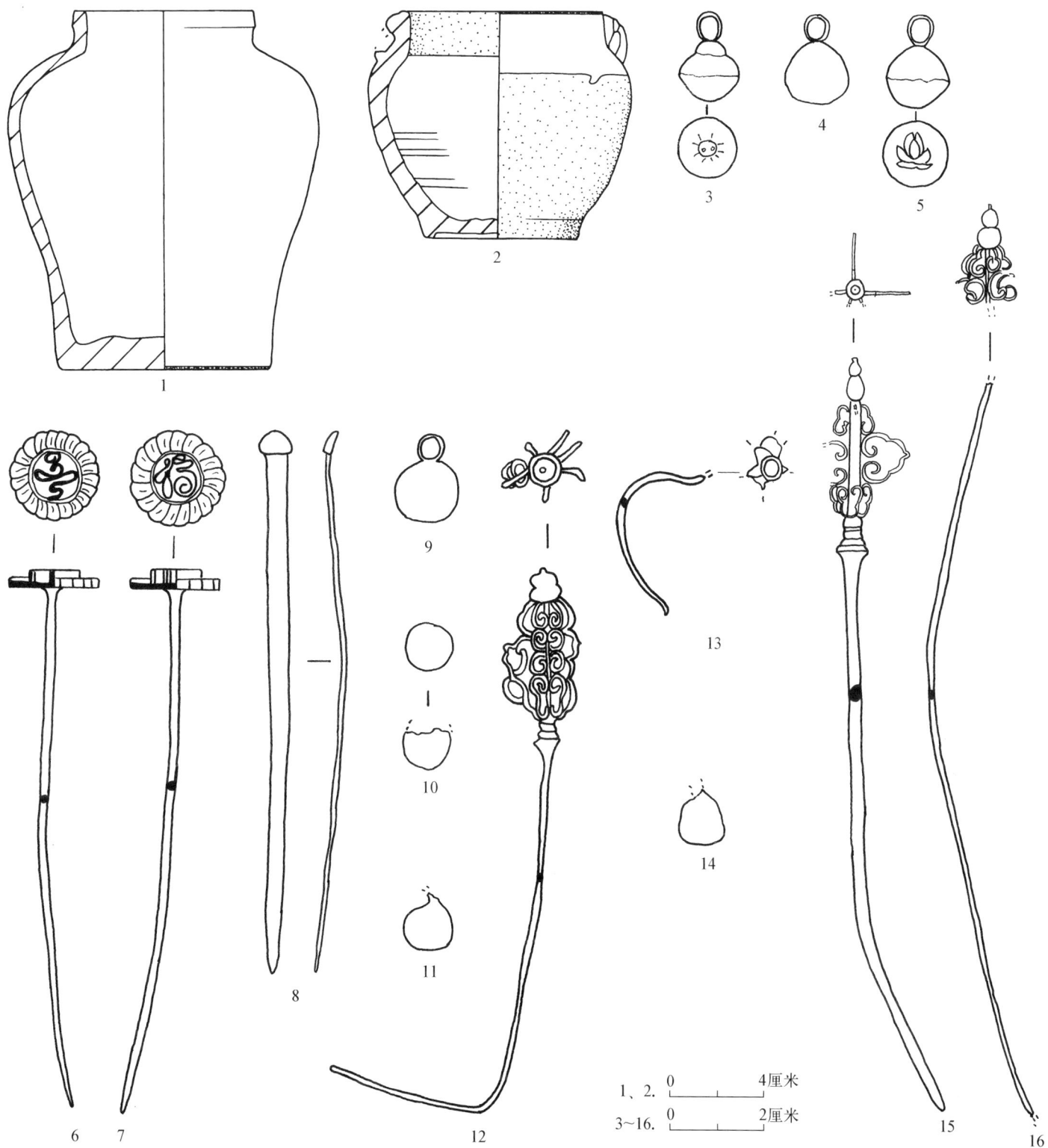

图四三　双棺C型墓葬随葬器物

1. 瓷罐（M12：10）　2. 半釉罐（M20：1）　3～5、9～11、14. 铜扣（M23：6-1、M23：6-3、M23：6-2、M20：2、M23：4-1、M23：4-2、M23：3）
6～8、12、15、16. 银簪（M12：5、M12：3、M12：6、M23：1、M12：4、M12：2）　13. 银耳环（M23：2）

银簪5件。首为禅杖形,顶部为葫芦状,由银丝缠绕而成,分为五面。体细长弯曲,为锥形。M12:2,残长14.6厘米(图四三,16;彩版二二,2)。M12:4,颈部饰数道凸弦纹。通长14.9厘米(图四三,15;彩版二二,3)。首为葵圆形,花瓣呈逆时针旋转,中部为圆形凸起。体细直,为锥形。M12:3,首内铸"福"字。首宽1～1.8厘米、高0.18厘米、通长10.7厘米(图四三,7;彩版二二,4)。M12:5,首内铸"寿"字。首宽1～1.8厘米、高0.18厘米、通长10.2厘米(图四三,6;彩版二二,5)。M12:6,首为蘑菇状,背面扁平。体扁平,末端为圆弧状。宽0.4厘米、通长10.8厘米(图四三,8;彩版二二,6)。

康熙通宝4枚。均模制、完整、圆形、方穿。正面有郭,铸"康熙通宝"四字,楷书,对读;背面有郭,穿左右为满汉文"宁",纪局名。标本:M12:11-1,直径2.36厘米、穿径0.58厘米、郭厚0.08厘米(图四一,6)。

乾隆通宝25枚。均模制、完整、圆形、方穿。正面有郭,铸"乾隆通宝"四字,楷书,对读;背面有郭,穿左右为满文"宝泉",纪局名。标本:M12:1,直径2.35厘米、穿径0.52厘米、郭厚0.16厘米(图四一,2)。标本:M12:7,直径2.41厘米、穿径0.58厘米、郭厚0.14厘米(图四一,3)。标本:M12:8,直径2.51厘米、穿径0.6厘米、郭厚0.11厘米(图四一,4)。背面有郭,局名字迹模糊。标本:M12:9,直径2.45厘米、穿径0.59厘米、郭厚0.13厘米(图四一,5)。背面有郭,穿左右为满文"宝源",纪局名。标本:M12:11-2,直径2.34厘米、穿径0.49厘米、郭厚0.14厘米(图四一,7)。

道光通宝2枚。均模制、完整、圆形、方穿。正面有郭,铸"道光通宝"四字,楷书,对读;背面有郭,穿左右为满文"宝吉",纪局名。标本:M12:11-3,直径2.19厘米、穿径0.56厘米、郭厚0.16厘米(图四一,8)。

M20 位于Ⅰ区南侧,北邻M26、西邻M16。GPS坐标为39°51′03.46″N,116°37′48.95″E。南北向,方向为325°。墓口距地表深0.65米,墓底距地表深1.2～1.55米。墓圹南北长2.5～2.6米、东西宽1.32～1.8米、深0.55～0.9米(图四四;彩版一一,3)。

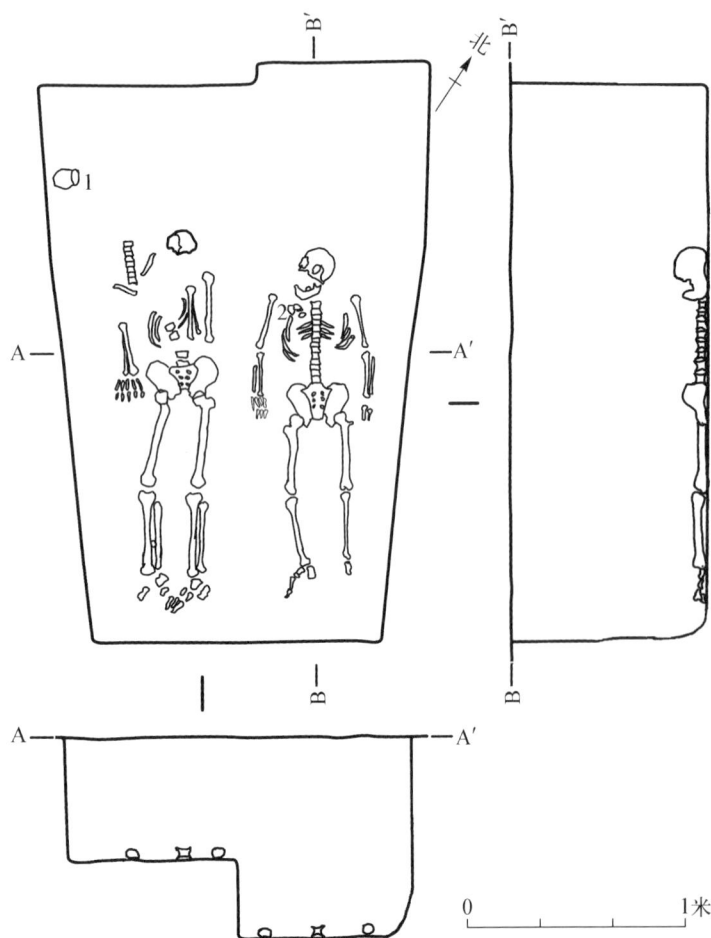

图四四　M20平、剖面图

1.半釉罐　2.铜扣

棺木已朽。骨架保存均较差，皆仰身直肢葬，头向北。东棺为中年男性，面向西。西棺为中年女性，面向不详。西棺打破东棺。内填花黏土，致密度较疏松。随葬品有半釉罐、铜扣。

半釉罐1件。M20：1，方圆唇、直口、短颈、弧腹、平底内凹。肩至腹部左右附一组对称桥形鼻系。胎质较粗糙，外表施酱釉，内壁口沿、外壁下部、底部未施釉。内壁有明显轮制痕迹。口径8.5厘米、肩径10.9厘米、底径6.6厘米、通高9.3厘米（图四三，2；彩版二三，1）。

铜扣1件。M20：2，扣体呈球形，顶部环状。素面。直径0.8厘米、高1.55厘米（图四三，9；彩版二三，2）。

M23　位于Ⅰ区南侧，西邻M22、南邻M24。GPS坐标为39°51′03.29″N，116°37′48.98″E。东西向，方向为310°。墓口距地表深0.65米，墓底距地表深1.47~1.6米。

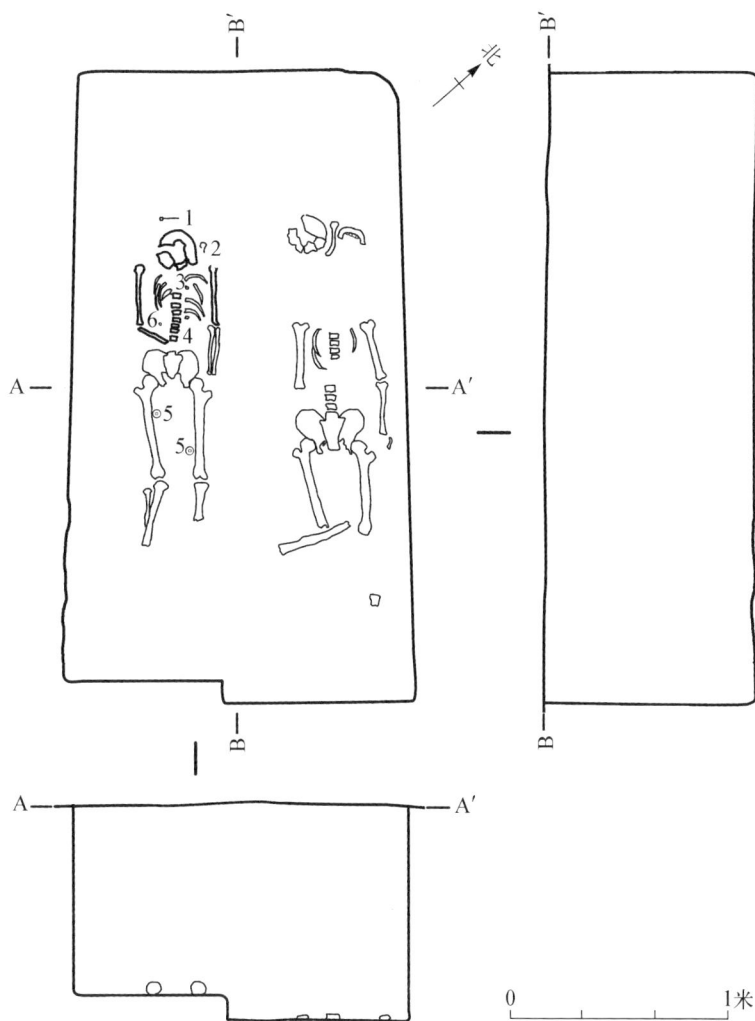

图四五　M23平、剖面图

1.银簪　2.银耳环　3、4、6.铜扣　5.铜钱

墓圹南北长2.7~2.8米、东西宽1.44~1.6米、深0.82~0.95米（图四五；彩版一一，4）。

棺木已朽。骨架保存均较差。皆仰身直肢葬，头向西北，面向不详。北棺为老年男性。南棺为老年女性。内填花黏土，致密度较疏松。随葬品有银簪、银耳环、铜扣、铜钱。

银簪1件。M23：1，首为禅杖形，顶部为葫芦状，由银丝缠绕而成，分为六面，上套活环。颈部饰数道凸弦纹。体细长，弯曲为锥形。首高3.2厘米、宽1.6厘米、通长14.1厘米（图四三，12；彩版二三，3）。

银耳环1件。M23：2，一端尖细弯曲，顶部呈花瓣状。残长2.9厘米（图四三，13；彩版二三，4）。

铜扣6件。形制相同，大小不一。扣体呈球形，顶部呈环状。M23：3，素面。直径1厘米、残高1.08厘米（图四三，14；彩版二三，5）。M23：4-1，素面。直径1厘米、残高1.2厘米（图四三，10；彩版二三，6，左）。M23：4-2，素面。直径1.2厘米、高1.4厘米（图四三，11；彩版二三，6，右）。M23：6-1，扣身饰两道凸弦纹，底部为圆形凸起，四周刻有数道细线，状如太阳纹。腹径1.3

厘米、高1.7厘米(图四三,3;彩版二四,1,左)。M23:6-2,扣身饰一道凸弦纹,底部刻一莲花。腹径1.2厘米、高1.9厘米(图四三,5;彩版二四,1,右)。M23:6-3,素面。腹径1.3厘米、高1.8厘米(图四三,4;彩版二四,1,中)。

康熙通宝1枚。M23:5-1,模制、完整、圆形、方穿。正面有郭,铸"康熙通宝"四字,楷书,对读;背面有郭,穿左右为满文"宝泉",纪局名。直径2.35厘米、穿径0.55厘米、郭厚0.12厘米(图四一,9)。

乾隆通宝2枚。均模制、完整、圆形、方穿。正面有郭,铸"乾隆通宝"四字,楷书,对读;背面有郭,穿左右为满文"宝泉",纪局名。标本:M23:5-2,直径2.42厘米、穿径0.52厘米、郭厚0.12厘米(图四一,10)。

其余2枚。均锈蚀严重,字迹模糊不可辨认。

三、三棺墓

共3座,平面均呈不规则形,有M2、M10、M13。

M2　位于Ⅰ区西北部,西邻M1、东邻M3。GPS坐标为39°51′04.51″N,116°37′48.57″E。南北向,方向为355°。墓口距地表深0.8米,墓底距地表深1.8米。墓圹南北长2.7米、东西宽2.6～3米、深1米(图四六;彩版一二,1)。

骨架皆仰身直肢葬,头向北。东棺棺木已朽。残长2.14米、残宽0.8～0.9米、残高0.3米、厚0.03米。棺内人骨保存较好,为老年男性,面向下。中棺棺木已朽。棺内人骨保存较差,性别、年纪、面向不详。西棺棺木保存一般。残长2.1米、宽0.68～0.82米、残高0.2米、厚0.05米。棺内人骨保存较差,性别、年纪、面向不详。东棺打破中棺。内填花黏土,致密度较疏松。随葬品有半釉罐、铜钱。

半釉罐2件。M2:1,圆唇、敞口、短束颈,肩部略折,弧直腹,平底略内凹。胎质较细。肩部以上外壁及内壁口沿施酱釉;外壁下部、底部未施釉,露白胎。内壁有明显轮制痕迹。口径11厘米、肩径10.3厘米、底径7.5厘米、通高11厘米(图四七,1;彩版二四,2)。M2:7,方圆唇、直口、短颈,颈下有凸棱一周,鼓肩,腹部以下弧内收,平底。肩部以上外壁及内壁口沿施酱釉,泛绿;外壁下部、底部未施釉,露白胎。口径9.9厘米、肩径11.4厘米、底径7.8厘米、通高13.5厘米(图四七,2;彩版二四,3)。

祥符元宝1枚。M2:8,模制、完整、圆形、方穿。正面有郭,铸"祥符元宝"四字,楷书,旋读;背面有郭,无字。直径2.36厘米、穿径0.58厘米、郭厚0.11厘米(图四八,6)。

康熙通宝7枚。均模制、完整、圆形、方穿。正面有郭,铸"康熙通宝"四字,楷书,对读。标本:M2:2,背面有郭,穿左右为满文"宝源",纪局名。直径2.31厘米、穿径0.55厘米、郭厚0.11厘米(图四八,1)。标本:M2:3,背面有郭,穿左右为满文"宝泉",纪局名。直径2.29厘米、穿径0.57厘米、郭厚0.11厘米(图四八,2)。标本:M2:4,背面有郭,穿左右为满文"宝泉",纪局名。直径2.28厘米、穿径0.59厘米、郭厚0.11厘米(图四八,3)。标本:M2:6,背面有郭,穿左右为满文"宝源",纪局名。直径2.72厘米、穿径0.58厘米、郭厚0.11厘米(图四八,5)。

北

B'

A — — A'

B

0   1米

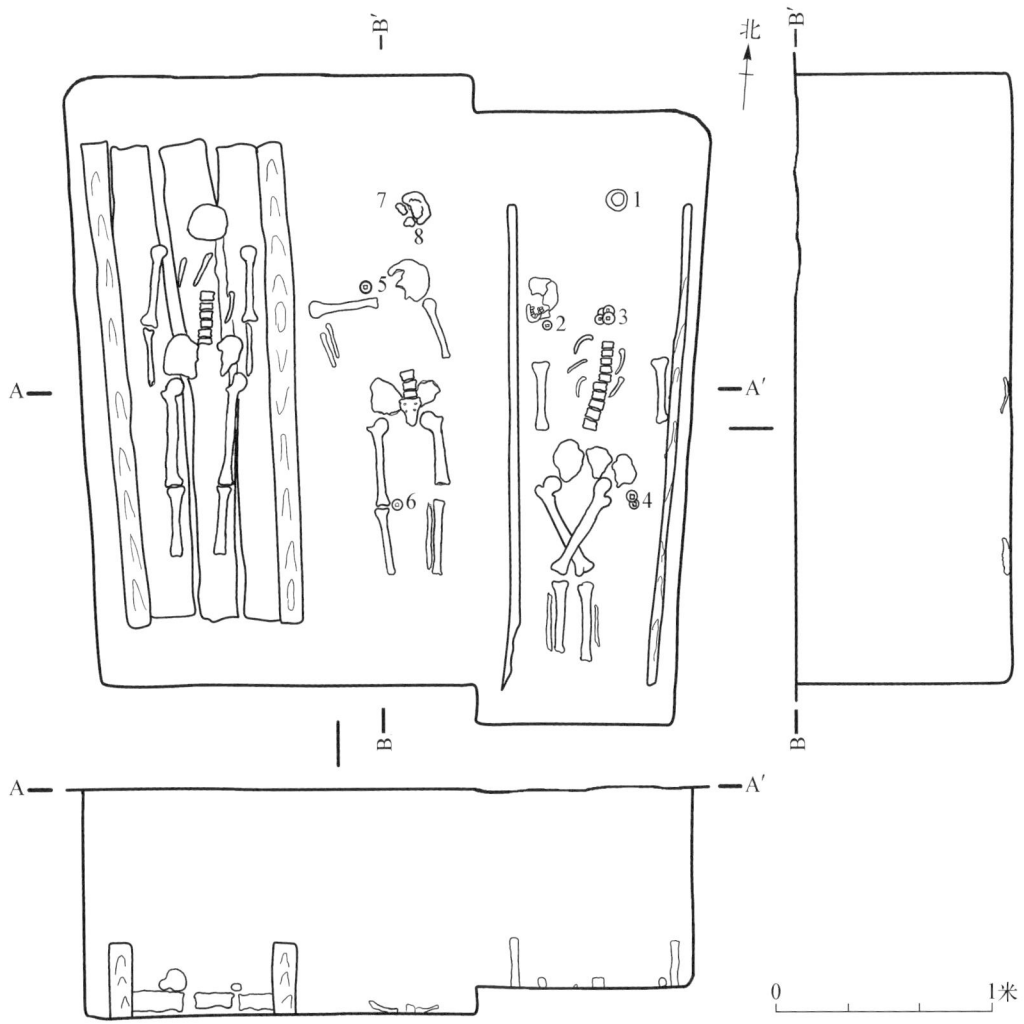

图四六   M2平、剖面图

1、7. 半釉罐   2～6、8. 铜钱

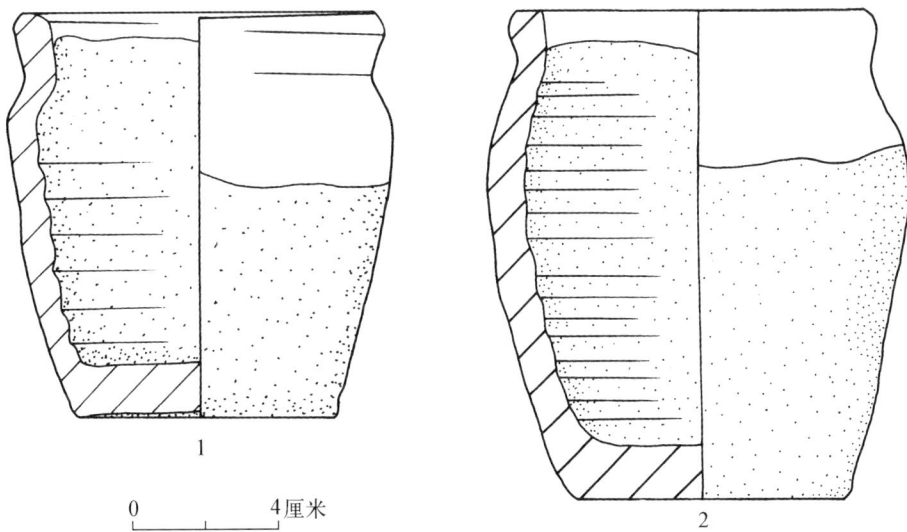

1

2

0   4厘米

图四七   M2随葬半釉罐

1. M2：1   2. M2：7

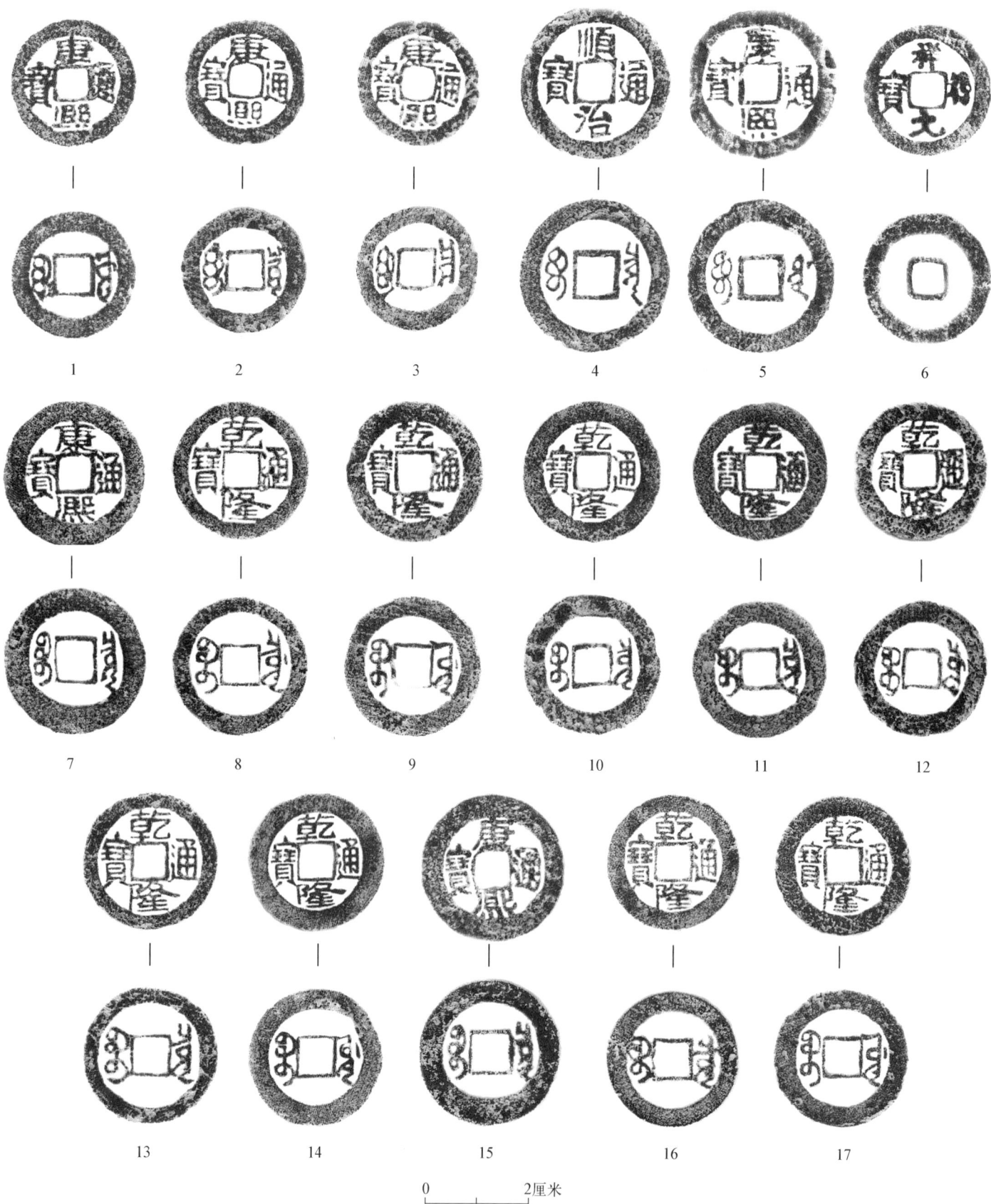

图四八　三棺墓葬随葬铜钱

1～3、5、7、15. 康熙通宝（M2：2、M2：3、M2：4、M2：6、M10：14-1、M13：12-1）　4. 顺治通宝（M2：5）　6. 祥符元宝（M2：8）

8～14、16、17. 乾隆通宝（M10：14-2、M10：5、M10：6、M10：7、M10：8、M10：9、M10：10、M13：12-2、M13：15）

顺治通宝1枚。M2∶5，模制、完整、圆形、方穿。正面有郭，铸"顺治通宝"四字，楷书，对读；背面有郭，穿左右为满文"宝泉"，纪局名。直径2.74厘米、穿径0.62厘米、郭厚0.11厘米（图四八，4）。

M10　位于Ⅰ区西北部，北邻M8、南邻M11。GPS坐标为39°51′04.18″N，116°37′48.37″E。南北向，方向为330°。墓口距地表深0.4米，墓底距地表深1.6米。墓圹南北长3.1米、东西宽3～3.2米、深1.2米（图四九；彩版一二，2）。

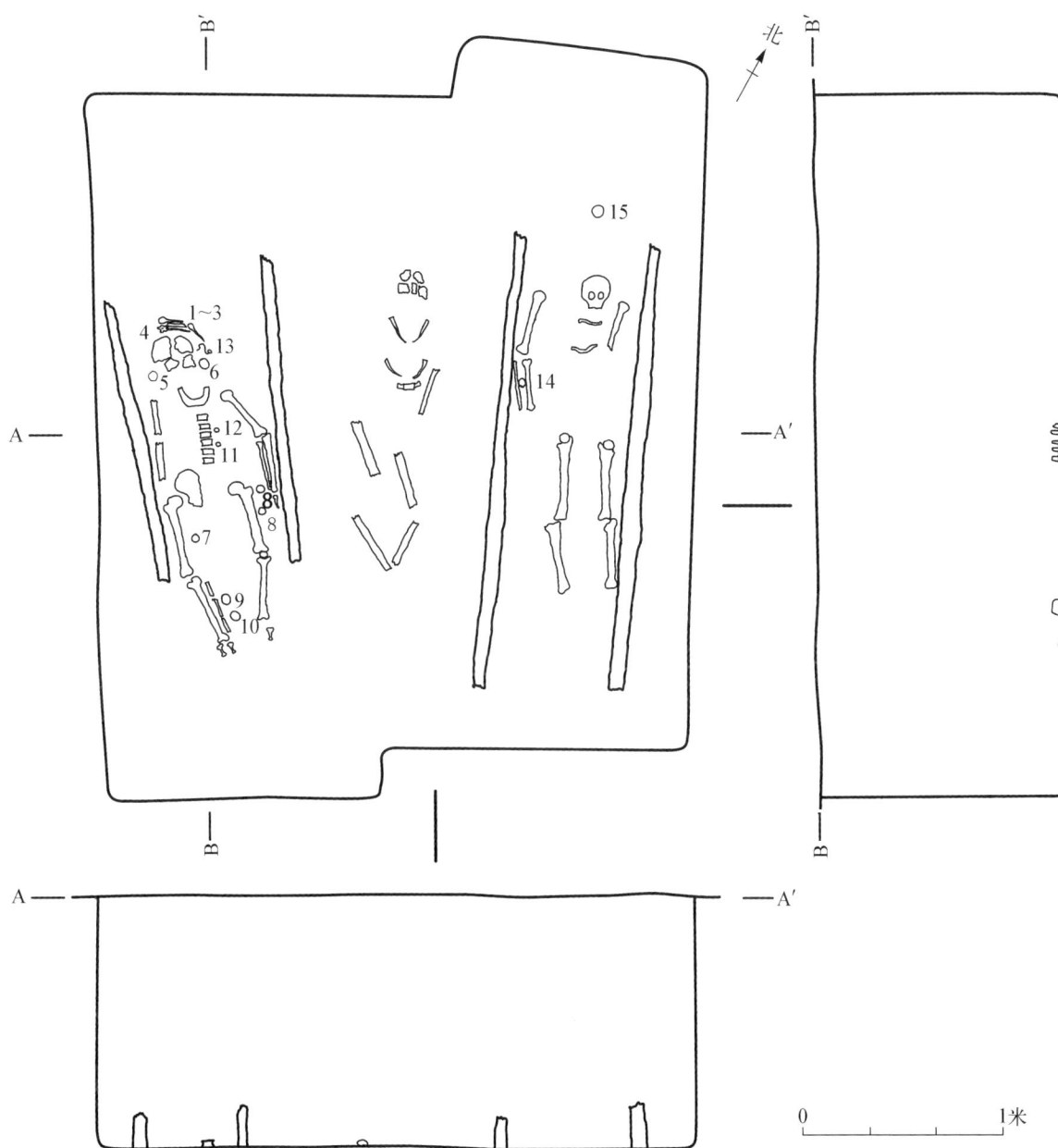

图四九　M10平、剖面图

1～4. 银簪　5～10、14. 铜钱　11、12. 铜扣　13. 金耳环　15. 半釉罐

棺木已朽。骨架保存均较差,皆头向北、性别、年纪、面向不详。东棺残长1.3米、残宽0.7~0.82米、残高0.14米、厚0.05米。棺内人骨为仰身直肢葬。中棺仅余几根肢骨,葬式不详。西棺残长2.1米、残宽0.7米、残高0.14~0.2米、厚0.04米。棺内人骨为仰身直肢葬。内填花黏土,致密度较疏松。随葬品有半釉罐、银簪、铜扣、金耳环、铜钱。

银簪4件。M10:1,首为五瓣花朵形,中部镶嵌一黄色宝石,包以花蕊形银丝。体细长,为锥体。首直径2.7厘米、残长11.4厘米(图五〇,2;彩版二四,4)。M10:2,首为禅杖形,顶部为葫芦状,由银丝缠绕而成,分为三面,上套银环。颈部饰数道凸弦纹。体细长弯曲,为锥形。首高3.17厘米、残宽2厘米、残长14.9厘米(图五〇,8;彩版二四,5)。M10:3,首为葵圆形,花瓣呈逆时针旋转。中部为圆形凸起,内铸"寿"字。体细长弯曲,为锥形。首高0.27厘米、宽1.3~2.2厘米、通长10.3厘米(图五〇,3;彩版二四,6)。M10:4,首微折,侧面为五瓣梅花形。体扁平,末端为圆弧状。素面。宽0.6~0.8厘米、通长11.1厘米(图五〇,4;彩版二五,1)。

铜扣2件。扣体呈球形,顶部作环状。素面。M10:11,直径0.8厘米、高1.3厘米(图五〇,5;彩版二五,2)。M10:12,直径1厘米、残高1.06厘米(图五〇,6;彩版二五,3)。

金耳环1件。M10:13,呈"S"形,一端为蘑菇首状,一端尖细。通长2.2厘米(图五〇,7;彩版二五,4)。

半釉罐1件。M10:15,方圆唇、侈口、短束颈、溜肩、弧直腹、平底略内凹。胎质较粗糙,外壁上部及内壁口沿施酱釉,泛绿,其余露红褐胎。内壁有明显轮制痕迹。口径10.3厘米、肩径10.6厘米、底径7厘米、通高12厘米(图五〇,1;彩版二五,5)。

康熙通宝1枚。M10:14-1,模制、完整,圆形、方穿。正面有郭,铸"康熙通宝"四字,楷书,对读;背面有郭,穿左右为满文"宝泉",纪局名。直径2.62厘米、穿径0.57厘米、郭厚0.17厘米(图四八,7)。

乾隆通宝18枚。均模制、完整,圆形、方穿。正面有郭,铸"乾隆通宝"四字,楷书,对读。标本:M10:5,背面有郭,穿左右为满文"宝源",纪局名。直径2.55厘米、穿径0.55厘米、郭厚0.12厘米(图四八,9)。标本:M10:6,背面有郭,穿左右为满文"宝泉",纪局名。直径2.55厘米、穿径0.51厘米、郭厚0.12厘米(图四八,10)。标本:M10:7,背面有郭,穿左右为满文"宝泉",纪局名。直径2.49厘米、穿径0.52厘米、郭厚0.11厘米(图四八,11)。标本:M10:8,背面有郭,穿左右为满文"宝泉",纪局名。直径2.49厘米、穿径0.52厘米、郭厚0.11厘米(图四八,12)。标本:M10:9,背面有郭,穿左右为满文"宝泉",纪局名。直径2.51厘米、穿径0.51厘米、郭厚0.16厘米(图四八,13)。标本:M10:10,背面有郭,穿左右为满文"宝源",纪局名。直径2.54厘米、穿径0.56厘米、郭厚0.11厘米(图四八,14)。标本:M10:14-2,背面有郭,穿左右为满文"宝源",纪局名。直径2.52厘米、穿径0.58厘米、郭厚0.15厘米(图四八,8)。

M13 位于Ⅰ区中西部,北邻M12、南邻M14。GPS坐标为39°51′03.7″N,116°37′48.54″E。南北向,方向为342°。墓口距地表深0.6米,墓底距地表深1.56米。墓圹南北长3.16~3.74米、东西宽3.6~3.98米、深0.96米(图五一;彩版一三)。

棺木保存一般。骨架保存均较差,皆仰身直肢葬,性别、年纪不详。东棺残长2.56米、宽0.6~0.8米、残高0.06米、厚0.04米。棺内人骨头向、面向均不详。中棺残长2米、残宽0.84~0.86

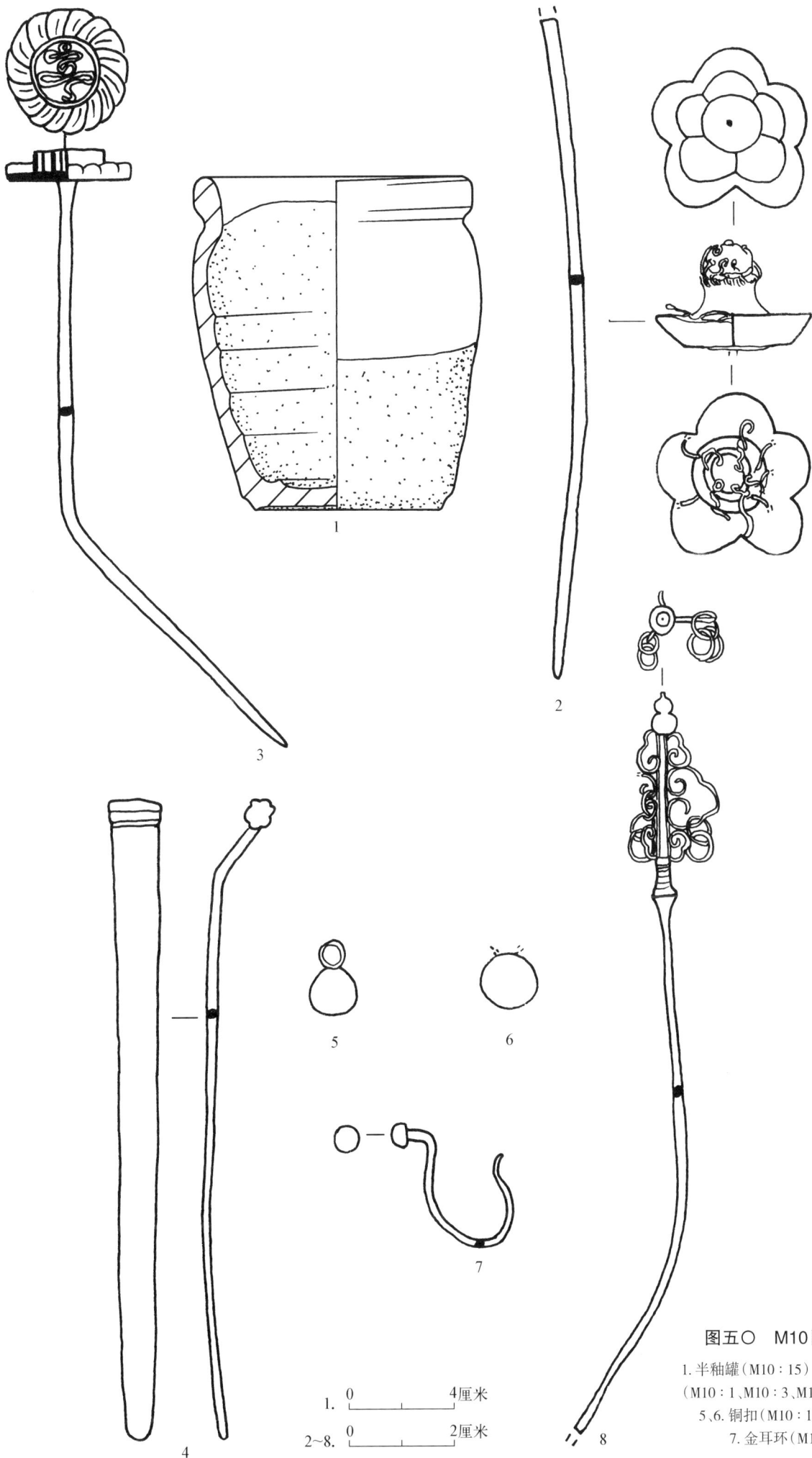

图五〇 M10随葬器物

1.半釉罐（M10：15） 2～4、8.银簪
（M10：1、M10：3、M10：4、M10：2）
5、6.铜扣（M10：11、M10：12）
7.金耳环（M10：13）

1. 0　　　　　4厘米

2～8. 0　　　　　2厘米

米、残高0.08米、厚0.04米。棺内人骨头向西北,面向上。西棺残长2.2米、宽0.6～0.7米、高0.08米、厚0.05米。棺内人骨头向西北,面向不详。内填花黏土,致密度较疏松。随葬品有瓷罐、银簪、银钗、银耳勺、银戒指、铜钱。

瓷罐1件。M13:1,方唇、直口,短颈,颈下有凸棱一周,鼓肩,下腹部弧收,平底略内凹。外壁施白釉,底部未施釉。口径7.9厘米、肩径12.9厘米、底径8厘米、通高14.6厘米(图五二,6;彩版二五,6)。

图五一　M13平、剖面图

1. 瓷罐　2～9. 银簪　10. 银耳勺　11. 银钗　12、15. 铜钱　13、14. 银戒指

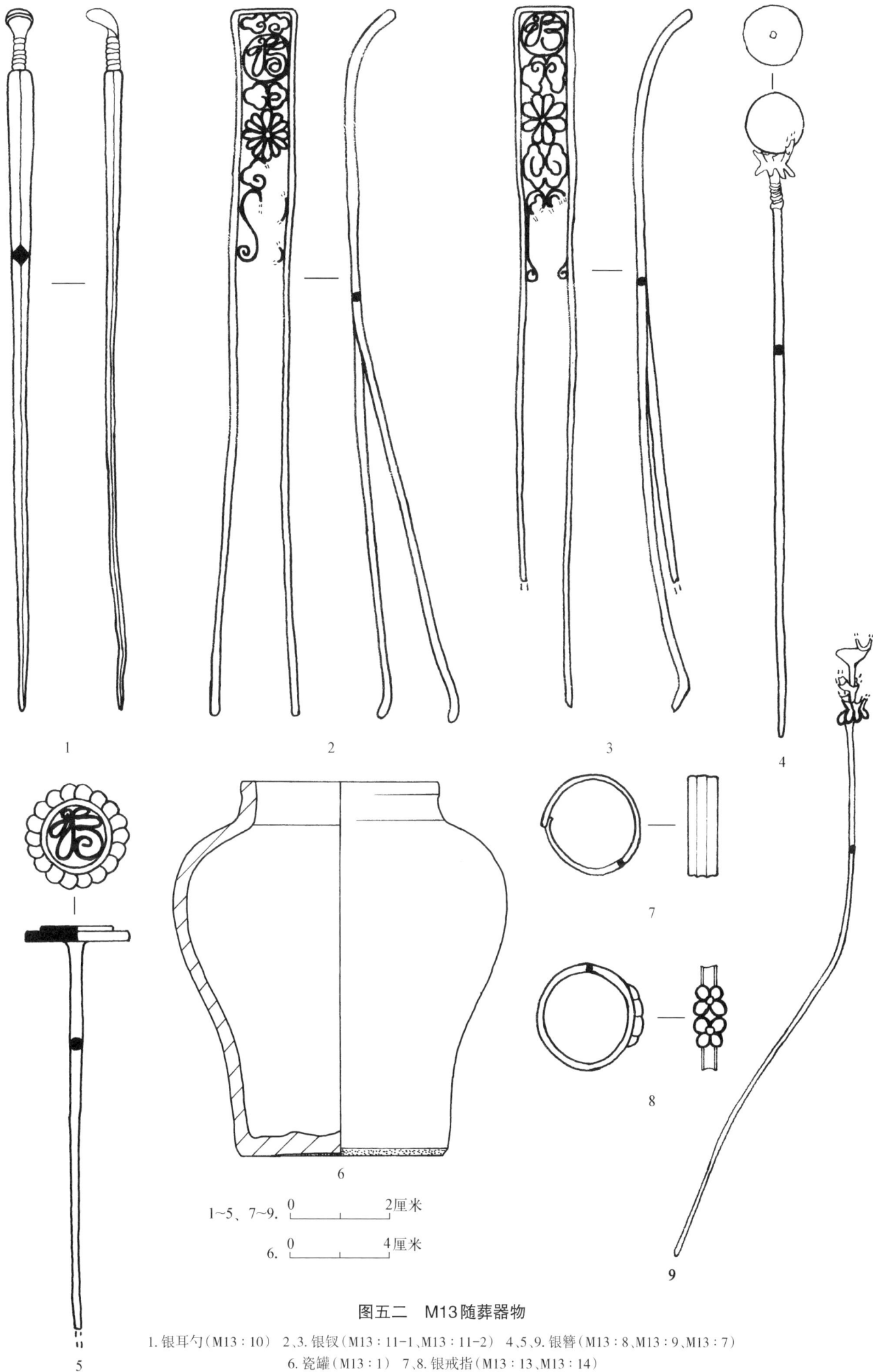

图五二 M13随葬器物

1.银耳勺（M13：10） 2、3.银钗（M13：11-1、M13：11-2） 4、5、9.银簪（M13：8、M13：9、M13：7）
6.瓷罐（M13：1） 7、8.银戒指（M13：13、M13：14）

　　银簪8件。首为葵圆形，花瓣呈逆时针旋转。中部为圆形凸起。体细直，为锥形。M13：2，首内铸"寿"字。首宽1.4～2厘米、高0.12厘米、残长11.5厘米（图五三，3；彩版二六，1）。M13：3，首内铸"满"字。首宽1.3～2.2厘米、高0.12厘米、通长12.3厘米（图五三，2；彩版二六，2）。M13：5，首内铸"堂"字。首宽1.4～2.2厘米、高0.15厘米、通长12.5厘米（图五三，1；彩版二六，3）。M13：9，首内铸"福"字。首宽1.4～2厘米、高0.12厘米、残长7.7厘米（图五二，5；彩版二六，4）。M13：4，首为几何形组成的多边形，有菱形面六面、三角形面八面，颈部饰数道凸弦

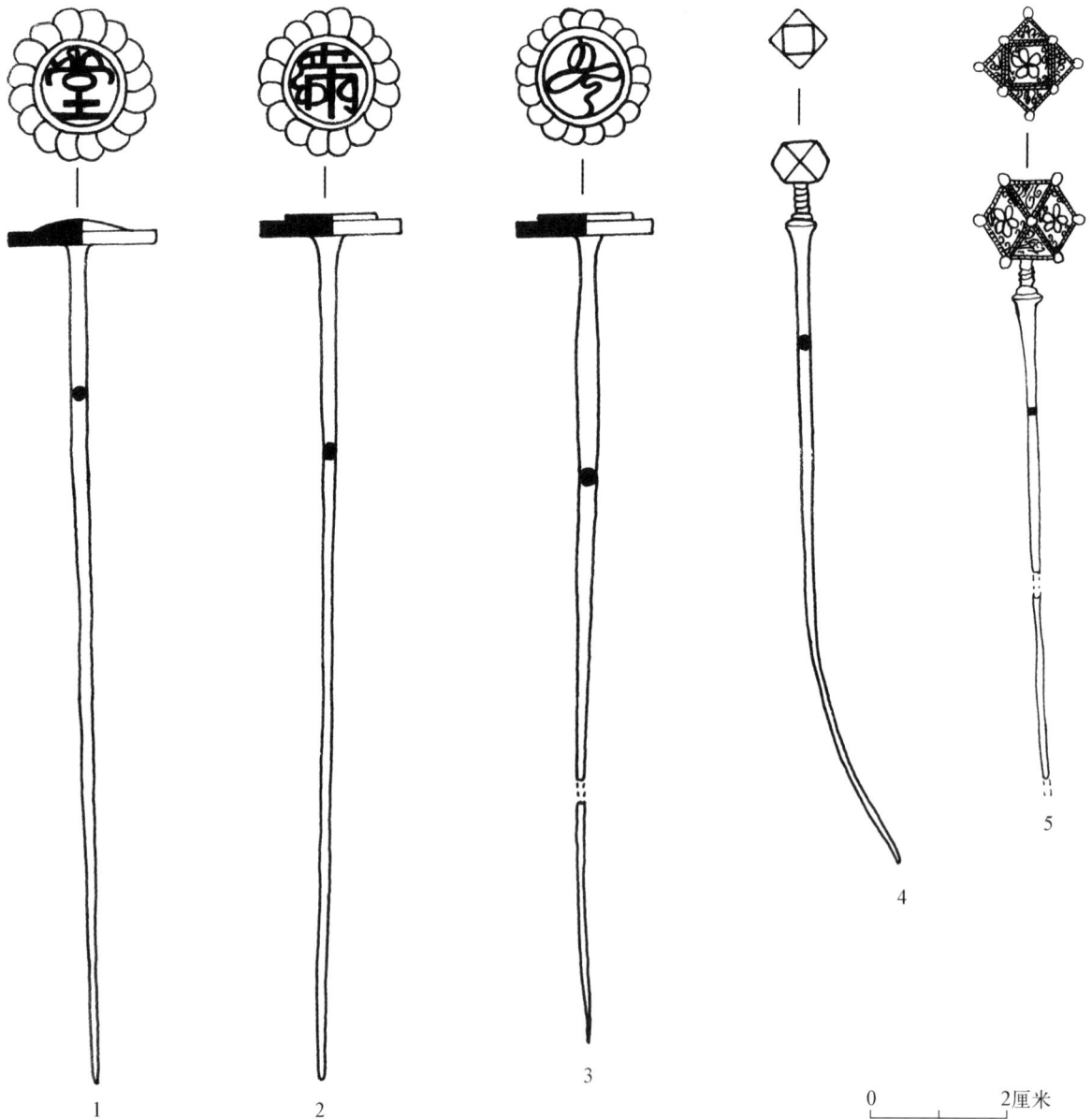

图五三　M13随葬银簪

1. M13：5　2. M13：3　3. M13：2　4. M13：4　5. M13：6

纹。体细长，末端尖锐。首高0.67厘米、宽0.76厘米、通长10.6厘米（图五三，4；彩版二六，5）。M13：6，首为八棱锤形，有菱形面六面，上錾刻一花朵；三角形面八面，上錾刻如意纹；交接处为凸起小圆珠。颈部饰数道凸弦纹。体细直。首高1.1厘米、宽1.66厘米、残长8.6厘米（图五三，5；彩版二六，6）。M13：7，首分为三层，顶部有一圆形底托；中部呈盛开花朵状，略残；底层为莲花座。体细长弯曲，为锥形。首残高1.73厘米、残宽0.8厘米、残长12.1厘米（图五二，9；彩版二七，1）。M13：8，首为花朵状，中部镶嵌一圆形透明珍珠。颈部缠绕银丝。体细直，锥形。首高1.34厘米、宽1.2厘米、通长12.7厘米（图五二，4；彩版二七，2）。

银耳勺1件。M13：10，顶部为圆勺状，颈部饰数道凸弦纹。体细长，尾部渐窄，截面为菱形。首高1.2厘米、宽0.54厘米、通长13.4厘米（图五二，1；彩版二七，3）。

银钗2件。略残。整体近长方形。首镂空刻如意云纹、"福"字、花朵纹。体分为两股，细长弯曲。M13：11-1，宽1.2厘米、通长13.5厘米、厚0.2厘米（图五二，2；彩版二七，4）。M13：11-2，宽1.1厘米、残长13.3厘米、厚0.2厘米（图五二，3；彩版二七，5）。

银戒指2件。圆环形。M13：13，中部横饰两道凸弦纹。接口不齐。直径1.9厘米、宽0.6厘米、厚0.1厘米（图五二，7；彩版二七，6）。M13：14，中部焊接两朵相对四瓣花朵。接口较齐。直径2.1厘米、宽0.3厘米、厚0.15厘米（图五二，8；彩版二七，7）。

康熙通宝1枚。M13：12-1，模制、完整、圆形、方穿。正面有郭，铸"康熙通宝"四字，楷书，对读；背面有郭，穿左右为满文"宝泉"，纪局名。直径2.61厘米、穿径0.59厘米、郭厚0.12厘米（图四八，15）。

乾隆通宝25枚。均模制、完整、圆形、方穿。正面有郭，铸"乾隆通宝"四字，楷书，对读；背面有郭，穿左右为满文"宝源"，纪局名。标本：M13：12-2，直径2.45厘米、穿径0.52厘米、郭厚0.12厘米（图四八，16）。标本：M13：15，直径2.51厘米、穿径0.56厘米、郭厚0.12厘米（图四八，17）。

四、搬迁墓

1座。

M15　位于Ⅰ区中部，西北邻M14、南邻M29。GPS坐标为39°51′03.48″N，116°37′48.59″E。南北向，方向为345°。平面呈梯形。墓口距地表深0.5米，墓底距地表深0.68米。墓圹南北长1.02米、东西宽0.84～1.02米、深0.18米（图五四；彩版一四）。

内有人骨两具，保存均较差，东西并列。皆头向西北，葬式、性别、年纪、面向均不详，为二次葬。内填花黏土，致密度较疏松。未发现葬具和随葬品。

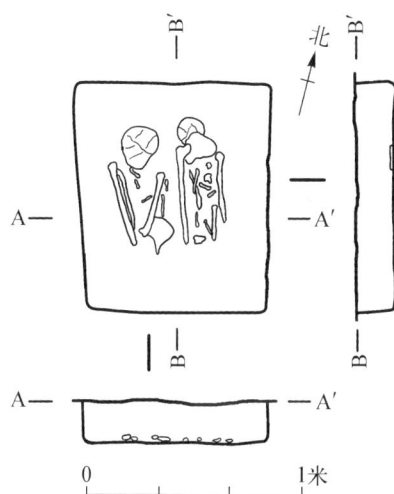

图五四　M15平、剖面图

附表一　墓葬登记表

单位：米

墓号	方向	墓口（长×宽×深）	墓底（长×宽×深）	深度	棺数	葬式	人骨保存情况	头向及面向	性别及年纪	随葬品	备注
M1	336°	2.76×（1.12~1.32）×0.65	2.76×（1.12~1.32）×（1.11~1.59）	0.46~0.94	双棺	东棺为侧身屈肢葬，西棺仰身直肢葬	较好	头皆向西北。东棺面向不详；西棺面向上	东棺为老年女性，西棺不详	半釉罐1、陶瓶1、铜钱5	
M2	355°	2.7×（2.6~3）×0.8	2.7×（2.6~3）×1.8	1	三棺	皆仰身直肢葬	东棺较好，中、西棺较差	头皆向北。东棺面向下；中、西棺面向均不详	东棺老年男性；中、西棺不详	半釉罐2、铜钱9	
M3	315°	3×2.2×0.4	3×2.2×1.64	1.24	双棺	皆仰身直肢葬	较好	头皆向西北。东棺面向不详；西棺面向南	东棺老年女性；西棺老年男性	铜钱10	
M4	300°	2.3×（1.6~1.7）×0.45	2.3×（1.6~1.7）×（1.25~1.45）	0.8~1	双棺	皆仰身直肢葬	较差	头皆向西北。北棺面向东；南棺面向上	北棺老年女性；南棺老年男性	半釉罐1、银簪2、铜钱3	
M5	310°	2.9×（1.1~1.22）×0.44	2.9×（1.1~1.22）×1.54	1.1	单棺	仰身直肢葬	较差	头向西北，面向上	老年男性	铜钱3	
M6	305°	2.82×（1.6~1.7）×0.45	2.82×（1.6~1.7）×1.55	1.1	双棺	皆仰身直肢葬	较差	头皆向西。北棺面向南；南棺面向北	北棺老年女性；南棺老年男性	银簪3、铜钱32	
M7	340°	2.36×（1.08~1.16）×0.85	2.36×（1.08~1.16）×1.41	0.56	单棺	仰身直肢葬	较差	头向北，面向上	老年女性	半釉罐1、铜扣2、铜钱1	
M8	330°	2.2×0.9×0.7	2.2×0.9×1.52	0.82	单棺	不详	较差	头向西北，面向下	不详	无	
M9	325°	2.82×（2~2.14）×0.35	2.82×（2~2.14）×1.85	1.5	双棺	皆仰身直肢葬	较差	东棺头向不详；西棺头向北，面向不详	东棺老年男性；西棺老年女性	鎏金银簪1、铜钱10	

续表

墓号	方向	墓口（长×宽×深）	墓底（长×宽×深）	深度	棺数	葬式	人骨保存情况	头向及面向	性别及年纪	随葬品	备注
M10	330°	3.1×（3～3.2）×0.4	3.1×（3～3.2）×1.6	1.2	三棺	东、西棺皆为仰身直肢葬，中棺葬式不详	较差	头皆向北，面向不详	不详	银簪4，铜扣2，金耳环1，半釉罐1，铜钱19	
M11	340°	2.8×（2～2.1）×0.65	2.8×（2～2.1）×1.55	0.9	双棺	皆仰身直肢葬	较差	头皆向北。东棺面向西，西棺面向上	不详	铜钱6	
M12	335°	（3.04～3.4）×（1.46～2.66）×0.6	（3.04～3.4）×（1.46～2.66）×1.8	1.2	双棺	皆仰身直肢葬	较差	面向皆不详。东棺头向北，西棺头向不详	不详	瓷罐1，银簪5，铜钱31	
M13	342°	（3.16～3.74）×（3.6～3.98）×0.6	（3.16～3.74）×（3.6～3.98）×1.56	0.96	三棺	皆仰身直肢葬	较差	东棺头向，面向均不详；中棺头向西北，面向上；西棺头向西北，面向不详	不详	瓷罐1，银簪8，银耳勺2，银戒指1，铜钱26	
M14	335°	2.4×（0.8～0.88）×0.65	2.4×（0.8～0.88）×1.51	0.86	单棺	侧身屈肢葬	较差	头向北，面向上	老年男性	铜钱6	
M15	345°	1.02×（0.84～1.02）×0.5	1.02×（0.84～1.02）×0.68	0.18		不详	较差	头向西北，面向不详	不详	无	双人合葬搬迁墓
M16	345°	2.5×（1.08～1.12）×0.65	2.5×（1.08～1.12）×1.19	0.54	单棺	仰身直肢葬	较差	头向北，面向西	老年男性	陶罐1，铜钱3	

续表

墓号	方向	墓口 （长 × 宽 × 深）	墓底 （长 × 宽 × 深）	深度	棺数	葬式	人骨保存情况	头向及面向	性别及年纪	随葬品	备注
M17	340°	3×1.2×0.75	3×1.2×1.91	1.16	单棺	仰身直肢葬	较差	头向西北，面向上	老年女性	瓷罐1，铜簪2，银簪1，银耳勺1，铜钱3	
M18	335°	3×（1.4～1.56）×0.65	3×（1.4～1.56）×1.55	0.9	双棺	皆仰身直肢葬	较差	头皆向北。东棺面向上；西棺面向东	东棺老年男性；西棺老年女性	铜扣5，银簪1，铜钱5	
M19	356°	2.58×（1.48～1.64）×0.55	2.58×（1.48～1.64）×（1.22～1.38）	0.67～0.83	双棺	皆仰身直肢葬	较差	头皆向北。东棺面向不详；西棺面向东	东棺老年男性；西棺老年女性	无	
M20	325°	（2.5～2.6）×（1.32～1.8）×0.65	（2.5～2.6）×（1.32～1.8）×（1.2～1.55）	0.55～0.9	双棺	皆仰身直肢葬	较差	头皆向北。东棺面向西；西棺面向不详	东棺中年男性；西棺中年女性	半釉罐1，铜扣1	
M21	335°	2.5×（0.84～0.94）×0.6	2.5×（0.84～0.94）×1.4	0.8	单棺	仰身直肢葬	较差	头向西北，面向东	老年男性	铜扣1，铜钱7	
M22	315°	2.56×1×0.65	2.56×1×1.71	1.06	单棺	仰身直肢葬	一般	头向北，面向上	老年女性	铜扣2，铜钱1	
M23	310°	（2.7～2.8）×（1.44～1.6）×0.65	（2.7～2.8）×（1.44～1.6）×（1.47～1.6）	0.82～0.95	双棺	皆仰身直肢葬	较差	皆头向西北，面向不详	北棺老年男性；南棺老年女性	银簪1，银耳环1，铜扣6，铜钱5	
M24	55°	2.52×（1.1～1.14）×0.65	2.52×（1.1～1.14）×1.6	0.95	单棺	仰身直肢葬	一般	头向西北，面向东南	老年男性	铜钱9	
M25	335°	2.5×0.83×0.65	2.5×0.83×1.4	0.75	单棺	仰身直肢葬	较差	头向北，面向上	老年女性	陶罐1，铜钱5	

墓号	方向	墓口 （长×宽×深）	墓底 （长×宽×深）	深度	棺数	葬式	人骨保存情况	头向及面向	性别及年纪	随葬品	备注
M26	330°	2.4×（0.84～1）×0.6	2.4×（0.84～1）×1.4	0.8	单棺	仰身直肢葬	较差	头向北，面向上	老年男性	陶罐 1、铜钱 2	
M27	340°	2.5×（0.84～0.96）×0.6	2.5×（0.84～0.96）×1.26	0.66	单棺	仰身直肢葬	较差	头向北，面向上	老年女性	陶罐 1、银耳钉 1、铜扣 1	
M28	359°	2.44×（1.04～1.22）×0.44	2.44×（1.04～1.22）×1.4	0.96	单棺	仰身直肢葬	较差	头向北，面向不详	老年女性	铜钱 9	
M29	323°	2.5×（1.9～2.1）×0.6	2.5×（1.9～2.1）×1.9	1.3	双棺	皆仰身直肢葬	较差	皆头向北，面向不详	东棺老年男性；西棺老年女性	银耳勺 2、银簪 7、银戒指 1、鎏金耳坠 1、铜钱 2	
M30	315°	2.5×1×0.45	2.5×1×1.35	0.9	单棺	仰身直肢葬	较差	头向西北，面向上	老年男性	铜钱 1	
M31	260°	2.46×（0.94～0.98）×0.4	2.46×（0.94～0.98）×（0.96～1.04）	0.56～0.64	单棺	仰身直肢葬	较差	头向西，面向上	老年男性	瓷罐 1、铜钱 2	
M32	310°	2.44×（0.84～0.88）×0.4	2.44×（0.84～0.88）×（1.14～1.2）	0.74～0.8	单棺	仰身直肢葬	较差	头向西北，面向南	中年女性	铜扣 2	

附表二　铜钱统计表　　　　　　　　　　　　　　　　　　　　　单位：厘米

单　位	编号	种　类	钱　径	穿　径	郭　厚	备　注
M1	1	康熙通宝	2.82	0.55	0.12	满文"宝泉"
	2	康熙通宝	2.81	0.52	0.11	满文"宝泉"
	5	康熙通宝	2.79	0.61	0.14	满文"宝泉"
M2	2	康熙通宝	2.31	0.55	0.11	满文"宝源"
	3	康熙通宝	2.29	0.57	0.11	满文"宝泉"
	4	康熙通宝	2.28	0.59	0.11	满文"宝泉"
	5	顺治通宝	2.74	0.62	0.11	满文"宝泉"
	6	康熙通宝	2.72	0.58	0.11	满文"宝源"
	8	祥符元宝	2.36	0.58	0.11	
M3	1	乾隆通宝	2.55	0.55	0.14	满文"宝泉"
	2	乾隆通宝	2.55	0.54	0.12	满文"宝源"
	3-1	雍正通宝	2.56	0.58	0.12	满文"宝泉"
	3-2	乾隆通宝	2.59	0.5	0.12	满文"宝泉"
M4	3	乾隆通宝	2.41	0.57	0.14	满文"宝源"
	5	乾隆通宝	2.39	0.55	0.12	满文"宝泉"
M5	1-1	康熙通宝	2.42	0.54	0.09	满文"宝泉"
	1-2	乾隆通宝	2.54	0.53	0.12	满文"宝源"
	2	康熙通宝	2.38	0.49	0.13	满文"宝源"
M6	1	乾隆通宝	2.39	0.58	0.13	满文"宝源"
	2	乾隆通宝	2.5	0.58	0.12	满文"宝源"
	4-1	康熙通宝	2.66	0.58	0.12	满文"宝源"
	4-2	乾隆通宝	2.35	0.51	0.15	满文"宝源"
	6	乾隆通宝	2.38	0.52	0.16	满文"宝源"
	7	乾隆通宝	2.31	0.54	0.15	满文"宝泉"
	8	乾隆通宝	2.42	0.51	0.12	满文"宝泉"
	9	乾隆通宝	2.41	0.55	0.14	满文"宝源"
	11	乾隆通宝	2.41	0.51	0.15	满文"宝泉"

续表

单 位	编号	种 类	钱 径	穿 径	郭 厚	备 注
M7	1	乾隆通宝	2.56	0.55	0.11	满文"宝泉"
M9	1	乾隆通宝	2.35	0.57	0.12	满文"宝泉"
	3	乾隆通宝	2.48	0.59	0.14	满文"宝泉"
	4	乾隆通宝	2.26	0.58	0.13	满文"宝源"
	5	乾隆通宝	2.2	0.55	0.18	满文"宝源"
	6	乾隆通宝	2.74	0.55	0.15	满文"宝泉"
	7	乾隆通宝	2.69	0.49	0.16	满文"宝泉"
M10	5	乾隆通宝	2.55	0.55	0.12	满文"宝源"
	6	乾隆通宝	2.55	0.51	0.12	满文"宝泉"
	7	乾隆通宝	2.49	0.52	0.11	满文"宝泉"
	8	乾隆通宝	2.49	0.52	0.11	满文"宝泉"
	9	乾隆通宝	2.51	0.51	0.16	满文"宝泉"
	10	乾隆通宝	2.54	0.56	0.11	满文"宝源"
	14-1	康熙通宝	2.62	0.57	0.17	满文"宝泉"
	14-2	乾隆通宝	2.52	0.58	0.15	满文"宝源"
M11	1	乾隆通宝	2.52	0.54	0.12	满文"宝源"
M12	1	乾隆通宝	2.35	0.52	0.16	满文"宝泉"
	7	乾隆通宝	2.41	0.58	0.14	满文"宝泉"
	8	乾隆通宝	2.51	0.6	0.11	满文"宝泉"
	9	乾隆通宝	2.45	0.59	0.13	局名字迹模糊
	11-1	康熙通宝	2.36	0.58	0.08	左右为满汉文"宁"
	11-2	乾隆通宝	2.34	0.49	0.14	满文"宝源"
	11-3	道光通宝	2.19	0.56	0.16	满文"宝吉"
M13	12-1	康熙通宝	2.61	0.59	0.12	满文"宝泉"
	12-2	乾隆通宝	2.45	0.52	0.12	满文"宝源"
	15	乾隆通宝	2.51	0.56	0.12	满文"宝源"

续表

单 位	编号	种 类	钱 径	穿 径	郭 厚	备 注
M14	1	康熙通宝	2.52	0.6	0.15	满文"宝泉"
	2-1	雍正通宝	2.71	0.55	0.12	满文"宝泉"
	3-1	乾隆通宝	2.42	0.5	0.13	满文"宝泉"
M16	2-1	乾隆通宝	2.4	0.52	0.19	满文"宝源"
M17	6-1	乾隆通宝	2.25	0.49	0.16	满文"宝泉"
M18	4	乾隆通宝	2.54	0.55	0.12	满文"宝泉"
M21	1	乾隆通宝	2.32	0.51	0.18	满文"宝泉"
	3-1	乾隆通宝	2.32	0.49	0.17	满文"宝泉"
	3-2	嘉庆通宝	2.29	0.55	0.16	满文"宝泉"
	3-3	道光通宝	2.29	0.55	0.19	满文"宝源"
M22	3	乾隆通宝	2.41	0.51	0.17	满文"宝源"
M23	5-1	康熙通宝	2.35	0.55	0.12	满文"宝泉"
	5-2	乾隆通宝	2.42	0.52	0.12	满文"宝泉"
M24	1-1	乾隆通宝	2.38	0.59	0.16	满文"宝源"
M25	2-1	康熙通宝	2.71	0.5	0.12	左右为满汉文"临"
	2-2	康熙通宝	2.36	0.49	0.12	满文"宝泉"
M26	2	道光通宝	2.24	0.66	0.16	满文"宝泉"
	3	道光通宝	2.39	0.61	0.15	满文"宝泉"
M28	1	乾隆通宝	2.41	0.55	0.12	满文"宝泉"
	2	乾隆通宝	2.51	0.51	0.11	满文"宝泉"
	3-1	雍正通宝	2.55	0.55	0.12	满文"宝泉"
	3-2	乾隆通宝	2.49	0.51	0.12	满文"宝泉"
	3-3	嘉庆通宝	2.45	0.59	0.16	满文"宝泉"
M29	2	乾隆通宝	2.59	0.51	0.16	满文"宝源"
	4	万历通宝	2.55	0.5	0.13	
M30	1	乾隆通宝	2.35	0.55	0.15	满文"宝源"
M31	2-1	乾隆通宝	2.29	0.56	0.14	满文"宝源"

第三章　E1地块考古发掘报告

第一节　概　　况

北京市文物研究所于2015年4月14～22日对该地块范围内的清代墓葬进行了考古发掘。发掘证号为考执字（2016）第（392）号。

发掘区位于台湖镇田家府村东北部,北邻七彩学校,西邻九德路,东邻现代民居,南边界位于已拆迁的田家府村（图五五）。

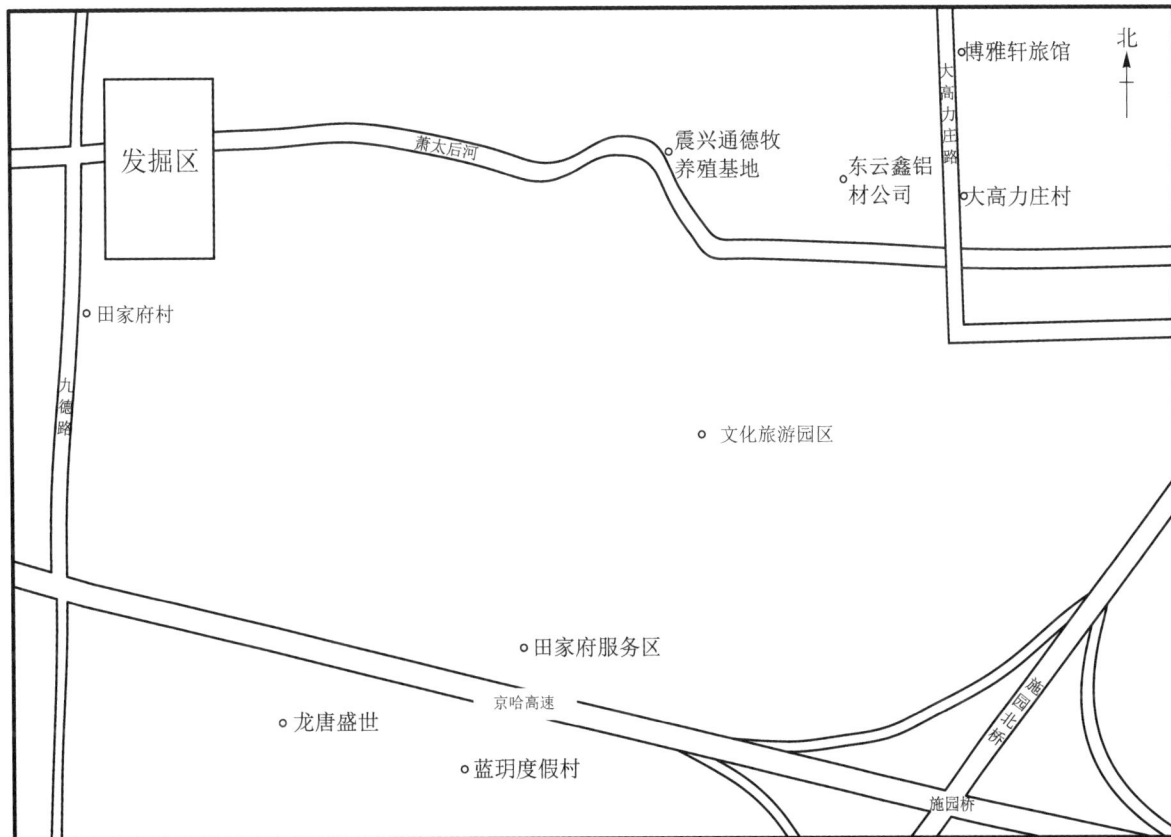

图五五　发掘区位置示意图

以萧太后河为界,把发掘区分为北区和南区,共发掘清代墓葬9座(图五六;彩版二八;参见附表一),发掘面积共计85平方米,共出土各类文物11件(套)(不计铜钱)。

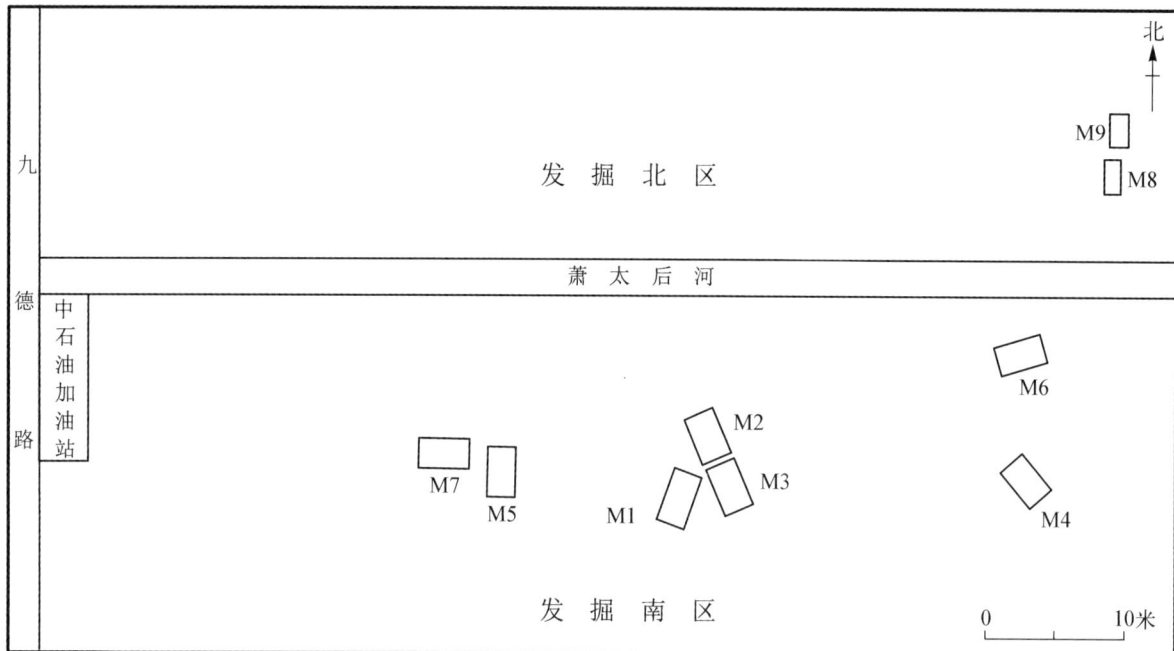

图五六　总平面图

第二节　地　　层

该区域的地层堆积大致相同,局部略有差别,自上而下分为三层:

第①层:表土层。土色灰褐色,致密度疏松。内含大量碎砖块、石子,厚0.3米。

第②层:土色深褐色,较致密。内含炭屑颗粒、白灰颗粒等。深0.2～0.3米,厚0.2米。

第③层:淤土层。土色浅黄褐色,较致密。内含草籽腐烂物。深0.3～0.5米,厚0.4米。

以下为生土层。

第三节　墓葬及遗物

均为竖穴土坑墓,开口在①层下。按棺数及葬俗分为四种(表二)。

表二　墓葬分类表

分类	单棺	双棺	三棺	搬迁
数量(座)	3	3	1	2

一、单棺墓

共3座：M3、M4、M7。平面均呈长方形。

M3 位于发掘南区中部，西邻M1、北邻M2。GPS坐标为39°50′54.25″N，116°39′35.24″E。南北向，方向为334°。墓口距地表深0.48米，墓底距地表深1.36米。墓圹南北长2.36米、东西宽1.42～1.45米、深0.88米（图五七；彩版二九，1、2）。

棺木保存一般。棺南北长2米、东西宽0.44～0.67米、残高0.48米、厚0.05米。骨架保存较差。墓主人为老年男性，仰身直肢葬。头向北，面向南。内填花黏土，较致密。未发现随葬品。

M4 位于发掘南区东南，M6的南部。GPS坐标为39°50′65″N，116°39′07″E。南北向，方向为320°。墓口距地表深0.46米，墓底距地表深1.36米。墓圹南北长2.04米、东西宽1.06～1.1米、深0.9米（图五八；彩版二九，3、4）。

棺木保存一般。棺南北长1.68米、东西宽0.7米、残高0.24米、厚0.04～0.06米。骨架保存较差，仅余头骨、下颌骨、肢骨。墓主人为老年男性，仰身直肢葬。头向北，面向南。内填花黏土，较致密。随葬品有瓷罐1件。

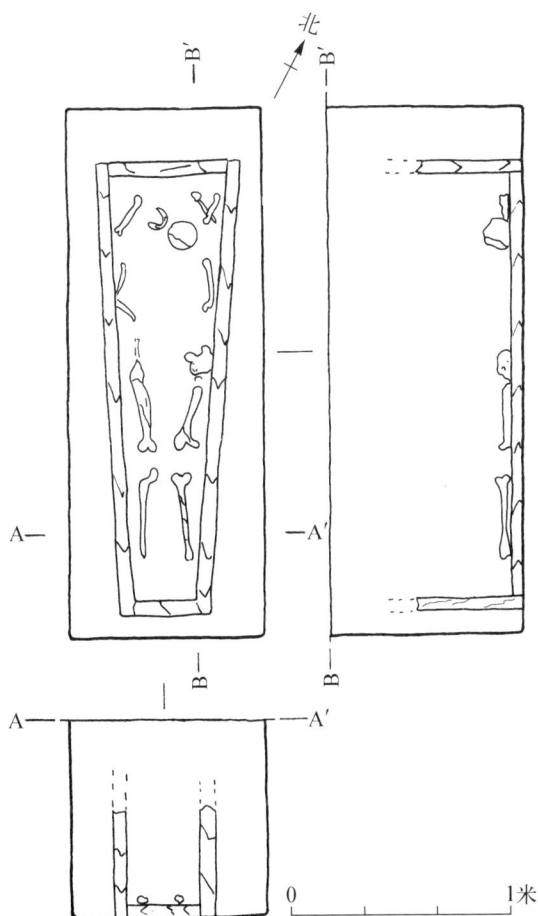

图五七 M3平、剖面图

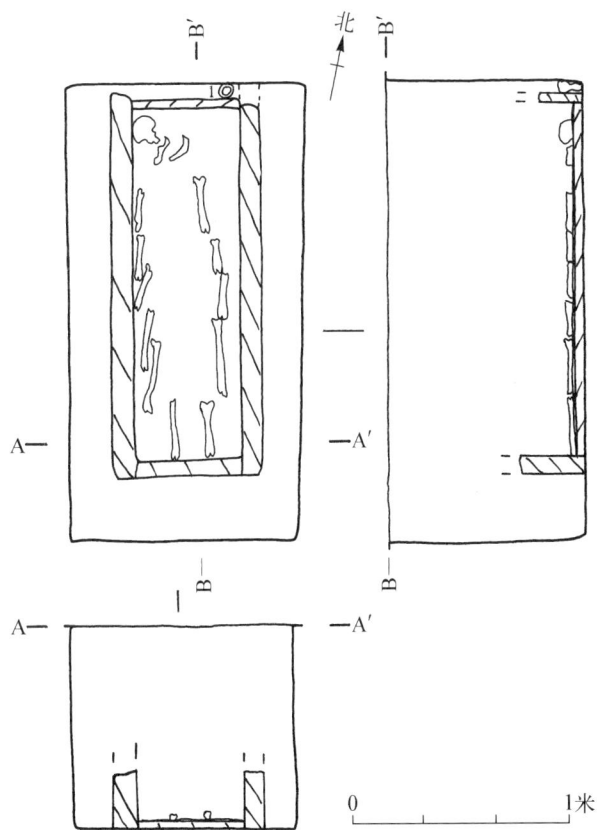

图五八 M4平、剖面图

1.瓷罐

M4：1，方唇、唇面略内凹，侈口，卷沿，束颈，溜肩，鼓腹，束腰近足部，平底略内凹。胎质较细，足部残存酱色釉。素面。轮制。口径9.7厘米、肩径11.2厘米、底径8厘米、通高12.2厘米（图五九，1；彩版三三，1）。

M7　位于发掘南区西部，东邻M5。GPS坐标为39°50′56.74″N，116°39′25.58″E。东西向，方向为83°。墓口距地表深0.82米，墓底距地表深1.3米。墓圹东西长2.3米、南北宽1.4米、深0.48米（图六〇；彩版二九，5）。

棺木保存一般。棺东西残长1.6米、南北宽0.32～0.4米、残高0.3米、厚0.04米。骨架保存较差。墓主人为老年女性，仰身直肢葬。头向东，面向上。内填花黏土，较致密。随葬品有瓷罐、银簪、铜钱、铜板。

瓷罐1件。M7：3，方唇、母口，卷沿，斜颈，鼓肩，鼓腹，腹部以下内收至足部，平底略内凹。胎质较细，肩部残存酱色釉。素面。轮制。口径7.3厘米、肩径9.4厘米、底径7厘米、通高11.9厘米（图五九，2；彩版三三，2、3）。

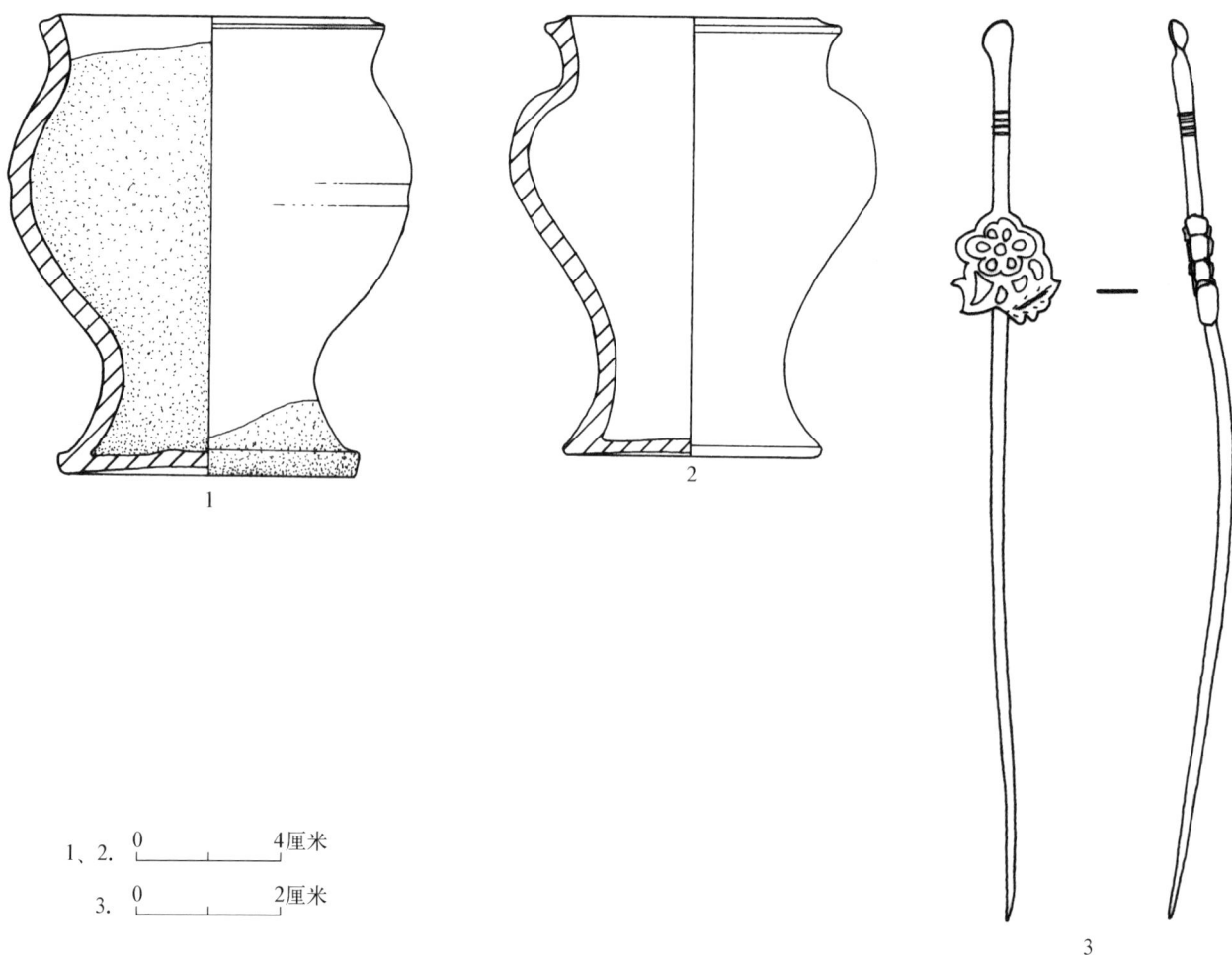

1、2.
0　　　　　4厘米

3.
0　　　　　2厘米

图五九　单棺墓葬随葬器物

1、2.瓷罐（M4：1、M7：3）　3.银簪M7：1

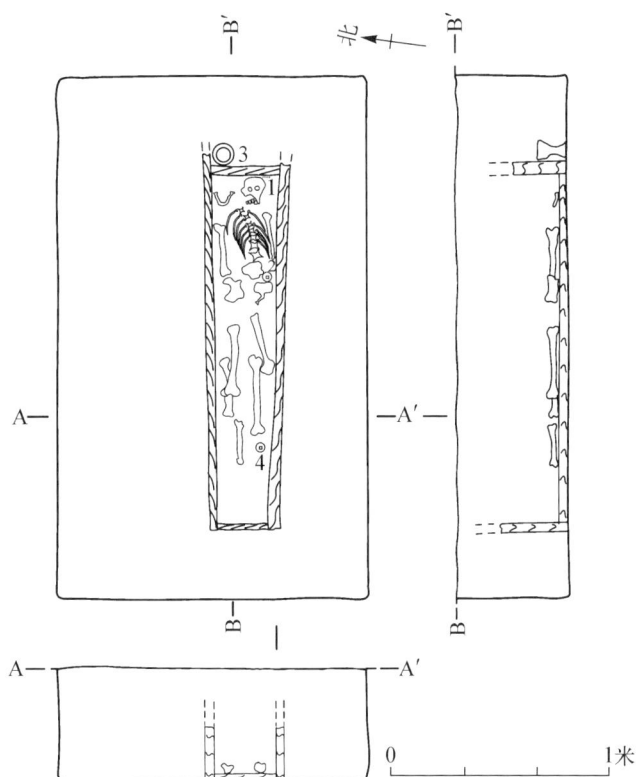

图六〇　M7平、剖面图

1.银簪　2.铜钱　3.瓷罐　4.铜板

银簪1件。M7：1，首为半球形，中空，颈部饰四道凹弦纹，中上部錾刻花草纹。体细长，为锥体。首高0.9厘米、宽0.3厘米、通长12.65厘米（图五九，3；彩版三三，4）。

道光通宝1枚。M7：2-1，模制、完整、圆形、方穿。正面有郭，铸"道光通宝"四字，楷书，对读。背面有郭，穿左右为满文"宝源"，纪局名。直径2.35厘米、穿径0.62厘米、郭厚0.15厘米（图六一，1）。

光绪重宝2枚。均模制、完整、圆形、方穿。正面有郭，铸"光绪重宝"四字，楷书，对读。M7：2-2，背面有郭，穿左右为满文"宝泉"，上下为楷书"当拾"，纪局名。直径2.5厘米、穿径0.59厘米、郭厚0.16厘米（图六一，2）。M7：2-3，背面有郭，穿左右为满文"宝泉"，上下为楷书"当十"，纪局名。直径3.21厘米、穿径0.51厘米、郭厚0.25厘米（图六一，3）。

铜板1枚。M7：2-4。模制、完整，圆形。正面有郭，纹饰模糊。背面纹饰模糊。直径2.8厘米、郭厚0.15厘米（图六一，4）。

二、双棺墓

共3座：M2、M8、M9。平面均呈不规则形。

M2　位于发掘南区中部，南邻M3。GPS坐标为39°50′54.25″N，116°39′35.24″E。南北向，方向为343°。墓口距地表深0.56米，墓底距地表深1.1米。墓圹南北长2.4米、东西宽1.4米、深

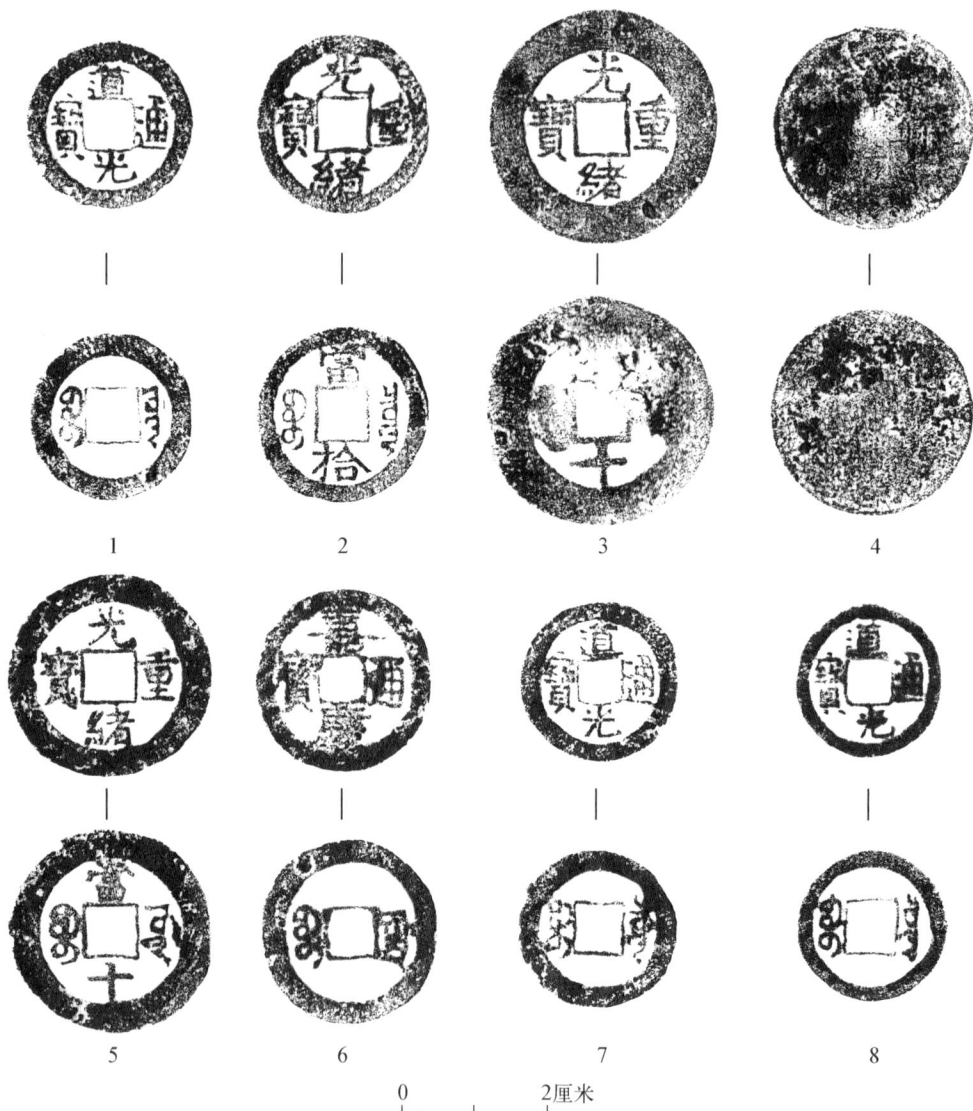

图六一　单棺、双棺、三棺墓葬随葬铜钱、铜板

1、7、8.道光通宝（M7：2-1、M8：2-2、M8：3）　2、3、5.光绪重宝（M7：2-2、M7：2-3、M1：1）　4.铜板（M7：2-4）
6.嘉庆通宝（M8：2-1）

0.54米（图六二；彩版三〇，1、2）。

棺木保存一般。骨架保存均较差，葬式不详。东棺南北残长2.4米、宽0.6米、残高0.44米、厚0.05米。棺内人骨散乱，仅余头骨和数根肢骨，为老年男性。头向南，面向下。西棺残长2米、宽0.54米、残高0.42米、厚0.05米。棺内人骨仅余数根肢骨，性别、年纪、头向、面向均不详。内填花黏土，较致密。未发现随葬品。

M8　位于发掘北区东部，北邻M9。GPS坐标为39°50′56.60″N，116°39′24.26″E。南北向，方向为0°。墓口距地表深0.5米，墓底距地表深1.38米。墓圹南北长2.56米、东西残宽1.68米、深0.88米（图六三；彩版三〇，3、4）。

北

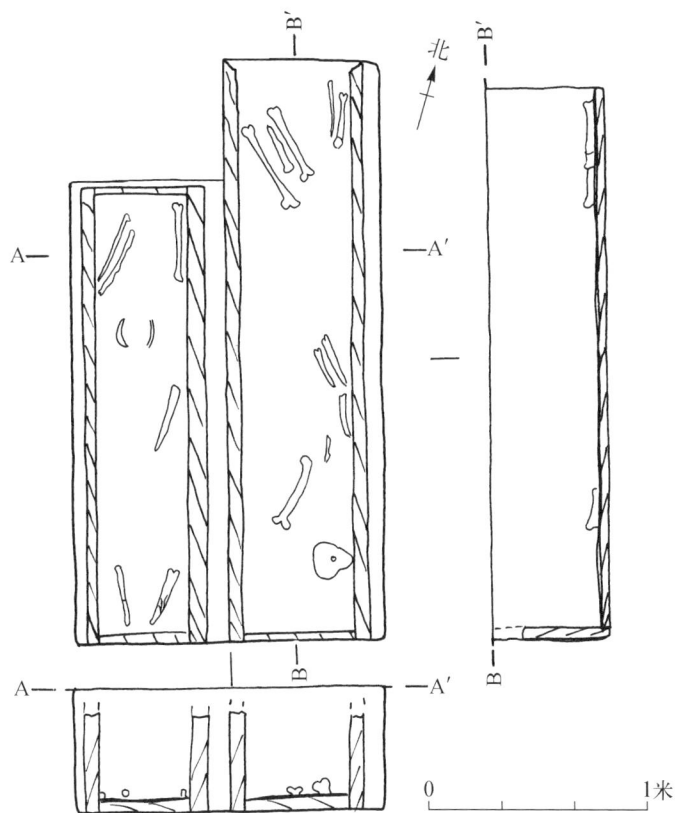

图六二 M2平、剖面图

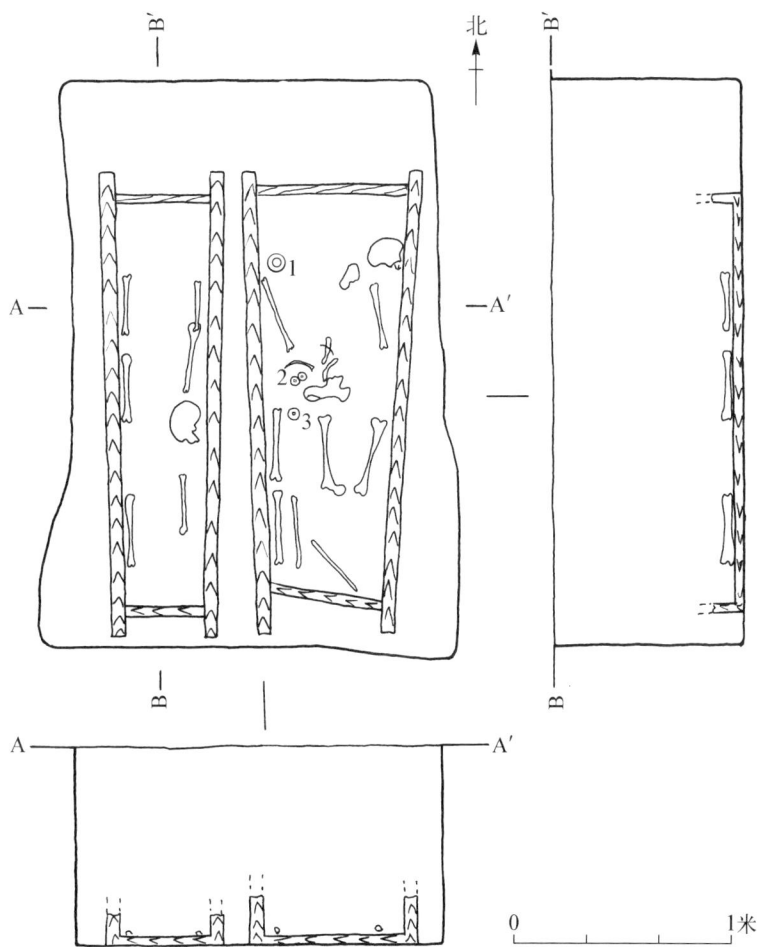

北

图六三 M8平、剖面图

1. 瓷罐 2、3. 铜钱

0　　　　　　　　　　1米

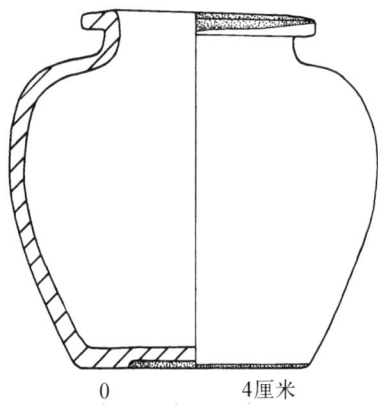

图六四　M8：1瓷罐

郭，铸"嘉庆通宝"四字，楷书，对读。背面有郭，穿左右为满文"宝源"，纪局名。直径2.48厘米、穿径0.56厘米、郭厚0.11厘米（图六一，6）。

道光通宝2枚。均模制、完整，圆形、方穿。正面有郭，铸"道光通宝"四字，楷书，对读。背面有郭，穿左右为满文"宝泉"，纪局名。M8：2-2，直径2.21厘米、穿径0.6厘米、郭厚0.16厘米（图六一，7）。M8：3，直径2.21厘米、穿径0.54厘米、郭厚0.15厘米（图六一，8）。

M9　位于发掘北区东部，南邻M8。西侧被现代坑打破。GPS坐标为39°51′00.12″N，116°39′27.28″E。南北向，方向为5°。墓口距地表深0.76米，墓底距地表深1.96米。墓圹南北长2.6米、东西宽1.6米、深1.2米（图六五；彩版三〇，5）。

棺木保存一般。骨架保存均较差，性别、年纪、头向、面向皆不详。东棺南北长2米、东西宽0.58～0.64米、残高0.24米、厚0.05米。棺内人骨为仰身直肢葬。西棺南北长

棺木保存一般。骨架保存均较差，仅余头骨和数根肢骨。葬式、性别、年纪、头向、面向均不详。东棺南北长2.04米、东西宽0.5～0.6米、残高0.2米、厚0.04米。西棺南北长2.04米、东西宽0.36～0.44米、残高0.16米、厚0.04米。内填花黏土，较致密。随葬品有瓷罐、铜钱。

瓷罐1件。M8：1，方唇、敞口，平沿外翻，短束颈，肩部略鼓，弧腹，平底略内凹。胎质较细，内壁口沿及外壁近底部施白釉，其余露灰胎。素面。有明显轮制痕迹。口径8.7厘米、肩径9.5厘米、底径8厘米、通高12.2厘米（图六四；彩版三三,5、6）。

嘉庆通宝1枚。M8：2-1，模制、完整，圆形、方穿。正面有

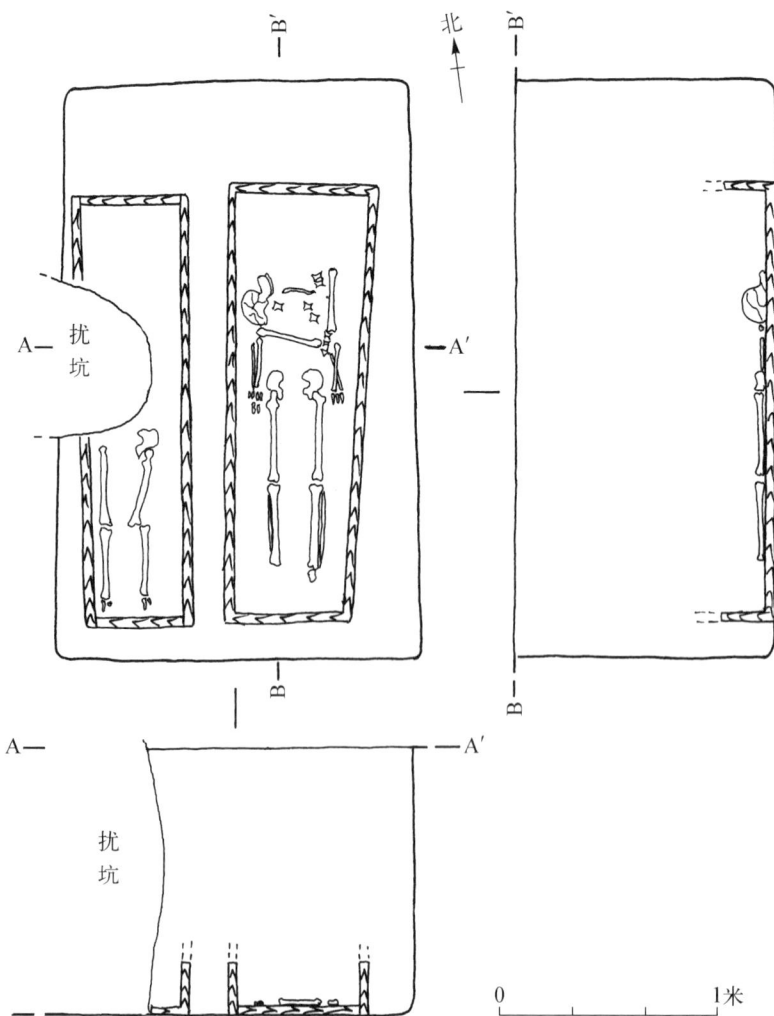

图六五　M9平、剖面图

1.9米、东西宽0.52~0.6米、残高0.22米、厚0.04米。棺内人骨只余肢骨，葬式不详。内填花黏土，较致密。未发现随葬品。

三、三棺墓

1座。

M1　位于发掘南区中部，东邻M3。GPS坐标为39°50′54.25″N，116°39′35.23″E。南北向，方向为5°。墓口距地表深0.38米，墓底距地表深1.92米。墓圹南北长2.94米、东西宽3.2米、深1.54米（图六六；彩版三一）。

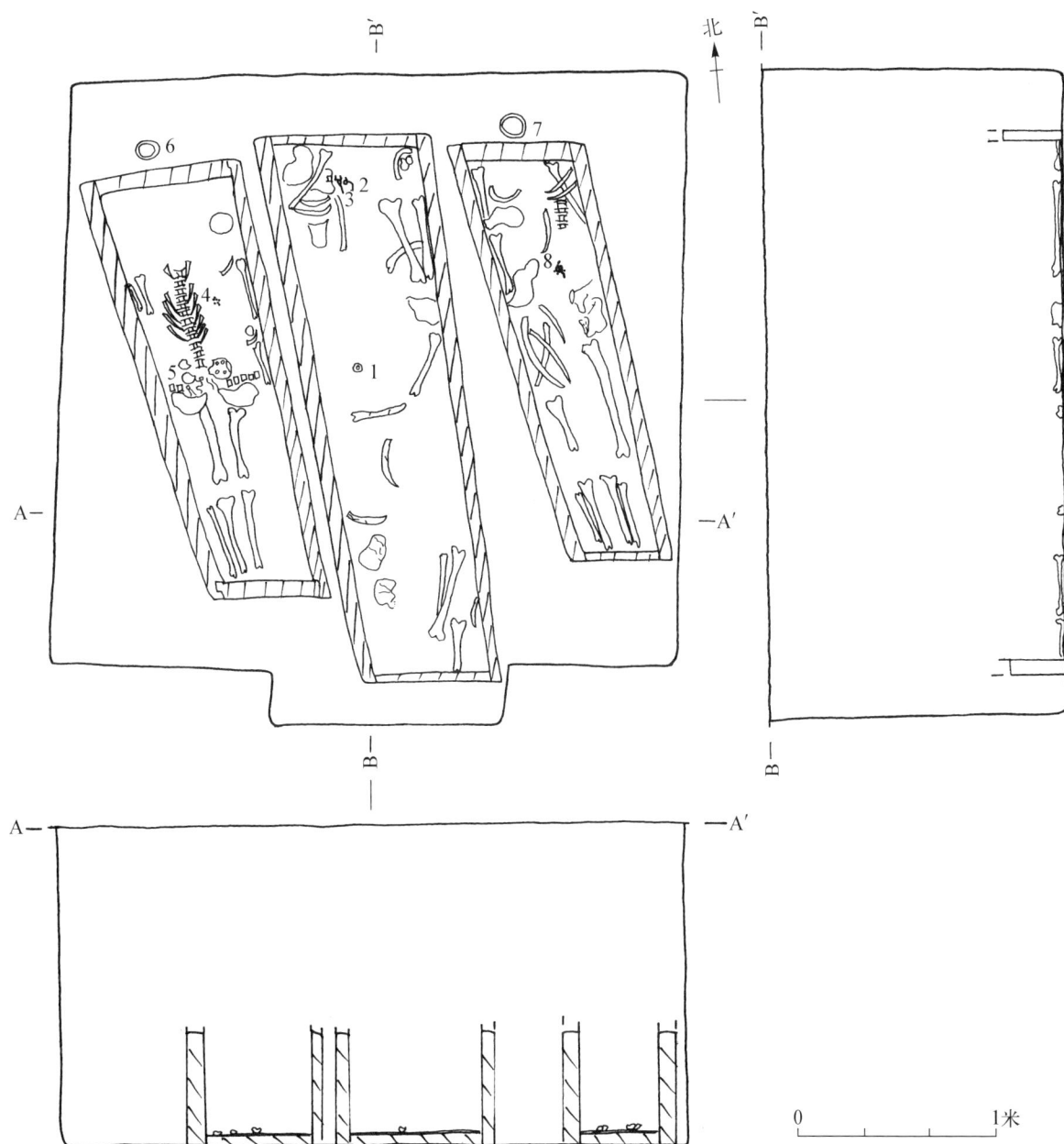

图六六　M1平、剖面图

1.铜钱　2、3.骨簪　4.玉珠　5.玉带板　6、7.瓷罐　8.玻璃饰

棺木保存一般。骨架保存均较差。东棺南北长2米、东西宽0.58米、残高0.54米、厚0.04米。棺内人骨散乱，为老年女性，葬式、头向及面向均不详。中棺南北长2.62米、东西宽0.6～0.64米、残高0.48米、厚0.04米。棺内人骨散乱，为老年男性，葬式不详。头向南，面向上。西棺南北长2.02米、东西宽0.6～0.72米、残高0.5米、厚0.04米。棺内人骨为老年男性，仰身直肢葬。头向北，面向下。内填花黏土，较致密。随葬品有瓷罐、骨簪、铜钱、玻璃饰、玉珠、玉带板。

瓷罐2件。M1：6，失盖，方圆唇、直口，溜肩，圆弧腹，大平底，矮圈足。胎土细白，釉色清亮。青花纯以线描手法，青料发色匀净，圈足刮釉露火石红。肩部饰一周变体"回"纹，肩、腹部满饰卷枝花卉图案，近底部饰弦纹两道。此罐风格多属清嘉庆、道光朝。口径8.2厘米、肩径17.9厘米、腹径18.9厘米、底径15厘米、通高19.7厘米（图六七；彩版三四，1～3）。M1：7，青花"囍"字罐，失盖，直口，溜肩，圆弧腹，矮圈足，大平底。肩部有接胎痕，胎土灰白，胎质略粗糙。釉层薄，釉色灰白，青料浓淡不均，局部淡蓝，泛紫，圈足刮釉露火石红。颈部饰一周变体"回"纹。器身一周饰三个"囍"字，肩、腹部满饰卷枝花卉图案，近底部饰弦纹两道。口径8厘米、肩径16厘米、腹径19.4厘米、底径14.5厘米、通高19.4厘米（图六八；彩版三四，4～6）。

骨簪2件。M1：2，首为佛手状，拇指与食指合拢，似作拈花状，余下三指伸直。手指细长，菱形手腕。权杖形簪身，尾部尖锐。首高2.1厘米、宽1厘米、通长6.3厘米（图六九，1；彩版三五，1）。M1：3，整体为蝎子形，上刻身体、螯、尾部纹样，尾端五节，上翘，生动形象。首高1.8厘米、宽2.1厘米、通长4.2厘米（图六九，2；彩版三五，2）。

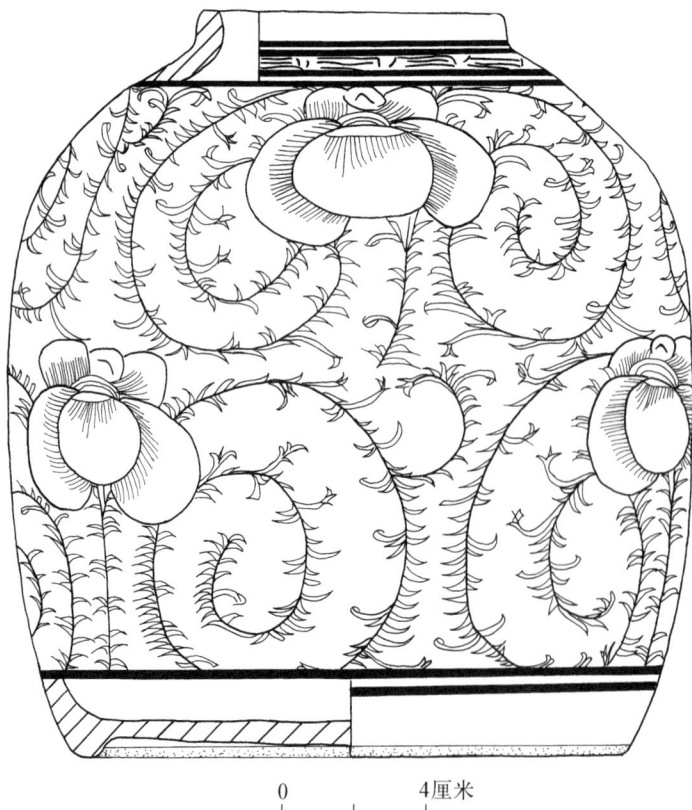

0　　　　　4厘米

图六七　M1：6瓷罐

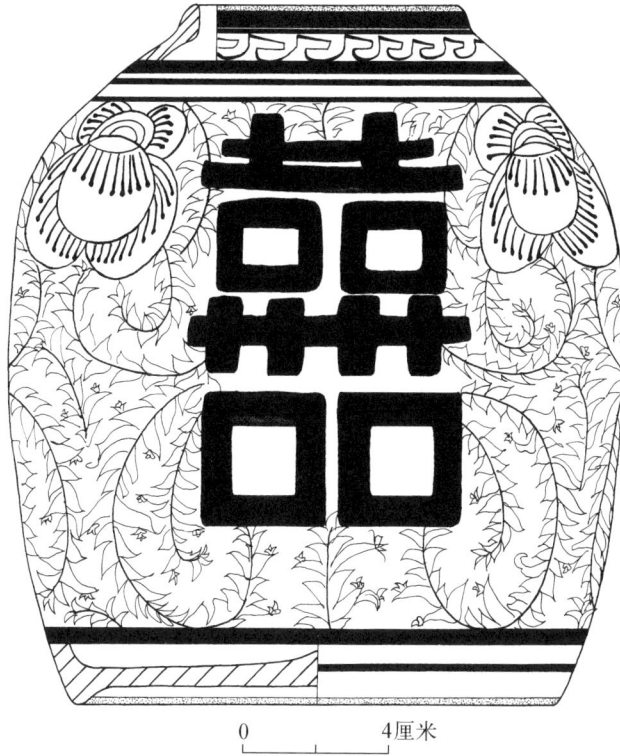

图六八　M1：7瓷罐

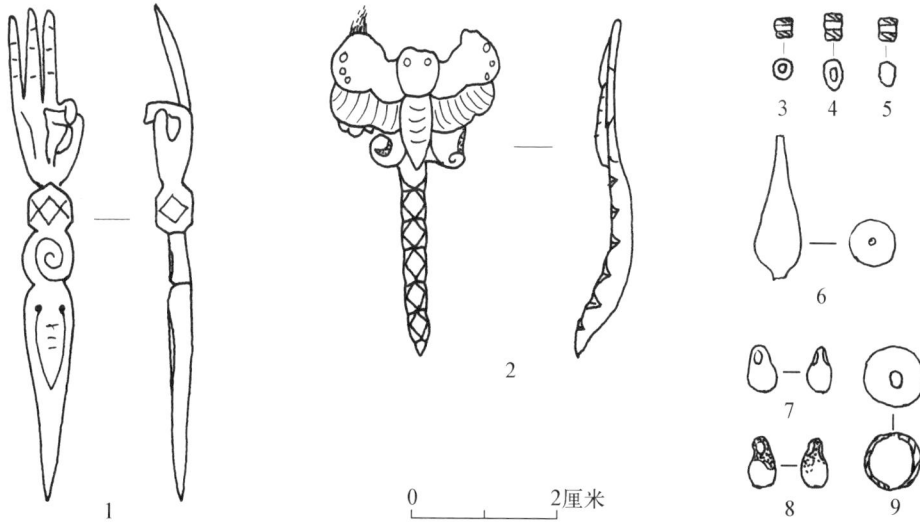

图六九　M1随葬器物

1、2.骨簪（M1：2、M1：3）　3～5.玉珠（M1：4-1-1、M1：4-1-2、M1：4-1-3）
6～9.玻璃饰（M1：4-3-1、M1：4-2-1、M1：4-2-2、M1：4-2-3）

玻璃饰63枚，分为两种。

水滴形，共23枚（彩版三五，3）。中空，有蓝色、酒红、天蓝色三种颜色。标本：M1：4-3-1，蓝色，腹径0.6厘米、高1.85厘米（图六九，6）。

　　球形,共40枚(彩版三五,4)。顶作环状,39枚,有黄、绿、蓝、粉、红色。标本:M1:4-2-1、M1:4-2-2,分作黄、绿色,直径分别为0.4厘米、0.3厘米,高均为0.6厘米(图六九,7、8)。中间有穿孔,1枚。褐色。M1:4-2-3,直径0.8厘米、高0.6厘米(图六九,9)。

　　玉珠620枚。圆柱体,中空。形制相同,大小不一(彩版三五,5)。标本:M1:4-1-1、M1:4-1-2、M1:4-1-3,直径分别为0.3厘米、0.4厘米、0.3厘米,高分别为0.2厘米、0.3厘米、0.2厘米(图六九,3~5)。

　　玉带板1具。M1:5,玉质温润柔和,色温白、光素。带板正面剖光,润滑平整,背面钻有与带革相连接的穿孔。共19块(彩版三五,6),由銙和铊尾组成。原始缀连顺序不明,按形状可分为圆弧长方形、长方形(大)、窄长条形(小)、桃形四类。

　　圭形铊尾2块(图七〇,1、2)。穿孔8个,长5.9厘米、宽3.4厘米、厚0.5厘米。长方形分两种。大长方形7块(图七〇,3~9),穿孔8个,长4.7厘米、宽3.3厘米、厚0.5厘米。小长方形4块(图七一,

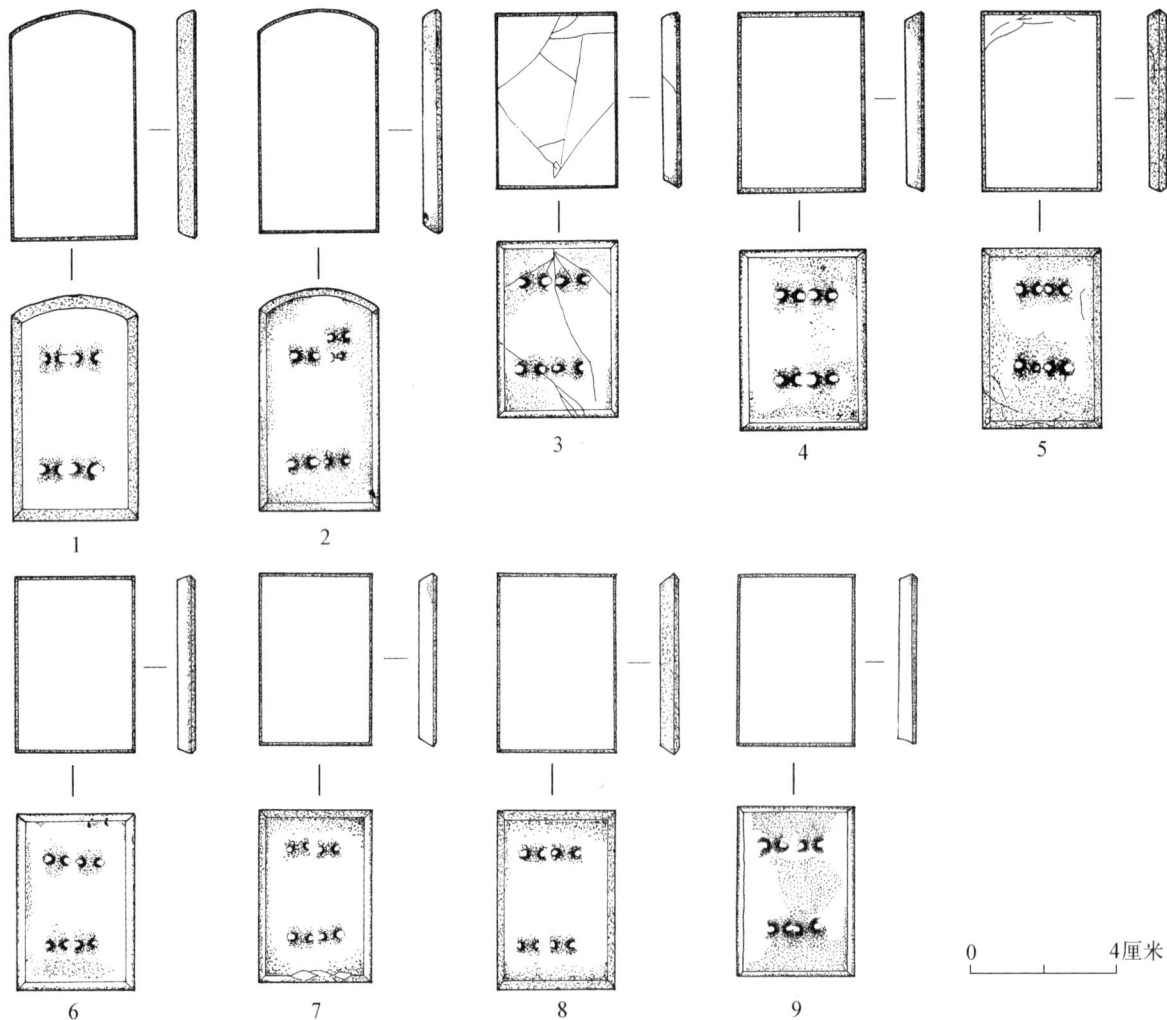

图七〇　M1:5玉带板(一)

1. M1:5-1　2. M1:5-8　3. M1:5-7　4. M1:5-2　5. M1:5-3　6. M1:5-4　7. M1:5-5　8. M1:5-6　9. M1:5-14

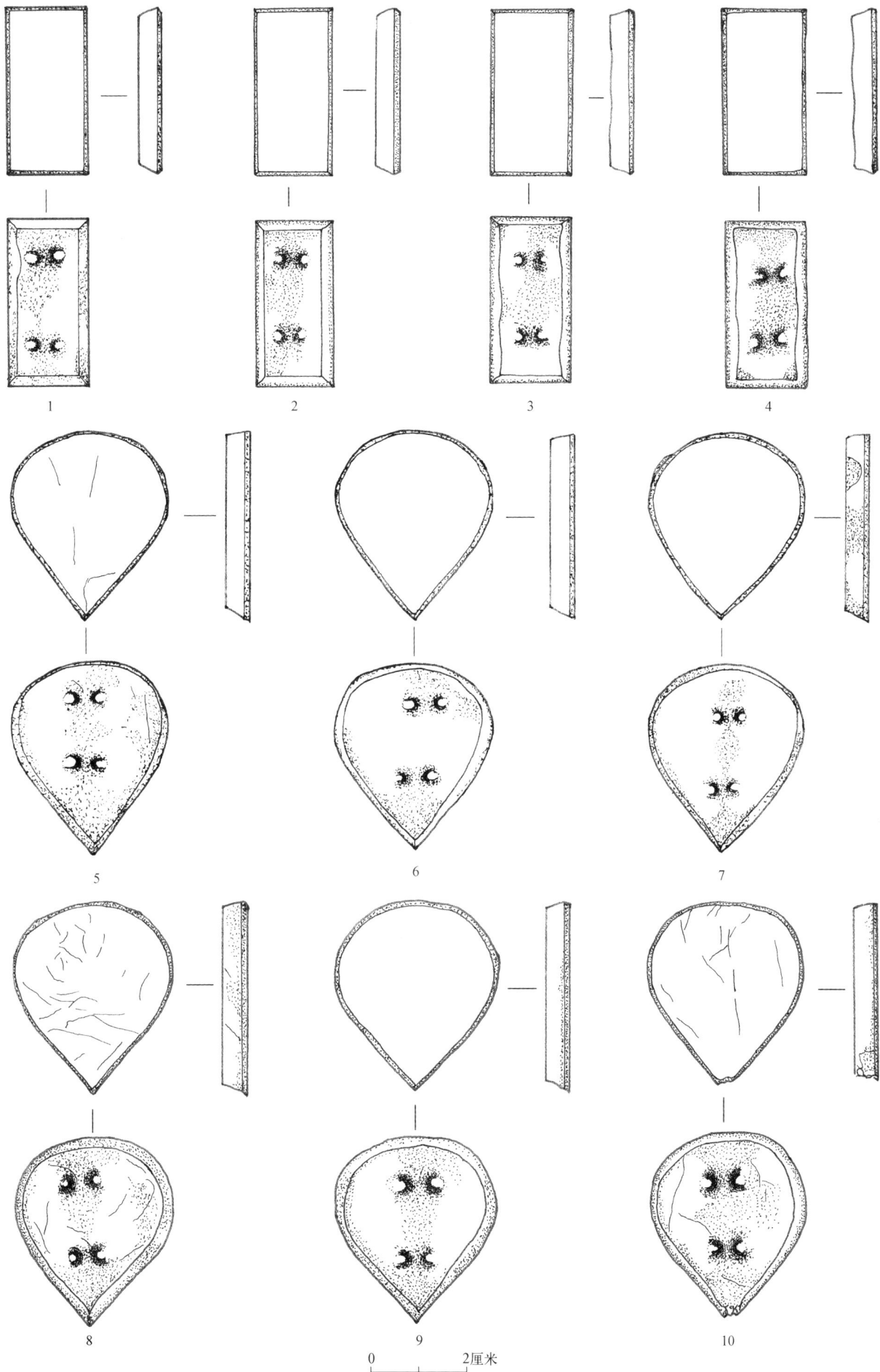

图七一　M1∶5玉带板（二）

1. M1∶5-9　2. M1∶5-13　3. M1∶5-15　4. M1∶5-19　5. M1∶5-10　6. M1∶5-11　7. M1∶5-12
8. M1∶5-16　9. M1∶5-17　10. M1∶5-18

1~4)，穿孔4个，长3.4厘米、宽1.7厘米、厚0.5厘米。桃形6块（图七一，5~10），穿孔4个，长3.6厘米、宽3厘米、厚0.5厘米。

光绪重宝1枚。M1:1，模制、完整、圆形、方穿。正面有郭，铸"光绪重宝"四字，楷书，对读。背面有郭，穿左右为满文"宝源"，上下为楷书"当十"，纪局名。直径3厘米、穿径0.55厘米、郭厚0.2厘米（图六一，5）。

四、搬迁墓

共2座：M5、M6。

M5　位于发掘南区中西部，西邻M7。GPS坐标为39°50′54.67″N，116°39′32.03″E。南北向，方向为5°。墓口距地表深1.24米，墓底距地表深2.64米。墓圹南北长2.6米、东西宽1.4米、深1.4米（图七二；彩版三二，1）。

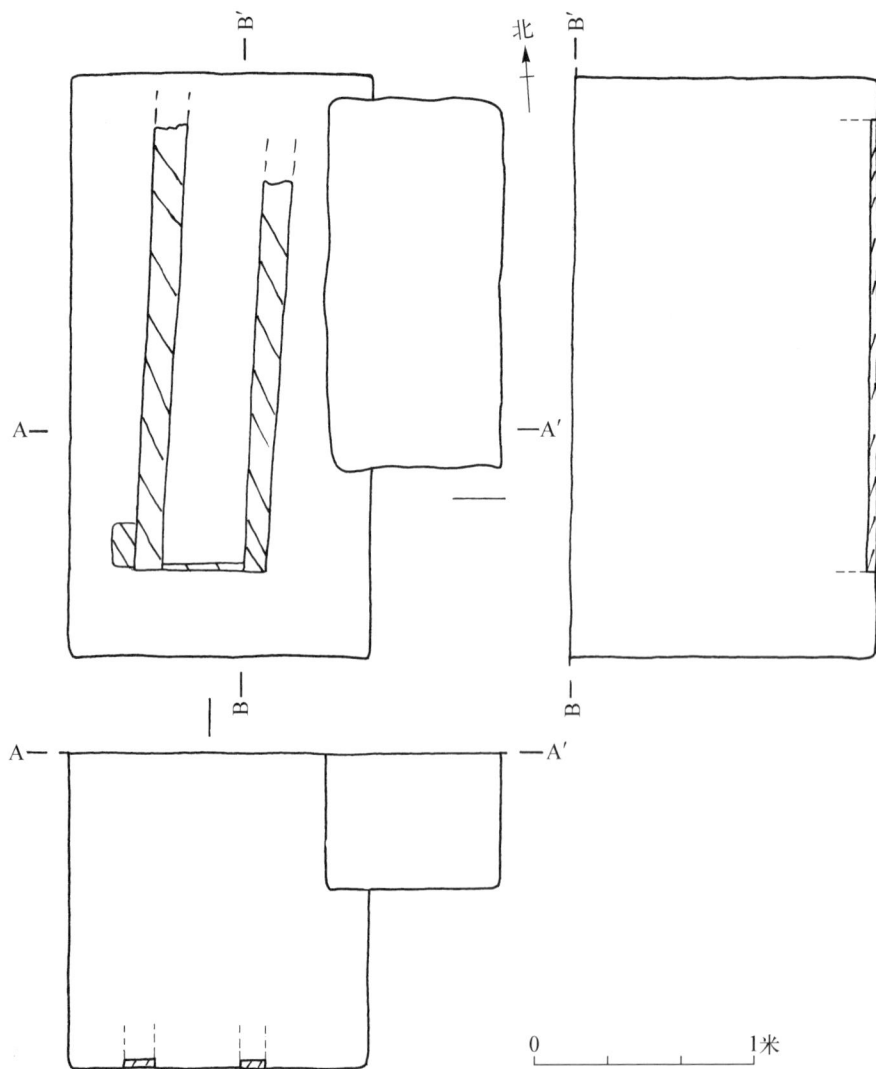

图七二　M5平、剖面图

东穴打破西穴。东穴未发现葬具。西穴内棺木已朽,棺南北残长1.52～1.62米、东西残宽0.6～0.65米、残高0.2米、厚0.02～0.05米。内填花黏土,较致密。未发现人骨及随葬品。

M6 位于发掘南区东北部,M4的北部。GPS坐标为39°50′54.83″N,116°39′32.03″E。东西向,方向为78°。墓口距地表深0.46米,墓底距地表深1.26米。墓圹东西长2.04米、南北宽1.68米、深0.8米(图七三;彩版三二,2)。

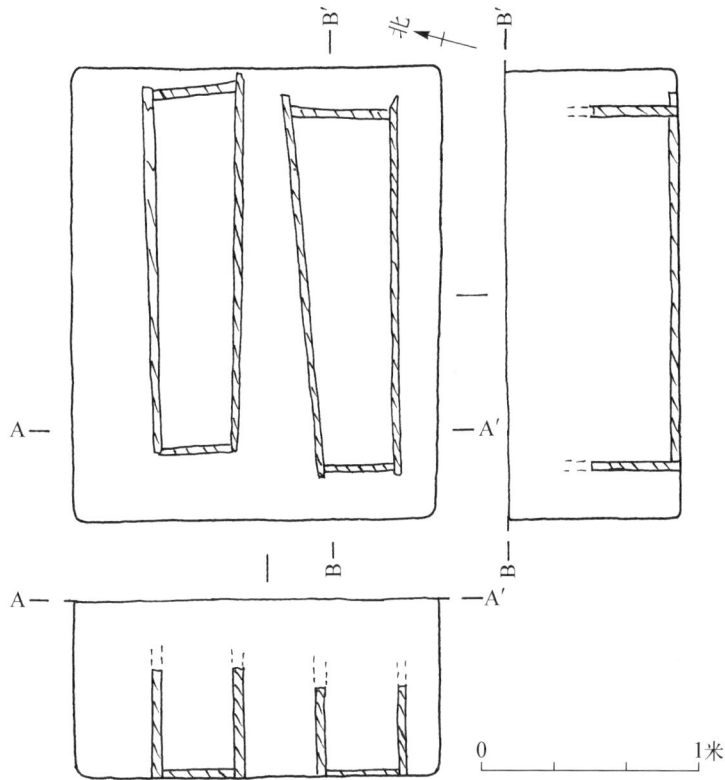

图七三 M6平、剖面图

棺木保存一般。北棺东西长1.62米、南北宽0.38～0.44米、残高0.48米、厚0.04米。南棺东西长1.72米、南北宽0.38～0.42米、残高0.46米、厚0.04米。内填花黏土,较致密。未发现人骨和随葬品。

单位：米

附表一　墓葬登记表

墓号	方向	墓口（长×宽×深）	墓底（长×宽×深）	深度	棺数	葬式	人骨保存情况	头向及面向	性别及年纪	随葬品	备注
M1	5°	2.94×3.2×0.38	2.94×3.2×1.92	1.54	三棺	东、中棺不详；西棺仰身直肢葬	较差	东棺头向和面向均不详；中棺头向南，面向上；西棺头向北，面向下	东棺老年女性；中，西棺老年男性	瓷罐2、骨簪2、玉带板1、铜钱1、玉珠620、玻璃饰63	
M2	343°	2.4×1.4×0.56	2.4×1.4×1.1	0.54	双棺	不详	较差	东棺头向南，面向下；西棺头向不详，面向不详	东棺老年男性；西棺不详	无	
M3	334°	2.36×（1.42~1.45）×0.48	2.36×（1.42~1.45）×1.36	0.88	单棺	仰身直肢葬	较差	头向北，面向南	老年男性	无	
M4	320°	2.04×（1.06~1.1）×0.46	2.04×（1.06~1.1）×1.36	0.9	单棺	仰身直肢葬	较差	头向北，面向南	老年男性	瓷罐1	
M5	5°	2.6×1.4×1.24	2.6×1.4×2.64	1.4		不详	无	不详	不详	无	搬迁墓
M6	78°	2.04×1.68×0.46	2.04×1.68×1.26	0.8		不详	无	不详	不详	无	搬迁墓
M7	83°	2.3×1.4×0.82	2.3×1.4×1.3	0.48	单棺	仰身直肢葬	较差	头向东，面向上	老年女性	瓷罐1、银簪1、铜钱3、铜板1	
M8	0°	2.56×1.68×0.5	2.56×1.68×1.38	0.88	双棺	不详	较差	不详	不详	瓷罐1、铜钱3	
M9	5°	2.6×1.6×0.76	2.6×1.6×1.96	1.2	双棺	东棺仰身直肢葬；西棺不详	较差	不详	不详	无	

附表二 铜钱、铜板统计表 单位: 厘米

单 位	编号	种 类	钱 径	穿 径	郭 厚	备 注
M1	1	光绪重宝	3	0.55	0.2	上下楷书"当十"，左右满文"宝源"
M7	2-1	道光通宝	2.35	0.62	0.15	满文"宝源"
	2-2	光绪重宝	2.5	0.59	0.16	上下楷书"当拾"，左右满文"宝泉"
	2-3	光绪重宝	3.21	0.51	0.25	上下楷书"当十"，左右满文"宝泉"
	2-4	铜板	2.8		0.15	
M8	2-1	嘉庆通宝	2.48	0.56	0.11	满文"宝源"
	2-2	道光通宝	2.21	0.6	0.16	满文"宝泉"
	3	道光通宝	2.21	0.54	0.15	满文"宝泉"

第四章　E6地块考古发掘报告

第一节　概　　况

E6地块位于台湖镇田家府村东南,北至E1地块、东至E7地块、南至E11地块、西至九德路(图七四)。中心区域GPS坐标为39°85′087″N、116°66′555″E。北京市文物研究所于2016年4月25日至2016年6月10日对该地块范围内的古代墓葬进行了考古发掘(彩版三六)。发掘证号为考执字(2016)第(391)号。

图七四　发掘区位置示意图

共发掘不同时期古代墓葬94座（辽代4座、清代90座）（图七五；参见附表一），发掘面积共计900平方米，出土各类文物51件（不计铜钱）。

第二节　地　　层

发掘区的地层堆积自上而下分为四层：

第①层：深0～1米，回填土层。该层包含有现代建筑垃圾、石块及植物根茎等，土色黑褐。

第②层：厚0～0.3米、深1～1.3米。黄色，黏土层，较致密。

第③层：厚0.2～0.7米、深1.3～2米。黄褐色，粉沙土层，致密度较疏松。

第④层：厚0.3～0.5米、深2～2.5米。黄色，胶泥土层，致密度较疏松，内含铁锈。

以下为生土层，黄色，内含水锈，部分区域见水。

第三节　墓葬及遗物

分为辽代和清代两个时期。

一、辽代

均开口于④层下，为南北向竖穴土圹砖室墓。平面呈"球拍"形，均在墓室北端设直尺形棺床。M5、M6破坏较严重。

M3　位于发掘区东北部，北邻M13、西南邻M5。方向为343°。墓口距地表深0.6米，墓底距地表深2.4米。墓圹南北长9.2米、东西宽3.96米、深1.8米（图七六；彩版三七，1）。

该墓自南向北依次由墓道、墓门、墓室三部分组成。

墓道平面呈梯形。南北长4.65米、东西宽1.06～2.16米。墓道南端向下延伸0.5米后，再向北做成斜坡状。南高北低，坡度为10°，坡长3.1米。再向下延伸0.7米，为第二级台阶。台阶宽0.5米，台阶的北端再向下延伸0.4米，至墓道底部。

墓门位于墓道北部，总宽2.02米、残高1.8米。门宽0.94米、残高1.2米、进深1.2米。门为拱券顶，由单砖侧立垒砌，门内用"人"字形侧立砖封堵，共六层（彩版三七，2）。由于破坏严重，残存前排一排。门上部有两块砖砌门楣（簪），门楣由两平砖砌成，长2.04米、宽0.45米。东西两侧墙壁抹有白灰面，并涂有朱砂。

墓室位于墓门北部，平面近圆形。南北长3.36米、东西宽3.96米。现残存四周底部青砖四至六层，残高0.35米。墓壁采用"一平一竖"或"二平一竖"的方法垒砌。用砖规格分为两种：第一种是0.34×0.17×0.06米，一面素面，一面有九道沟纹；第二种是0.32×0.16×0.05米，一面素面，一面有七道沟纹。

棺床东西长约3.1米，高出墓室底部0.58米（彩版三七，3）。南部边缘有青砖包边，残存两层。用砖规格为0.34×0.17×0.06米。未发现棺木及骨架。内填花黏土，致密度较疏松。随葬品

北

B'　　　　　　B'

8

3 4

6
5　　　2

1

A —　　　　— A'

B　　　B

A —　　　　— A'

0　　　　　1米

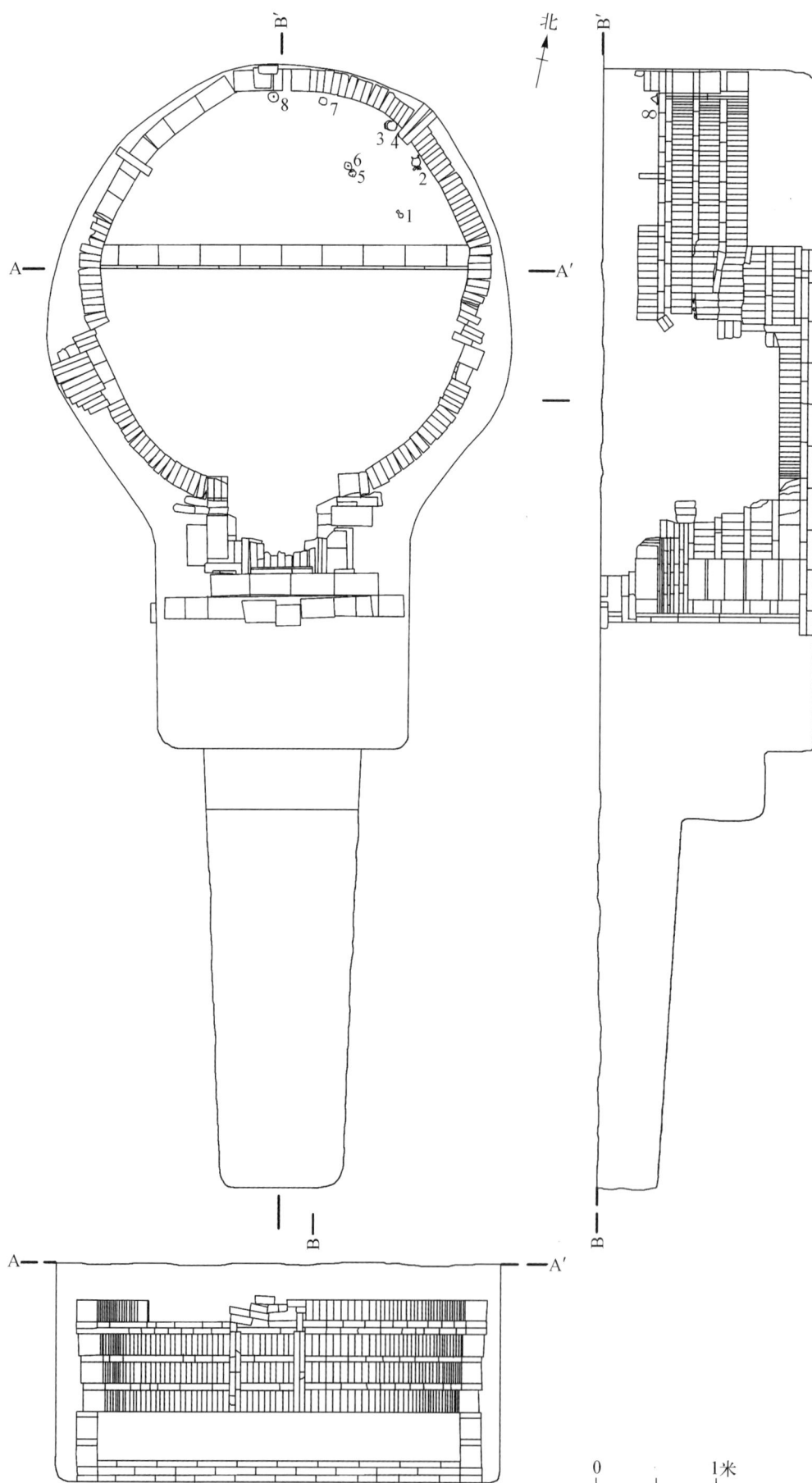

图七六　M3平、剖面图

1. 瓷瓶　2. 陶鼎　3、4. 瓷碗　5. 陶罐　6. 陶器盖　7. 陶钵　8. 陶盆

有瓷瓶、瓷碗、陶鼎、陶器残件、陶器盖、陶罐、陶盆、陶钵。

瓷瓶1件。M3：1，圆唇、敞口、长束颈，圆肩，鼓腹，矮圈足，底略外凸。内壁口沿施青褐色釉，外壁近底部、底部未施釉，露灰色胎。素面。口径2.4厘米、肩径3.85厘米、底径3厘米、通高7.6厘米（图七七，5；彩版六七，1）。

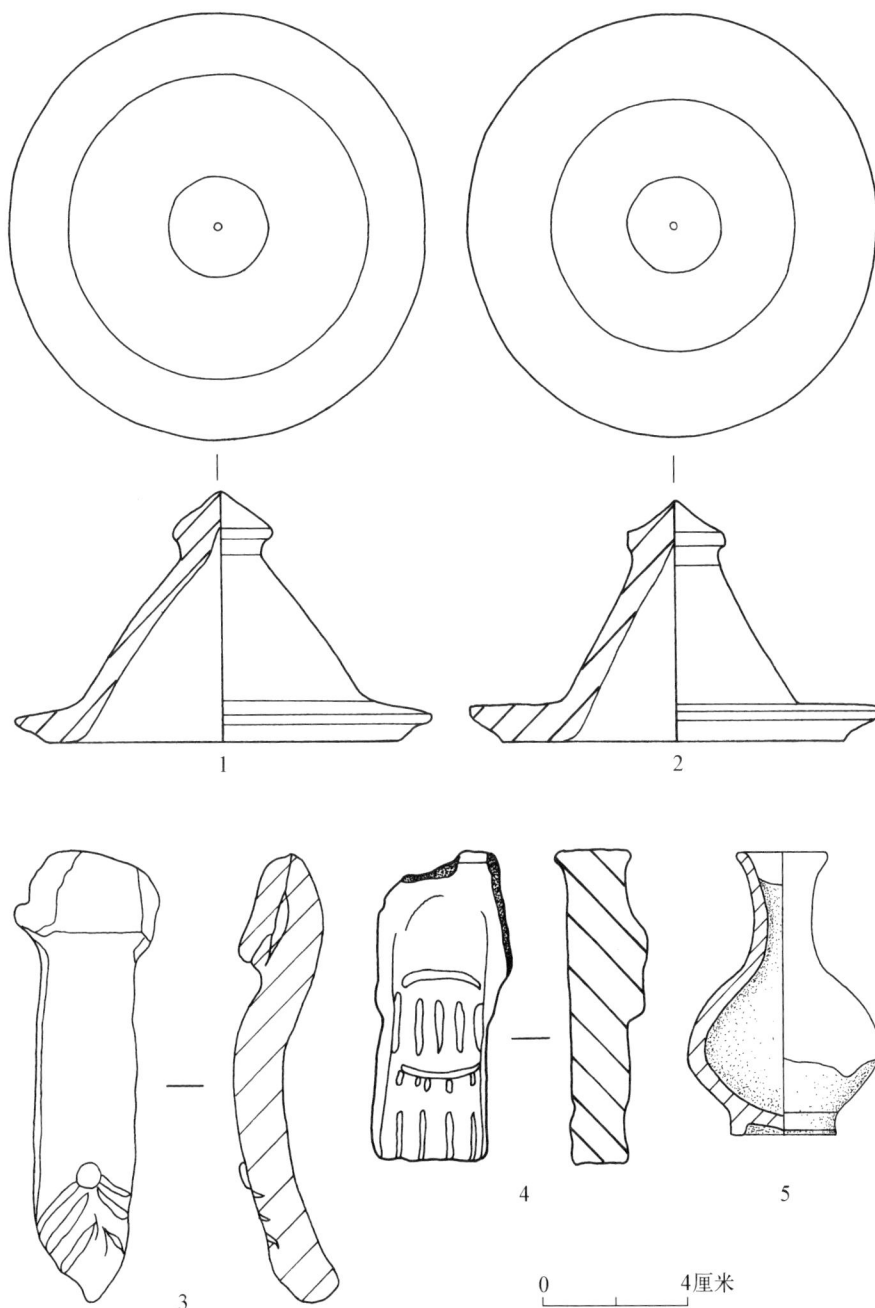

图七七　M3随葬器物（一）

1、2.陶器盖（M3：8-1、M3：8-2）　3、4.陶器残件（M3：8-6、M3：8-5）　5.瓷瓶（M3：1）

瓷碗4件。圆唇、敞口,弧腹,矮圈足,平底内凸。M3:3-1,施白釉,圈足及底部未施釉,露灰胎。上腹部饰三道弦纹。口径21.3厘米、底径7.3厘米、通高7.6厘米(图七八,2;彩版六七,2)。M3:3-2,施白釉,圈足及底部未施釉,露灰胎。素面。口径21.8厘米、底径10.2厘米、通高7.7厘米(图七八,3;彩版六七,3)。M3:4,施白釉,外壁近底部、底部未施釉,露灰胎。素面。口径13.3厘米、底径4.4厘米、通高3.9厘米(图七八,1;彩版六七,4)。M3:7,方圆唇、敞口,弧直腹,矮圈足,底部略内凹。施白釉,颜色泛黄。外壁有流釉现象,底部未施釉,露灰胎。内壁满饰缠枝花卉纹。口径17.6厘米、底径5.8厘米、通高6.6厘米(图七九;彩版六七,5、6)。

陶鼎1件。M3:2,圆唇、敞口,折沿、沿面内凹,圆肩,深鼓腹,圜底。口沿上左右对称附一兽形立耳,近底附三撇足,足分两趾。泥质灰陶。上腹部饰五道凹弦纹。口径11厘米、肩径14.2厘米、通高16.5厘米、足高7.9厘米(图八〇,1;彩版六八,1)。

陶钵1件。M3:5,方圆唇、直口微敛,弧腹斜收,平底。泥质灰陶。内壁口沿下部至底部饰数道凸弦纹。口径13.2厘米、底径6.4厘米、通高4.1厘米(图八〇,5;彩版六八,2)。

陶器残件2件。M3:8-5,呈长方形,上部饰四道凸线纹,中部饰一道弧凸线纹,下部饰五道凸线纹,再下为一道弧凸线纹。残长9.2厘米、宽3.1~3.6厘米、厚1.5~2.1厘米(图七七,4;彩版

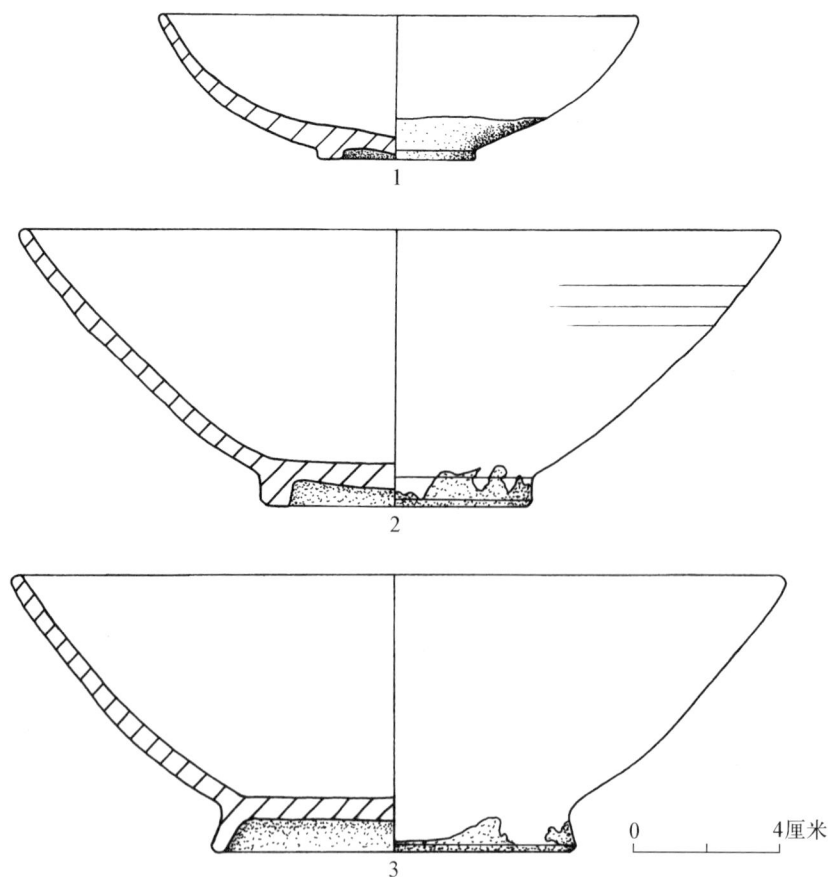

图七八　M3随葬瓷碗

1. M3:4　2. M3:3-1　3. M3:3-2

图七九　M3：7 瓷碗

六八，3）。M3：8-6，呈不规则长方形，底中部有一凸圆纹，底部左右各饰三道凹线纹。残长 12.2 厘米、宽 2.6～3.7 厘米、厚 1.3 厘米（图七七，3；彩版六八，4）。

　　陶器盖 3 件。圆帽形，顶部凸起成纽。短捉手。盖沿上翘，盖口内敛，弧壁。泥质灰陶。素面。M3：6，束颈，上施白陶衣。底径 10.8 厘米、通高 7.3 厘米（图八八〇，2；彩版六八，5）。M3：8-1，底径 11.6 厘米、通高 6.8 厘米（图七七，1；彩版六八，6）。M3：8-2，底径 11.2 厘米、通高 6.3 厘米（图七七，2；彩版六九，1）。

　　陶罐 1 件。M3：8-3，弧腹，小平底内凹。泥质灰陶，外壁呈黑色。素面。肩径 18.4 厘米、底径 7.9 厘米、残高 17.2 厘米（图八〇，4；彩版六九，2）。

　　陶盆 1 件。M3：8-4，尖唇、敞口，平折沿，斜直腹，平底。泥质灰陶。素面。外壁有轮制痕迹。口径 24 厘米、底径 15.6 厘米、通高 5.9 厘米（图八〇，3；彩版六九，3）。

图八〇　M3随葬器物（二）

1.陶鼎（M3：2）　2.陶器盖（M3：6）　3.陶盆（M3：8-4）　4.陶罐（M3：8-3）　5.陶钵（M3：5）

M4　位于发掘区东北部，东邻M5、南邻M18。方向为350°。墓口距地表深0.3米，墓底距地表深0.94米。墓圹南北长4.3米、东西宽0.72～2.4米、深0.64米（图八一；彩版三七,4）。

该墓自南向北依次由墓道、墓门、墓室三部分组成。

墓道平面呈梯形。南北长1.8米、东西宽0.72～0.82米、深0.3～0.64米。直壁，平底，南高北低呈斜坡状，坡长1.82米，坡度为10°。

墓门位于墓道北部,宽0.7米、残高
0.12～0.4米,进深0.36米。两边砖墙为"二
平一竖"砌筑而成,内设封门砖,立砖封门,
残高0.36米。用砖规格为0.36×0.16×0.05
米,一面素面,一面有七道沟纹。

墓室位于墓门北部,平面呈圆形,直径
2.4米。砖墙砌法为"二平一竖",上部已
破坏,残高0.12～0.28米。用砖均为残砖,
砖宽0.16米、厚0.05米,一面素面,一面有
七道沟纹。

棺床位于墓室北部,呈直尺形。东西
长约2.08米,高出墓室底部0.3米。未发现
棺木及骨架。内填花黏土,较致密,含碎砖
块。随葬品有瓷碗1件。

M4:1,方圆唇、敞口、弧直腹、矮圈
足。外壁口沿至底部施白釉,近底部及足
部未施釉,露灰胎。素面。口径25厘米、
底径11.2厘米、通高8厘米(图八二,1;彩
版六九,4)。

M5　位于发掘区东北部,东北邻M3、
西邻M4。方向为353°。墓口距地表深0.3
米,墓底距地表深1.8米。墓圹南北长6.7米、东西宽1.2～3.2米、深1.5米(图八三;彩版三八,1)。

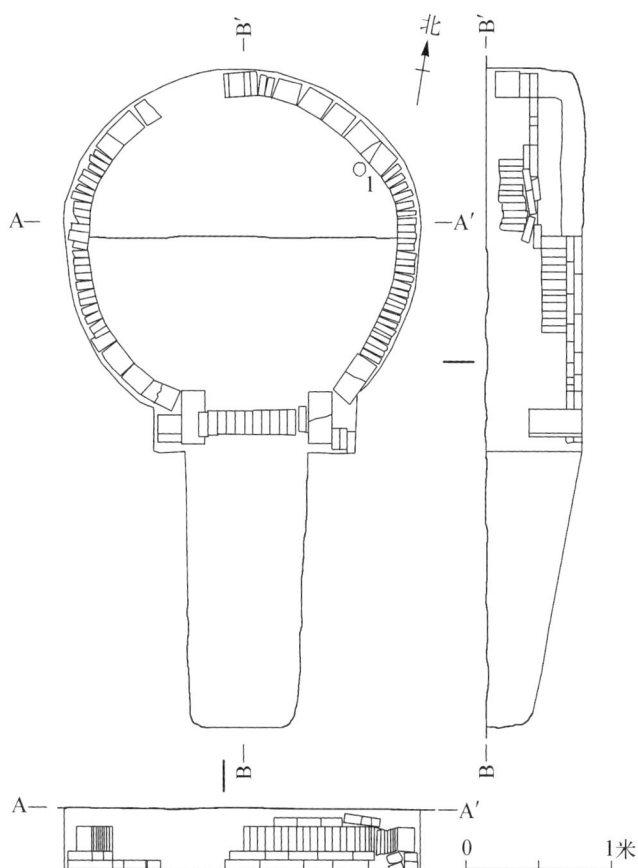

图八一　M4平、剖面图

1.瓷碗

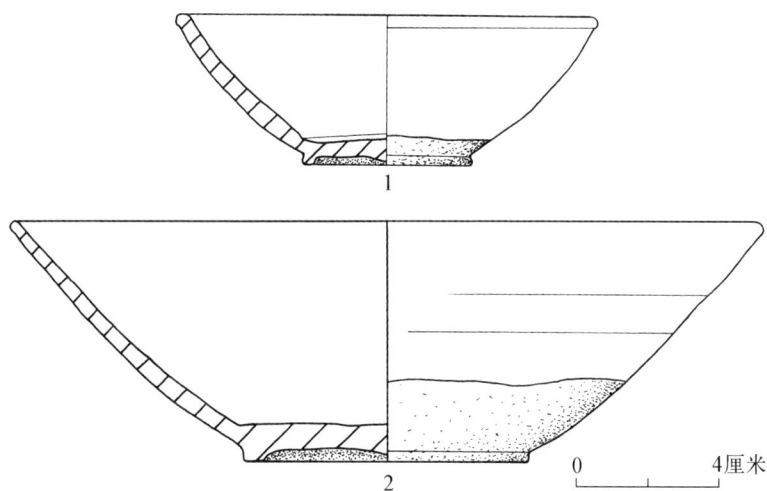

图八二　M4、M5随葬瓷碗

1. M4:1　2. M5:1

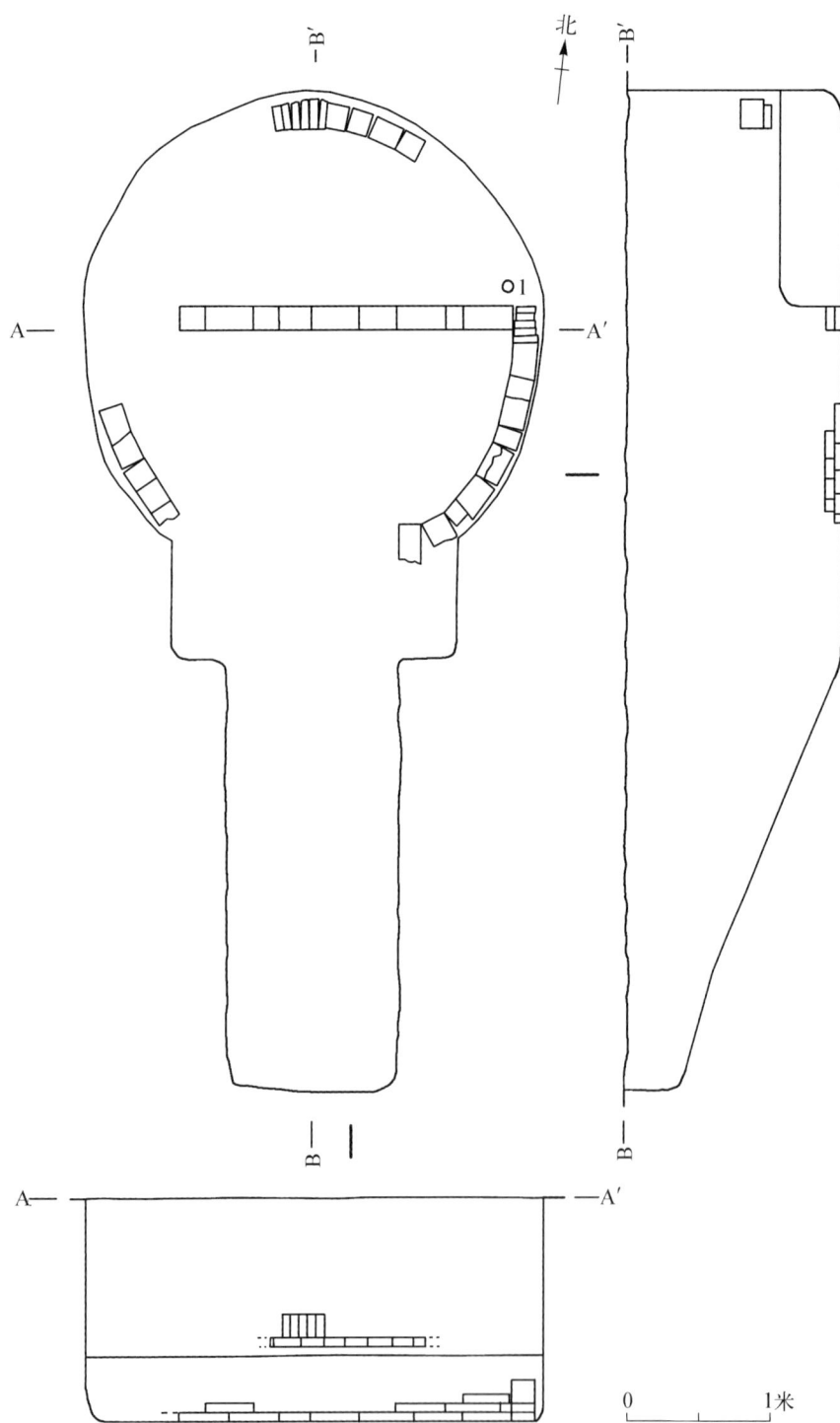

图八三　M5平、剖面图

1.瓷碗

该墓自南向北依次由墓道、墓门、墓室三部分组成。

墓道平面呈长方形。南北长2.8米、东西宽1.2米。直壁，南壁向下延伸0.4米，以下为斜坡。斜坡长3.05米，坡度为25°。

墓门破坏无存。

墓室位于墓门北部，平面呈圆形，直径3.2米。内壁多被破坏，残高0.06~0.28米，均为残砖砌筑。砖一面素面，一面有七道沟纹。棺床东西长2.3米，高于墓室底部0.44米。棺床的南壁为青砖错缝砌筑，已破坏，残高0.06~0.18米。用砖规格为0.34×0.16×0.06米。未发现棺木及骨架。内填花黏土，较致密。随葬品有瓷碗1件。

M5：1，尖圆唇、敞口，弧直腹，矮圈足。口沿外壁至下腹部施白色釉，足部不施釉，露灰胎。腹部饰两道弦纹。口径20.5厘米、底径8.8厘米、通高6.4厘米（图八二，2；彩版六九，5）。

M6　位于发掘区东北部，北邻M5、西邻M17。方向为349°。墓口距地表深0.6米，墓底距地表深1.82米。墓圹南北长7.4米、东西宽3.48米、深1.22米（图八四；彩版三八，2）。

该墓自南向北依次由墓道、墓门、墓室三部分组成。

墓道平面呈梯形，南北长3.4米、东西宽0.82~0.94米。直壁，剖面呈斜坡状，南高北低。墓道南端0.2米深以下向北呈斜坡状，坡度为17°、坡长3.5米。

墓门位于墓道北部，门宽0.94米、进深约0.6米。仅存墓门西侧的砖墙两层，残高0.14米。用砖规格为0.34×0.17×0.06米，一面素面，一面有九道沟纹。

墓室位于墓门北部，平面呈圆形，直径约3.48米。由于破坏严重，墓室上部全被破坏，仅存东部底层青砖一层，平砖铺砌，残高0.07米。

棺床位于墓室北部，平面呈直尺形，东西长约3.4米。棺床上部较平，高出墓室底部0.52米，南部边缘因破坏不规整。未发现棺木及人骨。内填花黏土，致密度较疏松，包含有碎砖块等。随葬品有瓷碗。

瓷碗5件。皆尖圆唇、敞口，弧直腹，矮圈足，平底内凹。施白色釉。素面。M6：1，内底残留四处长条形支垫痕。外壁近底部、底部未施釉，露灰胎。口径12.2厘米、底径5.8厘米、通高3.7厘米（图八五，1；彩版六九，6）。M6：2，深腹，腹部有轮制痕迹。外壁近底部、底部未施釉，露灰胎。口径11.1厘米、底径5.3厘米、通高4.4厘米（图八五，2；彩版七〇，1、2）。M6：3，外壁近底部、底部未施釉，露灰胎。口径19.6厘米、底径7.6厘米、通高6.3厘米（图八六，2；彩版七〇，3）。M6：4，有明显轮制痕迹。底部未施釉，露灰胎。口径14.7厘米、底径5.8厘米、通高5.2厘米（图八六，1；彩版七〇，4）。M6：5，有明显轮制痕迹。底部未施釉，露灰胎。口径19.7厘米、底径7.7厘米、通高5.2厘米（图八六，3；彩版七〇，5、6）。

二、清代

均开口于②层下。按棺数、建墓材质和葬具不同分为六种（表三）。

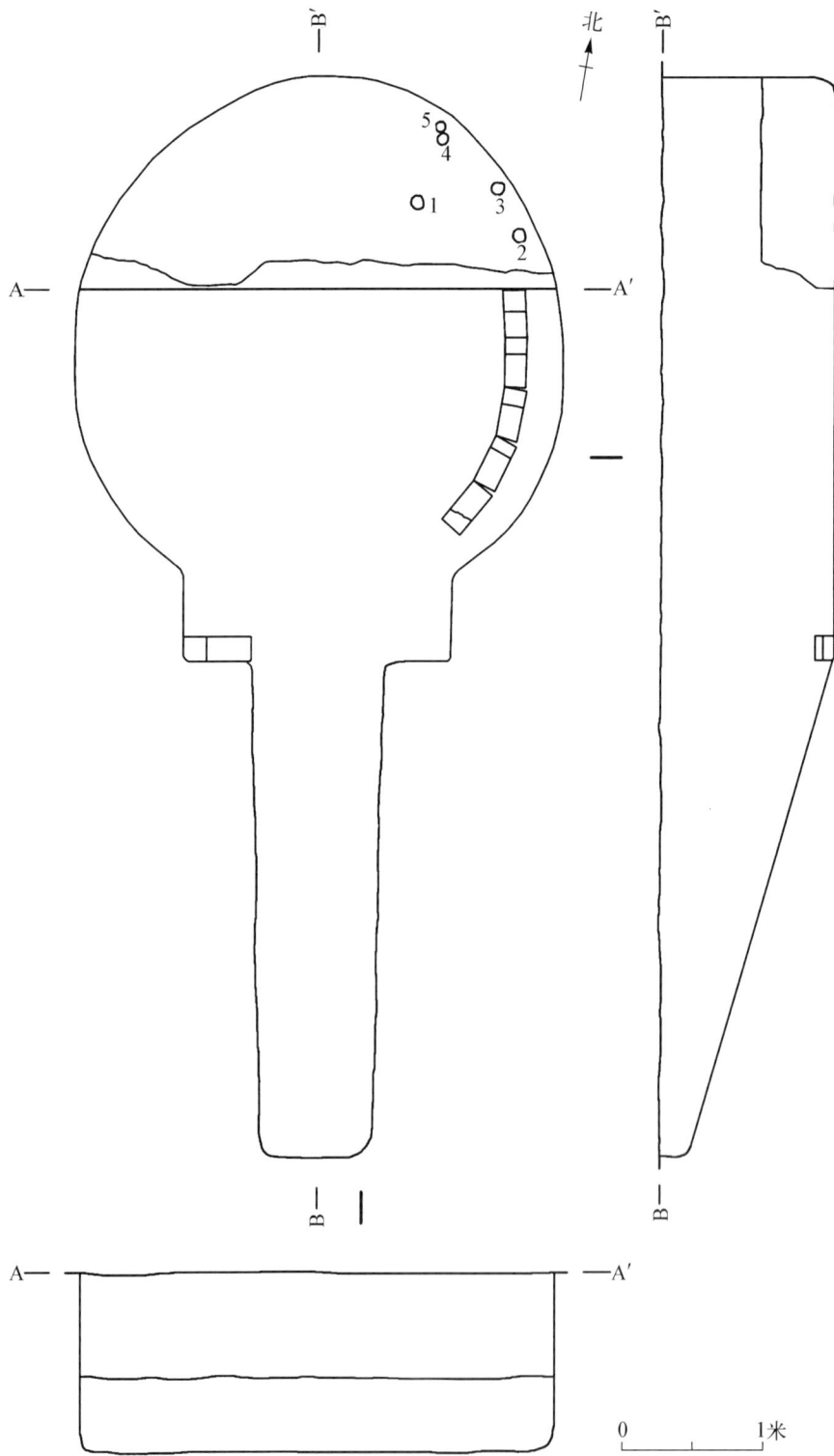

图八四　M6平、剖面图

1～5. 瓷碗

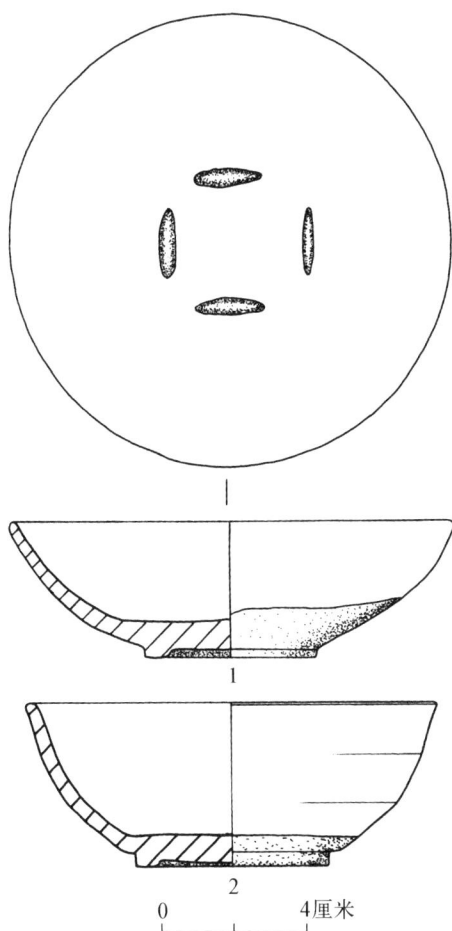

图八五　M6随葬瓷碗（一）

1. M6：1　2. M6：2

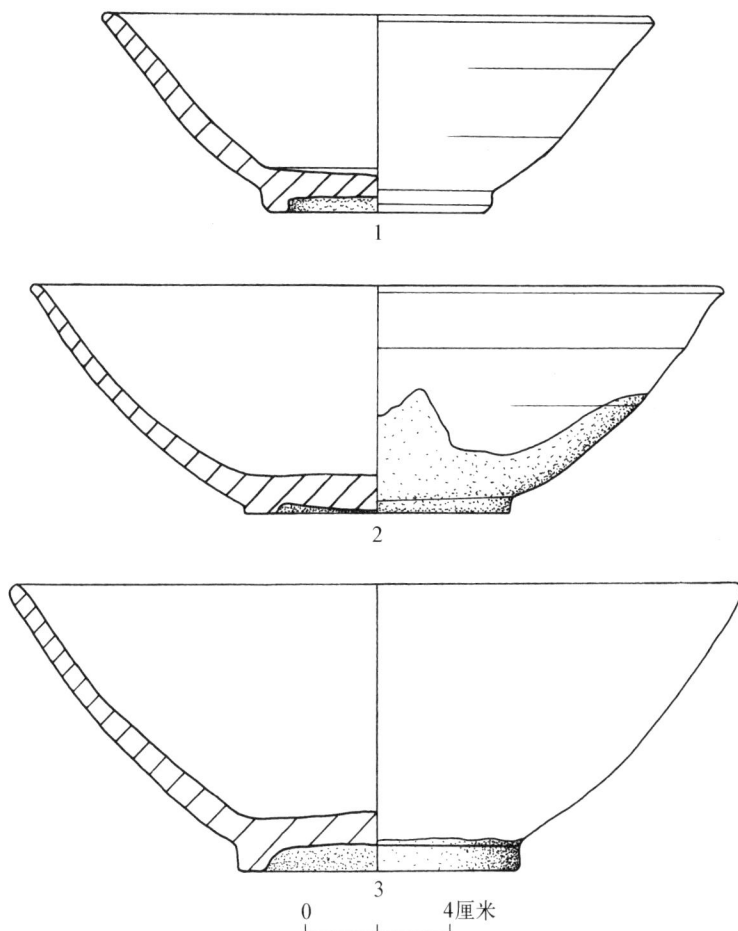

图八六　M6随葬瓷碗（二）

1. M6：4　2. M6：3　3. M6：5

表三　墓葬分类表

分　类	单　棺			双　棺			三　棺		搬　迁		砖室	瓮棺
	A型	B型	C型	A型	B型	C型	A型	B型	A型	B型		
数量（座）	33	8	1	15	5	7	2	3	13	1	1	1

1. 单棺墓

共42座，按平面形状分为三型。

A型：平面呈长方形，有M2、M11、M15、M16、M21、M23、M27、M28、M32、M38、M40、M43～M47、M49、M51、M54、M55、M58、M60、M63、M64、M67、M71～M77、M85。

M2　位于发掘区东北部，东邻M1。南北向，方向为8°。墓口距地表深0.3米，墓底距地表深1.1米。墓圹南北长2.3米、东西宽0.9米、深0.8米（图八七；彩版三九，1）。

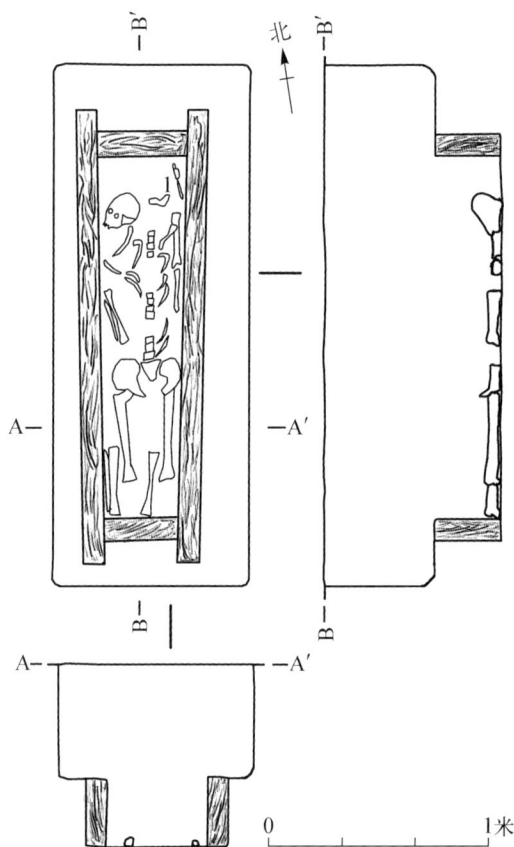

图八七　M2平、剖面图

1. 玉烟嘴

　　棺木保存一般。棺长2米、宽0.54～0.6米、残高0.28米、厚0.1米。骨架保存较差。墓主人为老年男性,仰身直肢葬。头向北,面向西。内填花黏土,致密度较疏松。随葬品有玉烟嘴1件。

　　M2：1,圆柱形,顶部状如伞。上腹内束,中空,下腹呈管状。绿色。通体晶莹剔透。底径1.8厘米、孔径0.3～1.05厘米、通高6.2厘米(图八八,3;彩版七一,1、2)。

　　M11　位于发掘区东部,M8的东北部。南北向,方向为2°。墓口距地表深0.5米,墓底距地表深0.8米。墓圹南北长1.8米、东西宽1.6米、深0.3米(图八九;彩版三九,2)。

　　骨架保存较差,散乱。墓主人葬式、性别、年纪、头向、面向均不详。内填花黏土,致密度较疏松。未发现葬具和随葬品。

　　M15　位于发掘区中南部,东南邻M14、西北邻M16。南北向,方向为345°。墓口距地表深0.4米,墓底距地表深1.5米。墓圹南北长2.7米、东西宽1.6米、深1.1米(图九〇;彩版三九,3)。

　　棺木保存一般。棺长1.9米、宽0.6～0.8米、残高0.2米、厚0.03米。骨架保存较差。墓主人为老年女性,仰身屈肢葬。头向北,面向下。内填花黏土,致密度较疏松。未发现随葬品。

　　M16　位于发掘区中南部,东南邻M15、西北邻M20。南北向,方向为340°。墓口距地表深0.4米,墓底距地表深1.2米。墓圹南北长2.5米、东西宽1.3米、深0.8米(图九一;彩版四〇,1)。

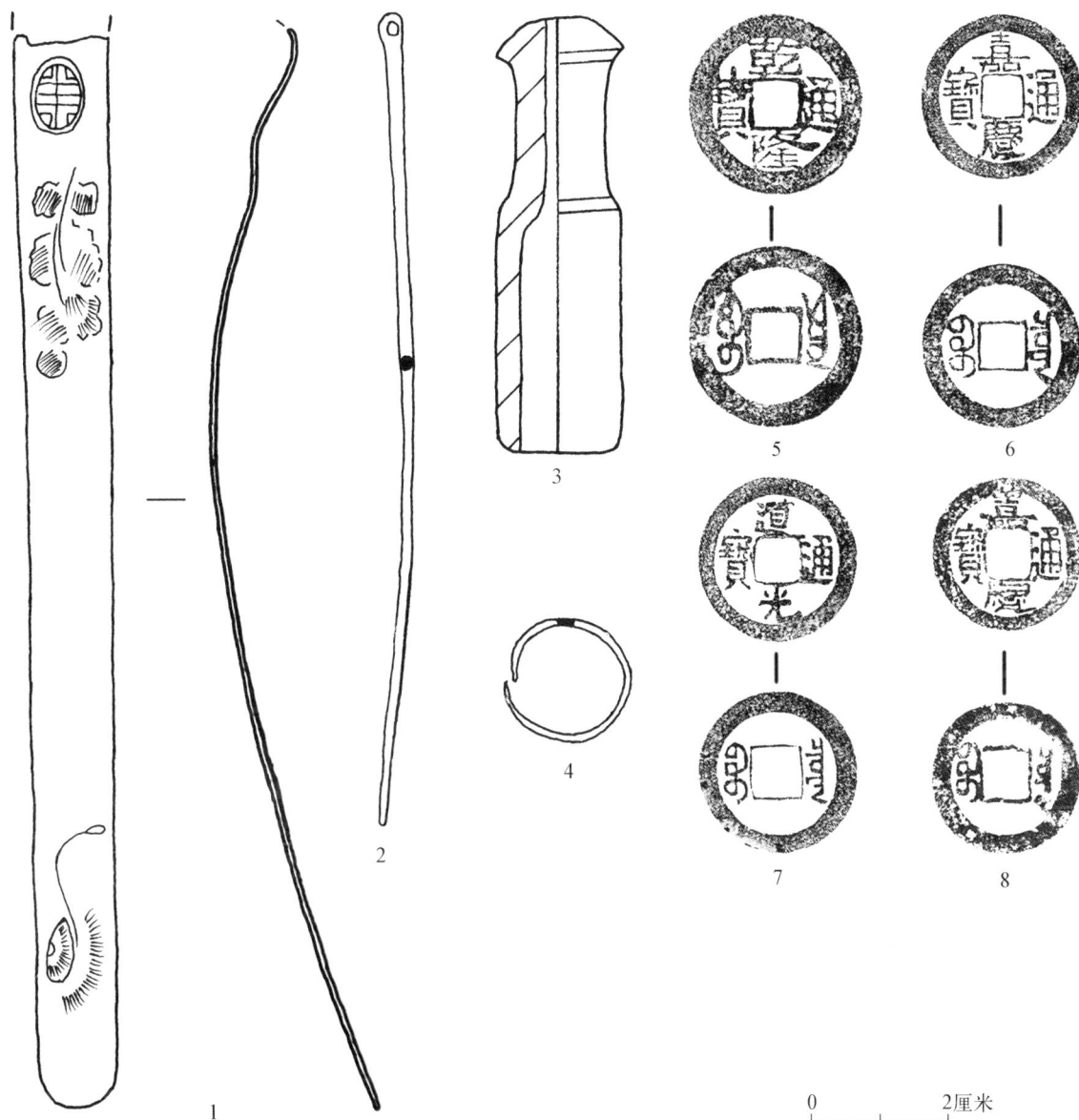

图八八　单棺A型墓葬随葬器物

1.银扁方（M85：1）　2.银簪（M85：2）　3.玉烟嘴（M2：1）　4.铜戒指（M60：1）　5.乾隆通宝（M85：3-1）
6、8.嘉庆通宝（M85：3-2、M73：1）　7.道光通宝（M85：3-3）

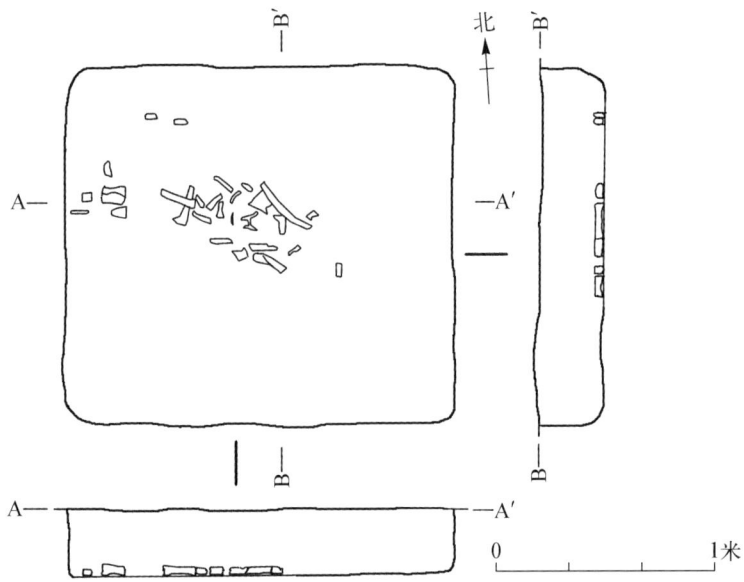

图八九　M11平、剖面图

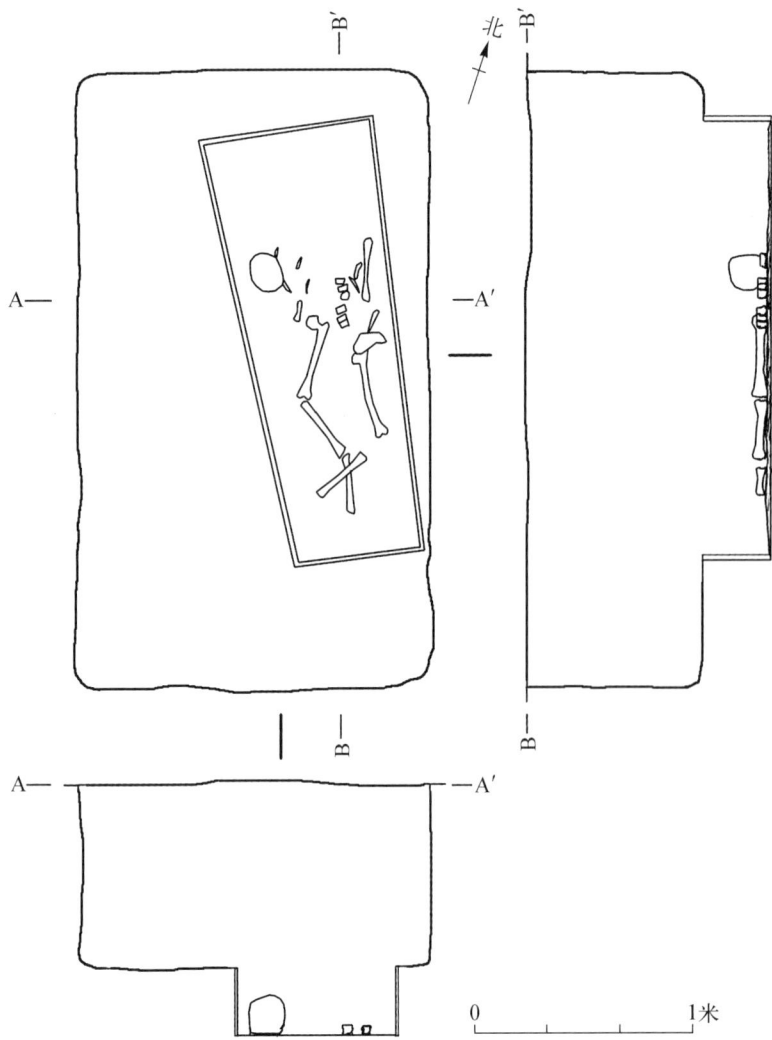

图九〇　M15平、剖面图

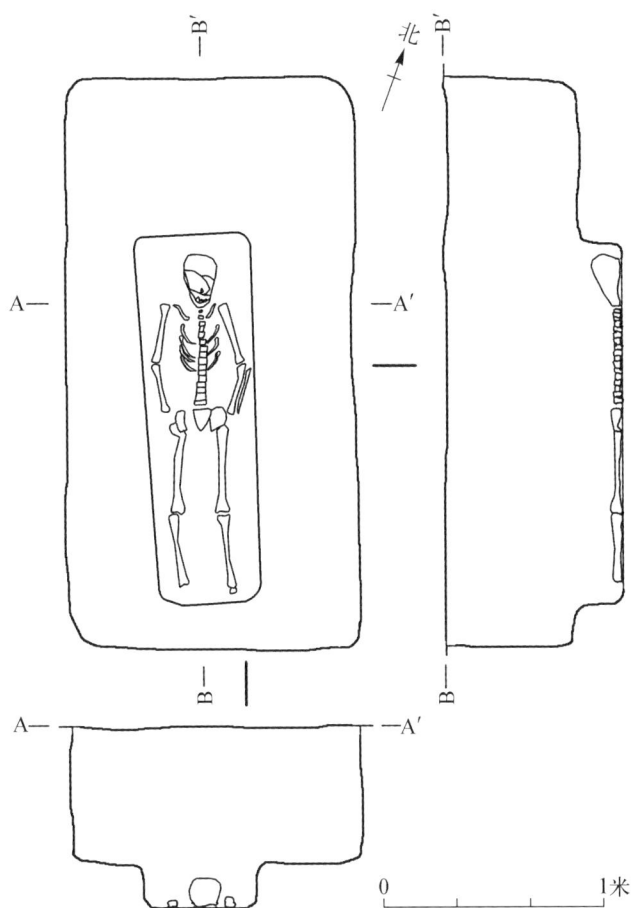

图九一　M16平、剖面图

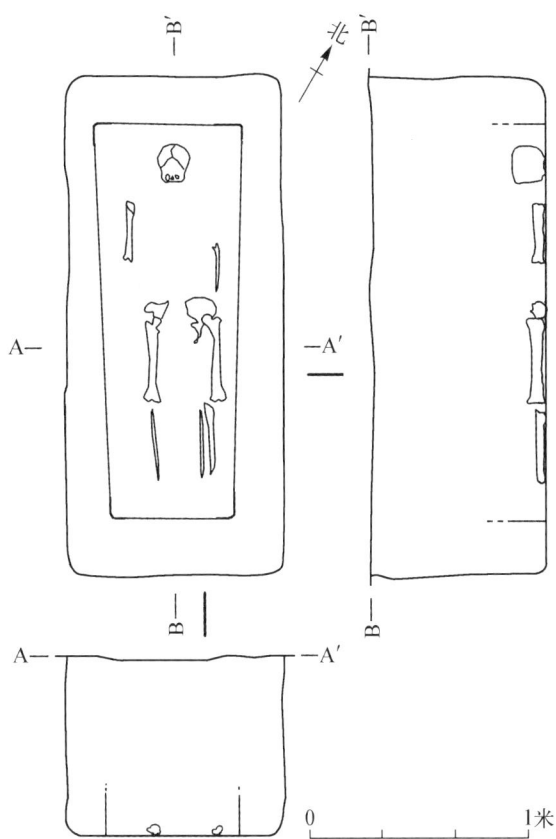

图九二　M21平、剖面图

棺木已朽。棺长1.6米、宽0.46～0.52米、残高0.2米。骨架保存一般。墓主人为老年男性,仰身直肢葬。头向北,面向上。内填花黏土,致密度较疏松。未发现随葬品。

M21　位于发掘区中部,东南邻M20、西北邻M22。南北向,方向为330°。墓口距地表深0.5米,墓底距地表深1.3米。墓圹南北长2.2米、东西宽1米、深0.8米(图九二;彩版四〇,2)。

棺木已朽。棺长1.75米、宽0.56～0.68米、残高0.2米。骨架保存较差,仅余头骨、盆骨、肢骨。墓主人为老年男性,仰身直肢葬。头向北,面向上。内填花黏土,致密度较疏松。未发现随葬品。

M23　位于发掘区中部,东南邻M22、西北邻M24。南北向,方向为320°。墓口距地表深0.5米,墓底距地表深1.1米。墓圹南北长2米、东西宽1米、深0.6米(图九三;彩版四〇,3)。

棺木已朽。棺长1.8米、宽0.42～0.56米、残高0.2米。骨架保存较差,仅余数根肢骨。墓主人葬式、性别、年纪、头向、面向均不详。内填花黏土,致密度较疏松。未发现随葬品。

M27　位于发掘区中部,东北邻M28、东南邻M94。南北向,方向为330°。墓口距地表深0.5米,墓底距地表深1.5米。墓圹南北长2.2米、东西宽1.2米、深1米(图九四;彩版四〇,4)。

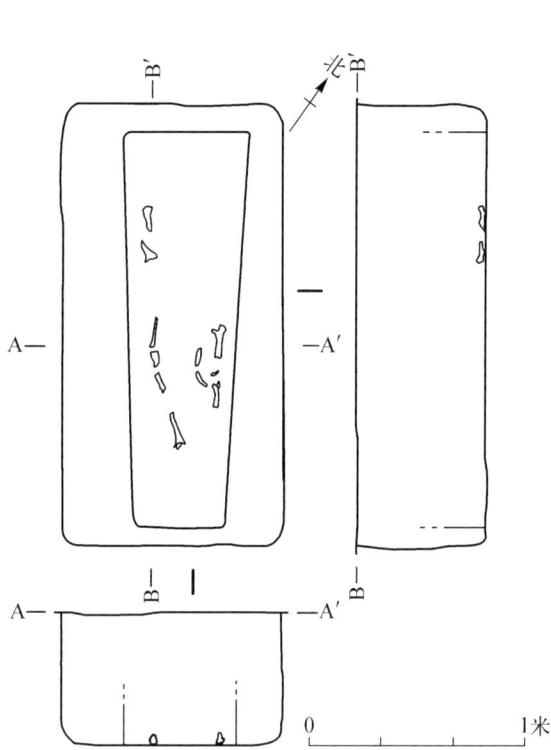

图九三　M23平、剖面图

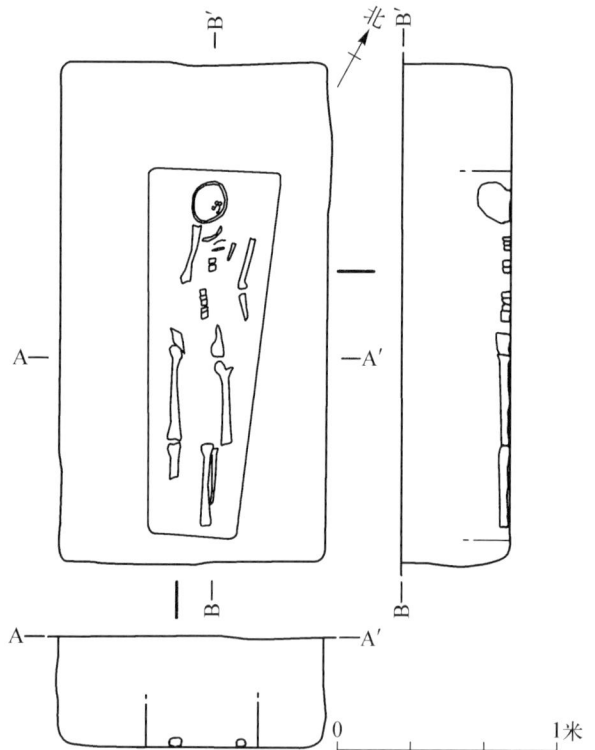

图九四　M27平、剖面图

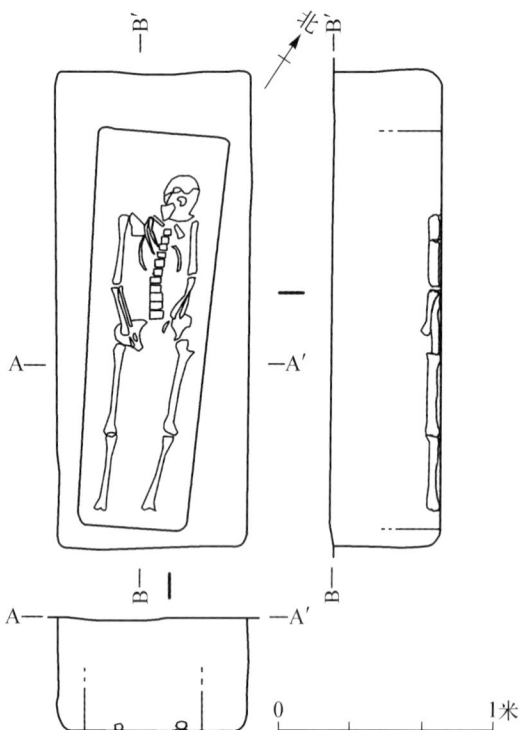

图九五　M28平、剖面图

　　棺木已朽。棺长1.6米、宽0.4～0.6米、残高0.2米。骨架保存较差。墓主人为仰身直肢葬,性别、年纪不详。头向北,面向下。内填花黏土,致密度较疏松。未发现随葬品。

　　M28　位于发掘区中部,西南邻M27、西北邻M36。南北向,方向为324°。墓口距地表深0.5米,墓底距地表深1米。墓圹南北长2.1米、东西宽0.9米、深0.5米(图九五;彩版四一,1)。

　　棺木已朽。棺长1.74米、宽0.5～0.6米、残高0.2米。骨架保存较好。墓主人为仰身直肢葬,老年男性。头向北,面向上。内填花黏土,致密度较疏松。未发现随葬品。

　　M32　位于发掘区中部,M26的东部。南北向,方向为320°。墓口距地表深0.4米,墓底距地表深1.1米。墓圹南北长2.5米、东西宽1.2米、深0.7米(图九六;彩版四一,2)。

　　棺木已朽。棺长2米、宽0.5～0.6米、残高0.2

米。骨架保存较差。墓主人为仰身直肢葬,性别、年纪不详。头向北,面向上。内填花黏土,致密度较疏松。未发现随葬品。

M38　位于发掘区中部,东邻M37、北邻M68、西邻M75。南北向,方向为313°。墓口距地表深0.5米,墓底距地表深1.6米。墓圹南北长2.3米、东西宽0.9米、深1.1米(图九七;彩版四一,3)。

棺木已朽。棺长1.78米、宽0.44～0.56米、残高0.2米。骨架保存一般。墓主人为老年男性,仰身直肢葬。头向北,面向东。内填花黏土,致密度较疏松。未发现随葬品。

M40　位于发掘区西部,西邻M41、南邻M39。南北向,方向为210°。墓口距地表深0.5米,墓底距地表深1.1米。墓圹南北长2.2米、东西宽1米、深0.6米(图九八;彩版四一,4)。

棺木已朽。棺长1.7米、宽0.46～0.6米、残高0.3米。骨架保存一般。墓主人为老年男性,仰身直肢葬。头向南,面向东。内填花黏土,致密度较疏松。未发现随葬品。

M43　位于发掘区西部,西邻M44、南邻M42。东西向,方向为45°。墓口距地表深0.4米,墓底距地表深1.2米。墓圹南北长2.4米、东西宽1米、深0.8米(图九九;彩版四二,1)。

棺木已朽。棺长2米、宽0.6～0.7米、残高0.2米。骨架保存一般。墓主人为老年男性,仰身直肢葬。头向北,面向上。内填花黏土,致密度较疏松。未发现随葬品。

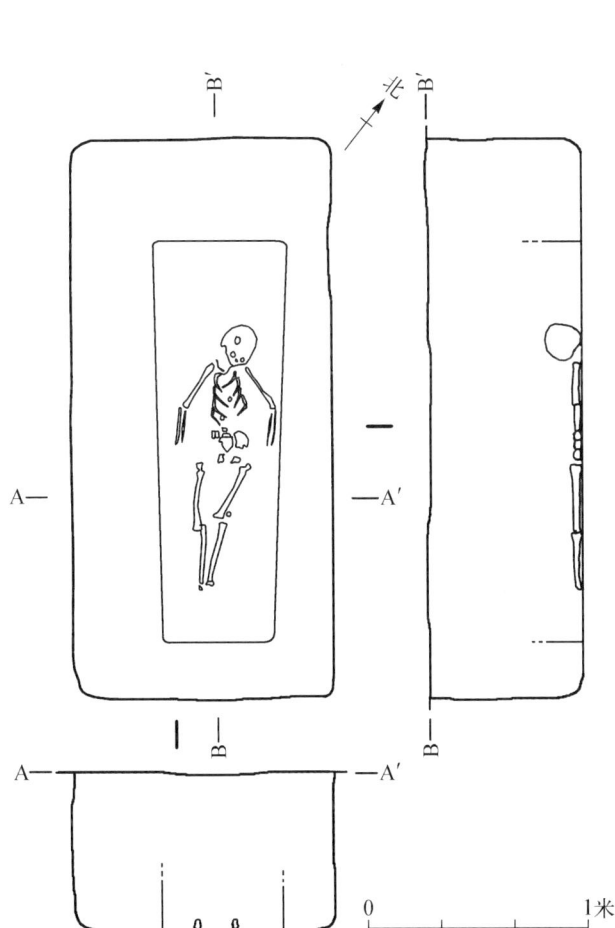

图九六　M32平、剖面图　　　　　　图九七　M38平、剖面图

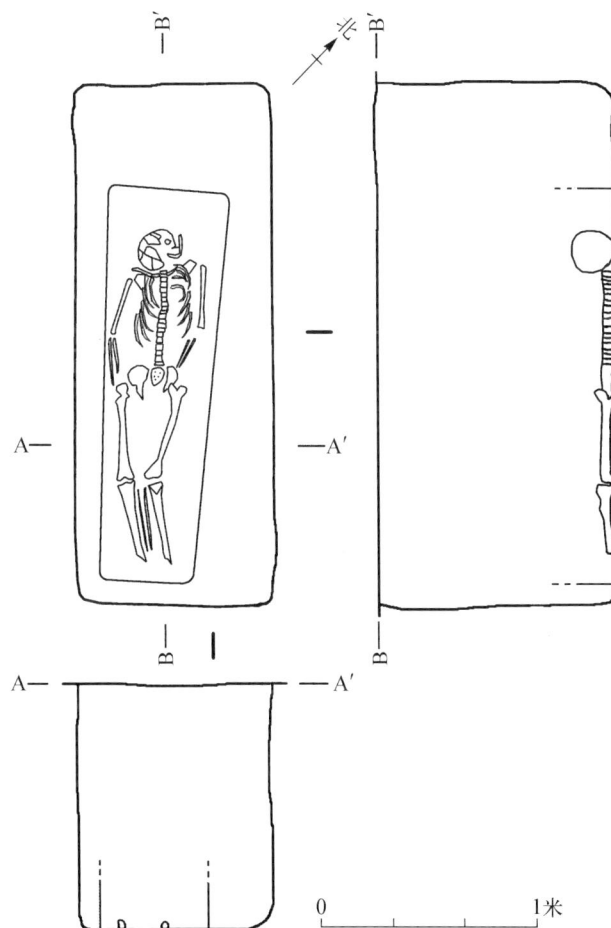

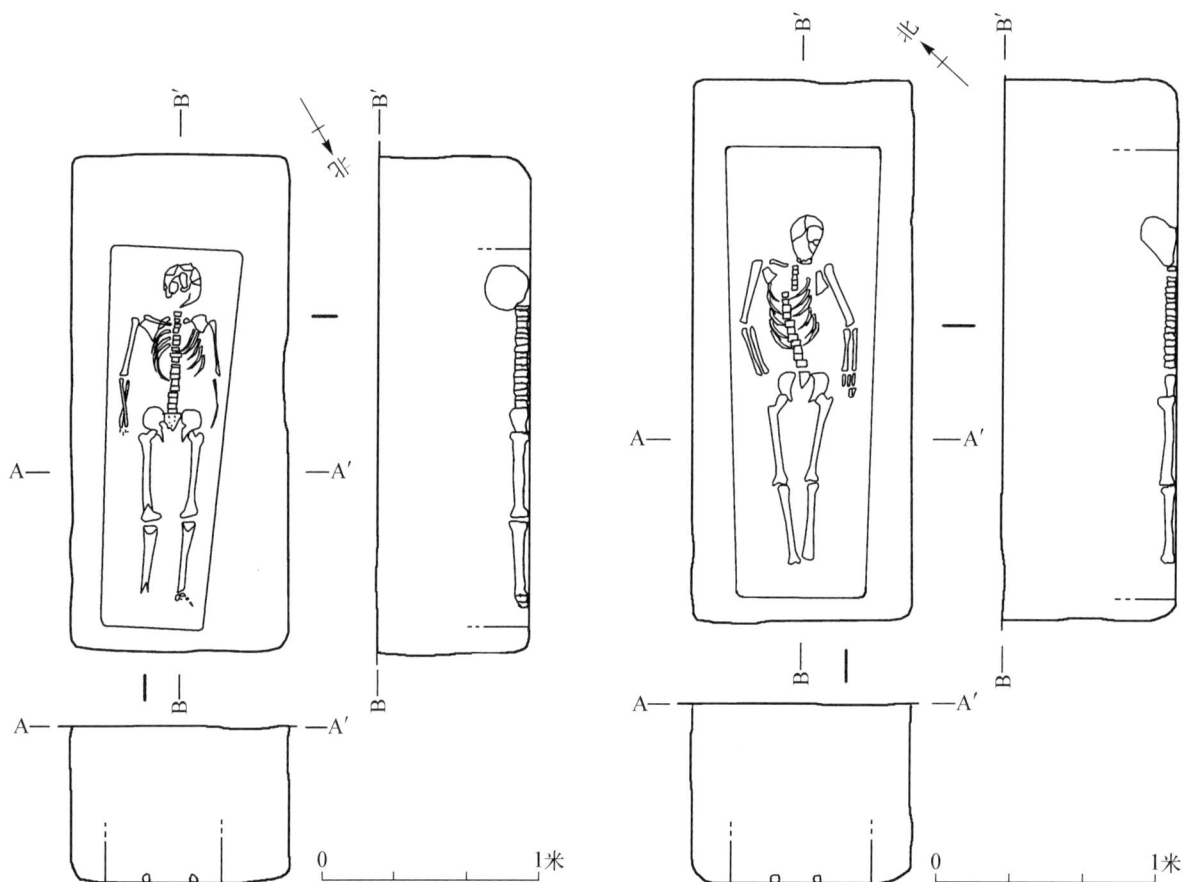

图九八　M40平、剖面图

图九九　M43平、剖面图

M44　位于发掘区中部,西邻M45、东邻M43、南邻M53。南北向,方向为318°。墓口距地表深0.4米,墓底距地表深1.2米。墓圹南北长2.4米、东西宽1米、深0.8米(图一○○;彩版四二,2)。

棺木已朽。棺长1.9米、宽0.46～0.66米、残高0.2米。骨架保存一般。墓主人为老年男性,仰身屈肢葬。头向北,面向上。内填花黏土,致密度较疏松。未发现随葬品。

M45　位于发掘区中部,东邻M44、南邻M52,打破M46。东西向,方向为116°。墓口距地表深0.5米,墓底距地表深0.8米。墓圹东西长2.5米、南北宽1米、深0.3米(图一○一;彩版四二,3)。

棺木已朽。棺长1.5米、宽0.34～0.48米、残高0.1米。骨架保存较差。墓主人为少年男性,仰身直肢葬。头向北,面向东。内填花黏土,致密度较疏松。未发现随葬品。

M46　位于发掘区中部,西邻M47,被M45打破。南北向,方向为315°。墓口距地表深0.5米,墓底距地表深0.8米。墓圹南北长2.5米、东西宽1.05米、深0.3米(图一○二;彩版四二,4)。

棺木已朽。棺长1.7米、宽0.44～0.52米、残高0.1米。骨架保存一般。墓主人为老年女性,仰身直肢葬。头向北,面向不详。内填花黏土,致密度较疏松。未发现随葬品。

M47　位于发掘区中部,东邻M46、南邻M48。南北向,方向为344°。墓口距地表深0.4米,墓底距地表深1.2米。墓圹南北长2.4米、东西宽1米、深0.8米(图一○三;彩版四三,1)。

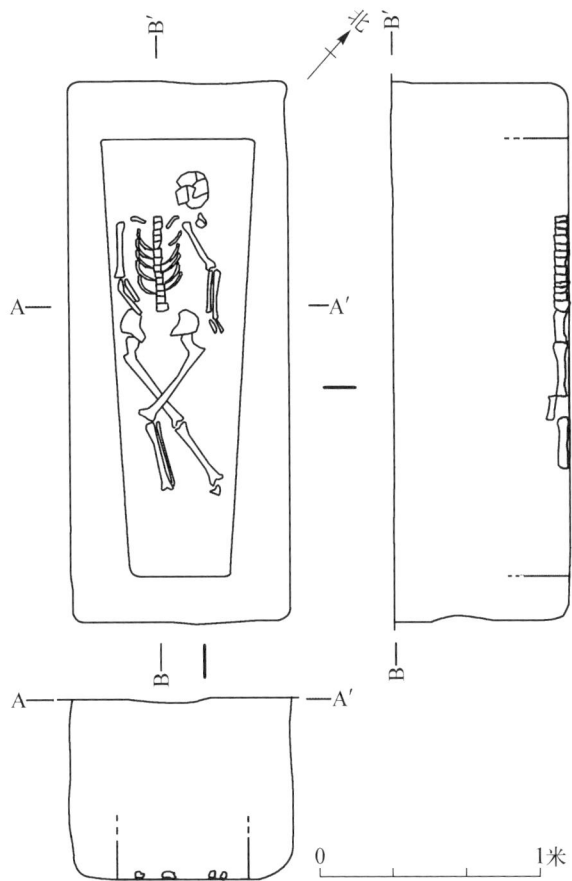

图一〇〇　M44平、剖面图

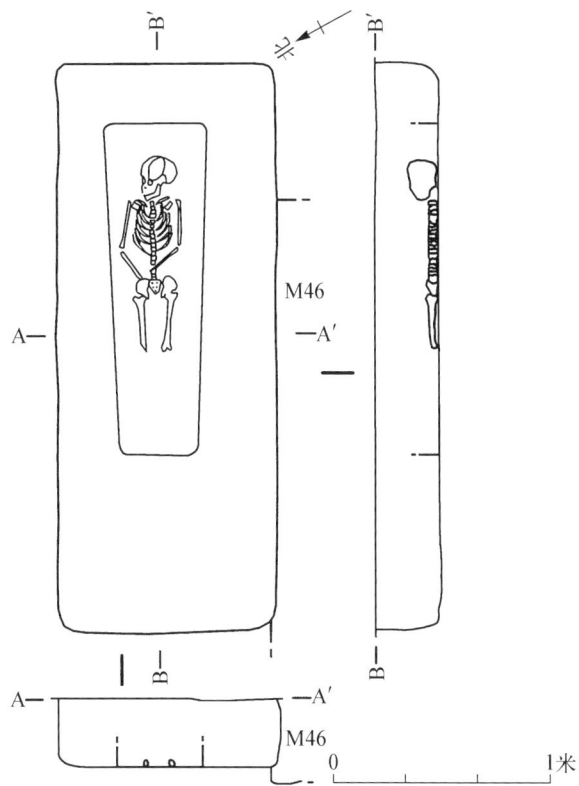

图一〇一　M45平、剖面图

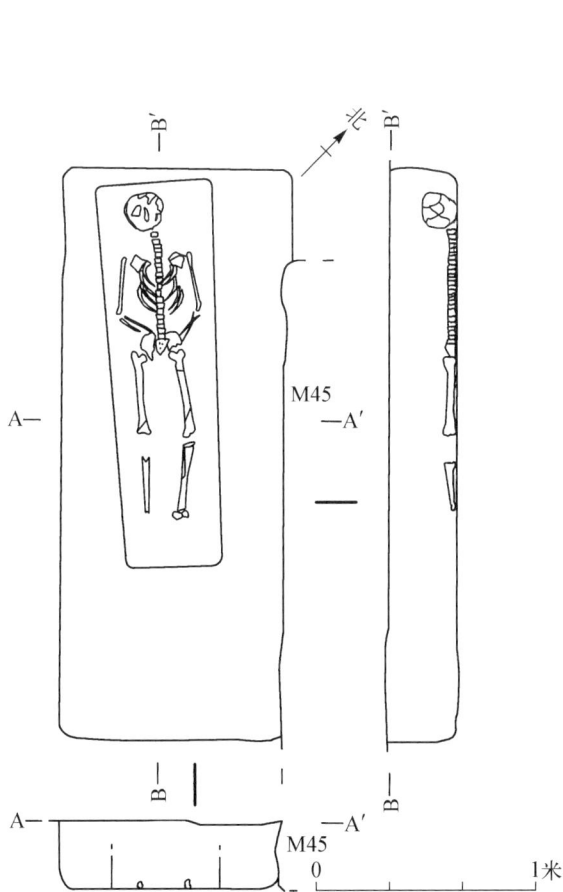

图一〇二　M46平、剖面图

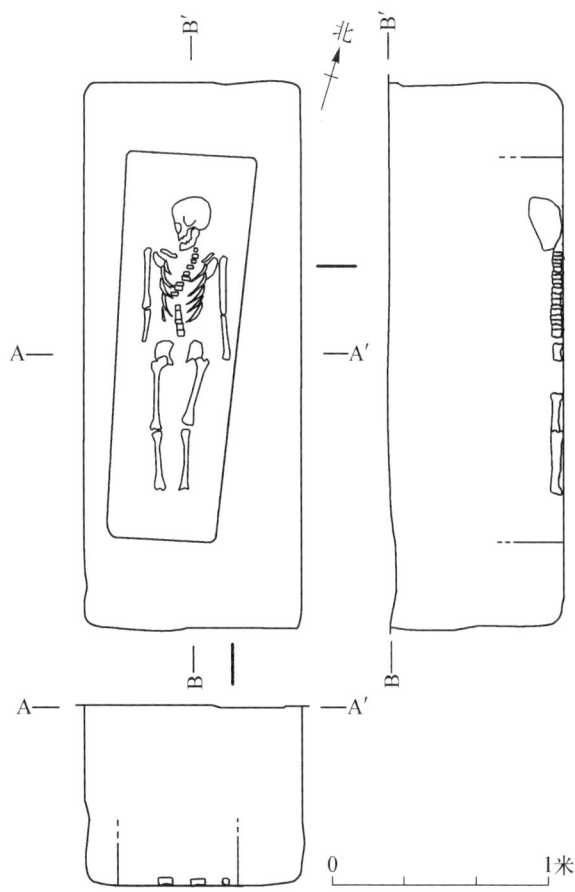

图一〇三　M47平、剖面图

棺木已朽。棺长1.7米、宽0.5～0.6米、残高0.2米。骨架保存较好。墓主人为老年男性,仰身直肢葬。头向北,面向西。内填花黏土,致密度较疏松。未发现随葬品。

M49 位于发掘区中部,北邻M48、东邻M50。南北向,方向为300°。墓口距地表深0.4米,墓底距地表深1.1米。墓圹南北长2.3米、东西宽1米、深0.7米(图一〇四;彩版四三,2)。

棺木已朽。棺长2米、宽0.5～0.7米、残高0.2米。骨架保存较好。墓主人为老年男性,仰身直肢葬。头向北,面向上。内填花黏土,致密度较疏松。未发现随葬品。

M51 位于发掘区中部,西邻M50、东邻M54,打破M52。东西向,方向为307°。墓口距地表深0.5米,墓底距地表深1.5米。墓圹东西长2.3米、南北宽1.1米、深1米(图一〇五;彩版四三,3)。

棺木已朽。棺长1.9米、宽0.4～0.6米、残高0.3米。骨架保存较差。墓主人为老年男性,仰身直肢葬。头向北,面向上。内填花黏土,致密度较疏松。未发现随葬品。

M54 位于发掘区中部,西邻M51、北邻M53、东邻M41。南北向,方向为335°。墓口距地表深0.4米,墓底距地表深1.2米。墓圹南北长2.4米、东西宽1.3米、深0.8米(图一〇六;彩版四三,4)。

棺木已朽。棺长1.84米、宽0.4～0.5米、残高0.2米。骨架保存较好。墓主人为老年男性,仰身直肢葬。头向北,面向下。内填花黏土,致密度较疏松。未发现随葬品。

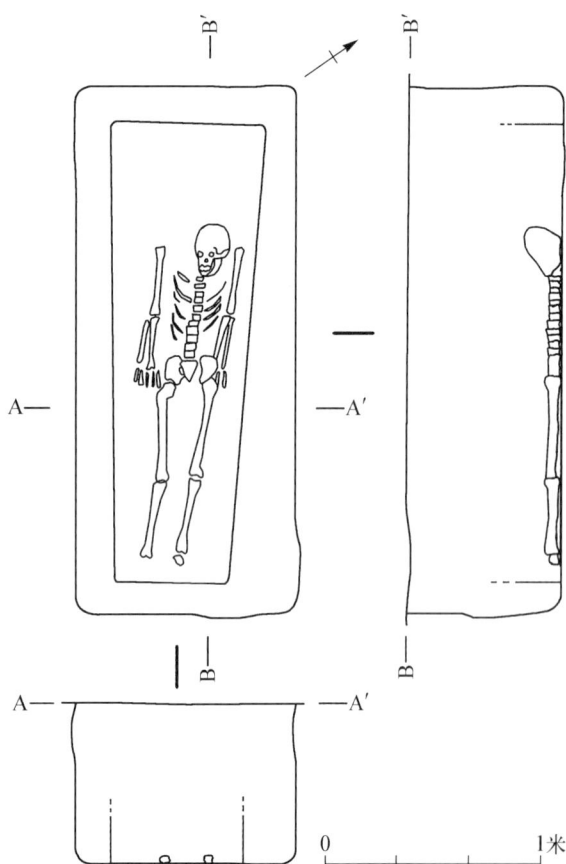

图一〇四　M49平、剖面图

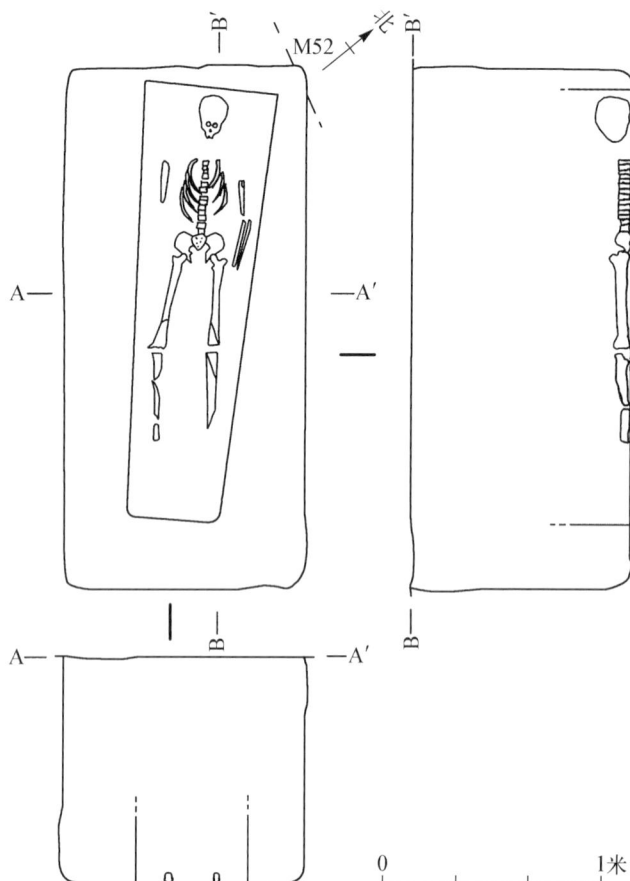

图一〇五　M51平、剖面图

M55　位于发掘区中部,北邻M59、东邻M58。南北向,方向为338°。墓口距地表深0.4米,墓底距地表深1米。墓圹南北长2.2米、东西宽0.9米、深0.6米(图一〇七;彩版四四,1)。

棺木已朽。棺长1.7米、宽0.4～0.6米、残高0.3米。骨架保存较好。墓主人为老年男性,仰身直肢葬。头向北,面向上。内填花黏土,致密度较疏松。未发现随葬品。

M58　位于发掘区中部,西邻M55,打破M59东南部和M56西北部。南北向,方向为326°。墓口距地表深0.5米,墓底距地表深1.3米。墓圹南北长2.4米、东西宽0.96米、深0.8米(图一〇八)。

棺木已朽。棺长1.54米、宽0.38～0.5米、残高0.15米。骨架保存较差,仅余头骨、脊椎骨、肢骨。墓主人侧身屈肢葬,头向北,性别、年纪、面向均不详。内填花黏土,致密度较疏松。未发现随葬品。

M60　位于发掘区中部,北邻M81。东西向,方向为141°。墓口距地表深0.4米,墓底距地表深1.4米。墓圹东西长2.3米、南北宽1.2米、深1米(图一〇九;彩版四四,2)。

棺木已朽。棺长2米、宽0.4～0.6米、残高0.2米。骨架保存一般。墓主人为老年男性,仰身直肢葬。头向南,面向上。内填花黏土,致密度较疏松。随葬品有铜戒指1件。

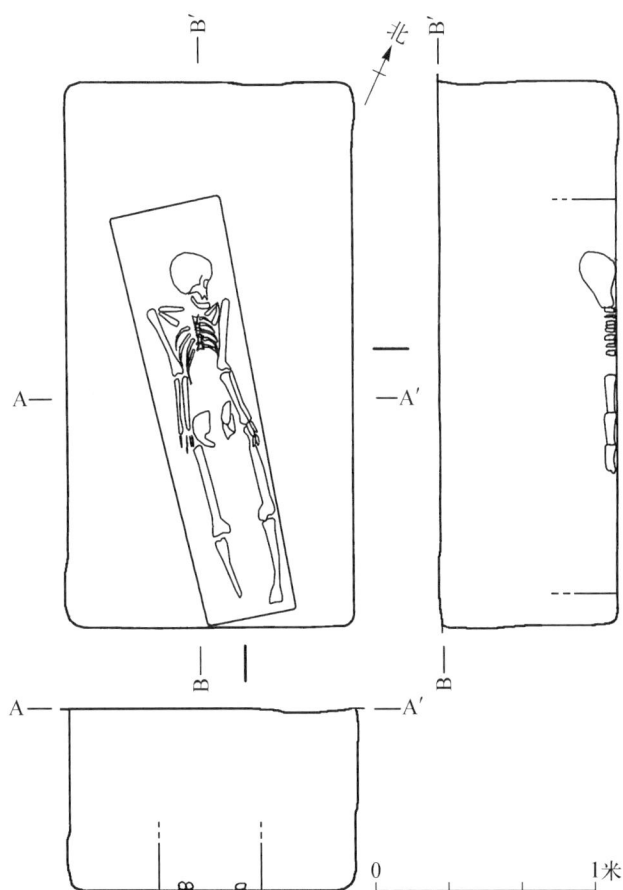

图一〇六　M54平、剖面图

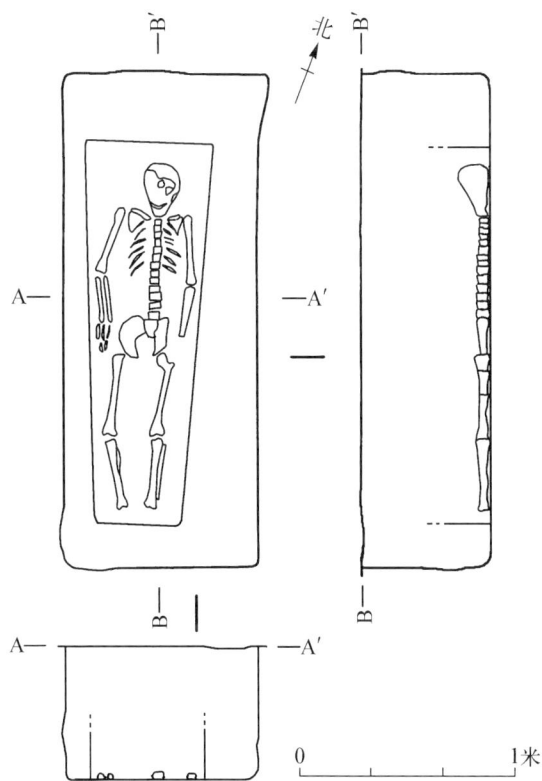

图一〇七　M55平、剖面图

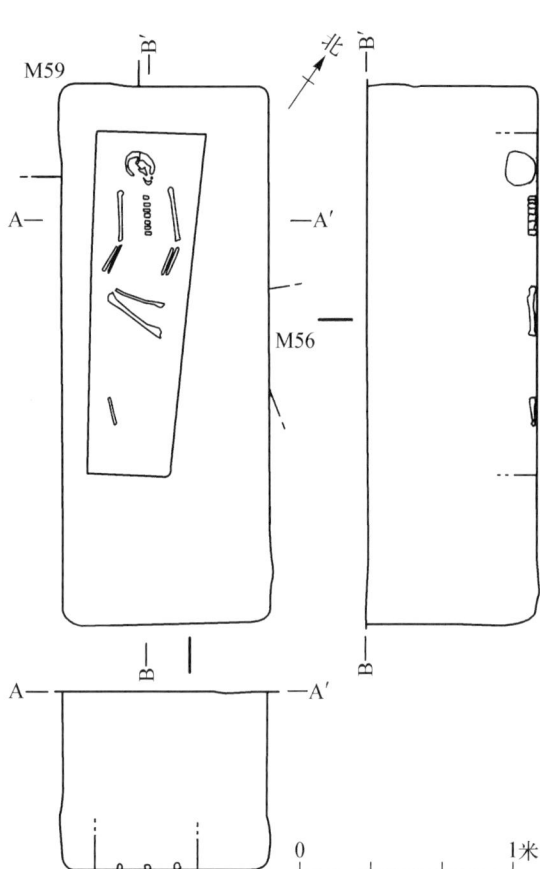

图一〇八　M58平、剖面图

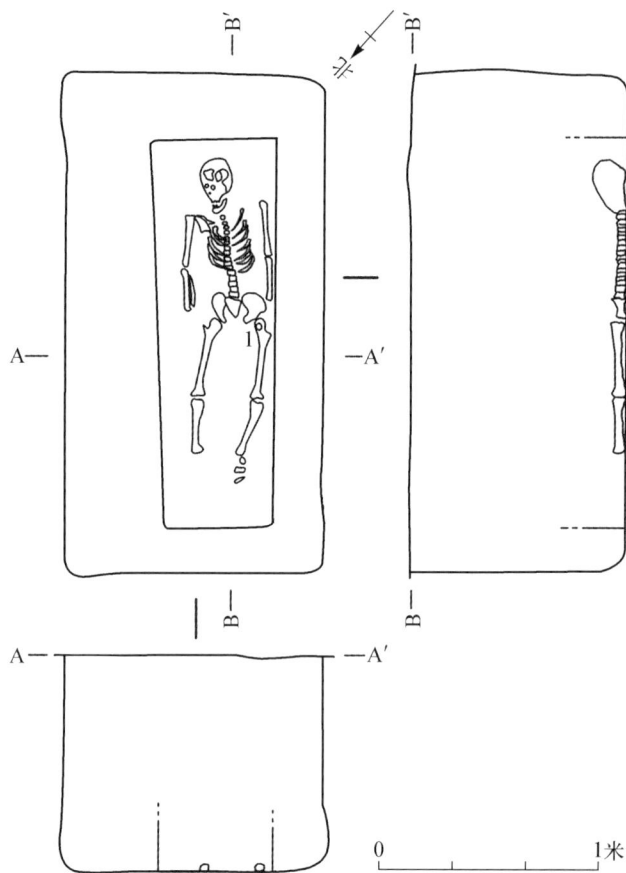

图一〇九　M60平、剖面图

1. 铜戒指

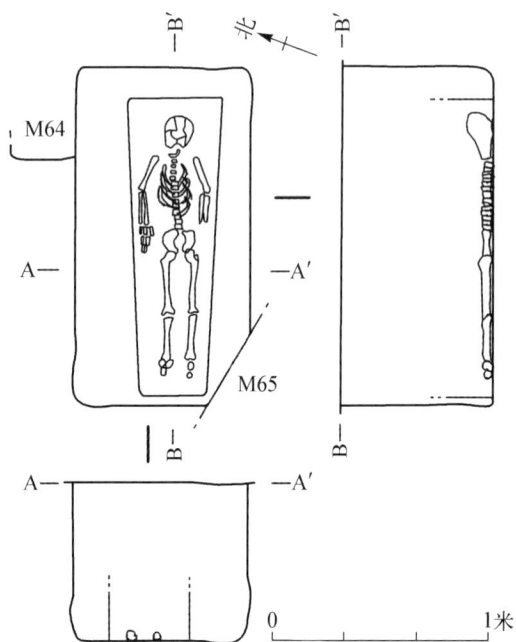

图一一〇　M63平、剖面图

M60:1,呈圆环形,两端对接,接口不齐。素面。直径1.7厘米、厚0.1厘米(图八八,4;彩版七一,3)。

M63　位于发掘区中部,打破M64,被M65打破。东西向,方向为68°。墓口距地表深0.4米,墓底距地表深1.1米。墓圹东西长1.5米、南北宽0.8米、深0.7米(图一一〇;彩版四四,3)。

棺木已朽。棺长1.3米、宽0.3~0.4米、残高0.3米。骨架保存一般。墓主人为老年男性,仰身直肢葬。头向东,面向上。内填花黏土,致密度较疏松。未发现随葬品。

M64　位于发掘区中部,西北邻M50,被M63、M65打破。南北向,方向为345°。墓口距地表深0.4米,墓底距地表深1.1米。墓圹南北长2.6米、东西宽1.2米、深0.7米(图一一一;彩版四五,1)。

棺木已朽。棺长1.7米、宽0.4～0.6米、残高0.2米。骨架保存较差。墓主人为仰身屈肢葬，性别、年纪不详。头向北，面向上。内填花黏土，致密度较疏松。未发现随葬品。

M67　位于发掘区中部，被M65、M66打破。东西向，方向为71°。墓口距地表深0.5米，墓底距地表深1.2米。墓圹东西长2.5米、南北宽1.05米、深0.7米（图一一二；彩版四五，2）。

棺木已朽。棺长1.2米、宽0.52～0.56米、残高0.2米。骨架保存较差。墓主人为老年女性，仰身直肢葬。头向东，面向不详。内填花黏土，致密度较疏松。未发现随葬品。

M71　位于发掘区中部，北邻M72、东邻M73，西北部被现代坑打破。南北向，方向为344°。墓口距地表深0.5米，墓底距地表深1.2米。墓圹南北长2米、东西宽1米、深0.7米（图一一三；彩版四五，3）。

棺木已朽。棺长1.42米、宽0.4～0.52米、残高0.2米。骨架保存较差。墓主人头向北，葬式、性别、年纪、面向均不详。内填花黏土，致密度较疏松。未发现随葬品。

M72　位于发掘区中部，东邻M69、南邻M71，西部被一现代坑打破，打破M74。东西向，方向为90°。墓口距地表深0.5米，墓底距地表深1.1米。墓圹东西长1.5米、南北宽0.76米、深0.6米（图一一四；彩版四五，4）。

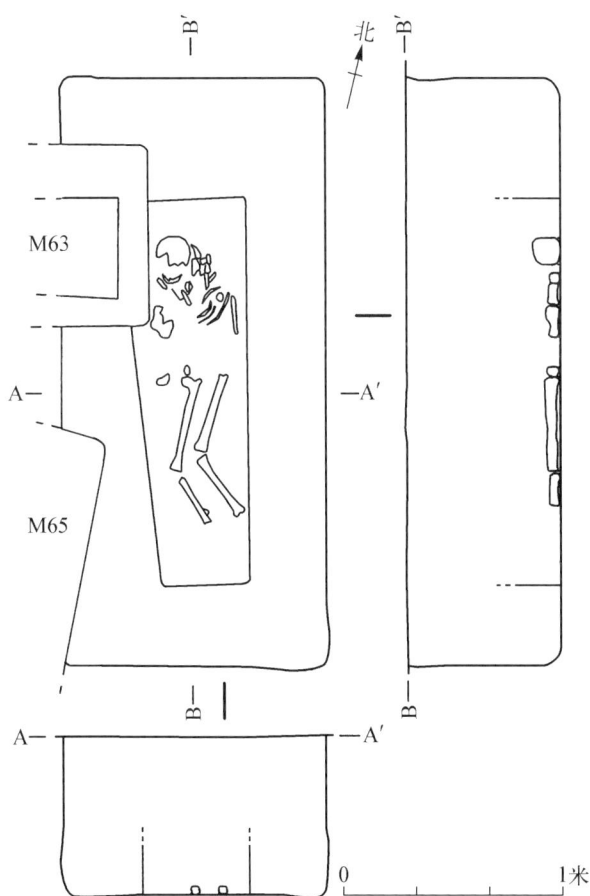

图一一一　M64平、剖面图

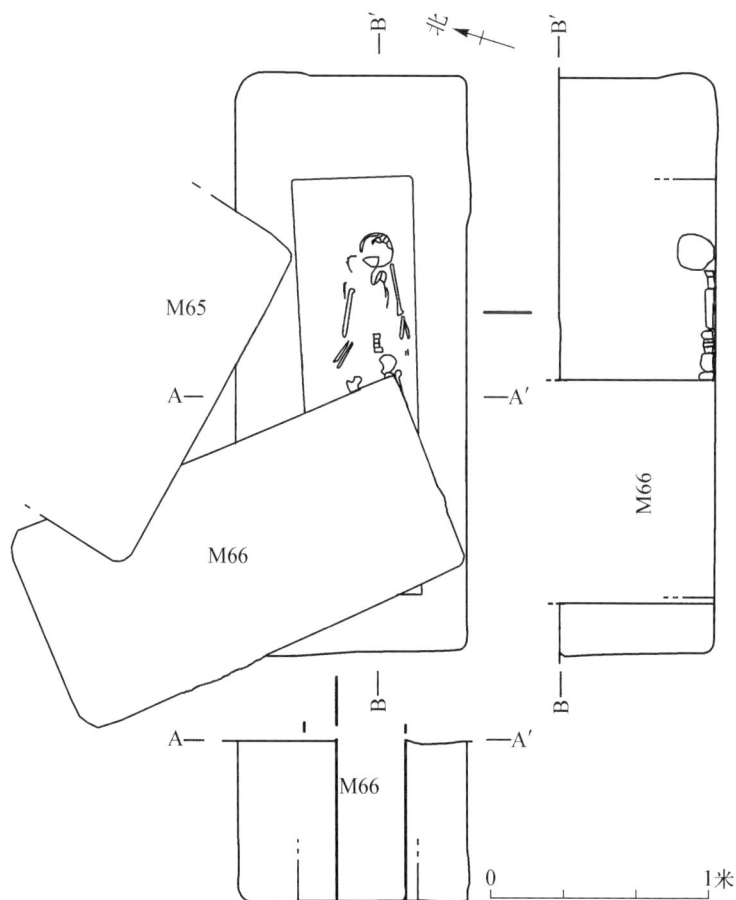

图一一二　M67平、剖面图

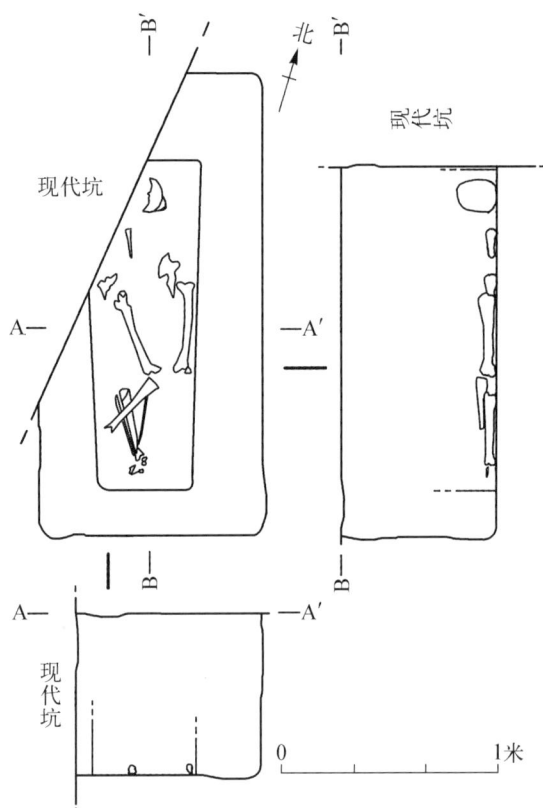

图一一三　M71平、剖面图

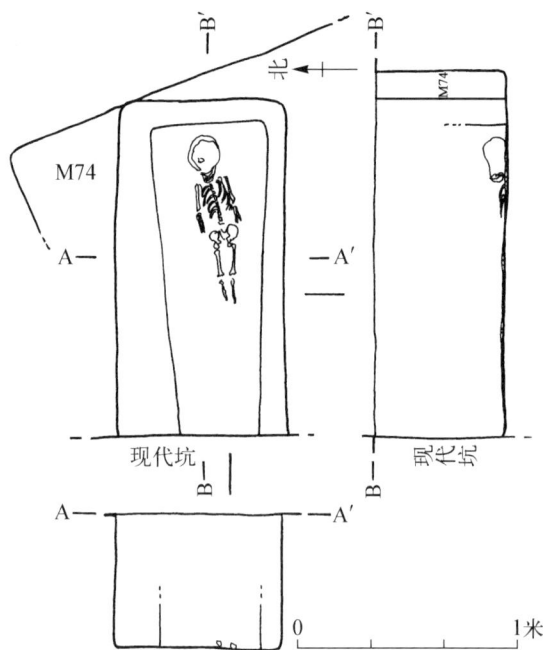

图一一四　M72平、剖面图

棺木已朽。棺残长1.4米、宽0.36～0.54米、残高0.2米。骨架保存较差。墓主人为少年男性，仰身直肢葬。头向东，面向上。内填花黏土，致密度较疏松。未发现随葬品。

M73　位于发掘区中部，北邻M69、南邻M70，打破M75。南北向，方向为339°。墓口距地表深0.5米，墓底距地表深1.2米。墓圹南北长2米、东西宽0.9米、深0.7米（图一一五；彩版四六，1）。

棺木已朽。棺长1.65米、宽0.45～0.6米、残高0.15米。骨架保存较差。墓主人为老年男性，仰身直肢葬。头向北，面向不详。内填花黏土，致密度较疏松。随葬品有嘉庆通宝1枚。

M73：1，圆形、方穿。正面有郭，铸"嘉庆通宝"四字，楷书，对读；背面有郭，穿左右为满文"宝泉"，纪局名。直径2.22厘米、穿径0.59厘米、郭厚0.14厘米（图八八，8）。

M74　位于发掘区中部，东邻M69、南邻M71，被M72打破。南北向，方向为339°。墓口距地表深0.5米，墓底距地表深1.3米。墓圹南北长2.2米、东西宽0.9米、深0.8米（图一一六；彩版四六，2）。

棺木已朽。棺长1.64米、宽0.46～0.62米、残高0.2米。骨架保存较好。墓主人为老年男性，仰身直肢葬。头向北，面向东。内填花黏土，致密度较疏松。未发现随葬品。

M75　位于发掘区中部，东邻M38、北邻M69，被M70、M73打破。南北向，方向为337°。墓口距地表深0.5米，墓底距地表深1.5米。墓圹南北长2.2米、东西宽1米、深1米（图一一七；

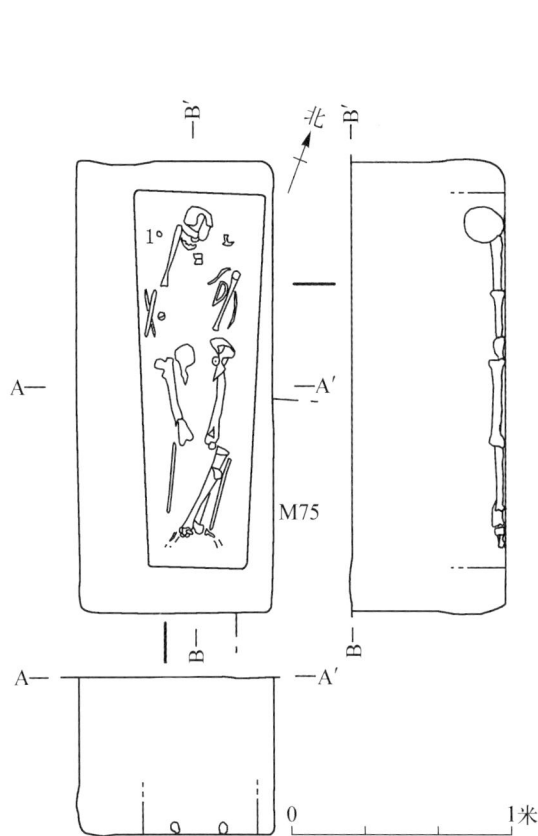

图一一五　M73平、剖面图

1. 铜钱

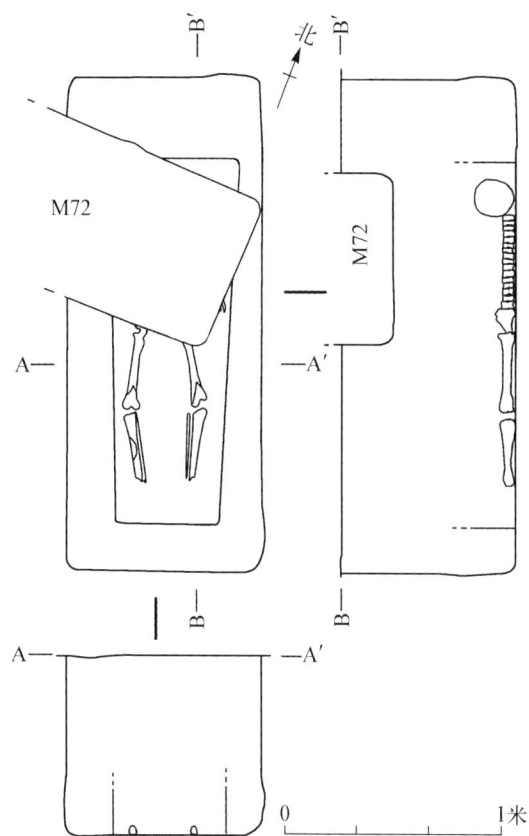

图一一六　M74平、剖面图

彩版四六,3）。

　　棺木已朽。棺长1.8米、宽0.52～0.6米、残高0.2米。骨架保存较差。墓主人为老年男性,仰身直肢葬。头向北,面向东。内填花黏土,致密度较疏松。未发现随葬品。

　　M76　位于发掘区中部,北邻M37、西邻M75,被M36打破。南北向,方向为14°。墓口距地表深0.4米,墓底距地表深1.2米。墓圹南北长2.3米、东西宽1.1米、深0.8米（图一一八;彩版四七,1）。

　　棺木已朽。棺长1.8米、宽0.5～0.7米、残高0.2米。骨架保存较差。墓主人性别、年纪不详,仰身直肢葬。头向北,面向上。内填花黏土,致密度较疏松。未发现随葬品。

　　M77　位于发掘区中部,北邻M84、东邻M82、南邻M58。南北向,方向为190°。墓口距地表深0.4米,墓底距地表深1.5米。墓圹南北长2.5米、东西宽0.8米、深1.1米（图一一九;彩版四七,2）。

　　棺木已朽。棺长1.6米、宽0.4～0.54米、残高0.3米。骨架保存较差。墓主人性别、年纪不详,仰身直肢葬。头向南,面向上。内填花黏土,致密度较疏松。未发现随葬品。

　　M85　位于发掘区中部,东邻M87,被M84打破。南北向,方向为319°。墓口距地表深0.4米,墓底距地表深1.2米。墓圹南北长2.4米、东西宽1.2米、深0.8米（图一二○;彩版四七,3）。

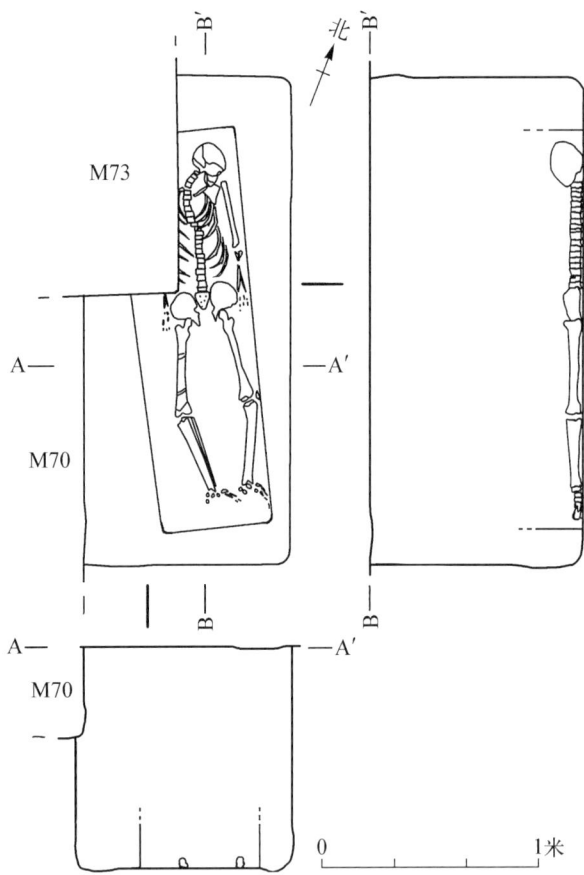

图一一七　M75平、剖面图

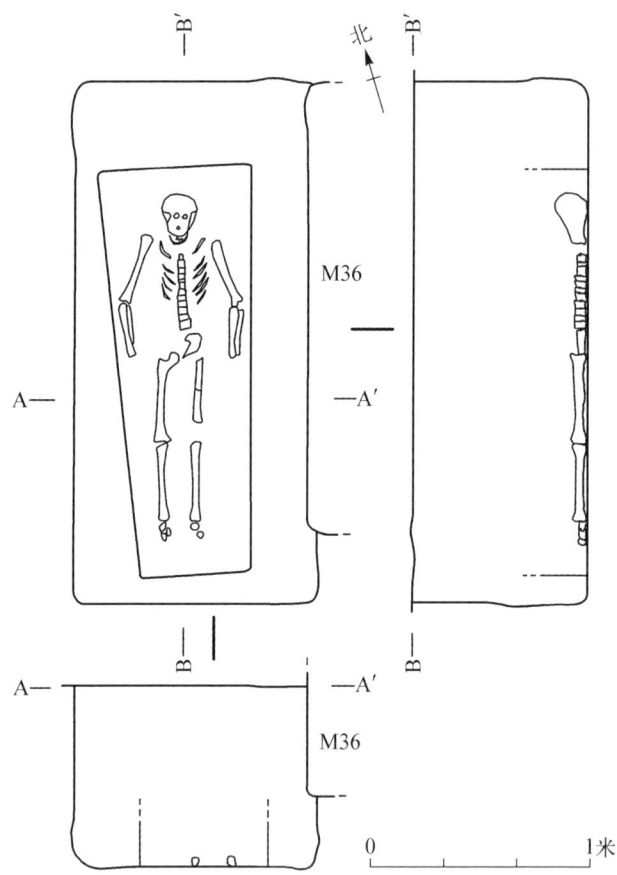

图一一八　M76平、剖面图

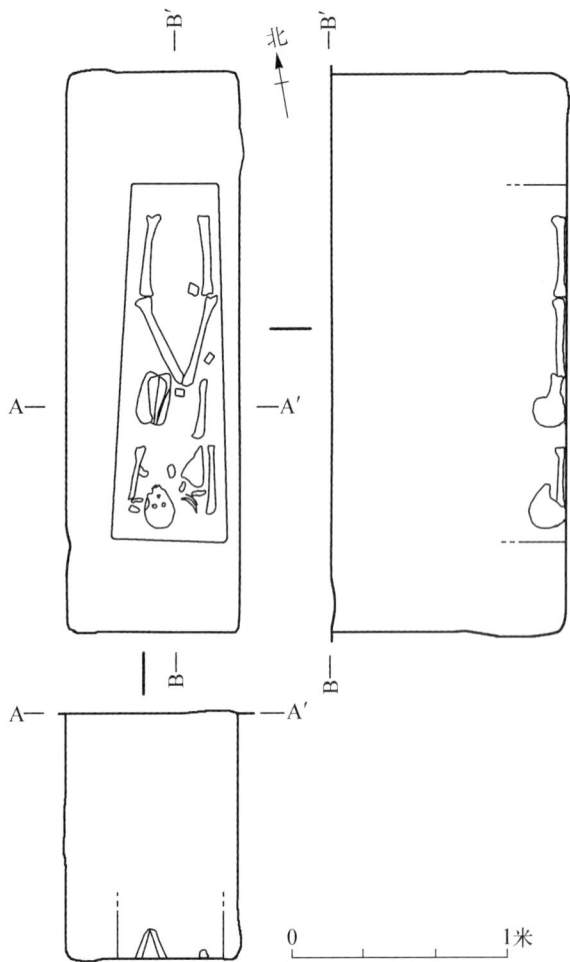

图一一九　M77平、剖面图

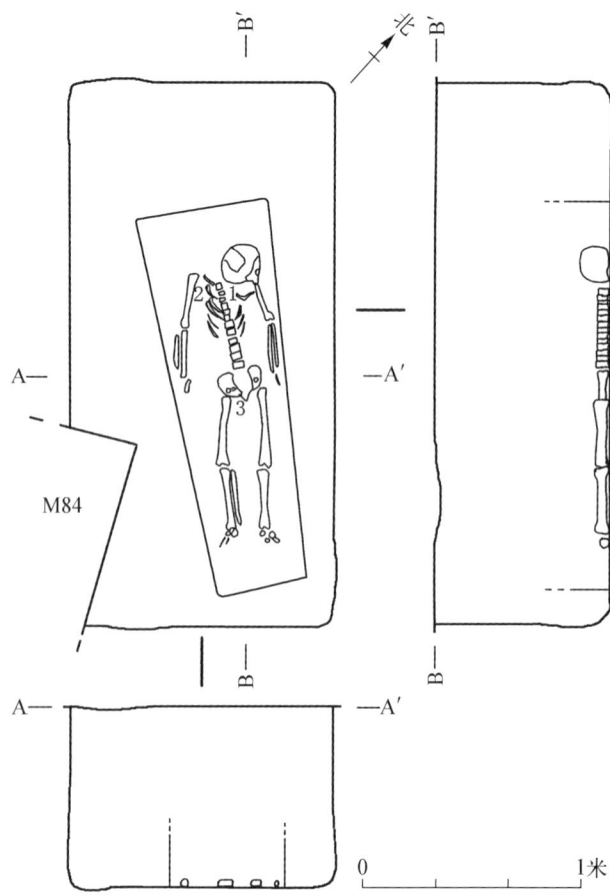

图一二〇　M85平、剖面图

1. 银扁方　2. 银簪　3. 铜钱

棺木已朽。棺长 1.7 米、宽 0.4～0.6 米、残高 0.2 米。骨架保存较好。墓主人为老年女性，仰身直肢葬。头向北，面向东。内填花黏土，致密度较疏松。随葬品有银扁方、银簪、铜钱。

银扁方 1 件。M85:1，首残，体扁平，末端为圆弧状。体上部刻有圆形"福"字纹和花叶纹，下部刻花叶纹。宽 1.2 厘米、厚 0.1 厘米、残长 14.2 厘米（图八八，1；彩版七一，4）。

银簪 1 件。M85:2，首圆形，有一圆形穿孔。体细长，锥形。宽 0.1～0.3 厘米、通长 11.4 厘米（图八八，2；彩版七一，5、6）。

乾隆通宝 1 枚。M85:3-1，圆形、方穿。正面有郭，铸"乾隆通宝"四字，楷书，对读；背面有郭，穿左右为满文"宝泉"，纪局名。直径 2.54 厘米、穿径 0.54 厘米、郭厚 0.11 厘米（图八八，5）。

嘉庆通宝 1 枚。M85:3-2，圆形、方穿。正面有郭，铸"嘉庆通宝"四字，楷书，对读；背面有郭，穿左右为满文"宝泉"，纪局名。直径 2.39 厘米、穿径 0.49 厘米、郭厚 0.15 厘米（图八八，6）。

道光通宝 1 枚。M85:3-3，圆形、方穿。正面有郭，铸"道光通宝"四字，楷书，对读；背面有郭，穿左右为满文"宝泉"，纪局名。直径 2.38 厘米、穿径 0.64 厘米、郭厚 0.15 厘米（图八八，7）。

B 型：平面呈梯形，有 M14、M22、M24、M26、M33、M52、M70、M80。

M14　位于发掘区中南部，南邻 M19、西北邻 M15。墓室东北部有长径 1.3 米、短径 0.6 米的椭圆形盗洞。南北向，方向为 148°。墓口距地表深 0.3 米，墓底距地表深 1.4 米。墓圹南北长 2.4 米、东西宽 1.1～1.3 米、深 1.1 米（图一二一；彩版四八，1）。

棺木已朽。棺长 1.7 米、宽 0.5～0.6 米、残高 0.3 米、厚 0.03 米。骨架保存较差。墓主人性别、年纪不详，仰身直肢葬。头向北，面向西。内填花黏土，致密度较疏松。随葬品有瓷罐 1 件。

M14:1，方唇、敞口、束颈、卷沿、鼓肩，鼓腹弧收，平底略凹。内壁施褐

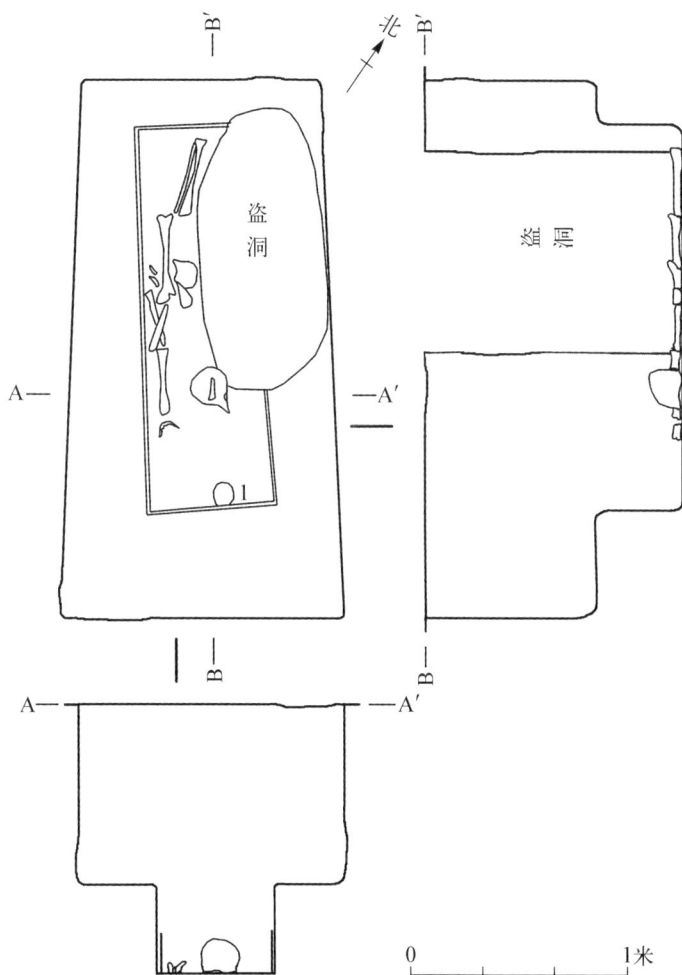

图一二一　M14 平、剖面图

1. 瓷罐

色釉,外壁上部釉呈粉色,中下部、底部施褐釉。口径9.7厘米、肩径18厘米、底径10.8厘米、通高14.6厘米(图一二二,1;彩版七二,1、2)。

M22   位于发掘区中部,东南邻M21、西北邻M23。南北向,方向为329°。墓口距地表深0.5米,墓底距地表深1.3米。墓圹南北长2.4米、东西宽0.9~1米、深0.8米(图一二三;彩版四八,2)。

棺木已朽。棺长1.76米、宽0.42~0.58米、残高0.24米。骨架保存较好。墓主人为老年男性,仰身直肢葬。头向北,面向上。内填花黏土,致密度较疏松。随葬品有半釉罐、铜钱。

半釉罐1件。M22:1,方圆唇、直口,卷沿,溜肩,弧腹,平底内凹。胎质较细,内壁口沿处施酱绿釉,外壁中下部、底部未施釉,露灰胎。素面。内壁有轮制痕迹。口径7.7厘米、肩径11.7厘米、底径7.4厘米、通高10.2~11.1厘米(图一二四,1;彩版七二,3)。

万历通宝1枚。M22:2-1,圆形、方穿。正面有郭,铸"万历通宝"四字,楷书,对读;背面有

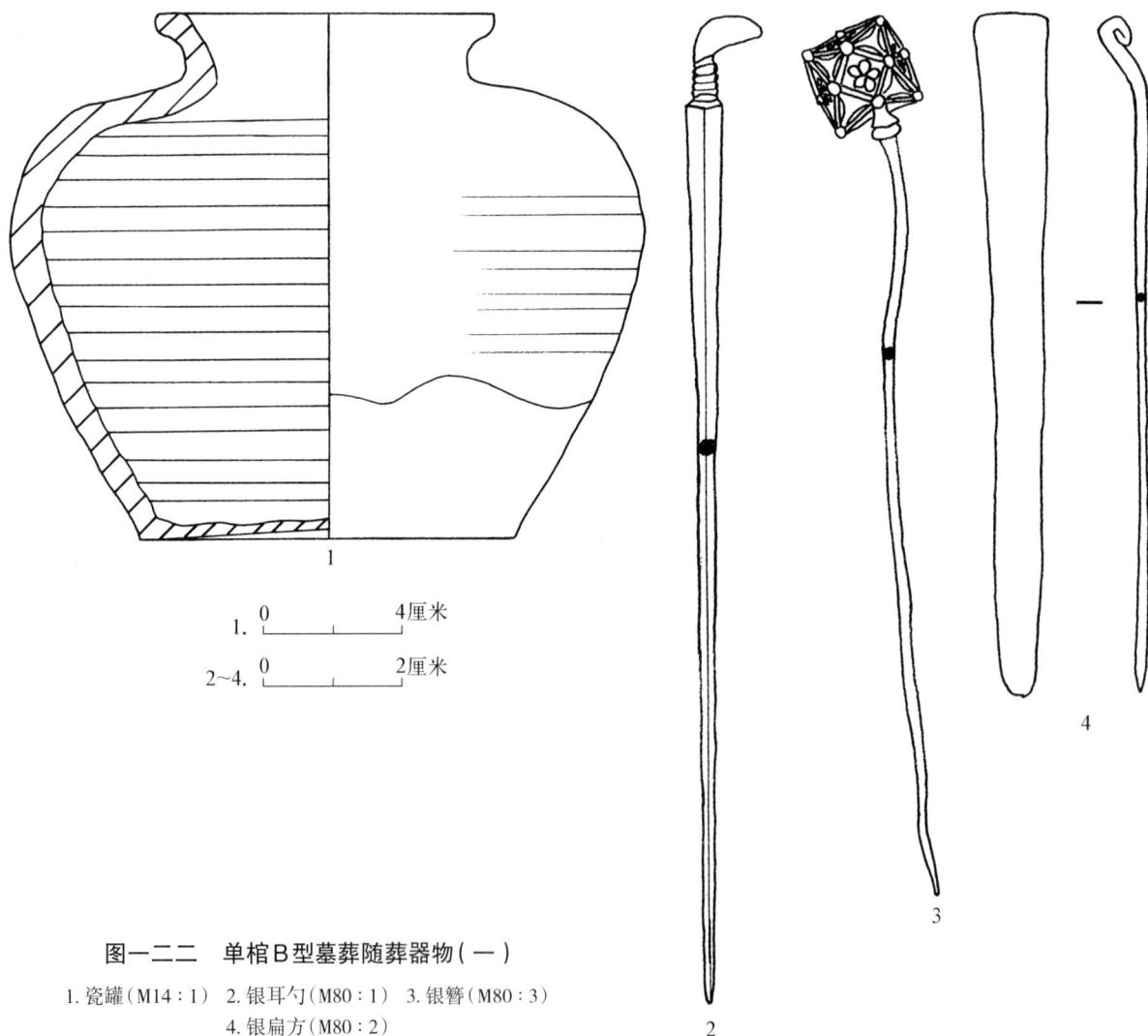

图一二二   单棺B型墓葬随葬器物(一)

1. 瓷罐(M14:1) 2. 银耳勺(M80:1) 3. 银簪(M80:3)
4. 银扁方(M80:2)

郭，无字。直径2.56厘米、穿径0.49厘米、郭厚
0.12厘米（图一二四，2）。

乾隆通宝1枚。M22：2-2，圆形、方穿。正
面有郭，铸"乾隆通宝"四字，楷书，对读；背面有
郭，穿左右为满文"宝泉"，纪局名。直径2.2厘
米、穿径0.65厘米、郭厚0.14厘米（图一二四，3）。

M24　位于发掘区中部，东南邻M23、西北
邻M25。南北向，方向为330°。墓口距地表深
0.5米，墓底距地表深1.1米。墓圹南北长2.3
米、东西宽1～1.2米、深0.6米（图一二五；彩版
四八，3）。

棺木已朽。棺长1.74米、宽0.54～0.7米、残
高0.2米。骨架保存较好。墓主人为老年男性，
仰身屈肢葬。头向北，面向东。内填花黏土，致
密度较疏松。随葬品有铜钱。

嘉庆通宝2枚。均圆形、方穿。正面有郭，
铸"嘉庆通宝"四字，楷书，对读；背面有郭，穿
左右为满文"宝泉"，纪局名。标本：M24：1-1，
直径2.34厘米、穿径0.6厘米、郭厚0.11厘米（图
一二四，4）。

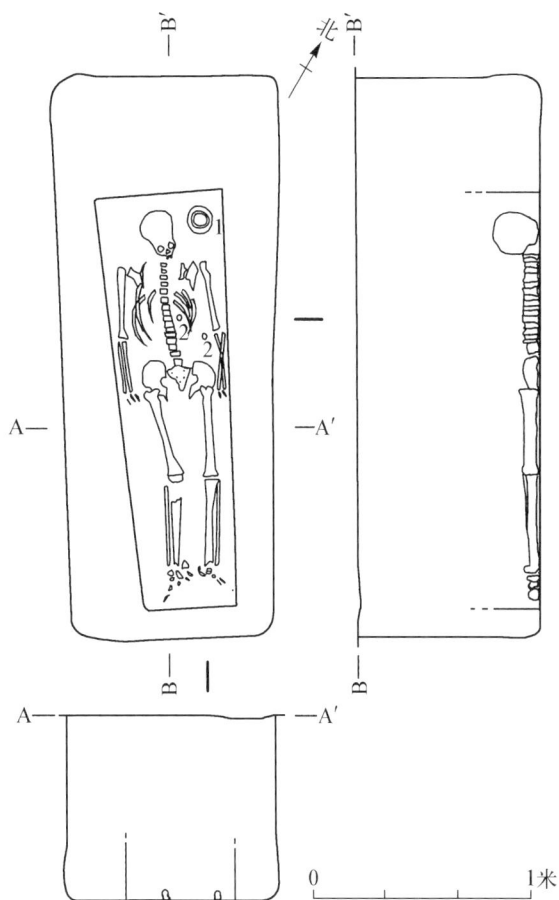

图一二三　M22平、剖面图

1.半釉罐　2.铜钱

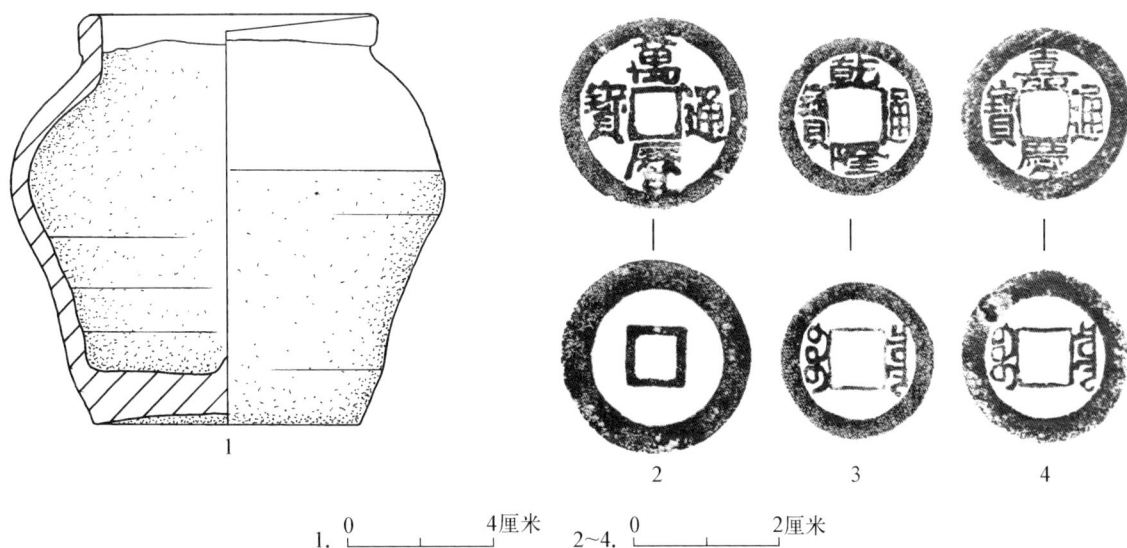

图一二四　单棺B型墓葬随葬器物（二）

1.半釉罐（M22：1）　2.万历通宝（M22：2-1）　3.乾隆通宝（M22：2-2）　4.嘉庆通宝（M24：1-1）

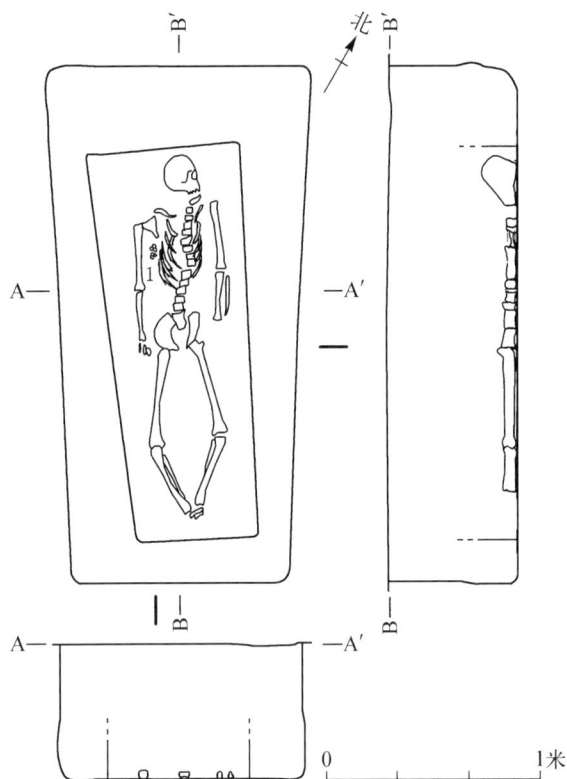

图一二五　M24平、剖面图
1. 铜钱

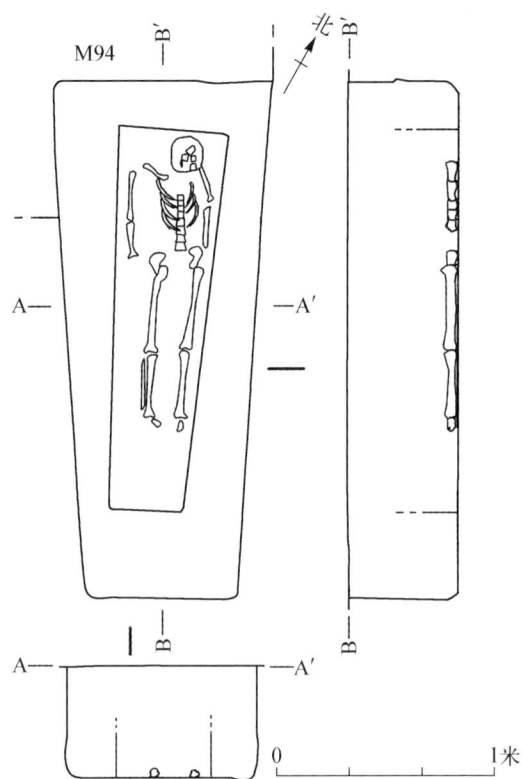

图一二六　M26平、剖面图

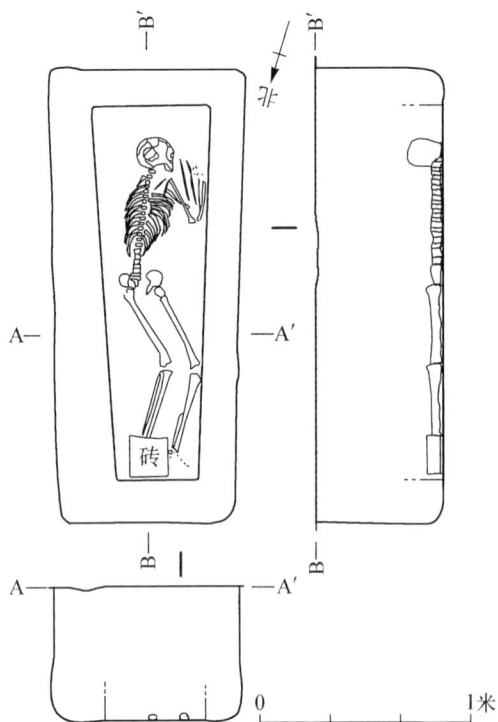

图一二七　M33平、剖面图

其余3枚。均字迹模糊，不可辨认。

M26　位于发掘区中部，东南邻M25、西北邻M27，打破M94。南北向，方向为329°。墓口距地表深0.5米，墓底距地表深1米。墓圹南北长2.3米、东西宽0.7～1米、深0.5米（图一二六；彩版四九，1）。

棺木已朽。棺长1.7米、宽0.34～0.5米、残高0.2米。骨架保存较差。墓主人为仰身直肢葬，性别、年纪不详。头向北，面向下。内填花黏土，致密度较疏松。未发现随葬品。

M33　位于发掘区中部，M60的东部。南北向，方向为163°。墓口距地表深0.5米，墓底距地表深1.1米。墓圹南北长2.05米、东西宽0.8～0.9米、深0.6米（图一二七；彩版五〇，1）。

棺木已朽。棺长1.7米、宽0.4～0.56米、残高0.1米。骨架保存较差。墓主人为老年男性，侧身屈肢葬。头向南，面向西。足部覆青砖一块，长0.19

米、宽0.32米、厚0.05米。内填花黏土,致密度较疏松。未发现随葬品。

M52　位于发掘区中部,北邻M45、东邻M53,被M51打破。南北向,方向为316°。墓口距地表深0.5米,墓底距地表深1.5米。墓圹南北长2.3米、东西宽0.8～1.1米、深1米(图一二八;彩版五○,2)。

棺木已朽。棺长1.4米、宽0.36～0.48米、残高0.2米。骨架保存较差,仅余肋骨、脊椎骨、下肢骨。墓主人为仰身直肢葬,头向北,性别、年纪、面向均不详。内填花黏土,致密度较疏松。未发现随葬品。

M70　位于发掘区中部,北邻M73,打破M75。南北向,方向为343°。墓口距地表深0.5米,墓底距地表深1.3米。墓圹南北长2.3米、东西宽0.9～1米、深0.8米(图一二九;彩版五○,3)。

棺木已朽。棺长1.75米、宽0.42～0.6米、残高0.2米。骨架保存较差。墓主人为老年男性,仰身直肢葬。头向北,面向上。内填花黏土,致密度较疏松。未发现随葬品。

M80　位于发掘区中部,南部打破M81,西部打破M89东南角。东西向,方向为290°。墓口距地表深0.5米,墓底距地表深1.5米。墓圹东西长2.55米、南北宽0.9～1.1米、深1米(图一三○;彩版四九,2)。

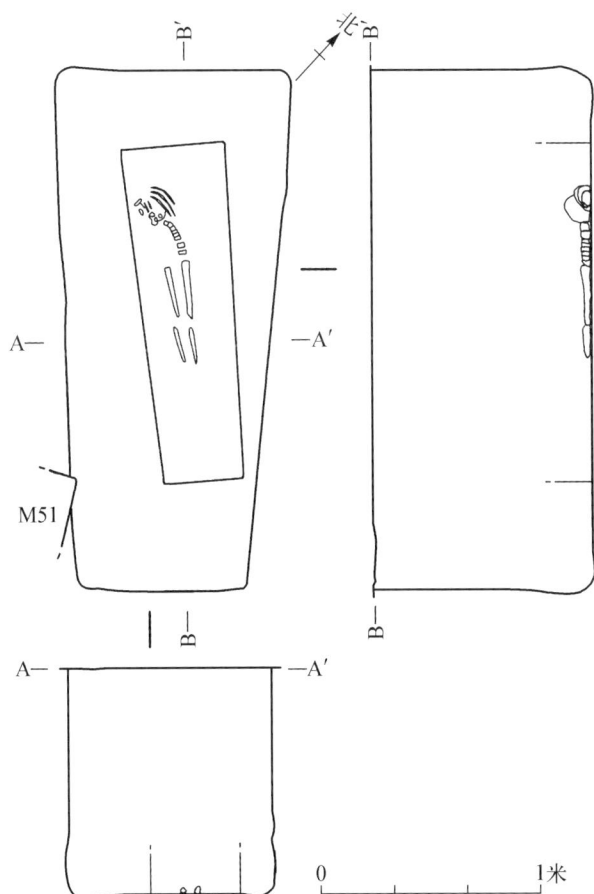

图一二八　M52平、剖面图

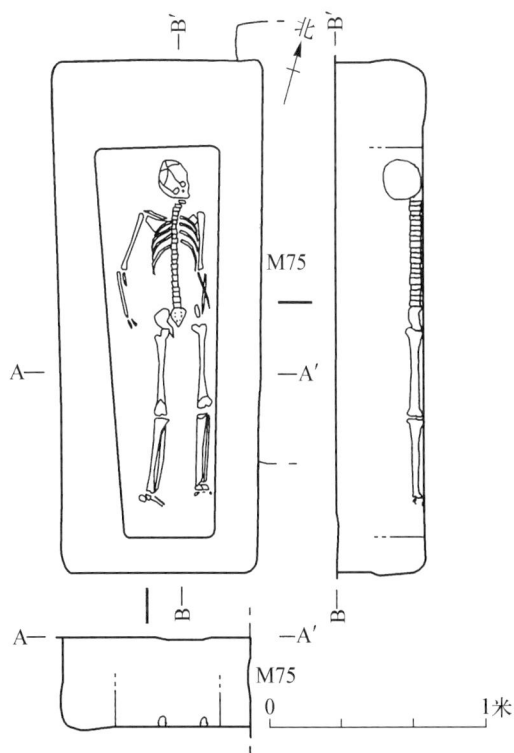

图一二九　M70平、剖面图

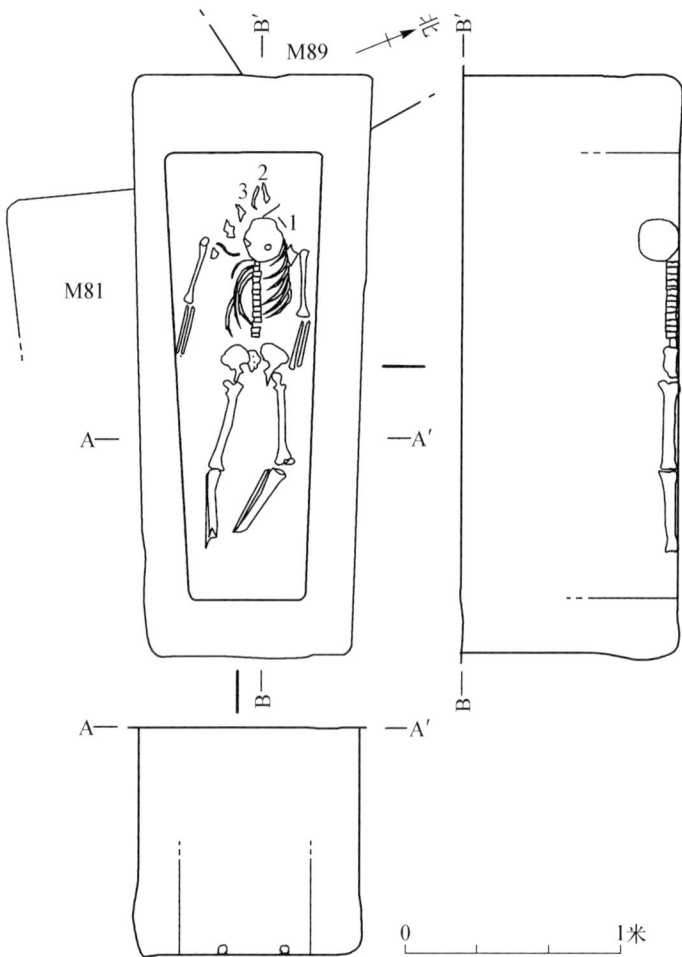

图一三〇   M80平、剖面图

1. 银耳勺   2. 银扁方   3. 银簪

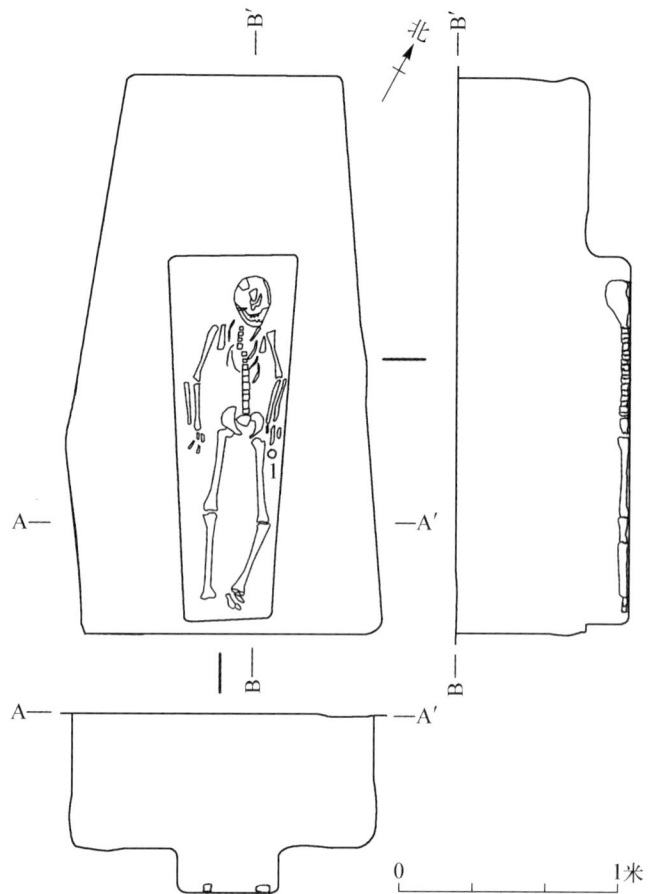

图一三一   M20平、剖面图

1. 铜钱

棺木已朽。棺长1.95米、宽0.52～0.71米、残高0.4米。骨架保存较差。墓主人为老年女性，仰身直肢葬。头向北，面向不详。内填花黏土，致密度较疏松。随葬品有银耳勺、银扁方、银簪。

银耳勺1件。M80：1，首作耳挖状，颈部饰数道凸弦纹。截面为三角形。体细长，为锥形。首高0.5厘米、宽0.3厘米、通长13.8厘米（图一二二，2；彩版七二，4）。

银扁方1件。M80：2，首呈方形，卷曲。体扁平，末端为圆弧形。素面。通长9.3厘米、宽0.9厘米、厚0.1厘米（图一二二，4；彩版七二，5）。

银簪1件。M80：3，首近正方形，由六面内刻花纹的菱形和八面錾刻圆弧三角纹的三角形组成，交角处铸小圆珠。体细长，为锥形，颈部饰凸弦纹一道，尾尖。首直径1.8厘米、高1.3厘米、通长12.2厘米（图一二二，3；彩版七二，6）。

C型：平面呈不规则形。

M20   位于发掘区中部，南邻M16、北邻M21。南北向，方向为330°。墓口距地表深0.4米，墓底距地表深1.2米。墓圹南北长2.5米、东西宽1～1.4米、深0.8米（图一三一；彩版五〇,4）。

棺木已朽。棺长1.62米、宽0.3～0.6米、残高0.15米。骨架保存一般。墓主人为老年男性,仰身屈肢葬。头向北,面向上。内填花黏土,致密度较疏松。随葬品有乾隆通宝1枚。

M20∶1,圆形、方穿。正面有郭,铸"乾隆通宝"四字,楷书,对读;背面有郭,穿左右为满文"宝源",纪局名。直径2.2厘米、穿径0.57厘米、郭厚0.15厘米（图一三二）。

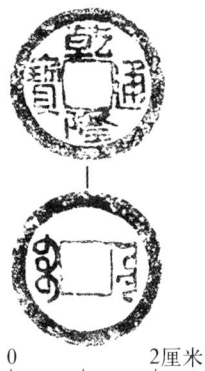

图一三二　M20∶1乾隆通宝

2. 双棺墓

共27座,按平面形状分为三型。

A型∶平面呈长方形,有M1、M9、M10、M13、M31、M34～M37、M53、M65、M86、M87、M92、M94。

M1　位于发掘区东北部,东邻M13、西邻M2。南北向,方向为187°。墓口距地表深0.3米,墓底距地表深1.2米。墓圹南北长1.9米、东西宽1米、深0.9米（图一三三；彩版五一,1）。

棺木已朽。骨架保存均较差,皆仰身直肢葬,头向北,面向上。西棺长1.55米、宽0.36～0.4米、残高0.2米、厚0.02米。棺内为老年女性。东棺长1.64米、宽0.34～0.38米、残高0.2米、厚0.02米。棺内为老年男性。内填花黏土,致密度较疏松。随葬品有半釉罐1件。

M1∶1,方唇、侈口、折沿、沿面内凹、溜肩、弧腹、平底略内凹。胎质较粗糙,内壁口沿及外壁上腹部施黄绿釉,外壁中下部、底部未施釉,露灰胎。素面。外壁有轮制痕迹。口径8.9厘米、肩径9.9厘米、底径6.8厘米、通高10.9～11厘米（图一三四,2;彩版七三,1）。

M9　位于发掘区东部,东南邻M10、东北邻M8。南北向,方向为354°。墓口距地表深0.4米,墓底距地表深1.4米。墓圹南北长2.8米、东西宽2米、深1米（图一三五;彩版五一,2）。

棺木已朽。骨架保存均较差,头向北。西棺长1.72米、宽0.5～0.6米、残高0.2米、厚0.02米。棺内为老年女性,仰身直肢葬,面向上。东棺长1.66米、宽0.5～0.6米、残高0.2米、厚0.02米。棺内为老年男性,仰身屈肢葬,面向西。内填花黏土,致密度较疏松。随葬品有铜钱2枚。

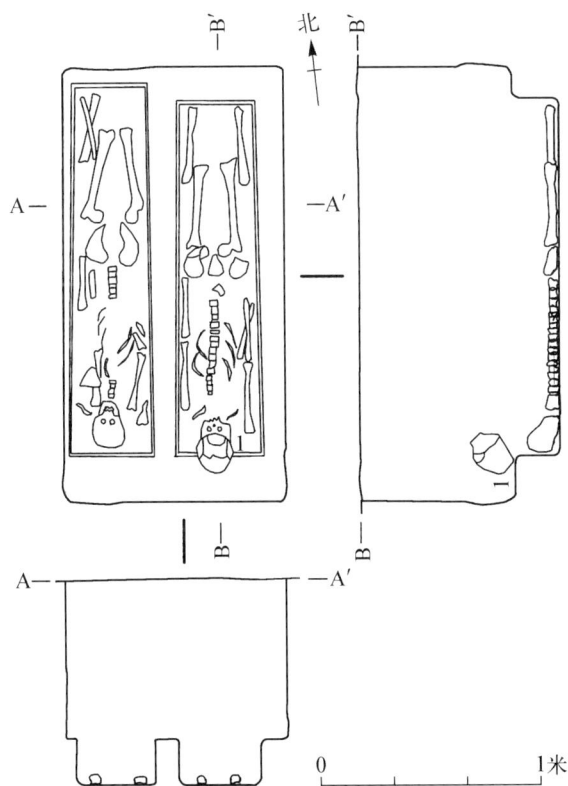

图一三三　M1平、剖面图

1. 半釉罐

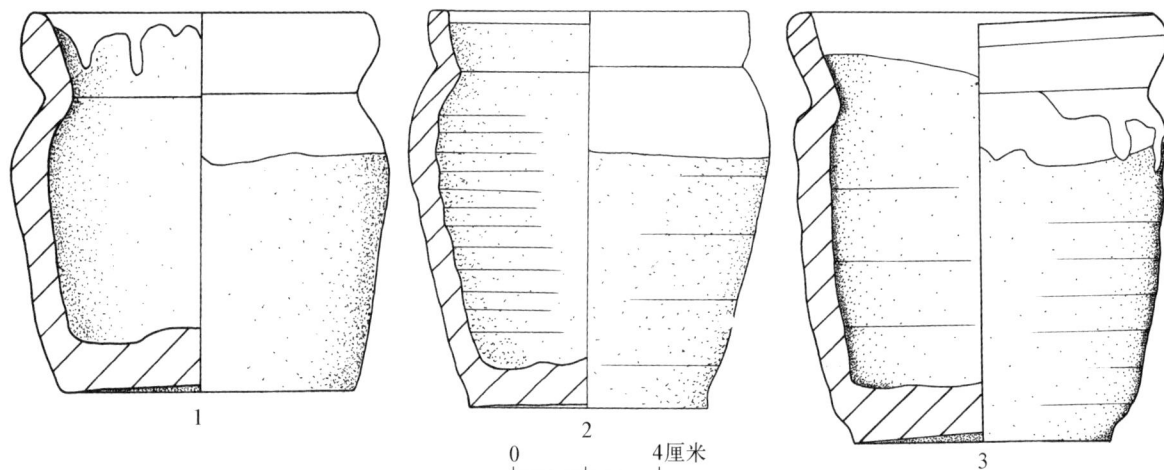

图一三四　双棺A型墓葬随葬半釉罐

1. M10：1　2. M1：1　3. M10：2

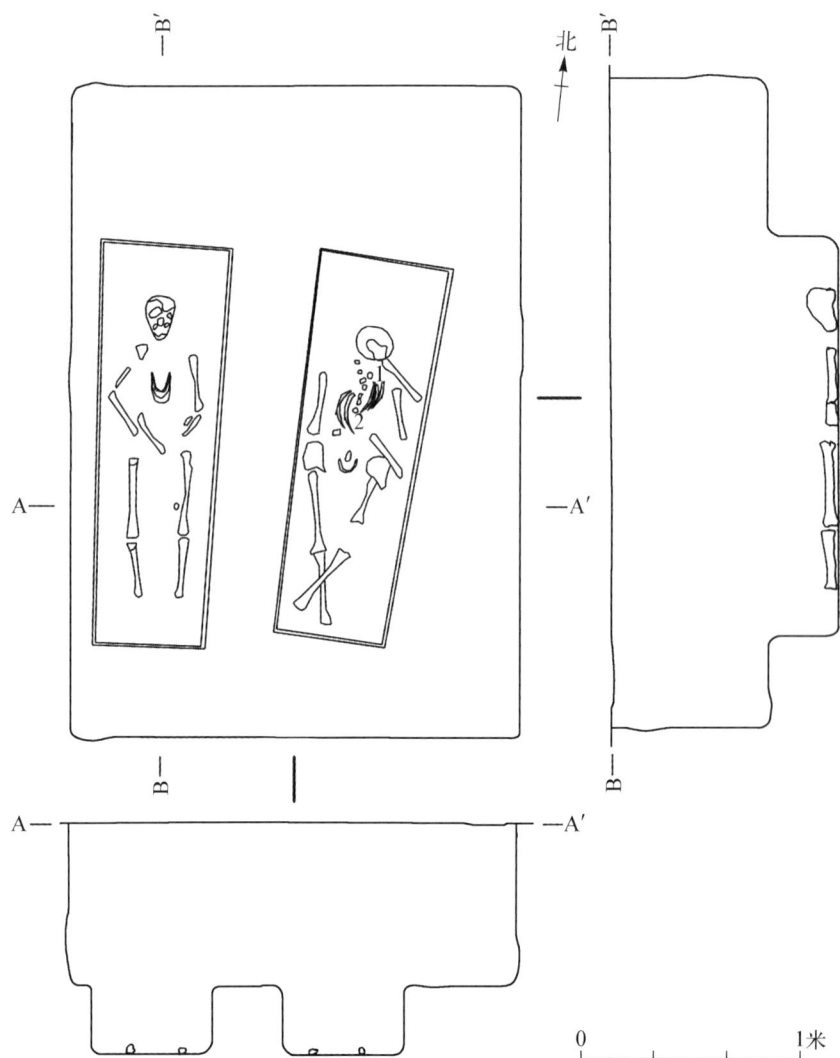

图一三五　M9平、剖面图

1、2. 铜钱

乾隆通宝1枚。M9：2，圆形、方穿。正面有郭，铸"乾隆通宝"四字，楷书，对读；背面有郭，穿左右为满文"宝源"，纪局名。直径2.35厘米、穿径0.56厘米、郭厚0.15厘米（图一三六，2）。

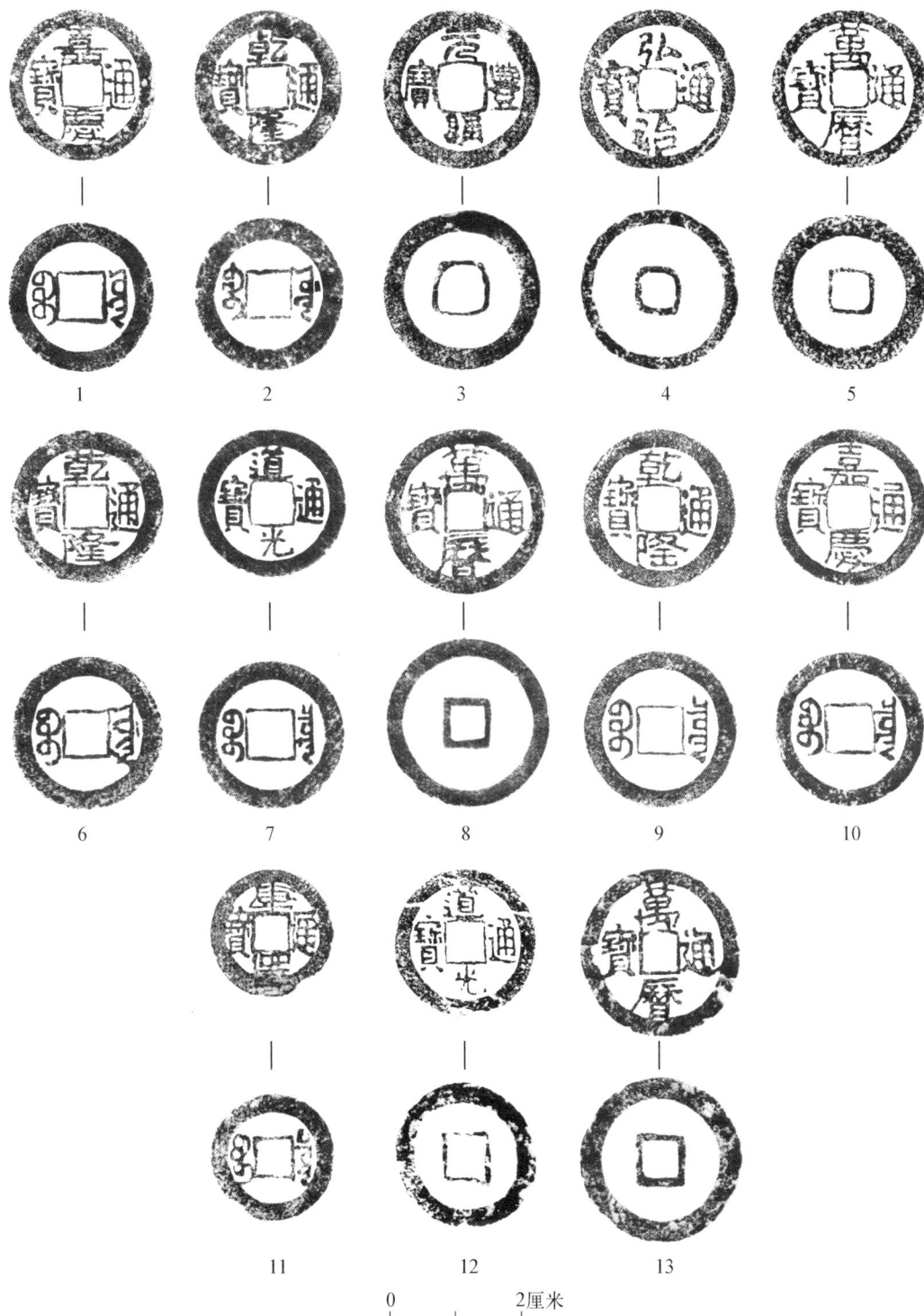

图一三六　双棺A型墓葬随葬铜钱

1、10. 嘉庆通宝（M9：1、M86：2-2）　2、6、9. 乾隆通宝（M9：2、M37：1-1、M86：2-1）　3. 元丰通宝（M31：2-1）　4. 弘治通宝（M31：2-2）　5、8、13. 万历通宝（M31：2-3、M86：1、M94：1）　7、12. 道光通宝（M37：1-2、M92：1-1）　11. 康熙通宝（M87：1-1）

　　嘉庆通宝1枚。M9：1，圆形、方穿。正面有郭，铸"嘉庆通宝"四字，楷书，对读；背面有郭，穿左右为满文"宝源"，纪局名。直径2.32厘米、穿径0.55厘米、郭厚0.14厘米（图一三六，1）。

　　M10　位于发掘区东部，西邻M9、北邻M8。南北向，方向为16°。墓口距地表深0.4米，墓底距地表深1.4～1.7米。墓圹南北长3米、东西宽2米、深1～1.3米（图一三七；彩版五一，3）。

　　棺木保存一般。骨架保存均较差，皆仰身直肢葬，头向西。西棺长2.2米、宽0.5～0.54米、残高0.3～0.5米、厚0.08米。棺内为老年女性，面向上。东棺长1.9米、宽0.6～0.65米、残高0.2米、厚0.08米。棺内为老年男性，面向不详。东棺晚于西棺。内填花黏土，致密度较疏松。随葬品有半釉罐2件。

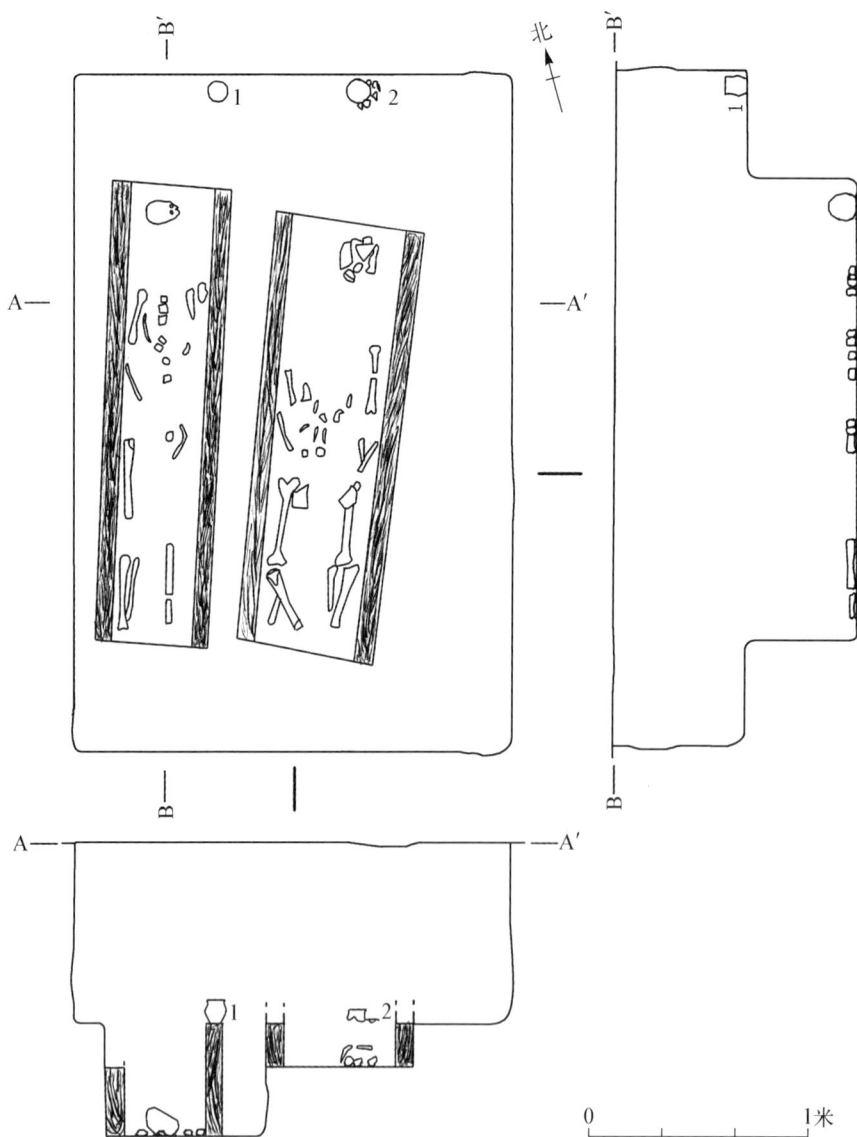

图一三七　M10平、剖面图

1、2. 半釉罐

M10：1，圆唇、侈口、卷沿、束颈、溜肩，弧腹，平底略内凹。胎质较粗糙，内壁及外壁口沿、上腹部施酱黄釉，外壁中下部、底部未施釉，露灰胎。素面。轮制。口径9.3厘米、肩径10.4厘米、底径8厘米、通高10.2厘米（图一三四，1；彩版七三，2）。M10：2，圆唇、敞口、卷沿，束颈，溜肩，弧腹，平底略内凹。胎质较粗糙，内壁口沿及外壁上腹部施绿釉，有流釉现象，外壁中下部、底部未施釉，露灰胎。素面。内壁有明显轮制痕迹。口径9.8厘米、肩径10.2厘米、底径7.2厘米、通高11.3～11.7厘米（图一三四，3；彩版七三，3）。

M13　位于发掘区的东北部，南邻M3。南北向，方向为355°。墓口距地表深0.3米，墓底距地表深1.3米。墓圹南北长2.8米、东西宽2.6米、深1米（图一三八；彩版五二，1）。

棺木保存一般。骨架保存均较差。东棺长1.93米、宽0.7～0.8米、残高0.4米、厚0.05米。棺内为老年女性，仰身直肢葬。头向、面向均不详。西棺长1.84米、宽0.6～0.8米、残高0.4米、厚0.05米。棺内为老年男性，葬式不详。头向西，面向下。内填花黏土，致密度较疏松。随葬品有半釉罐1件。

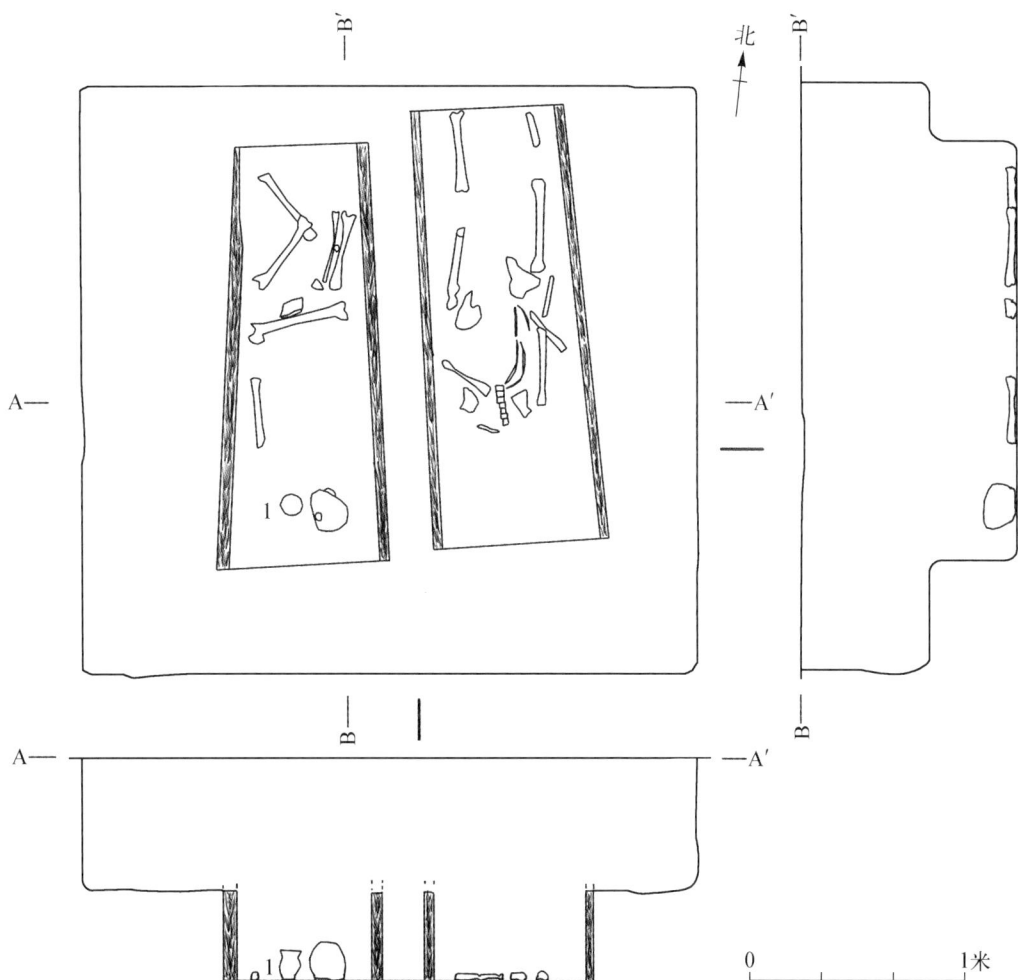

图一三八　M13平、剖面图

1. 半釉罐

M13：1，圆唇、侈口、软折沿、溜肩、弧直腹、平底略内凹。胎质较细，内壁口沿及外壁上腹部施黄褐釉，外壁下部、底部未施釉，露灰胎。素面。内壁有明显轮制痕迹。口径9.2厘米、肩径10.4厘米、底径6.8厘米、通高11.6～12厘米（图一三九，1；彩版七三，4）。

M31　位于发掘区中部，西邻M37、南邻M30。南北向，方向为322°。墓口距地表深0.5米，墓底距地表深1.5米。墓圹南北长2.4米、东西宽1.7米、深1米（图一四〇；彩版五二，3）。

棺木已朽。骨架保存均较好，皆仰身直肢葬，头向北，面向上。东棺长1.86米、宽0.48～0.6米、残高0.2米。棺内为老年女性。西棺长1.8米、宽0.54～0.7米、残高0.2米。棺内为老年男性。内填花黏土，致密度较疏松。随葬品有银簪、铜钱。

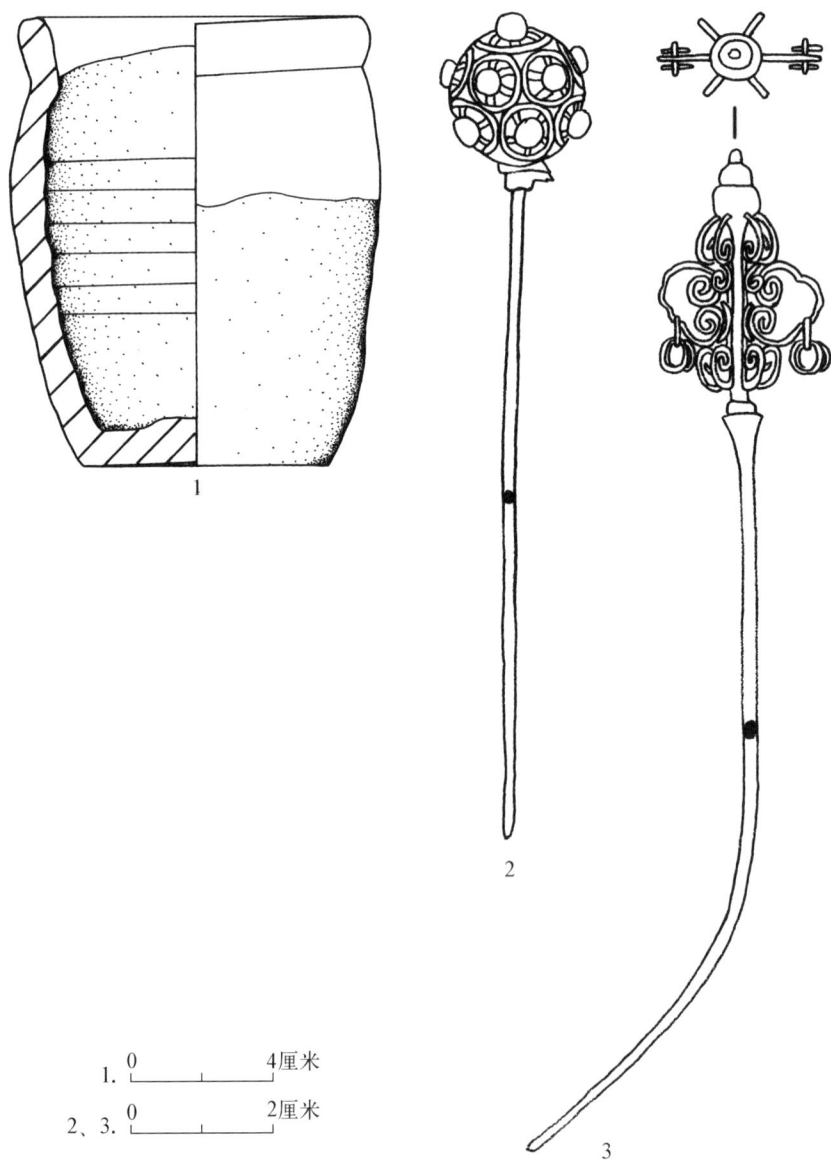

图一三九　双棺A型墓葬随葬器物

1. 半釉罐（M13：1）　2、3. 银簪（M92：2、M31：1）

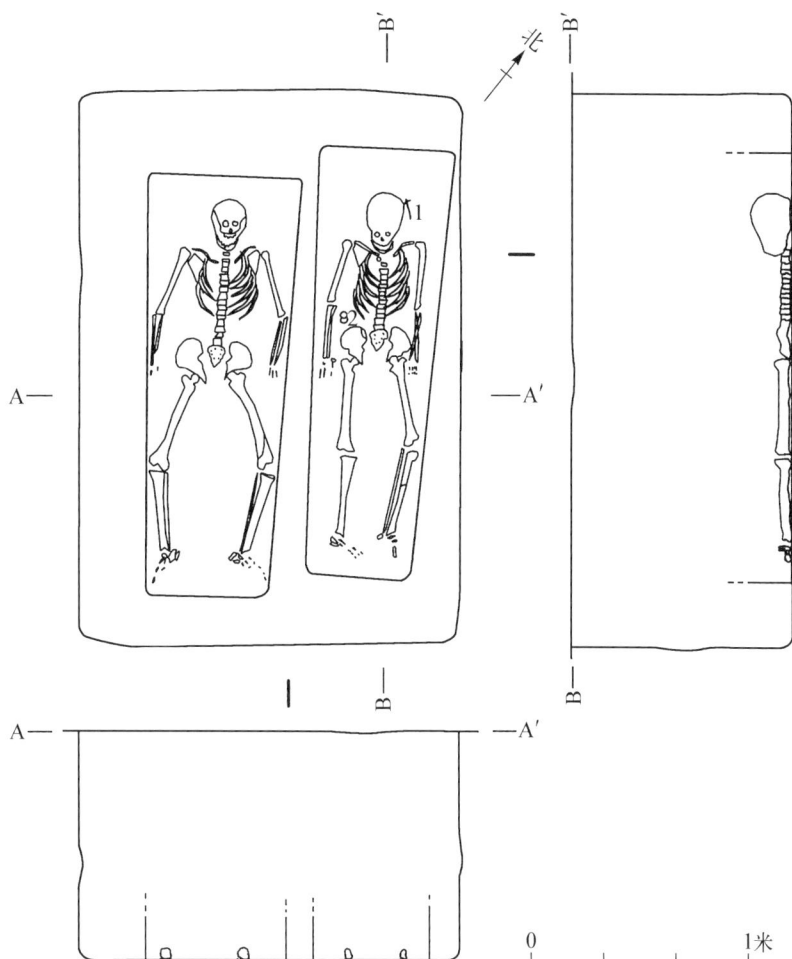

图一四〇　M31平、剖面图

1.银簪　2.铜钱

银簪1件。M31：1，首为禅杖形，由铜丝缠绕而成，分为六面，上套活环。中立一柱，顶端为葫芦状。颈部凸出。体细长弯曲。首宽1.6～2.3厘米、高3.6厘米、通长13.3厘米（图一三九，3；彩版七三，5）。

元丰通宝1枚。M31：2-1，圆形、方穿。正面有郭，铸"元丰通宝"四字，篆书，旋读；背面有郭，无字。直径2.41厘米、穿径0.69厘米、郭厚0.09厘米（图一三六，3）。

弘治通宝1枚。M31：2-2，圆形、方穿。正面有郭，铸"弘治通宝"四字，楷书，对读；背面有郭，无字。直径2.45厘米、穿径0.5厘米、郭厚0.11厘米（图一三六，4）。

万历通宝1枚。M31：2-3，圆形、方穿。正面有郭，铸"万历通宝"四字，楷书，对读；背面有郭，无字。直径2.42厘米、穿径0.5厘米、郭厚0.11厘米（图一三六，5）。

M34　位于发掘区中部，西邻M35。南北向，方向为313°。墓口距地表深0.5米，墓底距地表深1.3～1.4米。墓圹南北长2.28米、东西宽1.6米、深0.8～0.9米（图一四一；彩版五三，1）。

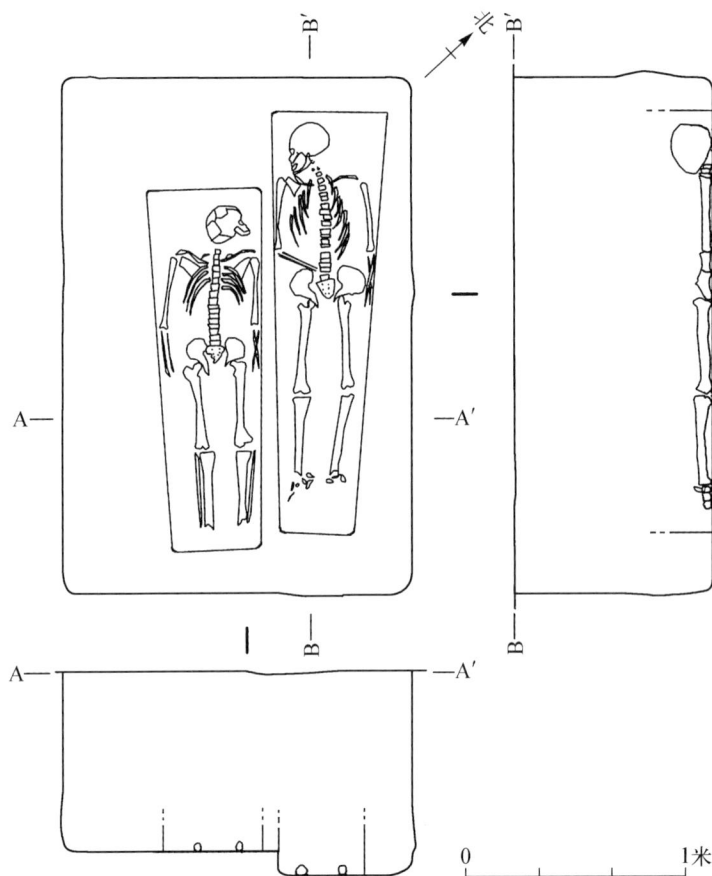

图一四一　M34平、剖面图

　　棺木已朽。骨架保存均一般,皆仰身直肢葬,头向北,面向东。东棺长1.85米、宽0.34～0.53米、残高0.2米。棺内为老年男性。西棺长1.6米、宽0.42～0.54米、残高0.1米。棺内为老年女性。东棺打破西棺。内填花黏土,致密度较疏松。未发现随葬品。

　　M35　位于发掘区中部,东邻M34。南北向,方向为312°。墓口距地表深0.5米,墓底距地表深1.6米。墓圹南北长2.7米、东西宽1.48～1.6米、深1.1米(图一四二;彩版五三,2)。

　　棺木已朽。骨架保存均一般,皆仰身直肢葬,头向北。西棺长1.9米、宽0.41～0.52米、残高0.3米。棺内为老年女性,面向西。东棺长1.95米、宽0.44～0.53米、残高0.3米。棺内为老年男性,面向上。内填花黏土,致密度较疏松。未发现随葬品。

　　M36　位于发掘区中部,东南邻M28、西北邻M75,打破M76。南北向,方向为14°。墓口距地表深0.4米,墓底距地表深1.2米。墓圹南北长2.2米、东西宽2米、深0.8米(图一四三;彩版五四,1)。

　　棺木已朽。骨架保存均较差,皆仰身直肢葬。头向北,面向上。东棺长1.8米、宽0.4～0.6米、残高0.2米。棺内为老年男性。西棺长1.8米、宽0.5～0.6米、残高0.2米、厚0.04米。棺内为老年女性。内填花黏土,致密度较疏松。未发现随葬品。

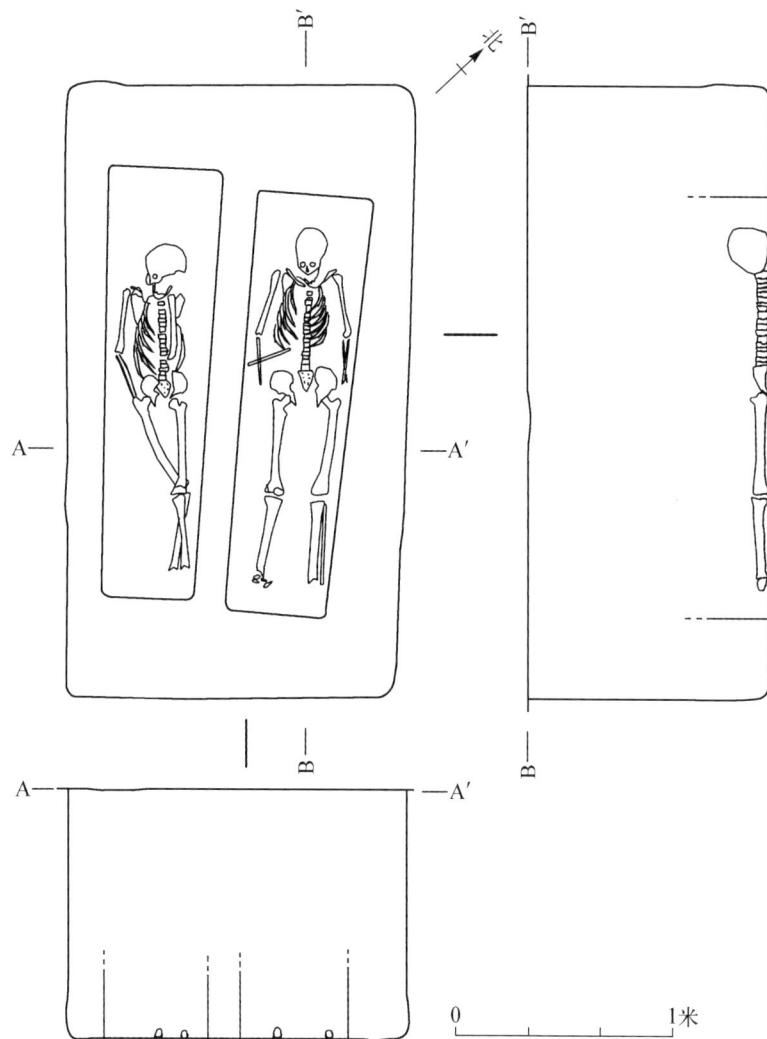

图一四二　M35平、剖面图

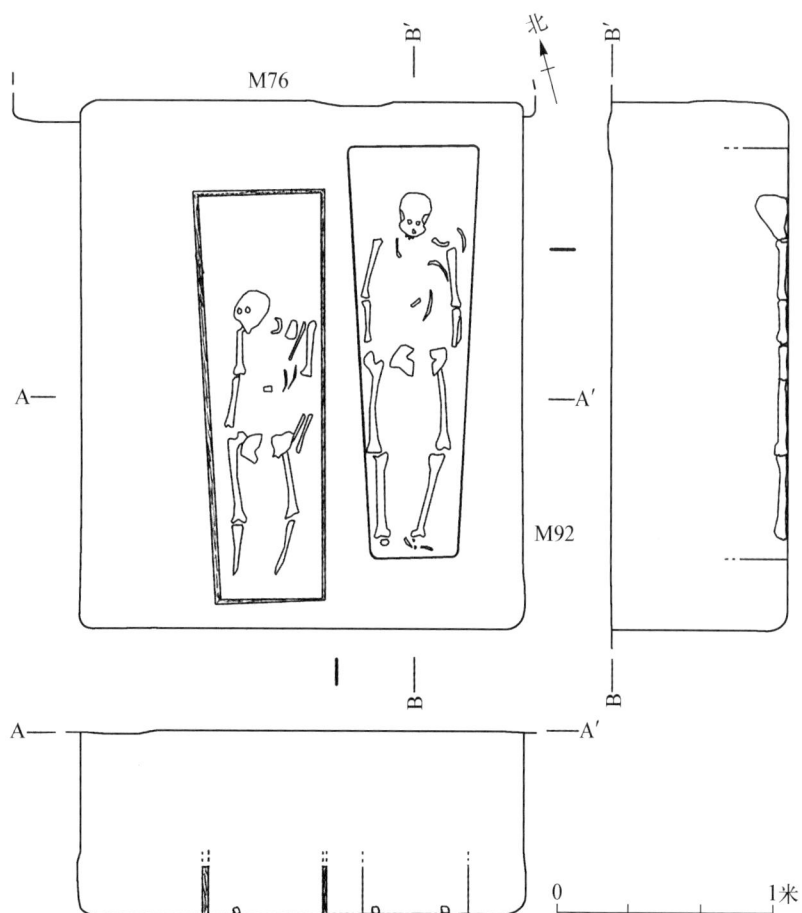

图一四三　M36平、剖面图

M37　位于发掘区中部,南邻M76、西邻M38、东邻M31。墓室西南部有长径0.8米、短径0.7米的椭圆形盗洞。南北向,方向为214°。墓口距地表深0.4米,墓底距地表深1.1米。墓圹南北长3米、东西宽1.6米、深0.7米(图一四四;彩版五二,2)。

棺木已朽。骨架保存均较差,葬式、性别、年纪、头向、面向皆不详。东棺长1.9米、宽0.5～0.8米、残高0.2米。西棺长0.5米、宽0.26米、残高0.2米,为迁葬而来。西棺晚于东棺。内填花黏土,致密度较疏松。随葬品有铜钱5枚。

乾隆通宝2枚。均圆形、方穿。正面有郭,铸"乾隆通宝"四字,楷书,对读;背面有郭,穿左右为满文"宝源",纪局名。标本:M37:1-1,直径2.35厘米、穿径0.51厘米、郭厚0.12厘米(图一三六,6)。

道光通宝3枚。均圆形、方穿。正面有郭,铸"道光通宝"四字,楷书,对读;背面有郭,穿左右为满文"宝泉",纪局名。标本:M37:1-2,直径2.3厘米、穿径0.59厘米、郭厚0.13厘米(图一三六,7)。

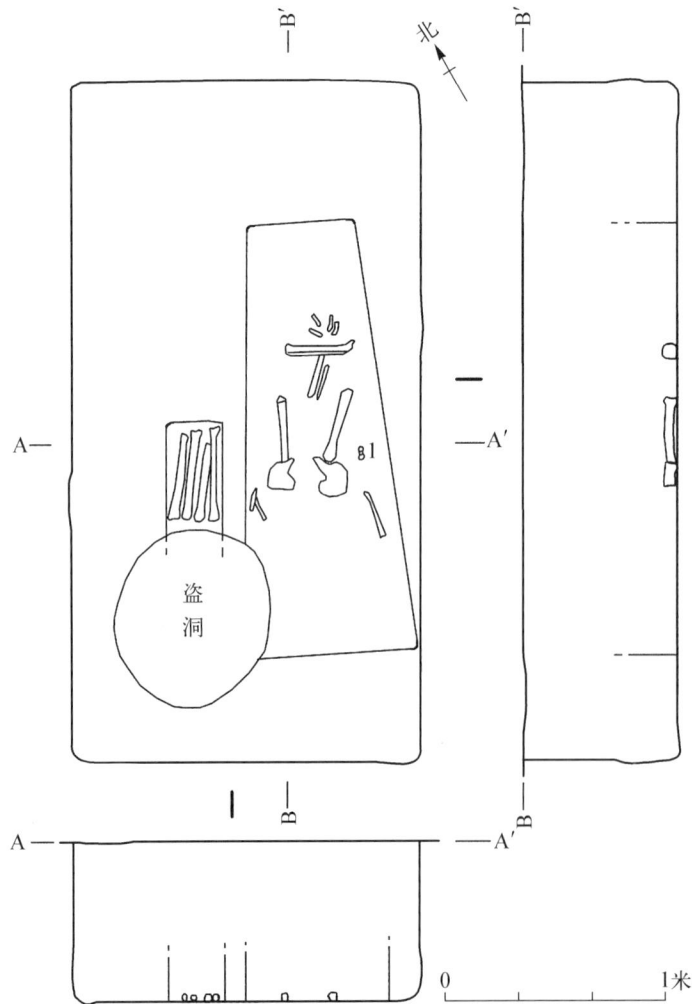

图一四四　M37平、剖面图

1.铜钱

M53　位于发掘区中部,东邻M42、北邻M44、南邻M54、西邻M52。南北向,方向为334°。墓口距地表深0.5米,墓底距地表深1.03～1.1米。墓圹南北长2.1米、东西宽1.26米、深0.53～0.6米(图一四五;彩版五四,2)。

棺木已朽。骨架保存均较差,皆仰身直肢葬,头向北。西棺长1.6米、宽0.44～0.52米、残高0.13米。棺内为老年女性,面向东。东棺长1.8米、宽0.38～0.56米、残高0.2米。棺内为老年男性,面向上。东棺打破西棺。内填花黏土,致密度较疏松。未发现随葬品。

M65　位于发掘区中部,南邻M67。打破M63、M64,被M66打破。南北向,方向为195°。墓口距地表深0.4米,墓底距地表深1.2米。墓圹南北长2.4米、东西宽1.6米、深0.8米(图一四六;彩版五四,3)。

棺木已朽。骨架保存均较差,皆仰身直肢葬,头向南。东棺长1.7米、宽0.5～0.6米、残高0.2米。棺内为老年男性,面向上。西棺长1.7米、宽0.46～0.56米、残高0.2米。棺内为老年女性,面向下。内填花黏土,致密度较疏松。未发现随葬品。

M86　位于发掘区中部,东邻M61、北邻M78、南邻M88,打破M87。南北向,方向为317°。墓口距地表深0.5米,墓底距地表深1.4米。墓圹南北长2.3米、东西宽1.6米、深0.9米(图一四七;彩版五五,1)。

棺木已朽。骨架保存均较差,皆仰身直肢葬,头向北,面向上。西棺长1.6米、宽0.38～0.58米、残高0.3米。棺内为老年女性。东棺长1.8米、宽0.4～0.48米、残高0.3米。棺内为老年男性。内填花黏土,致密度较疏松。随葬品有铜钱。

万历通宝1枚。M86:1,圆形、方穿。正面有郭,铸"万历通宝"四字,楷书,对读;背面有郭,无字。直径2.51厘米、穿径0.51厘米、郭厚0.15厘米(图一三六,8)。

乾隆通宝1枚。M86:2-1,圆形、方穿。正面有郭,铸"乾隆通宝"四字,楷书,对读;背面有郭,穿左右为满文"宝泉",纪局名。直径2.48厘米、穿径0.63厘米、郭厚0.11厘米(图一三六,9)。

嘉庆通宝1枚。M86:2-2,圆形、方穿。正面有郭,铸"嘉庆通宝"四字,楷书,对读;背面有郭,穿左右为满文"宝泉",纪局名。直径2.46厘米、穿径0.61厘米、郭厚0.13厘米(图一三六,10)。

M87　位于发掘区中部,西邻M84、南邻M82,北部被M86打破,东部被M88打破。东西向,方向为251°。墓口距地表深0.5米,墓底距地表深2.3～2.4米。墓圹东西长2.66米、南北宽1.8米、深1.8～1.9米(图一四八;彩版五五,2)。

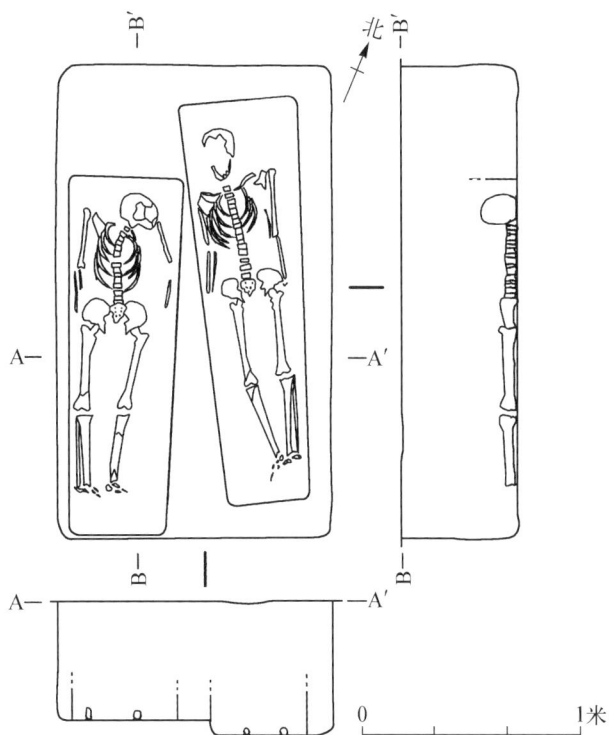

图一四五　M53平、剖面图

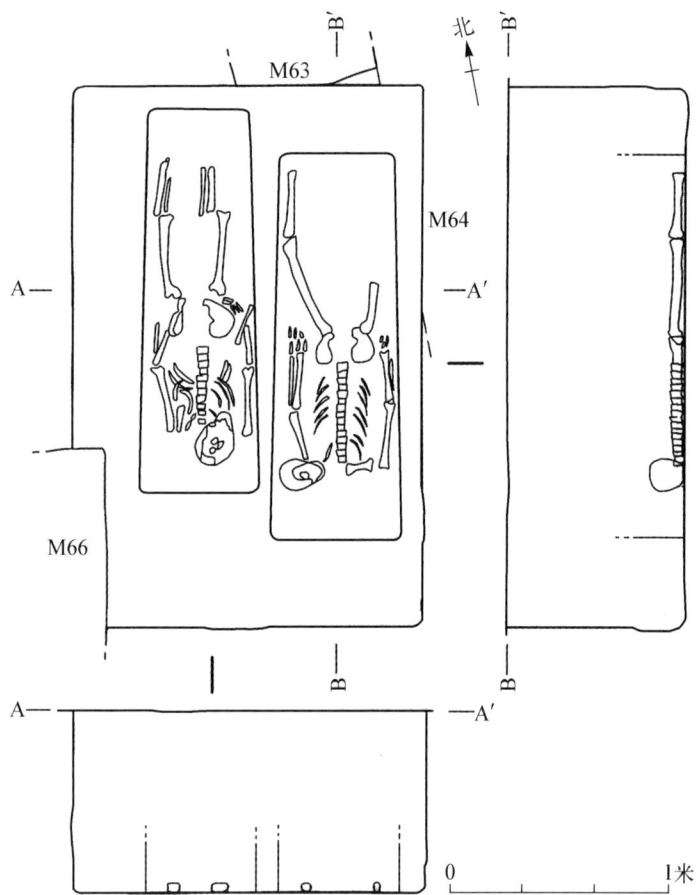

图一四六　M65平、剖面图

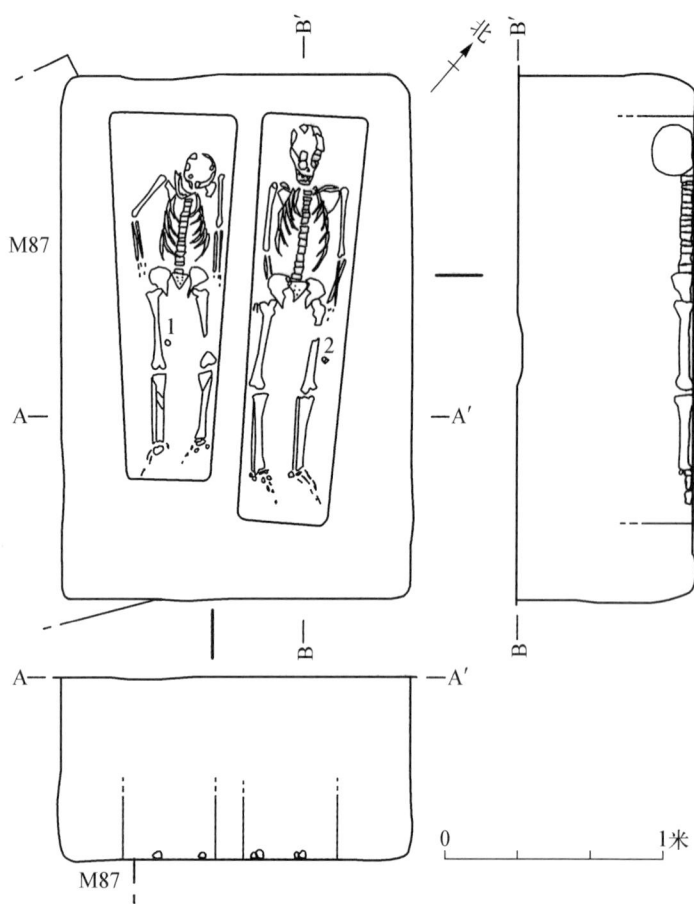

图一四七　M86平、剖面图

1、2.铜钱

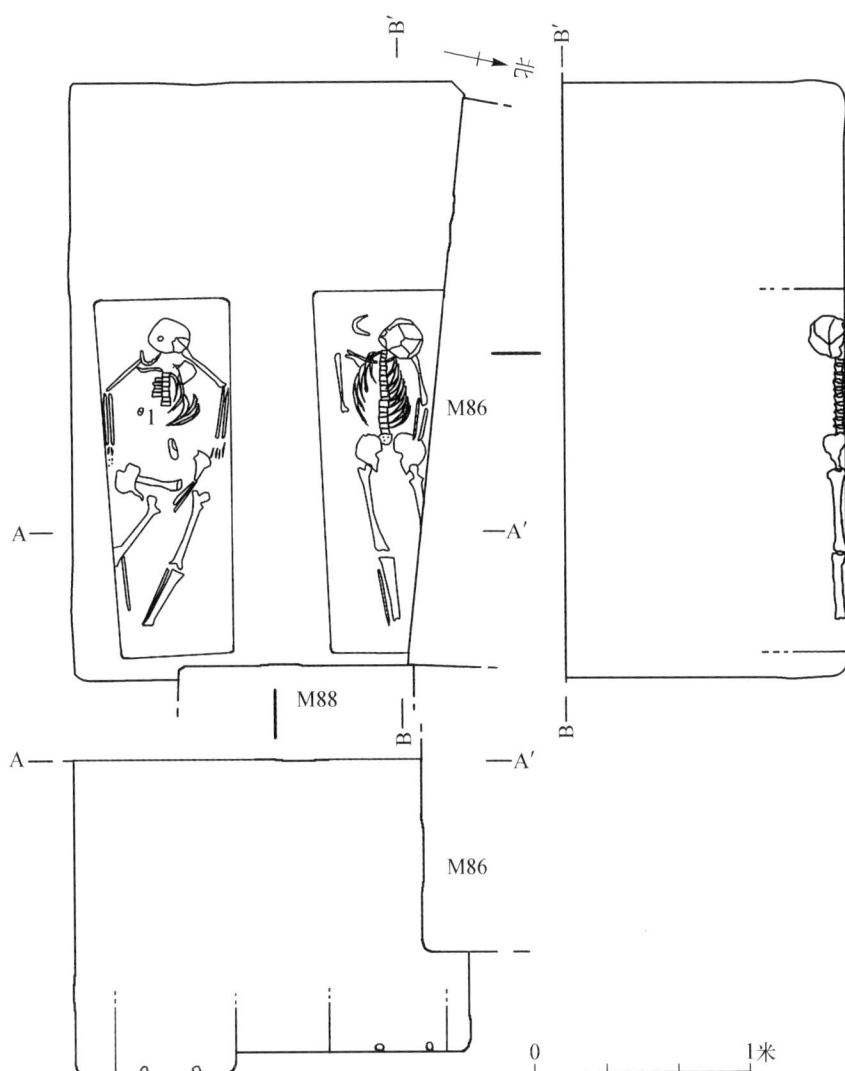

图一四八　M87平、剖面图
1. 铜钱

棺木已朽。骨架保存均较差,皆仰身直肢葬,面向不详。南棺长1.6米、宽0.5～0.6米、残高0.3米。棺内为老年男性,头向西。北棺长1.6米、宽0.5～0.6米、残高0.2米。棺内为老年女性,头向不详。南棺打破北棺。内填花黏土,致密度较疏松。随葬品有康熙通宝2枚。

均圆形、方穿。正面有郭,铸"康熙通宝"四字,楷书,对读;背面有郭,穿左右为满文"宝泉",纪局名。标本:M87∶1-1,直径1.95厘米、穿径0.49厘米、郭厚0.08厘米(图一三六,11)。

M92　位于发掘区西部,M89的东部,西北有一直径约0.65米的圆形盗洞。东西向,方向为275°。墓口距地表深0.4米,墓底距地表深1.2米。墓圹东西长2.5米、南北宽1.6米、深0.8米(图一四九;彩版五六,1)。

棺木保存一般。骨架保存皆较差,葬式、性别、年纪、头向、面向皆不详。南棺长2米、宽0.58～0.66米、残高0.2米、厚0.04米。北棺长2米、宽0.5～0.58米、残高0.2米、厚0.03米。内填花

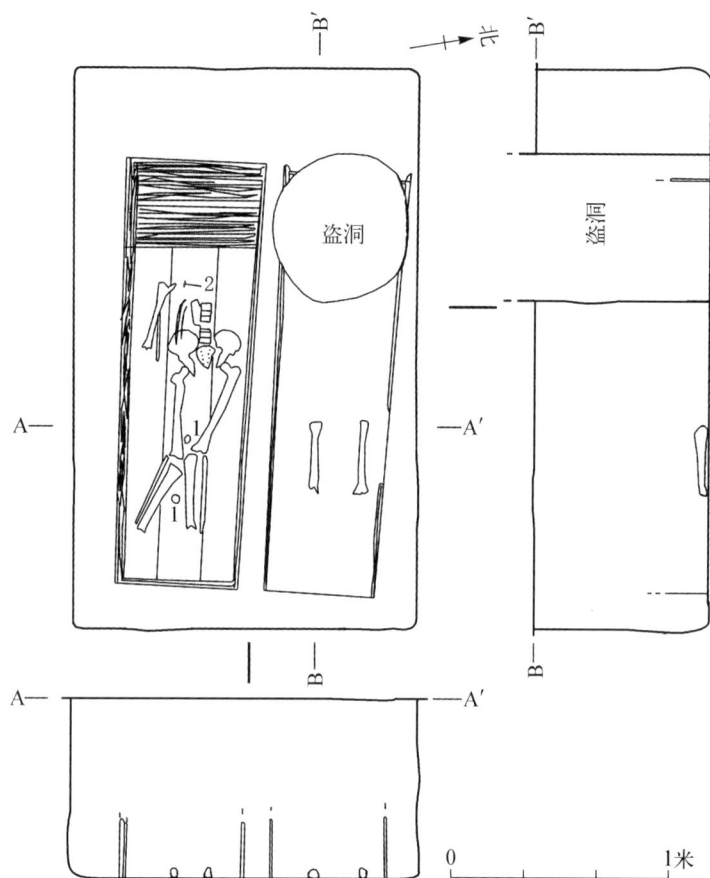

图一四九　M92平、剖面图

1. 铜钱　2. 银簪

黏土,致密度较疏松。随葬品有银簪、铜钱。

银簪1件。M92:2,首为镂空圆球形,由十一个圆形面组成。每面以丝作花瓣纹,焊凸起小圆球作花蕊。底托为倒莲花形。体细直为锥形。首直径1.9厘米、高2.2厘米、通长11.3厘米(图一三九,2;彩版七三,6)。

道光通宝2枚。均圆形、方穿。正面有郭,铸"道光通宝"四字,楷书,对读;背面有郭,无字。标本:M92:1-1,直径2.28厘米、穿径0.51厘米、郭厚0.15厘米(图一三六,12)。

M94　位于发掘区中部,西北邻M27,东南部被M26打破。南北向,方向为307°。墓口距地表深0.5米,墓底距地表深1.8米。墓圹南北长2.4米、东西宽2.02～2.08米、深1.3米(图一五〇;彩版五六,2)。

棺木已朽。骨架保存均较差,皆仰身直肢葬,头向北,面向西。西棺长1.68米、宽0.48～0.6米、残高0.2米。棺内为老年女性。东棺长1.78米、宽0.5～0.64米、残高0.2米。棺内为老年男性。内填花黏土,致密度较疏松。随葬品有万历通宝1枚。

M94:1,圆形、方穿。正面有郭,铸"万历通宝"四字,楷书,对读;背面有郭,无字。直径2.55厘米、穿径0.51厘米、郭厚0.18厘米(图一三六,13)。

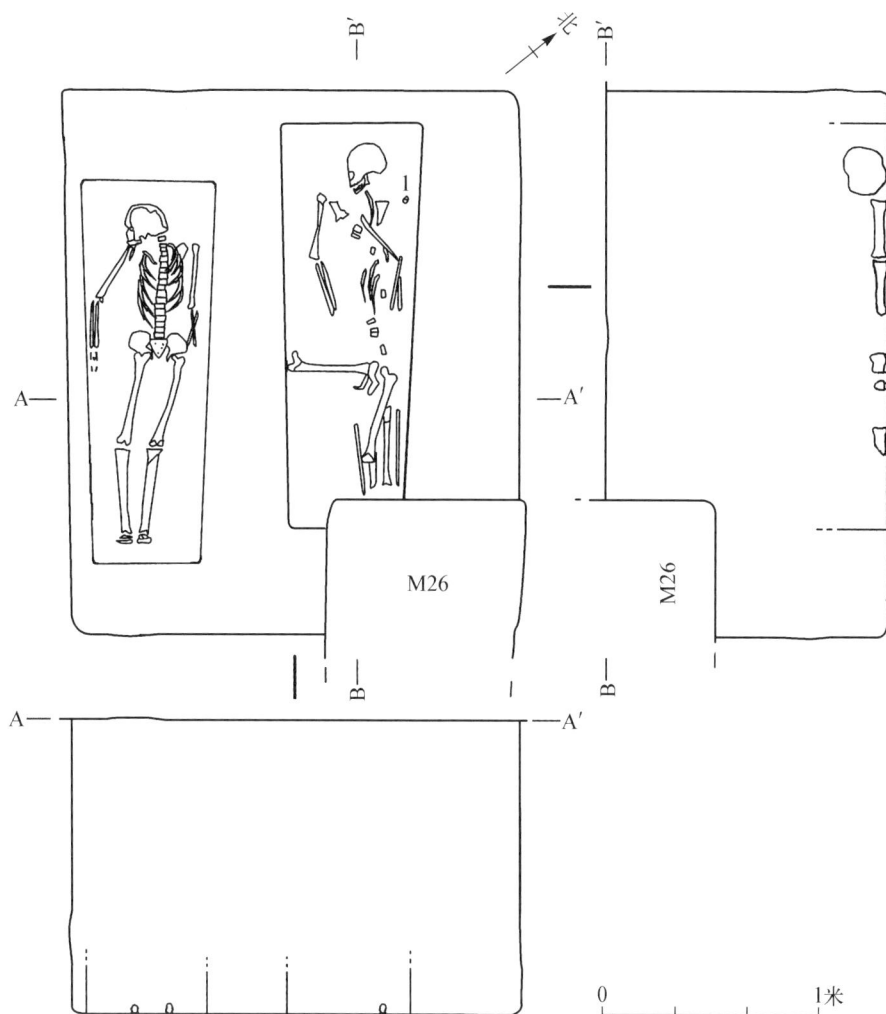

图一五〇　M94平、剖面图

1. 铜钱

　　B型：平面呈梯形，有M12、M18、M56、M69、M78。

　　M12　位于发掘区东北部，M17的西部。南北向，方向为160°。墓口距地表深0.4米，墓底距地表深1.9～2米。墓圹南北长2.6米、东西宽1.8～2.2米、深1.5～1.6米（图一五一；彩版五七，1）。

　　棺木已朽。骨架保存均较差，皆仰身直肢葬，头向南。东棺长1.93米、宽0.46～0.54米、残高0.3米。棺内为老年男性，面向上。西棺长1.84米、宽0.48～0.52米、残高0.2米。棺内为老年女性，面向不详。内填花黏土，致密度较疏松。随葬品有铜钱、陶罐。

　　陶罐1件。M12∶1，方唇、侈口、折沿、束颈、肩略鼓、弧腹、平底。泥质红陶，胎质较细。素面。内壁有明显轮制痕迹。口径9.1厘米、肩径12.3厘米、底径9.7厘米、通高13.8厘米（图一五二，1；彩版七四，1）。

　　道光通宝2枚。均圆形、方穿。正面有郭，铸"道光通宝"四字，楷书，对读；背面有郭，穿左

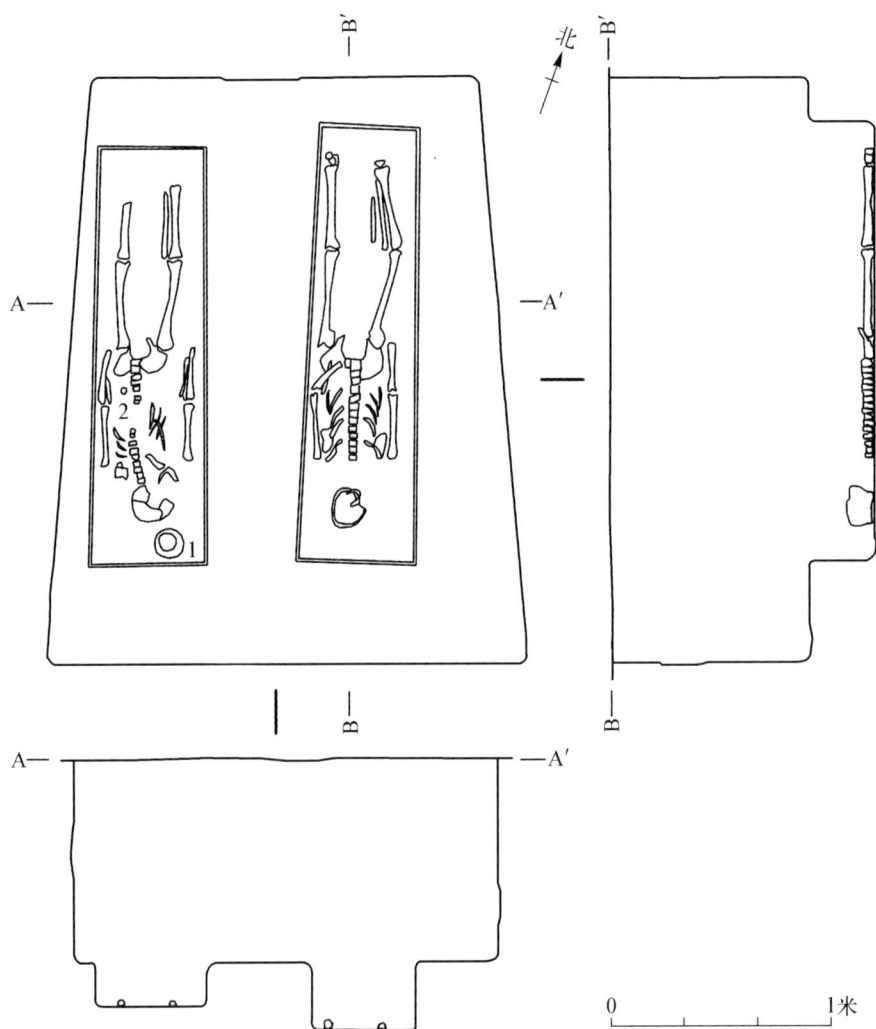

图一五一　M12平、剖面图

1.陶罐　2.铜钱

右为满文"宝泉",纪局名。标本:M12:2-1,直径2.36厘米、穿径0.57厘米、郭厚0.14厘米(图一五三,1)。

M18　位于发掘区东北部,南邻M17、北邻M4。南北向,方向为328°。墓口距地表深0.5米,墓底距地表深1.6米。墓圹南北长2.75米、东西宽1.4～1.6米、深1.1米(图一五四;彩版五七,2)。

棺木已朽。骨架保存均较差,皆仰身直肢葬,头向北,面向不详。东棺长1.94米、宽0.45～0.62米、残高0.1米。棺内为老年男性。西棺长1.8米、宽0.4～0.6米、残高0.1米。棺内为老年女性。内填花黏土,致密度较疏松。随葬品有陶罐、银簪、铜钱。

陶罐1件。M18:1,圆唇、侈口,短束颈,折沿,溜肩,弧腹,平底。泥质红陶,胎质粗糙。素面。内壁有明显轮制痕迹。口径11.6厘米、肩径13.9厘米、底径10.2厘米、通高12.8厘米(图一五二,5;彩版七四,2)。

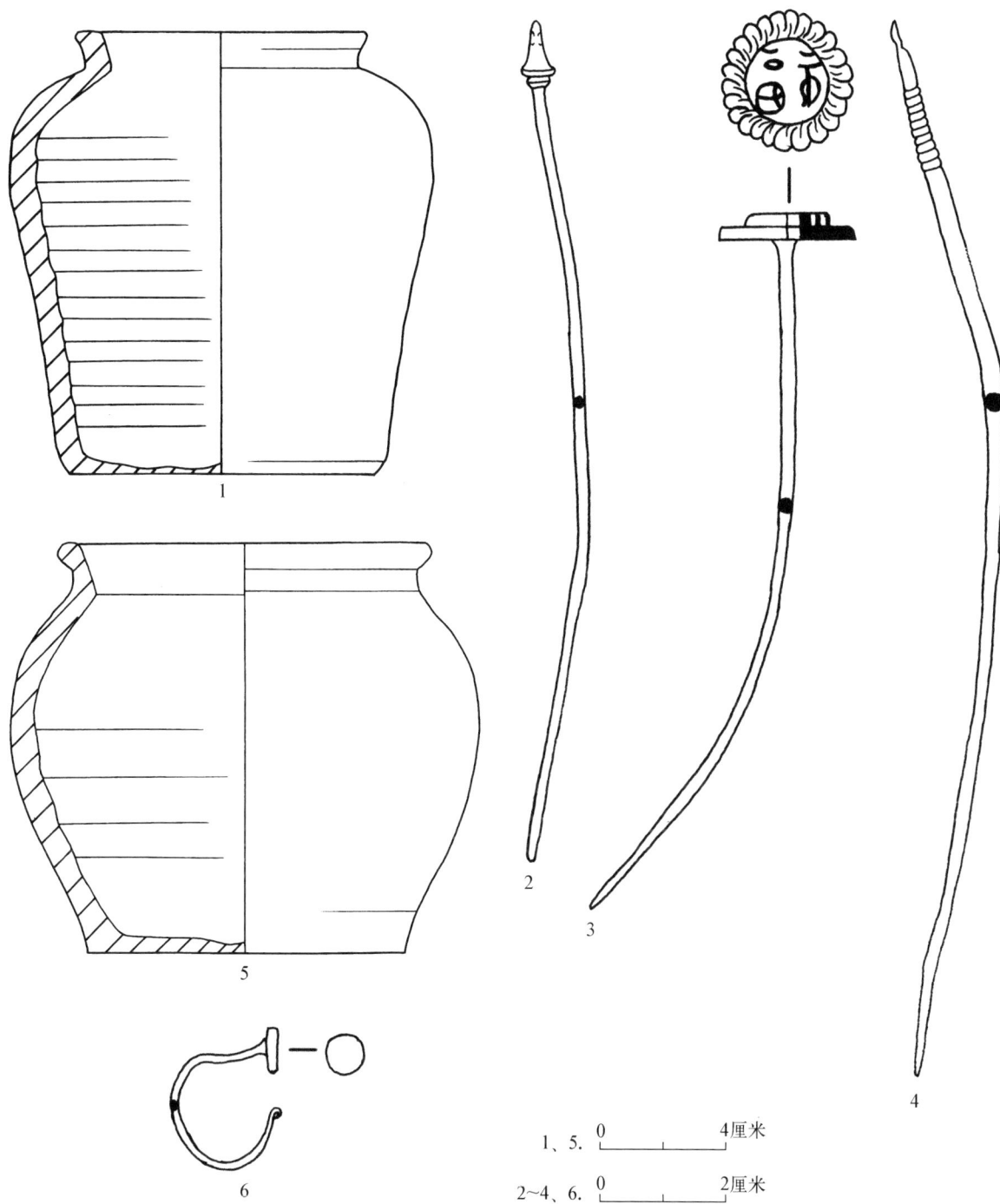

图一五二 双棺B型墓葬随葬器物

1、5.陶罐（M12∶1、M18∶1） 2～4.银簪（M18∶2-1、M56∶2、M18∶2-2） 6.银耳环（M56∶1）

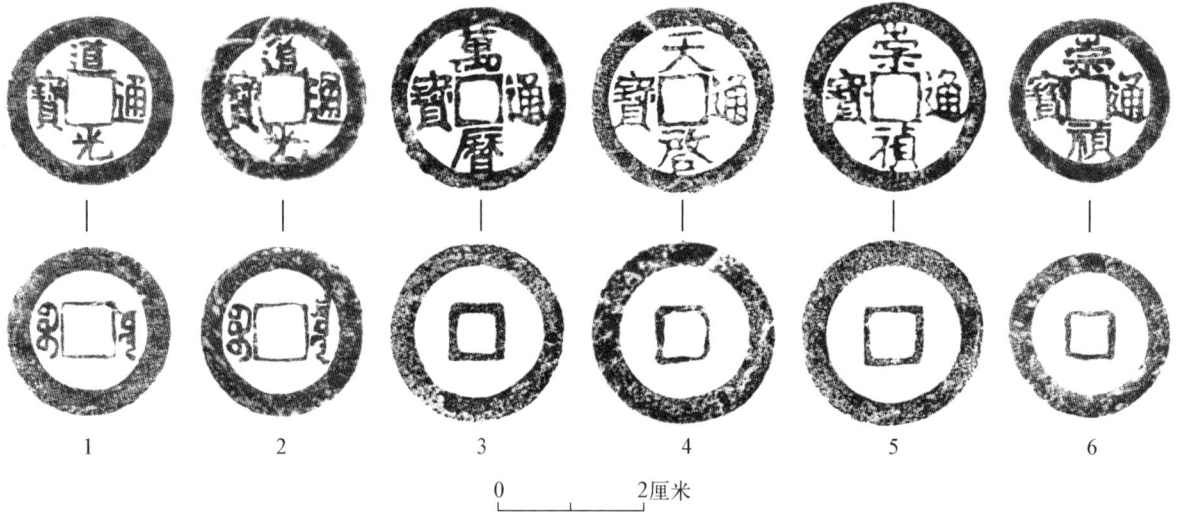

图一五三　双棺B型墓葬随葬铜钱

1、2.道光通宝(M12:2-1、M18:3)　3.万历通宝(M69:1-1)　4.天启通宝(M69:1-2)　5、6.崇祯通宝(M69:1-3、M78:1)

图一五四　M18平、剖面图

1.陶罐　2.银簪　3.铜钱

银簪2件。M18：2-1，首残，状如锥筒，下饰三道凸弦纹。体细长，为圆柱形。首高1厘米、宽0.7厘米、通长13.2厘米（图一五二，2；彩版七四，3）。M18：2-2，首为耳挖形，颈部饰十道凸弦纹。体细长，为锥形。首长0.35厘米、厚0.2厘米、通长16.7厘米（图一五二，4；彩版七四，4）。

道光通宝1枚。M18：3，圆形、方穿。正面有郭，铸"道光通宝"四字，楷书，对读；背面有郭，穿左右为满文"宝泉"，纪局名。直径2.32厘米、穿径0.59厘米、郭厚0.14厘米（图一五三，2）。

M56　位于发掘区中部，北邻M77、东邻M82，被M58打破，打破M57。南北向，方向为324°。墓口距地表深0.5米，墓底距地表深1.4米。墓圹南北长2.8米、东西宽1.4～1.7米、深0.9米（图一五五；彩版五八，1）。

棺木已朽。骨架保存均较差，皆仰身直肢葬，头向北，面向不详。东棺长1.9米、宽0.46～0.6米、残高0.3米、厚0.05米。棺内为老年男性。西棺长1.8米、宽0.46～0.6米、残高0.3米、残厚0.02～0.04米。棺内为老年女性。内填花黏土，致密度较疏松。随葬品有银耳环、银簪。

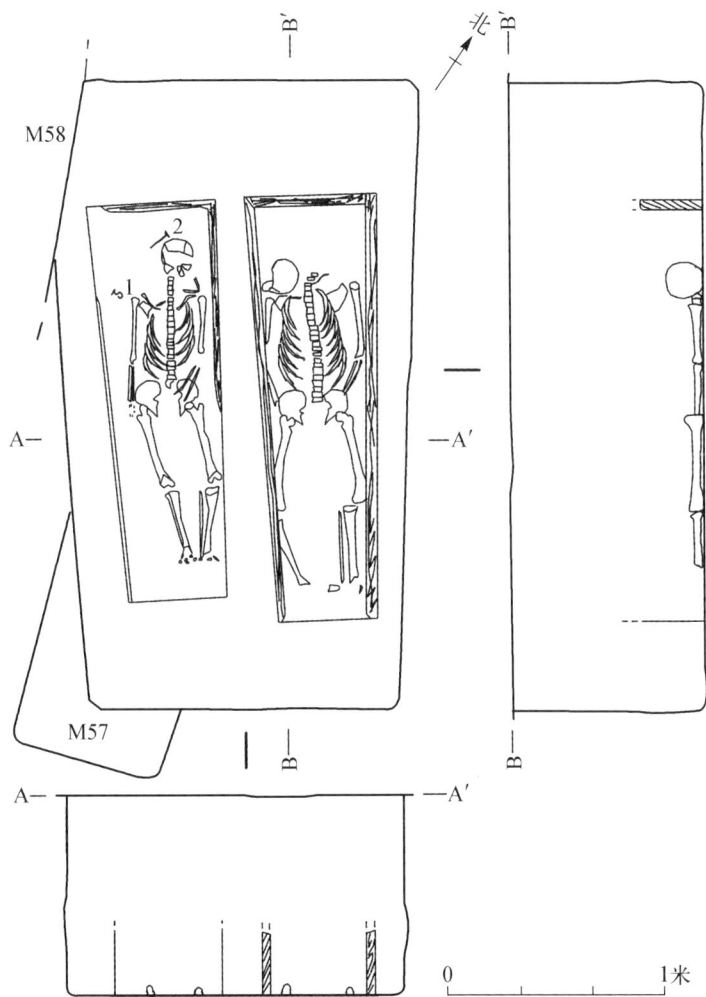

图一五五　M56平、剖面图

1.银耳环　2.银簪

银耳环1件。M56:1,一端为圆饼形,一端尖细卷曲。饼面直径0.6厘米、厚0.1厘米、通长2.7厘米(图一五二,6;彩版七四,5)。

银簪1件。M56:2,首为葵圆形,花瓣呈逆时针旋转,截面为凸字形。中部为圆形凸起,内铸"福"字。底托为花瓣形。体细长弯曲,为锥形。首直径1.4～2.2厘米、高3.6厘米、通长10.6厘米(图一五二,3;彩版七四,6)。

M69　位于发掘区中部,东邻M68、西南邻M73、南邻M75。南北向,方向为334°。墓口距地表深0.5米,墓底距地表深1.5米。墓圹南北长2.4米、东西宽1.3～1.5米、深1米(图一五六;彩版五八,2)。

棺木已朽。骨架保存均较差,皆仰身直肢葬,头向北。西棺长1.75米、宽0.44～0.6米、残高0.2米。棺内为老年男性,面向东。东棺长1.75米、宽0.42～0.56米、残高0.2米。棺内为老年女性,面向不详。内填花黏土,致密度较疏松。随葬品有铜钱3枚。

万历通宝1枚。M69:1-1,圆形、方穿。正面有郭,铸"万历通宝"四字,楷书,对读;背面有郭,无字。直径2.5厘米、穿径0.51厘米、郭厚0.11厘米(图一五三,3)。

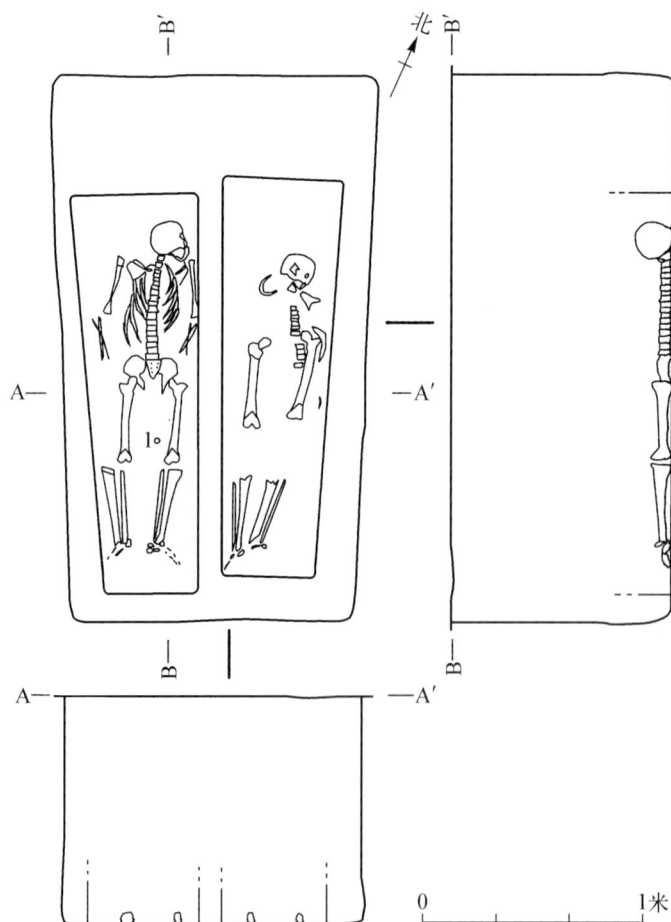

图一五六　M69平、剖面图

1.铜钱

天启通宝1枚。M69：1-2，圆形、方穿。正面有郭，铸"天启通宝"四字，楷书，对读；背面有郭，无字。直径2.61厘米、穿径0.55厘米、郭厚0.11厘米（图一五三，4）。

崇祯通宝1枚。M69：1-3，圆形、方穿。正面有郭，铸"崇祯通宝"四字，楷书，对读；背面有郭，无字。直径2.59厘米、穿径0.56厘米、郭厚0.11厘米（图一五三，5）。

M78　位于发掘区中部，东南邻M86、西南邻M85。南北向，方向为168°。墓口距地表深0.4米，墓底距地表深1.6米。墓圹南北长2.5～2.7米、东西宽2～2.2米、深1.2米（图一五七；彩版五八，3）。

棺木已朽。骨架保存均较差，头向西，面向上。东棺长1.8米、宽0.4～0.6米、残高0.2米。棺内人骨葬式、性别、年纪均不详。西棺长1.7米、宽0.5～0.6米、残高0.2米。棺内为老年男性，仰身直肢葬。内填花黏土，致密度较疏松。随葬品有崇祯通宝1枚。

M78：1，圆形、方穿。正面有郭，铸"崇祯通宝"四字，楷书，对读；背面有郭，无字。直径2.21厘米、穿径0.45厘米、郭厚0.08厘米（图一五三，6）。

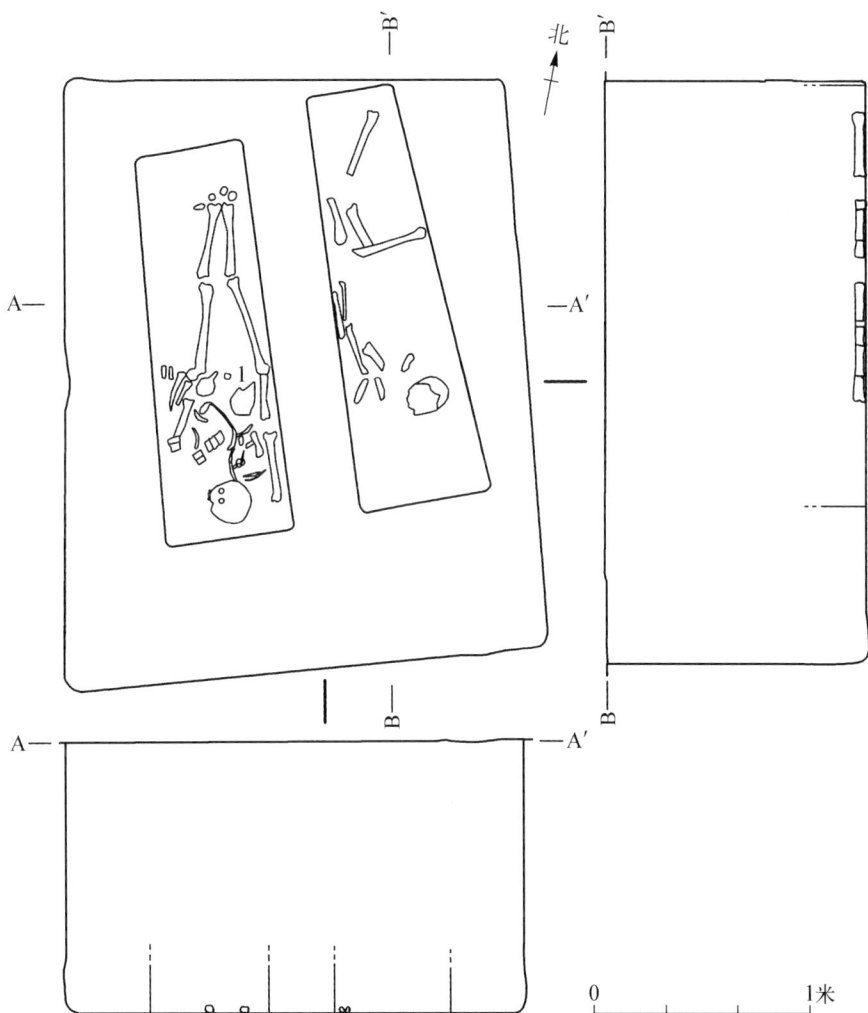

图一五七　M78平、剖面图

1. 铜钱

C型：平面呈不规则形，有M19、M50、M68、M82～M84、M91。

M19　位于发掘区中部，北邻M14。东西向，方向为275°。墓口距地表深0.6米，墓底距地表深1.2米。墓圹东西长2.4～2.8米、南北宽2.3米、深0.6米（图一五八；彩版五九，1）。

棺木已朽。骨架保存均较差，面向皆不详。南棺长1.8米、宽0.46～0.6米、残高0.25米。棺内为老年女性，仰身直肢葬，头向北。北棺长2米、宽0.46～6.8米、残高0.25米。棺内人骨仅余下肢骨，葬式、性别、年纪、头向、面向均不详。内填花黏土，致密度较疏松。未发现随葬品。

M50　位于发掘区中部，西邻M49、东邻M51、北邻M48。南北向，方向为340°。墓口距地表深0.4米，墓底距地表深1.2米。墓圹南北长2.5～3米、东西宽0.8～1.8米、深0.8米（图一五九；彩版五九，2）。

棺木已朽。骨架保存均较差，皆仰身直肢葬，头向北，面向上。东棺长1.9米、宽0.5～0.6米、残高0.3米。棺内为老年女性。西棺长2米、宽0.5～0.6米、残高0.3米。棺内为老年男性。西棺打破东棺。内填花黏土，致密度较疏松。未发现随葬品。

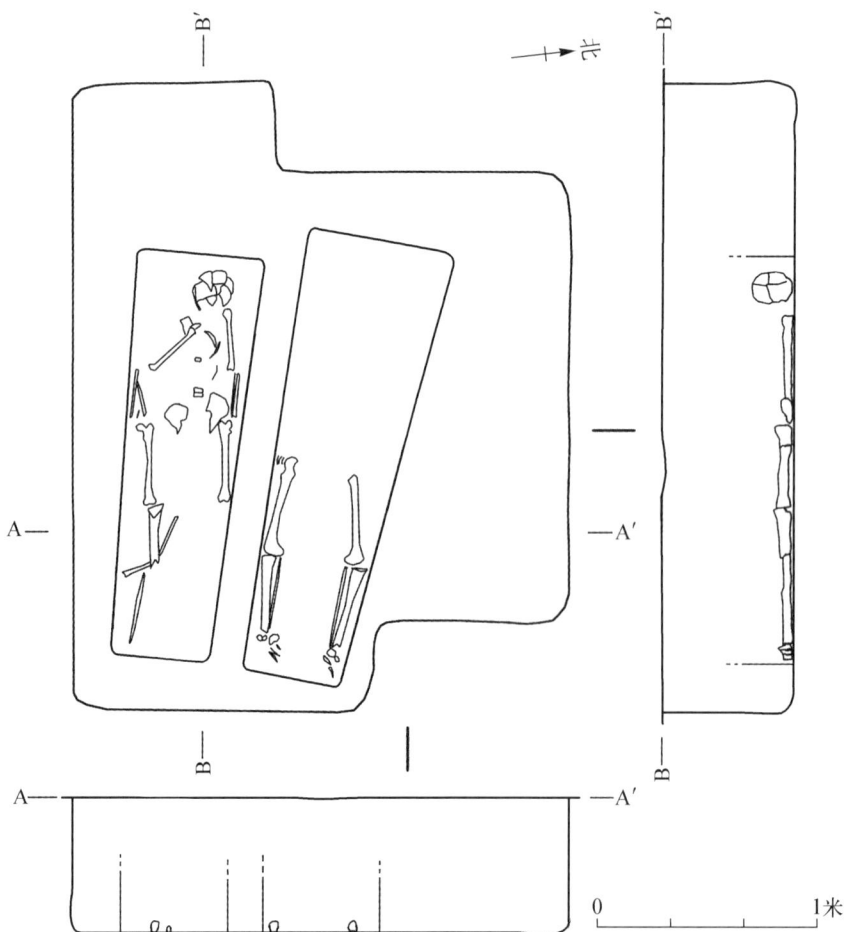

图一五八　M19平、剖面图

M68 位于发掘区中部,西邻M69、南邻M38。南北向,方向为310°。墓口距地表深0.5米,墓底距地表深1.3米。墓圹南北长2.2～2.7米、东西宽2.2米、深0.8米(图一六〇;彩版五九,3)。

棺木已朽。骨架保存均较差,皆仰身直肢葬,头向北。西棺长1.6米、宽0.46～0.56米、残高0.2米。棺内为老年女性,面向东。东棺长1.8米、宽0.48～0.56米、残高0.2米。棺内为老年男性,面向上。内填花黏土,致密度较疏松。未发现随葬品。

M82 位于发掘区中部,北邻M87、西邻M56、东邻M89,打破M83。南北向,方向为343°。墓口距地表深0.4米,墓底距地表深1.1米。墓圹南北长2.2～2.5米、东西宽1～1.8米、深0.7米(图一六一;彩版六〇,1)。

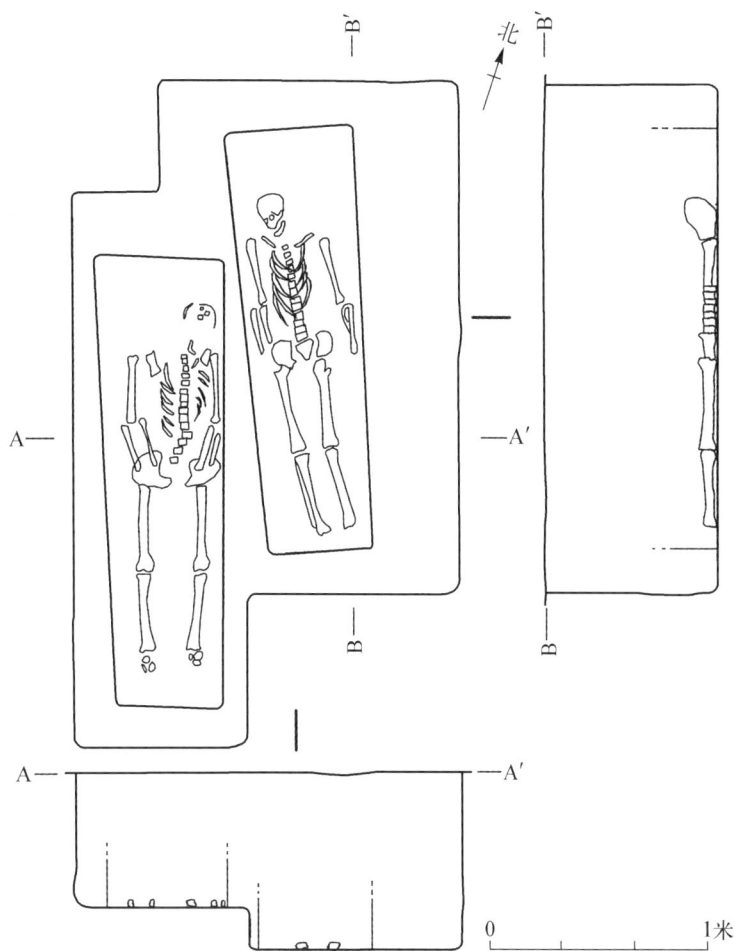

图一五九 M50平、剖面图

棺木已朽。骨架保存均较差,葬式、性别、年纪均不详,头向北。东棺长1.8米、宽0.4～0.56米、残高0.3米。棺内人骨面向东。西棺长1.7米、宽0.5～0.6米、残高0.3米。棺内人骨面向西。内填花黏土,较致密。随葬品有康熙通宝1枚。

M82:1,圆形、方穿。正面有郭,铸"康熙通宝"四字,楷书,对读;背面有郭,穿左右为满文"宝泉",纪局名。直径2.29厘米、穿径0.51厘米、郭厚0.11厘米(图一六二,1)。

M83 位于发掘区中部,打破M89,北部被M82打破。东西向,方向为295°。墓口距地表深0.5米,墓底距地表深1.4米。墓圹东西长2.3～2.9米、南北宽1.7米、深0.9米(图一六三;彩版六〇,2)。

棺木已朽。骨架保存均较差,皆仰身直肢葬,头向西,面向上。南棺长1.9米、宽0.46～0.6米、残高0.2米。棺内为老年女性。北棺长1.76米、宽0.46～0.6米、残高0.2米。棺内为老年男性。内填花黏土,致密度较疏松。随葬品有银耳环、铜簪、银簪、玉簪。

银簪1件。M83:4,首为禅杖形,由铜丝缠绕而成,分为六面,上套活环。中立一柱,顶端为葫芦状。颈端略粗,饰两道凸弦纹。体细长,为锥形。首宽2.6厘米、高3.4厘米、通长16.1厘米(图一六四,1;彩版七五,1)。

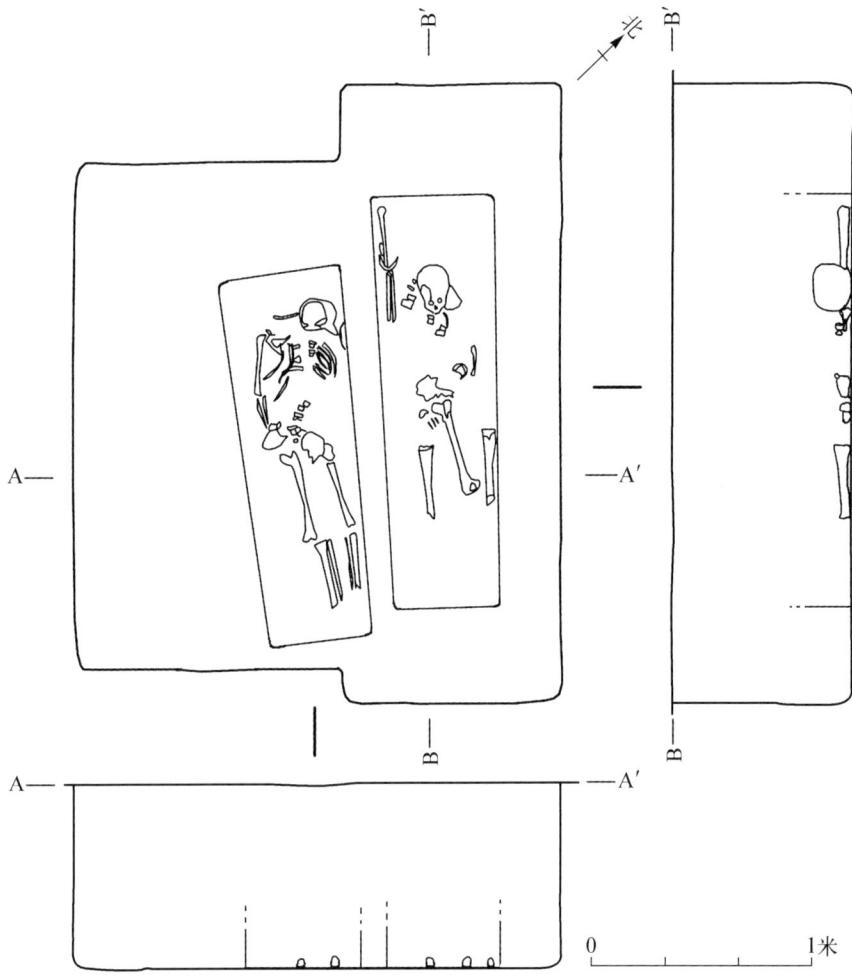

图一六〇　M68平、剖面图

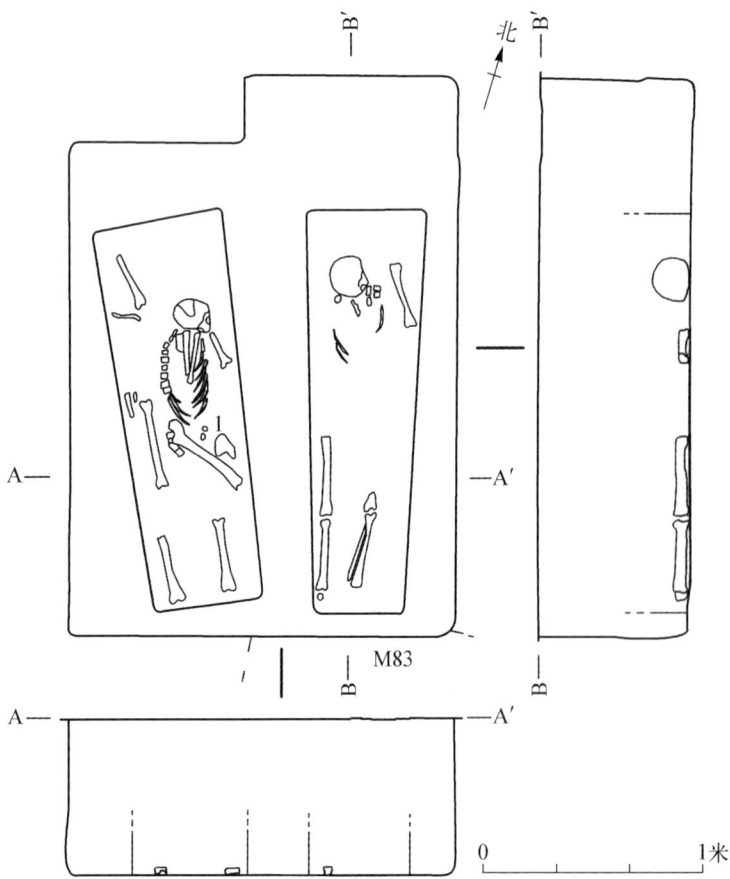

图一六一　M82平、剖面图

1. 铜钱

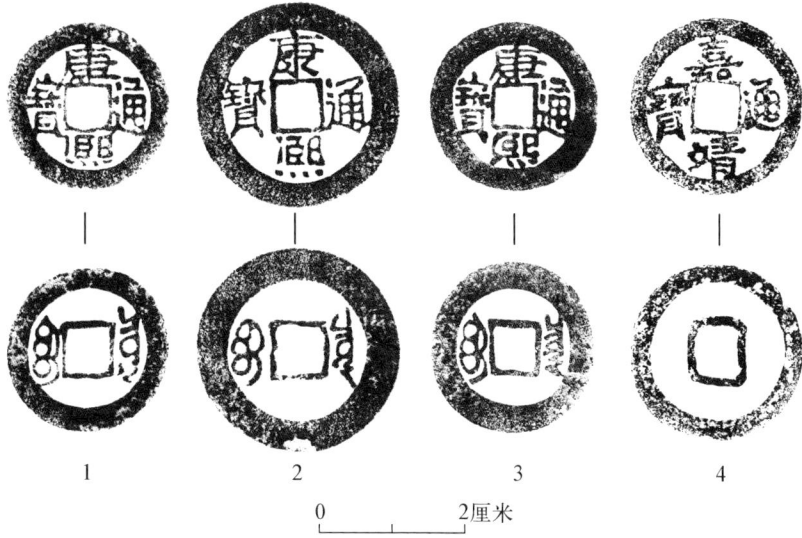

图一六二 双棺C型墓葬随葬铜钱

1～3.康熙通宝（M82:1、M84:1-1、M84:2-1） 4.嘉靖通宝（M91:1）

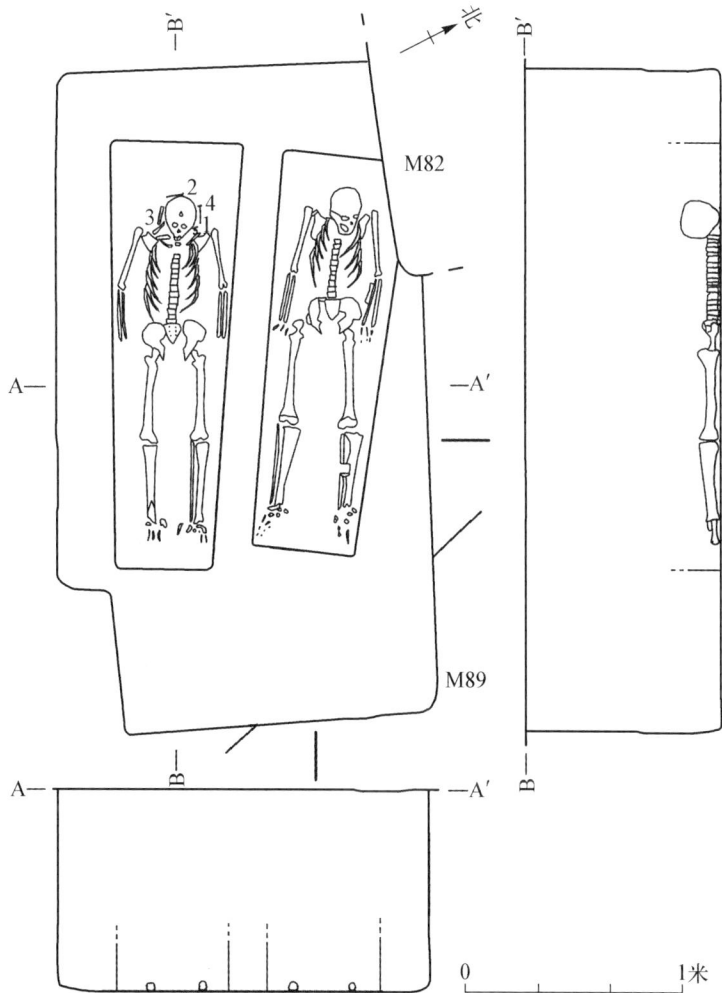

图一六三 M83平、剖面图

1.银耳环 2.铜簪 3.玉簪 4.银簪

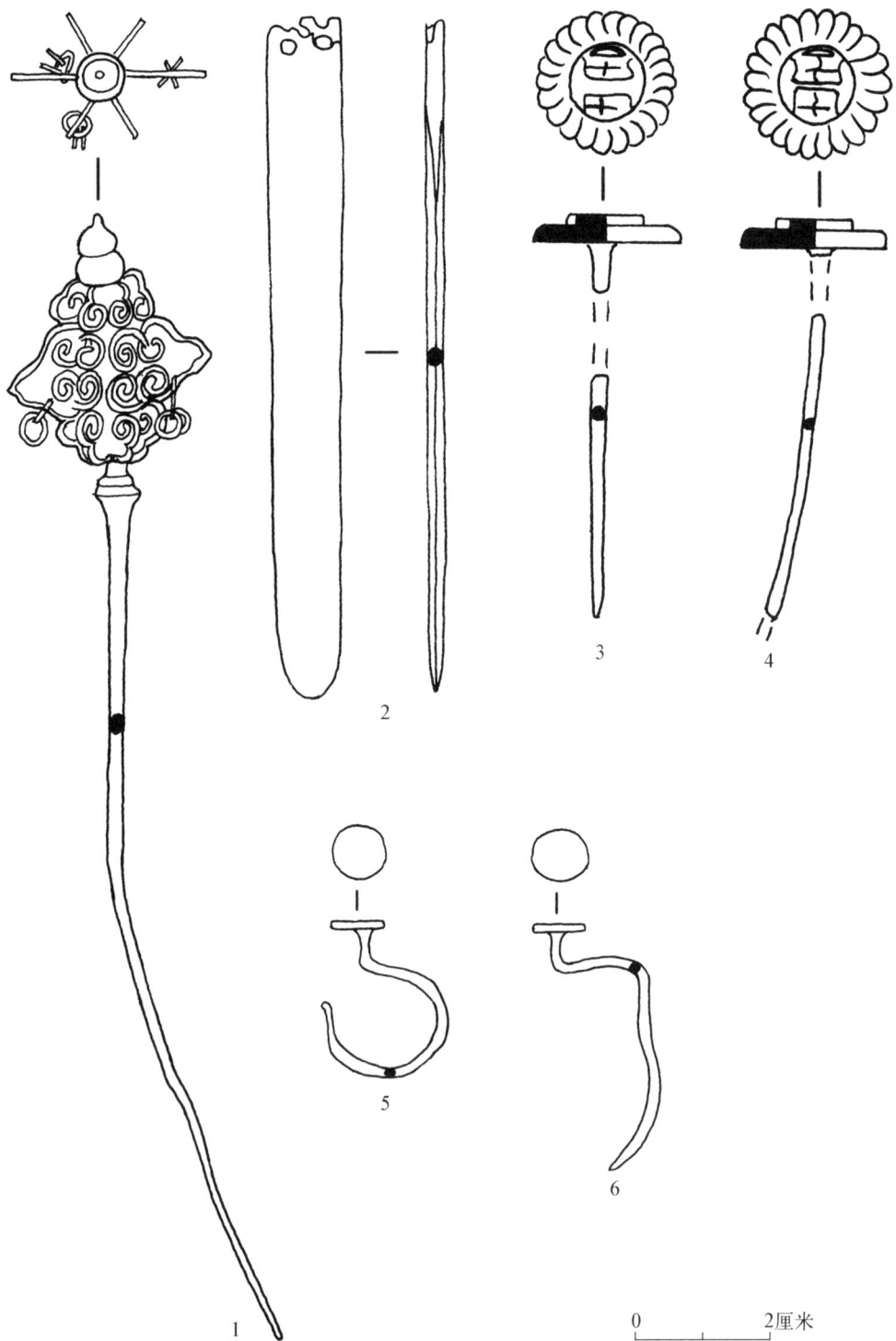

图一六四　M83随葬器物

1. 银簪（M83：4）　2. 玉簪（M83：3）　3、4. 铜簪（M83：2-1、M83：2-2）　5、6. 银耳环（M83：1-1、M83：1-2）

　　玉簪1件。M83：3，首残，顶端左右各有一穿孔。体扁平，尾圆弧。呈姜黄色。素面。宽1厘米、厚0.2厘米、残长9.6厘米（图一六四，2；彩版七五，2）。

　　铜簪2件。首均为葵圆形，截面为凸字形。中部为圆形凸起，内铸"寿"字，底托为花瓣形。M83：2-1，花瓣呈逆时针旋转，尾尖。首径1.1～2厘米、高4.5厘米、残长4.8厘米（图一六四，3；彩版七五，3）。M83：2-2，花瓣呈顺时针旋转，首径1.1～2.1厘米、高4.5厘米、残长5.3厘米（图一六四，4；彩版七五，4）。

　　银耳环2件，形制相同，大小不一。一端为圆饼状，一端尖细弯曲。M83：1-1，饼面直径0.8厘米，通长2.4厘米（图一六四，5；彩版七五，5）。M83：1-2，饼面直径0.81厘米，通长3.6厘米（图一六四，6；彩版七五，6）。

　　M84　位于发掘区中部，南邻M77、东邻M87，打破M85。南北向，方向为345°。墓口距地表深0.4米，墓底距地表深1.3～1.5米。墓圹南北长2.4～2.6米、东西宽0.9～2米、深0.9～1.1米（图一六五；彩版六〇，3）。

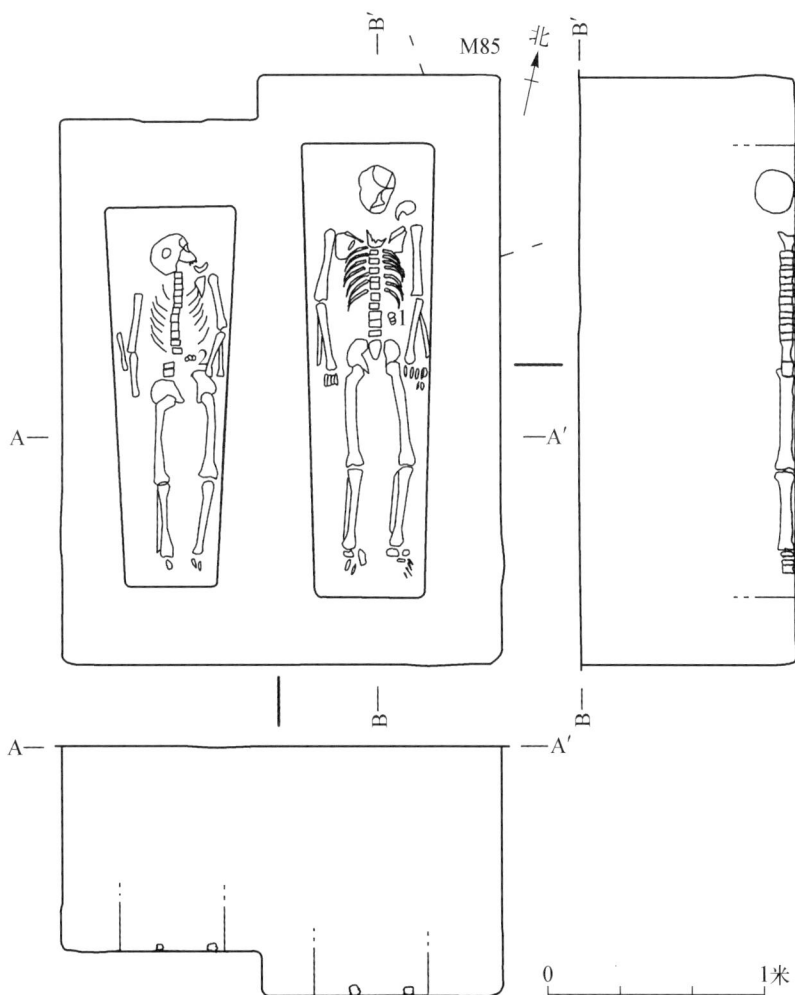

图一六五　M84平、剖面图

1、2. 铜钱

棺木已朽。皆仰身直肢葬，头向北，面向上。东棺长2米、宽0.5~0.6米、残高0.2米。棺内人骨保存较好，为老年男性。西棺长1.7米、宽0.4~0.6米、残高0.2米。棺内人骨保存较差，为老年女性。西棺打破东棺。内填花黏土，致密度较疏松。随葬品有康熙通宝4枚。

均圆形、方穿。正面有郭，铸"康熙通宝"四字，楷书，对读；背面有郭，穿左右为满文"宝泉"，纪局名。标本：M84：1-1，直径2.85厘米、穿径0.58厘米、郭厚0.11厘米（图一六二，2）。标本：M84：2-1，直径2.32厘米、穿径0.49厘米、郭厚0.12厘米（图一六二，3）。

M91　位于发掘区西北部，西北邻M90。南北向，方向为6°。北部有一直径0.86米、深0.87米的圆形盗洞。墓口距地表深0.4米，墓底距地表深1.3米。墓圹南北长2.3~2.5米、东西宽1.48~1.6米、深0.9米（图一六六；彩版六〇，4）。

棺木已朽。骨架保存均较差，头向北，葬式、性别、年纪、面向皆不详。西棺长1.76米、宽0.4~0.56米、残高0.2米。东棺长1.7米、宽0.44~0.58米、残高0.2米。内填花黏土，致密度较疏松。随葬品有嘉靖通宝1枚。

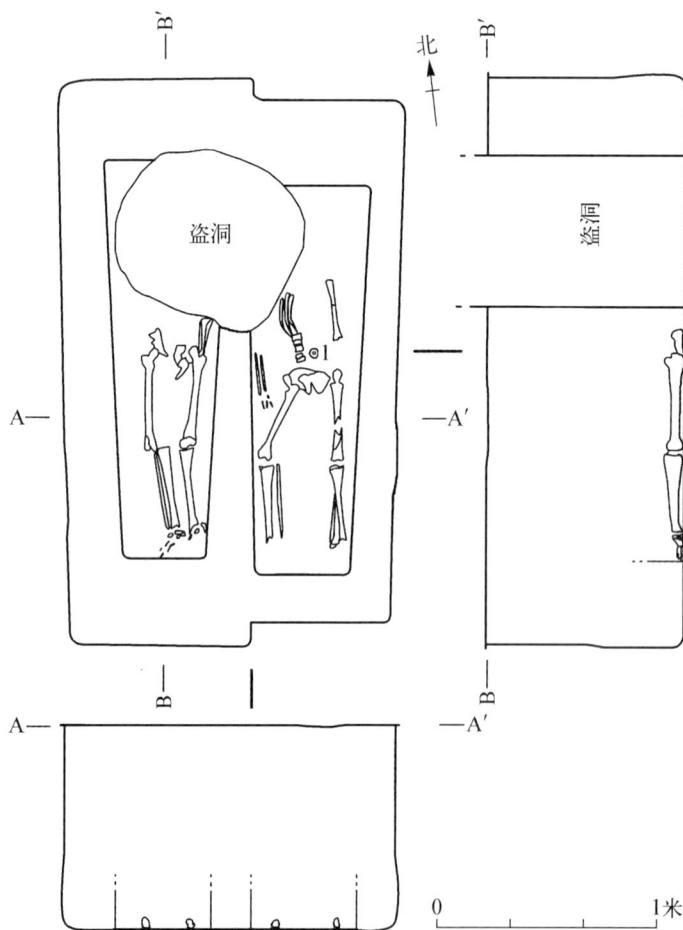

图一六六　M91平、剖面图

1. 铜钱

M91∶1，圆形、方穿。正面有郭，铸"嘉靖通宝"四字，楷书，对读；背面有郭，无字。直径2.45厘米、穿径0.59厘米、郭厚0.09厘米（图一六二，4）。

3.三棺墓

共5座，按平面形状分为两型。

A型：平面呈长方形，有M17、M89。

M17　位于发掘区东北部，北邻M18、东邻M6。南北向，方向为333°。墓口距地表深0.5米，墓底距地表深1.4～1.7米。墓圹南北长2.5米、东西宽2.3米、深0.9～1.2米（图一六七；彩版六一，1）。

棺木已朽。骨架保存均较差，头皆向北。西棺长1.75米、宽0.45～0.55米、残高0.2米。棺内为老年女性，仰身直肢葬，面向上。中棺长1.7米、宽0.52～0.6米、残高0.2米。棺内为老年女性，葬式不详，面向上。东棺长1.8米、宽0.52～0.6米、残高0.2米。棺内为老年男性，仰身直肢葬，面向东。内填花黏土，致密度较疏松。未发现随葬品。

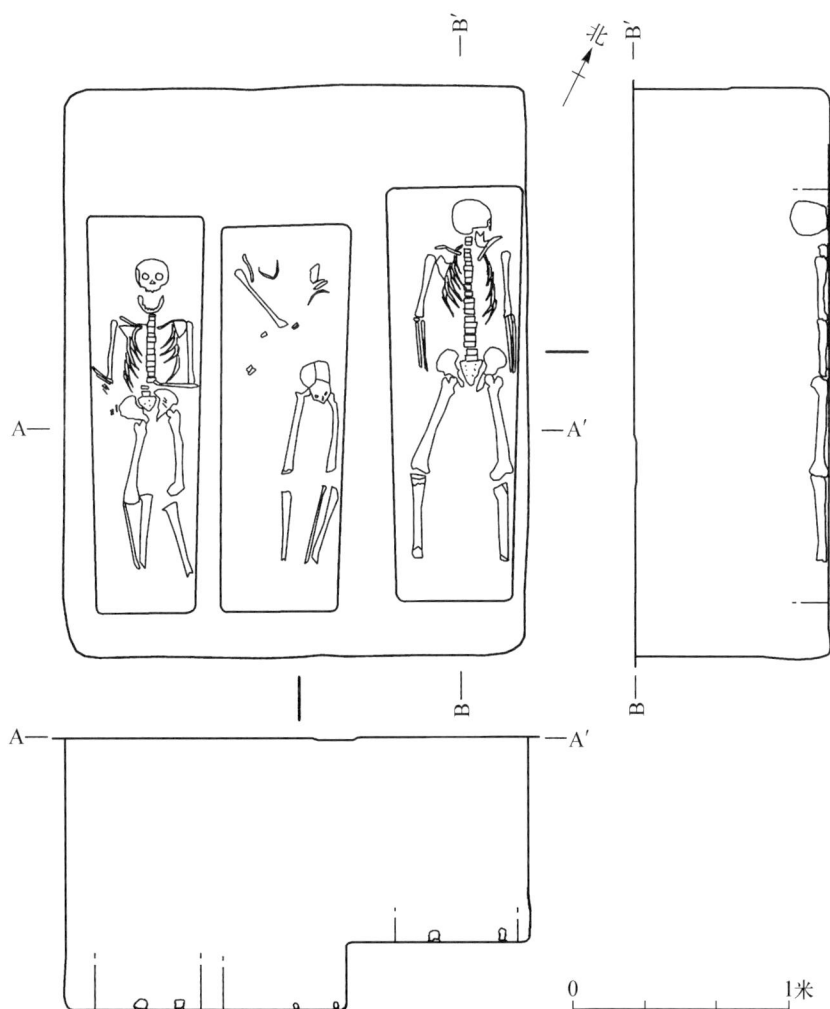

图一六七　M17平、剖面图

M89 位于发掘区中部,北邻M88、西邻M82,被M80、M83打破。南北向,方向为330°。墓口距地表深0.5米,墓底距地表深1.4米。墓圹南北长2.6米、东西宽2.6米、深0.9米(图一六八;彩版六一,2)。

棺木已朽。骨架保存均较差,头向北。东棺残长1.8米、宽0.52～0.6米、残高0.2米。棺内为老年女性,侧身屈肢葬,面向西。中棺长1.95米、宽0.45～0.6米、残高0.2米。棺内为老年女性,仰身直肢葬,面向不详。西棺长2米、宽0.52～0.62米、残高0.2米。棺内为老年男性,仰身直肢葬,面向东。内填花黏土,致密度较疏松。随葬品有铜钱、银耳勺。

银耳勺1件。M89:2,首作耳挖状,颈部饰五道凸弦纹。体弯曲,锥形。首高0.8厘米、宽0.6厘米、通长9.4厘米(图一六九,6;彩版七六,1)。

康熙通宝1枚。M89:1,圆形、方穿。正面有郭,铸"康熙通宝"四字,楷书,对读;背面有郭,字迹模糊,纪局名。直径2.63厘米、穿径0.55厘米、郭厚0.11厘米(图一六九,4)。

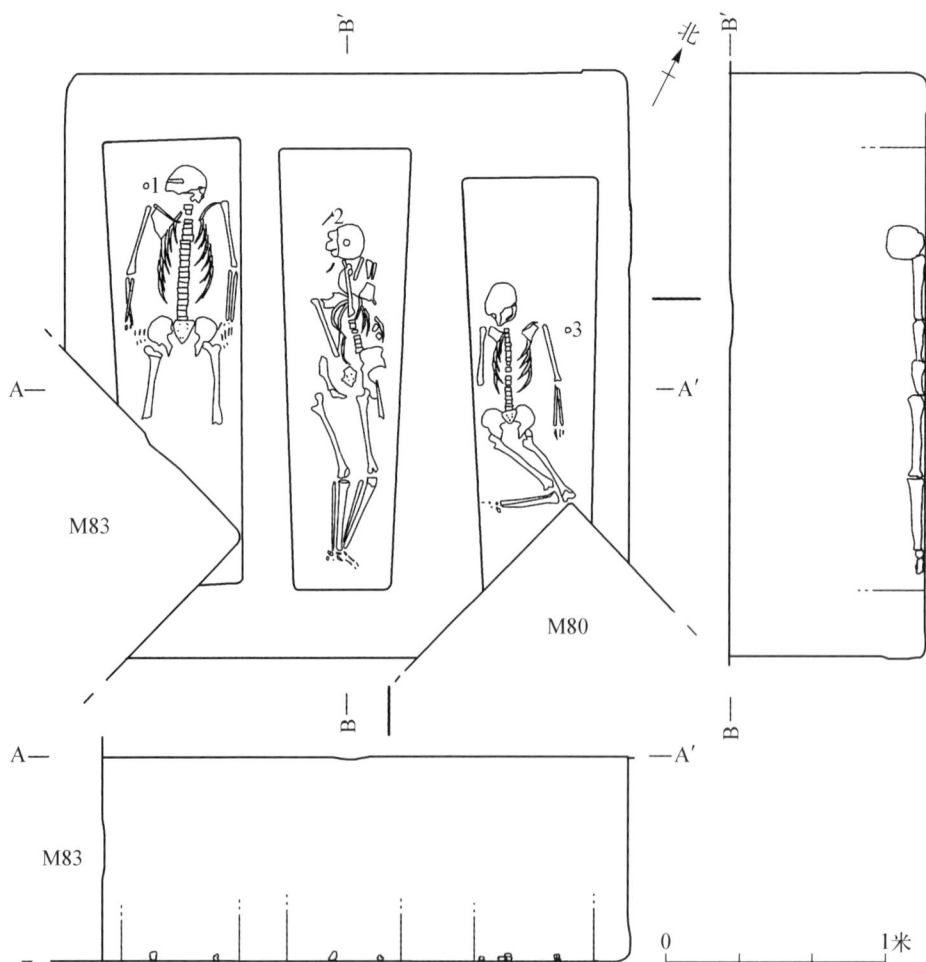

图一六八　M89平、剖面图

1、3.铜钱　2.银耳勺

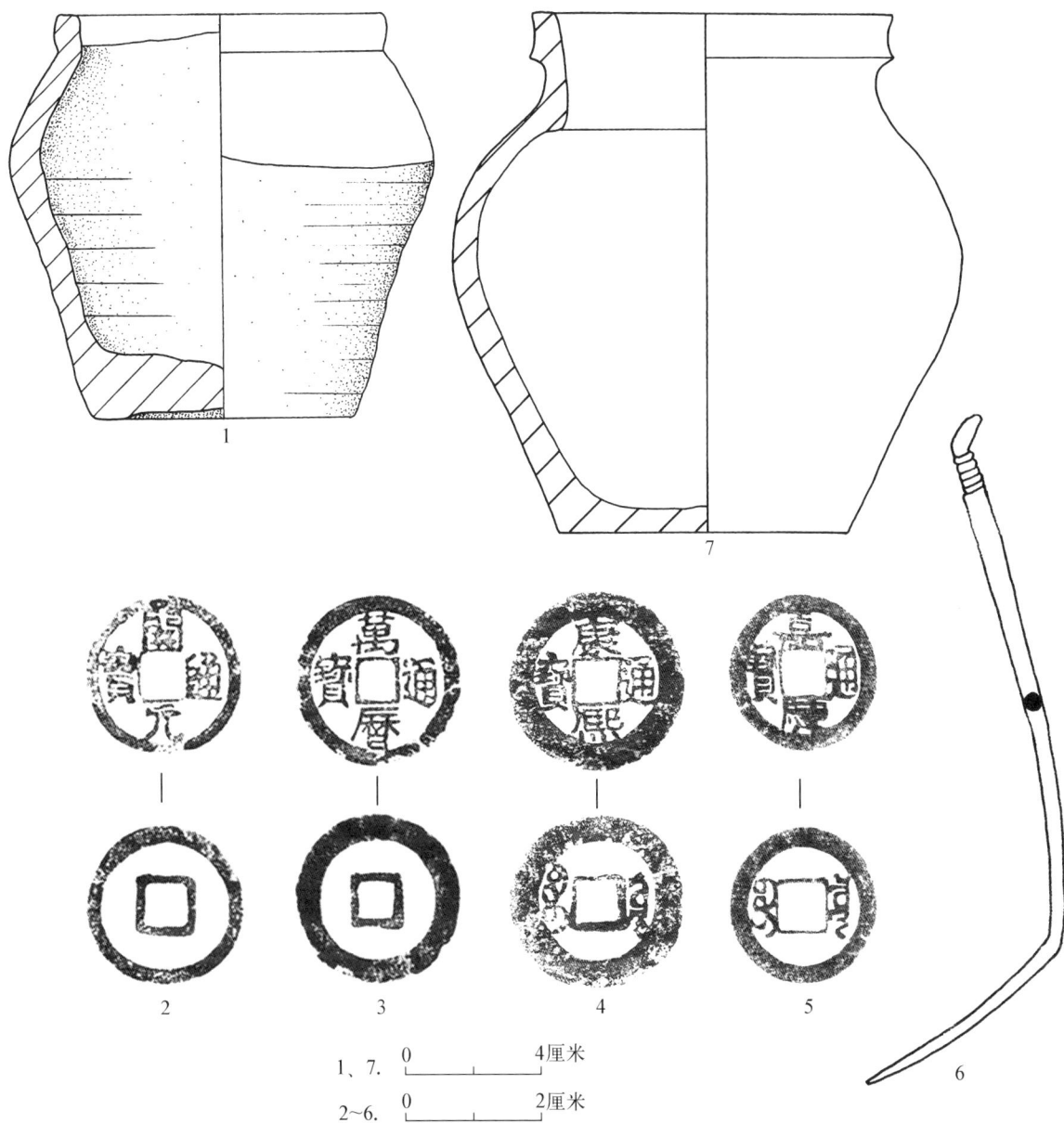

图一六九　三棺墓葬随葬器物

1.半釉罐（M25∶1）　2.开元通宝（M25∶2）　3.万历通宝（M25∶3）　4.康熙通宝（M89∶1）　5.嘉庆通宝（M89∶3）
6.银耳勺（M89∶2）　7.陶罐（M90∶1）

嘉庆通宝 1 枚。M89∶3，圆形、方穿。正面有郭，铸"嘉庆通宝"四字，楷书，对读；背面有郭，穿左右为满文"宝泉"，纪局名。直径 2.24 厘米、穿径 0.59 厘米、郭厚 0.12 厘米（图一六九，5）。

B 型：平面呈不规则形，有 M25、M48、M90。

M25　位于发掘区中部，南邻 M24、北邻 M26。东南部有一直径为 0.75 米、深 0.7 米的圆形盗洞。南北向，方向为 329°。墓口距地表深 0.5 米，墓底距地表深 1.55～1.75 米。墓圹南北长 2.3～2.5 米、东西宽 2.3～2.4 米、深 1.05～1.25 米（图一七〇；彩版六二，1）。

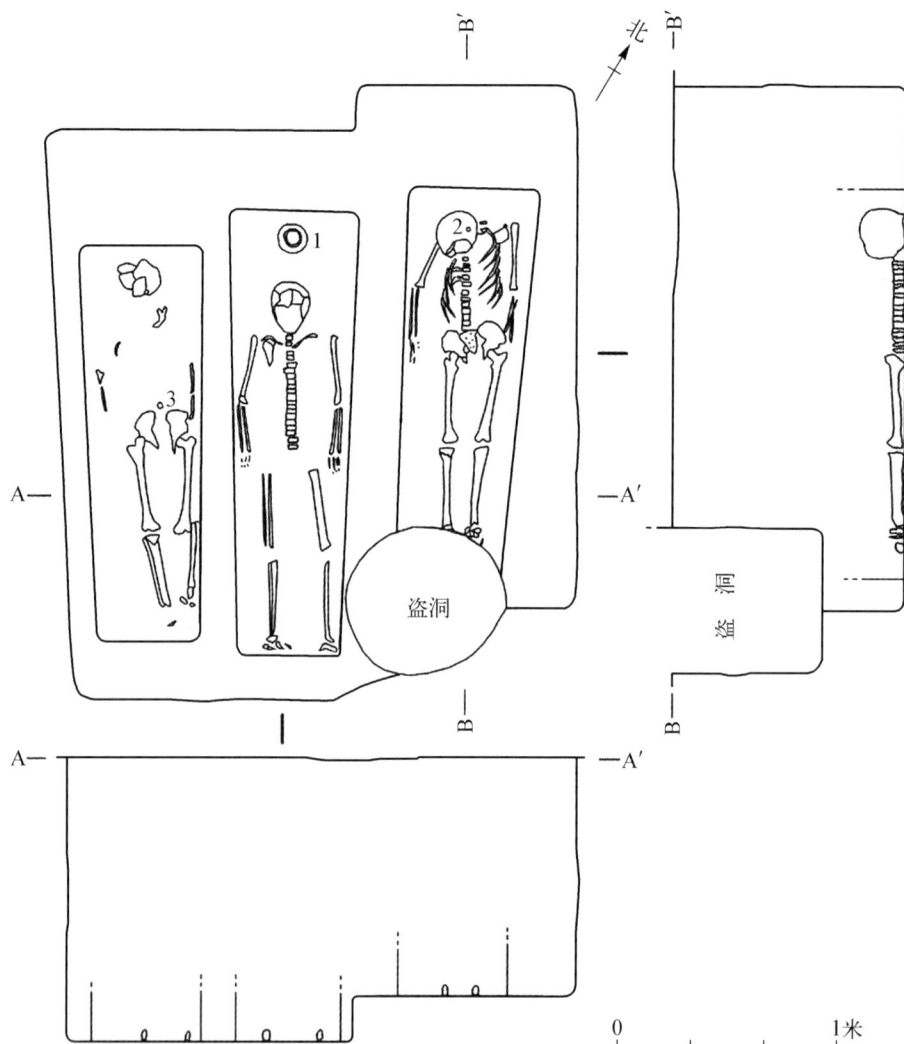

图一七〇　M25平、剖面图

1. 半釉罐　2、3. 铜钱

　　棺木已朽。骨架保存均较差,皆仰身直肢葬,头向北。西棺长1.75米、宽0.45～0.56米、残高0.2米。棺内为老年女性,面向不详。中棺长1.95米、宽0.48～0.6米、残高0.2米。棺内为老年男性,面向上。东棺长1.7米、宽0.46～0.6米、残高0.2米。棺内为老年女性,面向不详。内填花黏土,致密度较疏松。随葬品有半釉罐、铜钱。

　　半釉罐1件。M25:1,方圆唇、直口,肩部软折,弧腹,平底内凹。胎质较粗糙,内壁口沿及外壁上部施黄褐釉,外壁中下部、底部未施釉,露灰胎。素面。内壁有轮制痕迹。口径9.7厘米、肩径13厘米、底径7.7厘米、通高11.8厘米(图一六九,1;彩版七六,2、3)。

　　开元通宝1枚。M25:2,圆形、方穿。正面有郭,铸"开元通宝"四字,楷书,对读;背面有郭,无字。直径2.4厘米、穿径0.61厘米、郭厚0.11厘米(图一六九,2)。

　　万历通宝1枚。M25:3,圆形、方穿。正面有郭,铸"万历通宝"四字,楷书,对读;背面有郭,无字。直径2.55厘米、穿径0.5厘米、郭厚0.12厘米(图一六九,3)。

M48　位于发掘区中部,北邻M47、东邻M50、南邻M49。南北向,方向为309°。墓口距地表深0.5米,墓底距地表深1.3米。墓圹南北长2.2～2.4米、东西宽2～2.3米、深0.8米(图一七一;彩版六二,3)。

棺木已朽。骨架保存均较差,头向北。西棺长1.6米、宽0.48～0.58米、残高0.1米。棺内为老年男性,侧身屈肢葬,面向西。中棺长1.54米、宽0.4～0.5米、残高0.1米。棺内仅余头骨,葬式、性别、年纪、面向均不详。东棺长1.5米、宽0.36～0.46米、残高0.1米。棺内为老年女性,仰身直肢葬,面向不详。内填花黏土,致密度较疏松。未发现随葬品。

M90　位于发掘区西北部,东南邻M91。东北部有一直径0.66米的圆形盗洞。南北向,方向为347°。墓口距地表深0.4米,墓底距地表深1.4米。墓圹南北长2.5～2.9米、东西宽2.3～2.7米、深1米(图一七二;彩版六二,2)。

棺木已朽。骨架保存均较差。皆头向北,葬式、面向不详。西棺长1.88米、宽0.48～0.6米、残高0.2米。棺内为老年女性。中棺长2.1米、宽0.48～0.58米、残高0.2米、厚0.02米。棺内仅余数根下肢骨,性别、年纪均不详。东棺长1.7米、宽0.48～0.56米、残高0.2米。棺内为老年男性。内填花黏土,致密度较疏松。随葬品有陶罐1件。

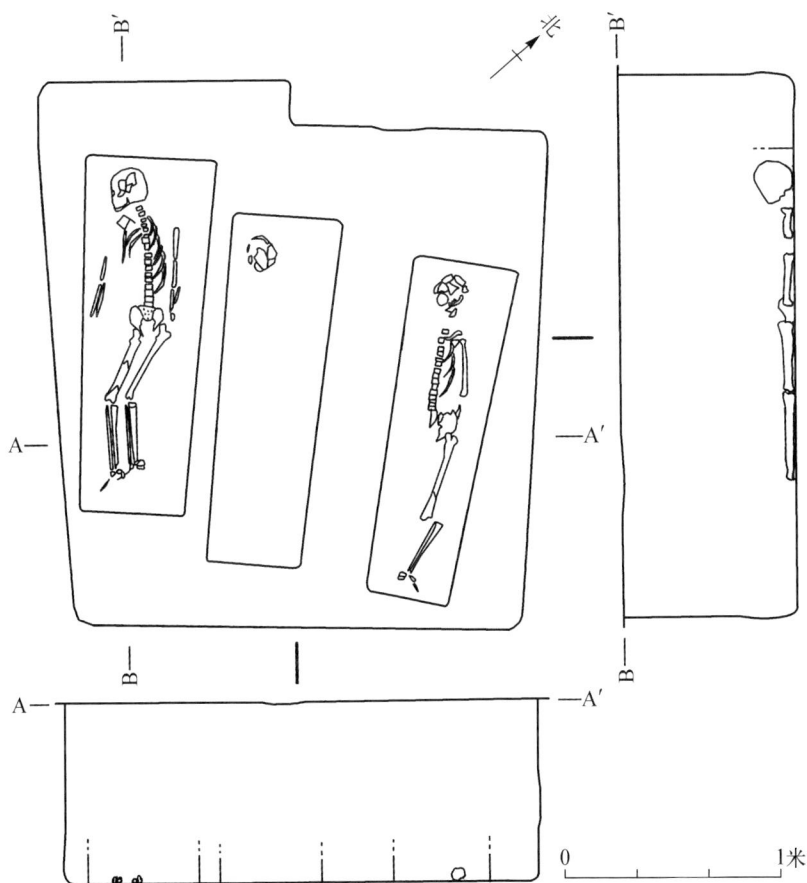

图一七一　M48平、剖面图

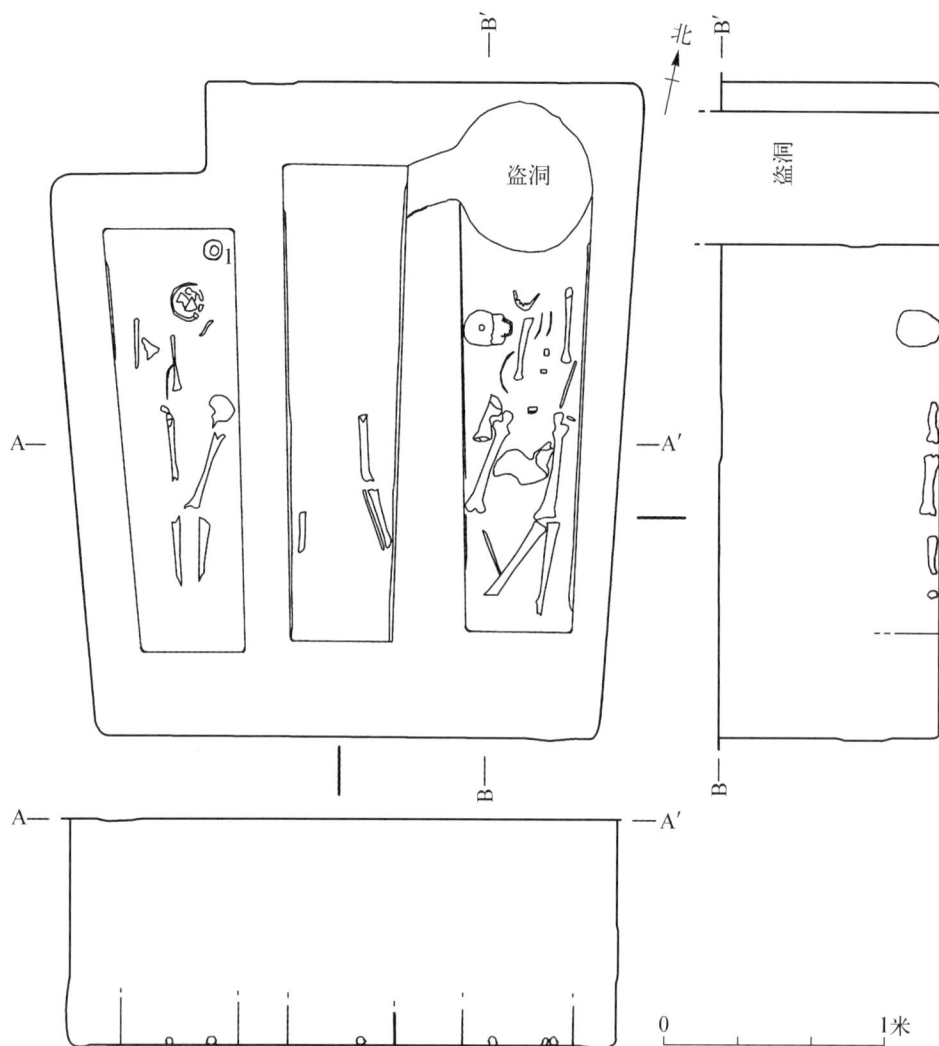

图一七二　M90平、剖面图

1.陶罐

M90:1,方唇、侈口,唇面有凹槽,束颈,溜肩,鼓腹弧收,平底。泥质灰陶,胎质较粗糙。素面。轮制。口径10.9厘米、肩径15厘米、底径8.8厘米、通高15.3厘米(图一六九,7;彩版七六,4、5)。

4. 搬迁墓

共14座,按平面形状分为两型。

A型:平面呈长方形,有M30、M39、M41、M42、M57、M59、M61、M62、M66、M79、M81、M88、M93。

M30　位于发掘区中部,西邻M29。南北向,方向为345°。墓口距地表深0.5米,墓底距地表深1.7米。墓圹南北长2.3米、东西宽0.9米、深1.2米(图一七三;彩版六三,1)。

棺木已朽。棺痕长1.8米、宽0.56~0.66米、残高0.2米。内填花黏土,致密度较疏松。未发现人骨及随葬品。

M39　位于发掘区中部，M54的东部。南北向，方向为41°。墓口距地表深0.4米，墓底距地表深1.4米。墓圹南北长2.4米、东西宽1米、深1米（图一七四；彩版六三，2）。

棺木已朽。棺痕长1.7米、宽0.5～0.6米、残高0.2米。内填花黏土，致密度较疏松。未发现人骨及随葬品。

M41　位于发掘区中部，东邻M40，打破M42。南北向，方向为32°。墓口距地表深0.5米，墓底距地表深0.9米。墓圹南北长2米、东西宽0.9米、深0.4米（图一七五；彩版六三，3）。

内填花黏土，致密度较疏松。未发现葬具、人骨及随葬品。

M42　位于发掘区中部，北邻M43、西邻M53，被M41打破。南北向，方向为325°。墓口距地表深0.5米，墓底距地表深1.8米。墓圹南北长2.3米、东西宽1米、深1.3米（图一七六；彩版六三，四）。

棺木已朽。棺痕残长1.8米、宽0.4～0.58米、残高0.3米。内填花黏土，致密度较疏松。未发现人骨及随葬品。

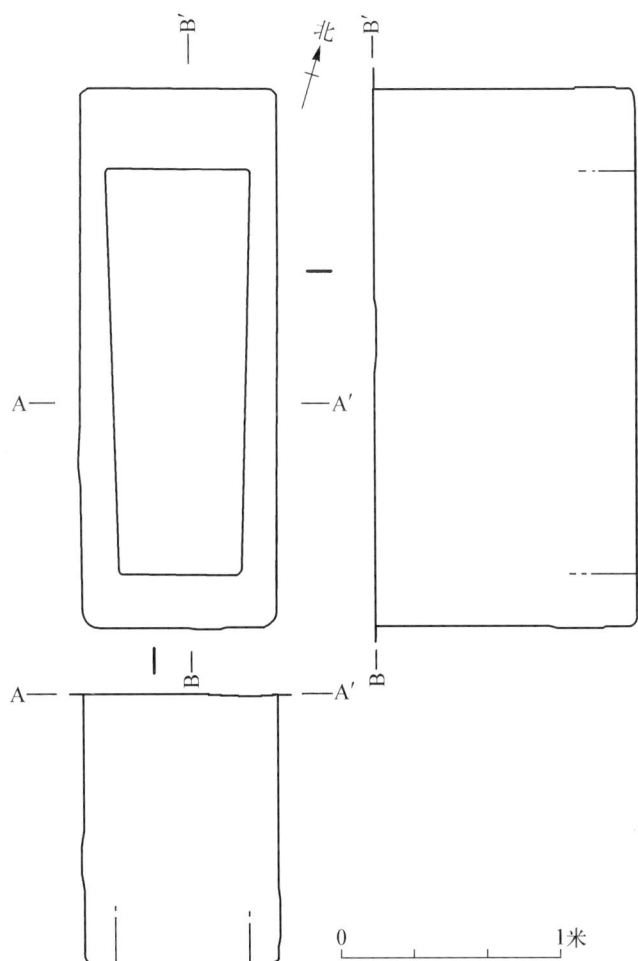

图一七三　M30平、剖面图

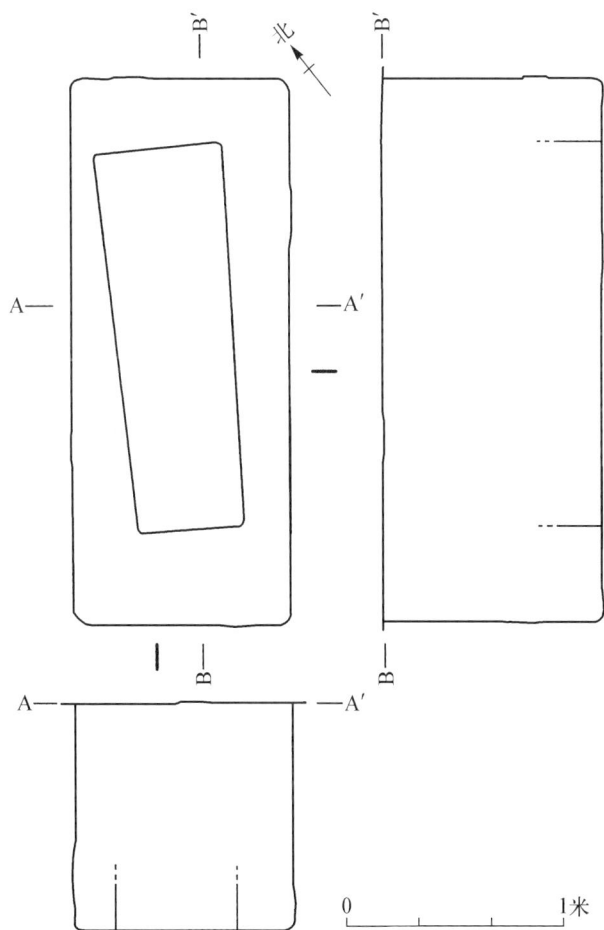

图一七四　M39平、剖面图

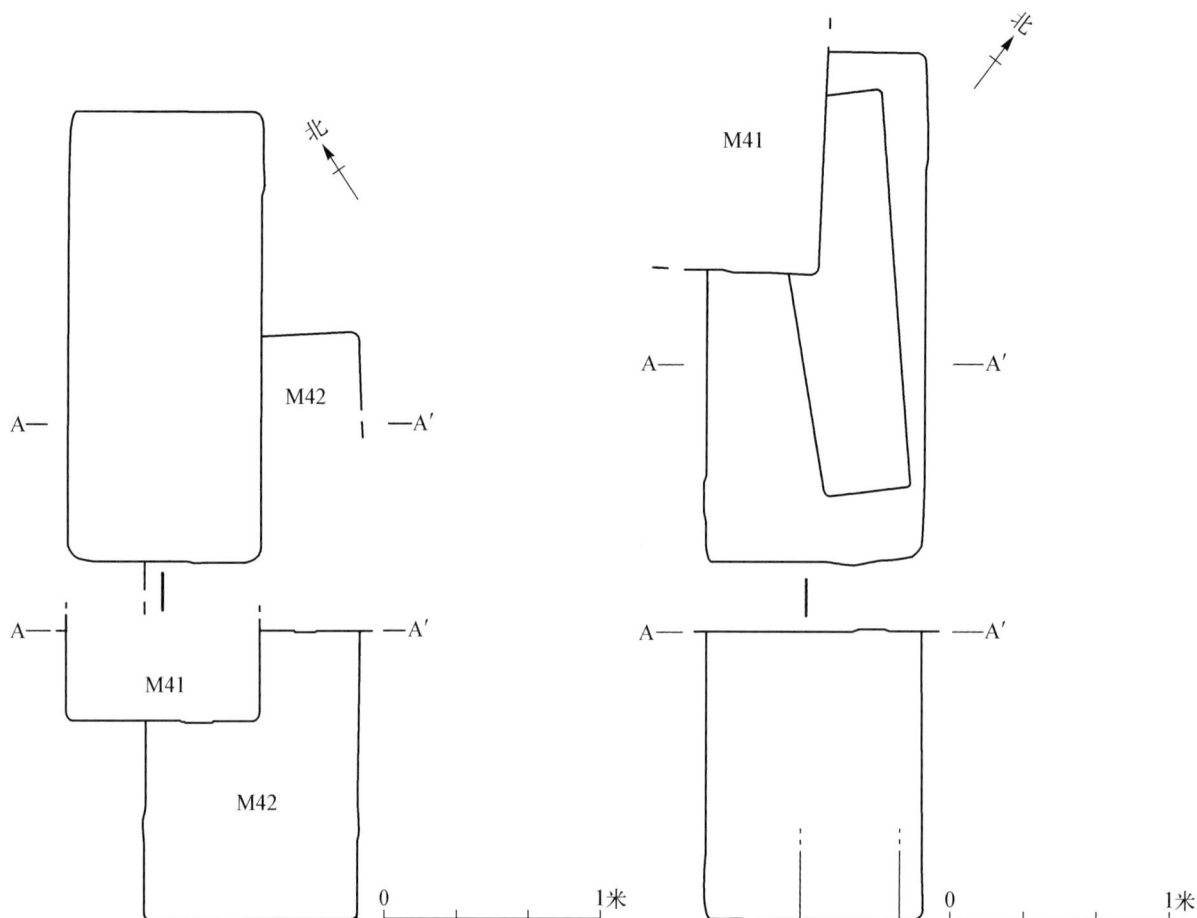

图一七五　M41平、剖面图

图一七六　M42平、剖面图

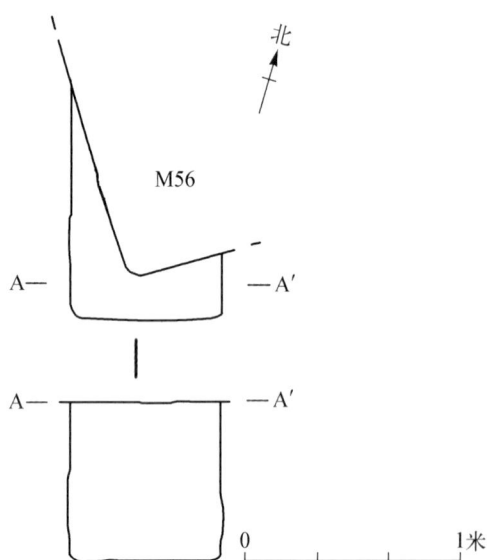

图一七七　M57平、剖面图

M57　位于发掘区中部，西邻M58，被M56打破。南北向，方向为344°。墓口距地表深0.5米，墓底距地表深1.2米。墓圹南北残长1米、东西宽0.7米、深0.7米（图一七七；彩版六四，1）。

内填花黏土，致密度较疏松。未发现葬具、人骨及随葬品。

M59　位于发掘区中部，北邻M77、西邻M62、南邻M55，东南部被M58打破。南北向，方向为17°。墓口距地表深0.4米，墓底距地表深1.4米。墓圹南北长2.5米、东西宽0.9米、深1米（图一七八；彩版六四，2）。

棺木已朽。棺痕长1.6米、宽0.4～0.6米、残高0.2米。内填花黏土，致密度较疏松。未发现人骨和随葬品。

M61　位于发掘区中部，西邻 M86、南邻 M89。南北向，方向为 351°。墓口距地表深 0.4 米，墓底距地表深 1.2 米。墓圹南北长 2.4 米、东西宽 0.4 米、深 0.8 米（图一七九；彩版六四，3）。

棺木已朽。棺痕长 1.8 米、宽 0.4～0.6 米、残高 0.2 米。内填花黏土，致密度较疏松。未发现人骨及随葬品。

M62　位于发掘区中部，南邻 M79、东邻 M55，东南部被一现代坑打破。南北向，方向为 345°。墓口距地表深 0.4 米，墓底距地表深 1.4 米。墓圹南北长 2.4 米、东西宽 1 米、深 1 米（图一八〇；彩版六四，4）。

棺木已朽。棺痕长 1.7 米、宽 0.4～0.6 米、残高 0.3 米。内填花黏土，致密度较疏松。未发现人骨及随葬品。

M66　位于发掘区中部，打破 M65、M67。南北向，方向为 320°。墓口距地表深 0.5 米，墓底距地表深 1.2 米。墓圹南北长 1.9 米、东西宽 0.9 米、深 0.7 米（图一八一；彩版六五，1）。

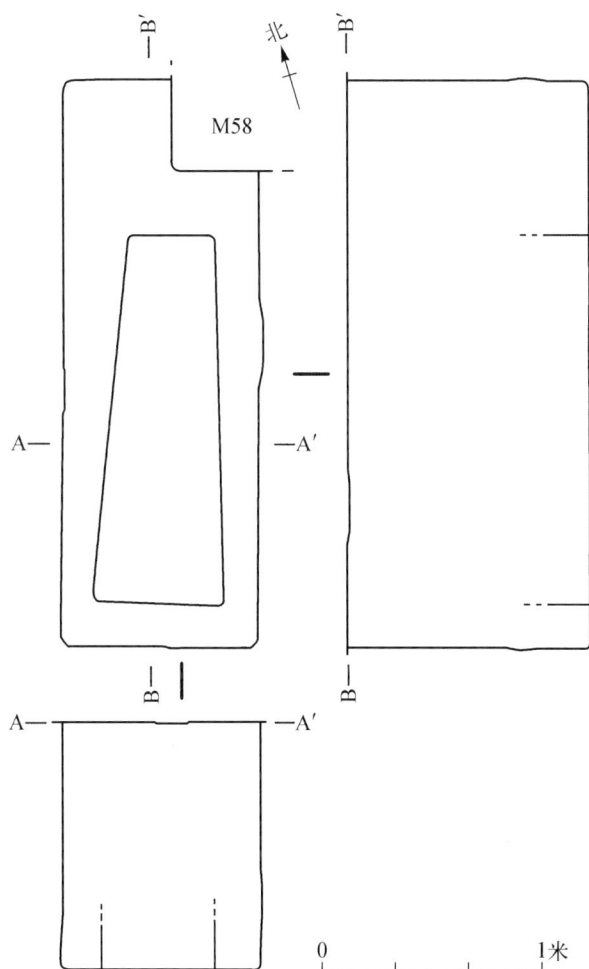

图一七八　M59 平、剖面图

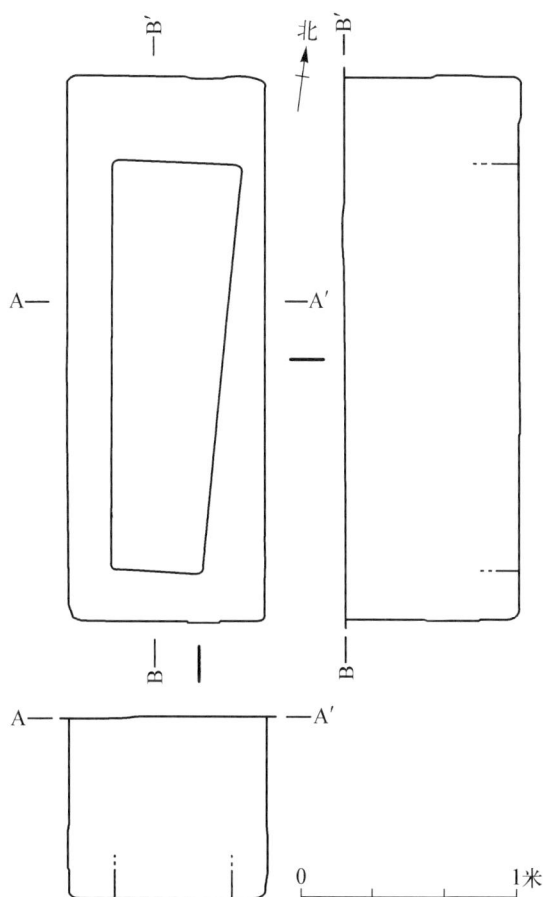

图一七九　M61 平、剖面图

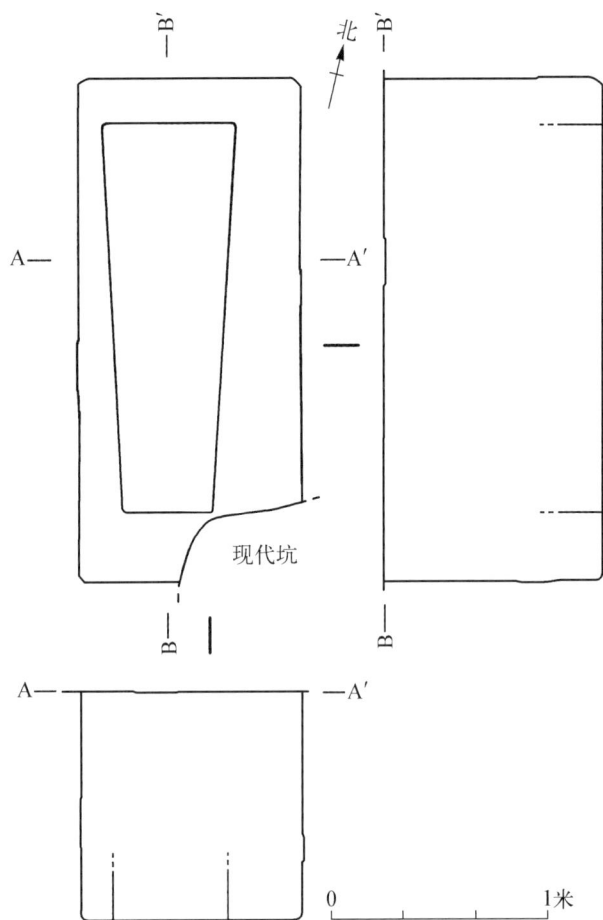

图一八〇　M62平、剖面图

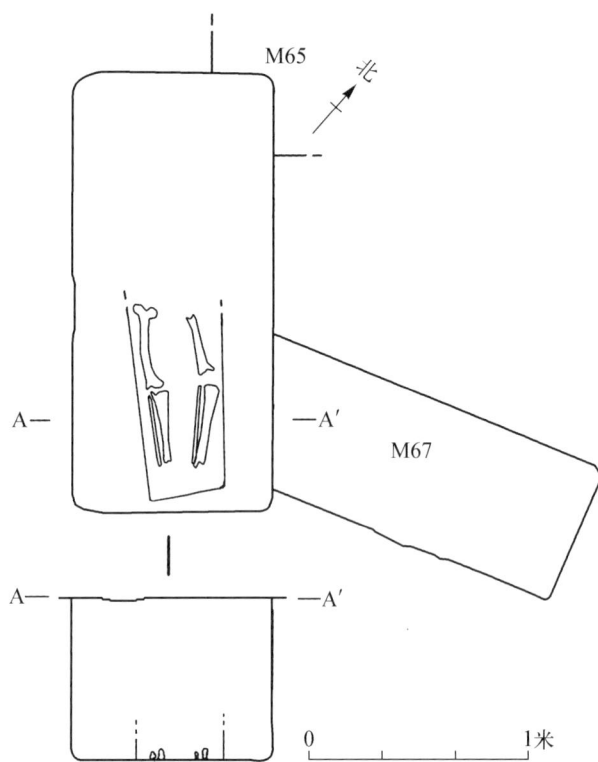

图一八一　M66平、剖面图

　　棺木已朽。棺痕残长0.9米、宽0.34～0.4米、残高0.1米。棺内仅余数根下肢骨。内填花黏土,致密度较疏松。未发现随葬品。

　　M79　位于发掘区中部,北邻M62,东部被一现代坑打破。东西向,方向为300°。墓口距地表深0.5米,墓底距地表深1.1米。墓圹南北残长1.4米、东西宽1米、深0.6米(图一八二;彩版六五,2)。

　　棺木已朽。棺痕残长0.65米、宽0.5～0.54米、残高0.13米。棺内仅残存下肢骨。内填花黏土,致密度较疏松。未发现随葬品。

　　M81　位于发掘区中部,西邻M89,北部被M80打破。南北向,方向为325°。墓口距地表深0.5米,墓底距地表深1米。墓圹南北长2.3米、东西宽1米、深0.5米(图一八三;彩版六五,3)。

　　内填花黏土,致密度较疏松。未发现葬具、人骨及随葬品。

　　M88　位于发掘区中部,南邻M89、北邻M86,打破M87东部。南北向,方向为320°。墓口距地表深0.5米,墓底距地表深1.5米。墓圹南北长2米、东西宽0.8米、深1米(图一八四;彩版六五,4)。

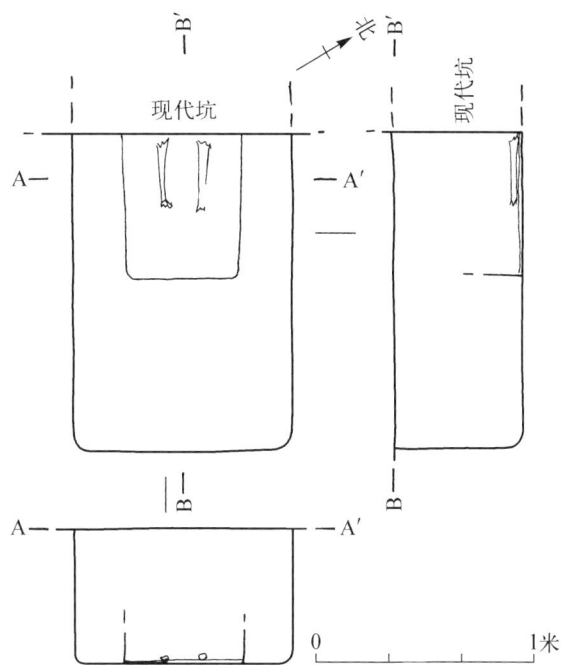

图一八二　M79 平、剖面图

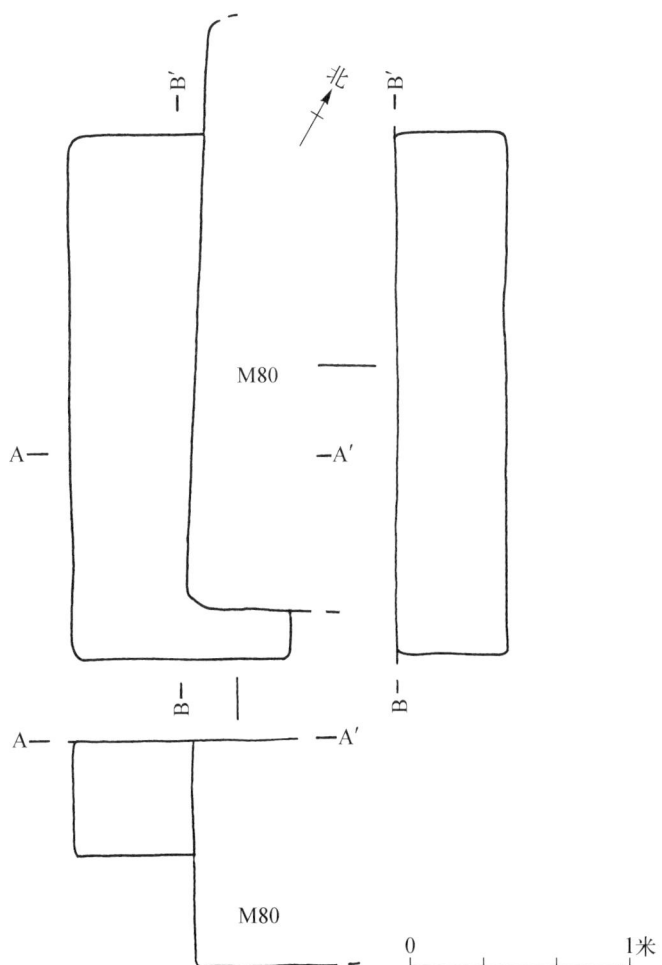

图一八三　M81 平、剖面图

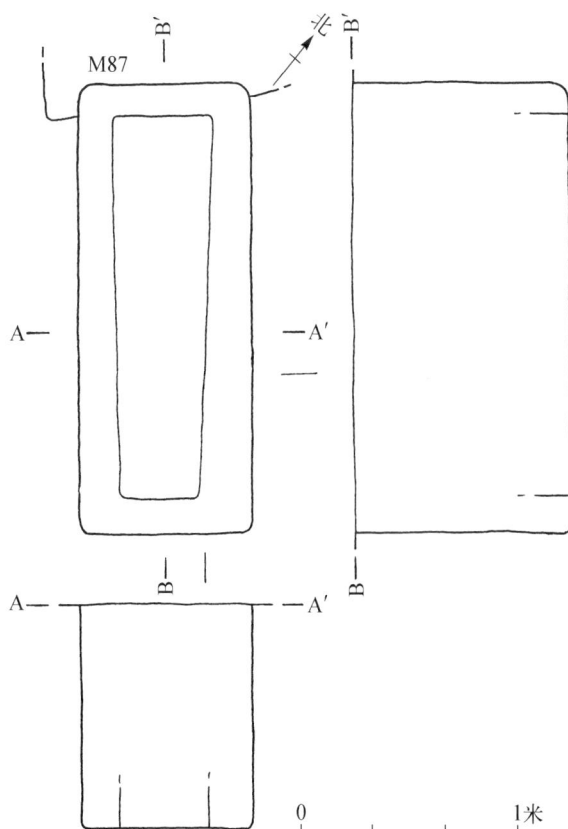

图一八四　M88 平、剖面图

棺木已朽。棺痕长1.7米、宽0.38～0.48米、残高0.2米。内填花黏土,致密度较疏松。未发现人骨及随葬品。

M93　位于发掘区北部,M91的东部。西北部有一直径1.3米的圆形盗洞。南北向,方向为300°。墓口距地表深0.4米,墓底距地表深1.2米。墓圹南北长2.3米、东西宽1.6米、深0.8米(图一八五;彩版六六,1)。

棺木已朽。北棺长1.7米、宽0.48～0.6米、残高0.3米、厚0.04米。棺内仅余数根下肢骨。头向北,葬式、性别、年纪、面向均不详。南棺长1.8米、宽0.48～0.5米、残高0.25米。棺内仅余1根肢骨。内填花黏土,致密度较疏松。随葬品有铜钱5枚。

宽永通宝1枚。M93:1-1,圆形、方穿。正面有郭,铸"宽永通宝"四字,楷书,对读;背面有郭,无字。直径2.45厘米、穿径0.63厘米、郭厚0.1厘米(图一八六,1)。

乾隆通宝1枚。M93:1-2,圆形、方穿。正面有郭,铸"乾隆通宝"四字,楷书,对读;背面有郭,穿左右为满文"宝浙",纪局名。直径2.43厘米、穿径0.58厘米、郭厚0.12厘米(图一八六,2)。

道光通宝2枚。均圆形、方穿。正面有郭,铸"道光通宝"四字,楷书,对读;背面有郭,穿左右为满文"宝泉",纪局名。M93:1-3,直径2.19厘米、穿径0.57厘米、郭厚0.12厘米(图一八六,

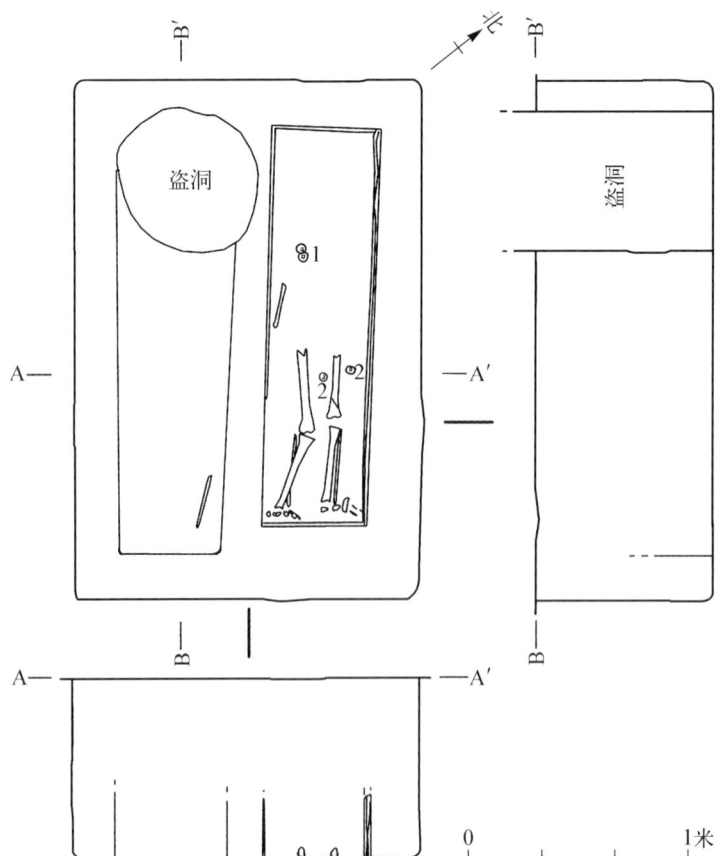

图一八五　M93平、剖面图

1、2.铜钱

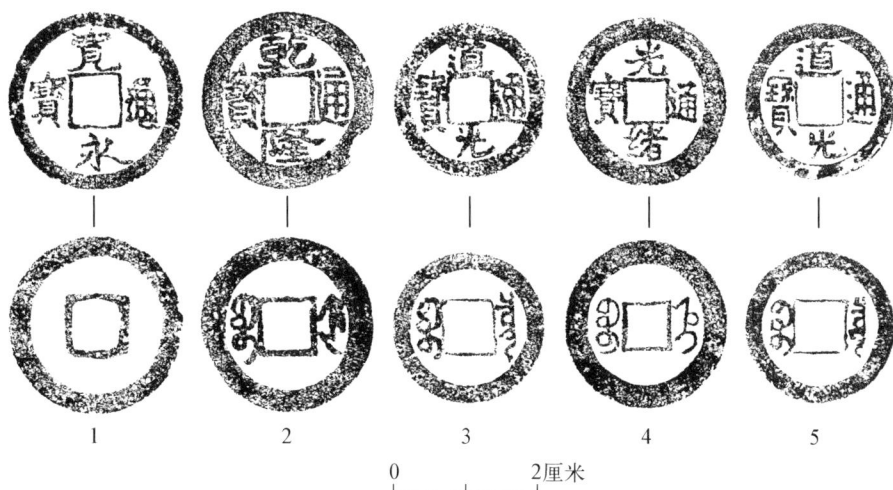

图一八六　M93 随葬铜钱

1. 宽永通宝（M93∶1-1）　2. 乾隆通宝（M93∶1-2）　3、5. 道光通宝（M93∶1-3、M93∶2）　4. 光绪通宝（M93∶1-4）

3）。M93∶2，直径 2.22 厘米、穿径 0.51 厘米、郭厚 0.17 厘米（图一八六，5）。

　　光绪通宝 1 枚。M93∶1-4，圆形、方穿。正面有郭，铸"光绪通宝"四字，楷书，对读；背面有郭，穿左右为满文"宝直"，纪局名。直径 2.35 厘米、穿径 0.48 厘米、郭厚 0.11 厘米（图一八六，4）。

　　B 型：平面呈梯形。

　　M29　位于发掘区中部，西邻 M36、东邻 M30。西部有一直径 0.9 米、深 0.9 米的圆形盗洞。东西向，方向为 294°。墓口距地表深 0.5 米，墓底距地表深 1.4 米。墓圹东西长 2.5 米、南北宽 0.9～1.1 米、深 0.9 米（图一八七；彩版六六，2）。

　　内填花黏土，致密度较疏松。未发现葬具、人骨及随葬品。

　　5. 砖室墓

　　M7　位于发掘区东北部，M17 的南部。南北向，方向为 180°。平面呈长方形。墓口距地表深 0.5 米，墓底距地表深 1 米。墓圹南北长 1.6 米、东西宽 1 米、深 0.5 米（图一八八；彩版六六，3）。

　　墓顶用一层青砖铺盖，墓底铺一层青砖，四周用一层侧立砖围成长方形墓室。墓室长 1 米、宽 0.34 米、高 0.2 米。用砖规格为 0.34×

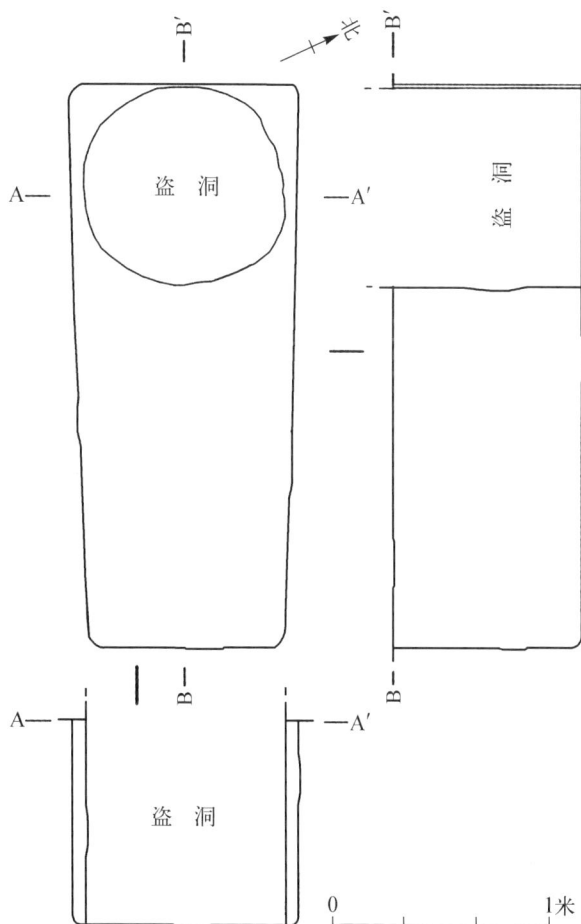

图一八七　M29 平、剖面图

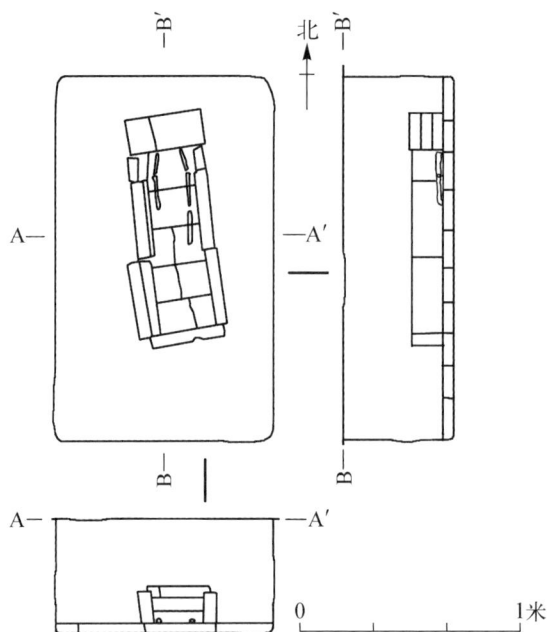

图一八八　M7平、剖面图

0.17×0.05米。墓室北侧底部残存数根肢骨。内填花黏土,致密度较疏松。未发现葬具、随葬品。

6. 瓮棺墓

M8　位于发掘区东部,南邻M9。南北向,方向为0°。平面呈长方形。墓口距地表深0.5米,墓底距地表深0.9米。墓圹南北长1.2米、东西宽1米、深0.4米(图一八九;彩版六六,4)。

内置瓷瓮1件,瓮上口用残砖封堵,底部有少许骨殖。瓮腹径为0.4米,底稍向内收,底径为0.3米,残高为0.2米。瓮的周围用残砖平砌加固。用砖规格为0.34×0.17×0.05米。内填花黏土,致密度较疏松。未发现随葬品。

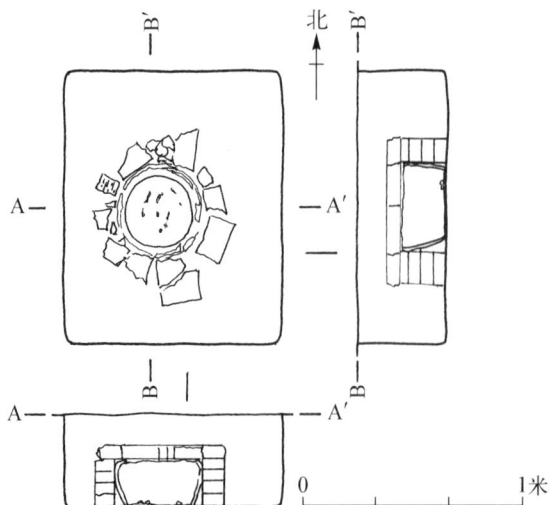

图一八九　M8平、剖面图

单位：米

附表一　墓葬登记表

墓号	方向	墓口（长×宽×深）	墓底（长×宽×深）	深度	棺数/墓室	葬式	人骨保存情况	头向及面向	性别与年纪	随葬品	年代	备注
M1	187°	1.9×1×0.3	1.9×1×1.2	0.9	双棺	皆仰身直肢葬	均较差	皆头向北，面面向上	西棺老年女性；东棺老年男性	半釉罐1	清	
M2	8°	2.3×0.9×0.3	2.3×0.9×1.1	0.8	单棺	仰身直肢葬	较差	头向北，面向西	老年男性	玉烟嘴1	清	
M3	343°	9.2×3.96×0.6	9.2×3.96×2.4	1.8	单室	无	无	无	无	瓷瓶1、瓷碗4、陶鼎1、陶器残件2、陶罐盖3、陶罐1、陶盆1、陶钵1	辽	
M4	350°	4.3×（0.72~2.4）×0.3	4.3×（0.72~2.4）×0.94	0.64	单室	无	无	无	无	瓷碗1	辽	
M5	353°	6.7×（1.2~3.2）×0.3	6.7×（1.2~3.2）×1.8	1.5	单室	无	无	无	无	瓷碗1	辽	
M6	349°	7.4×3.48×0.6	7.4×3.48×1.82	1.22	单室	无	无	无	无	瓷碗5	辽	
M7	180°	1.6×1×0.5	1.6×1×1	0.5	砖室	无	无	无	无	无	清	
M8	0°	1.2×1×0.5	1.2×1×0.9	0.4	无	无	无	无	无	无	清	瓮棺葬
M9	354°	2.8×2×0.4	2.8×2×1.4	1	双棺	西棺仰身直肢葬；东棺仰身屈肢葬	均较差	皆头向北，西棺面面向上；东棺面向西	西棺老年女性；东棺老年男性	铜钱2	清	

续表

墓号	方向	墓口（长×宽×深）	墓底（长×宽×深）	深度	棺数/墓室	葬式	人骨保存情况	头向及面向	性别与年纪	随葬品	年代	备注
M10	16°	3×2×0.4	3×2×(1.4~1.7)	1~1.3	双棺	皆仰身直肢葬	均较差	皆头向西。西棺面向上;东棺面向不详	西棺老年女性;东棺老年男性	半釉罐2	清	
M11	2°	1.8×1.6×0.5	1.8×1.6×0.8	0.3	单棺	不详	较差	不详	不详	无	清	
M12	160°	2.6×(1.8~2.2)×0.4	2.6×(1.8~2.2)×(1.9~2)	1.5~1.6	双棺	皆仰身直肢葬	均较差	皆头向南。东棺面向上;西棺面向不详	东棺老年男性;西棺老年女性	陶罐1、铜钱2	清	
M13	355°	2.8×2.6×0.3	2.8×2.6×1.3	1	双棺	东棺仰身直肢葬;西棺不详	均较差	东棺头向,面向均不详;西棺头向西,面向下	东棺老年女性;西棺老年男性	半釉罐1	清	
M14	148°	2.4×(1.1~1.3)×0.3	2.4×(1.1~1.3)×1.4	1.1	单棺	仰身直肢葬	较差	头向北,面向西	不详	瓷罐1	清	
M15	345°	2.7×1.6×0.4	2.7×1.6×1.5	1.1	单棺	仰身屈肢葬	较差	头向北,面向下	老年女性	无	清	
M16	340°	2.5×1.3×0.4	2.5×1.3×1.2	0.8	单棺	仰身直肢葬	一般	头向北,面向上	老年男性	无	清	
M17	333°	2.5×2.3×0.5	2.5×2.3×(1.4~1.7)	0.9~1.2	三棺	西、东棺仰身直肢葬;中棺不详	均较差	皆头向北,西、中棺面向上;东棺面向东	西、中棺老年女性;东棺老年男性	无	清	
M18	328°	2.75×(1.4~1.6)×0.5	2.75×(1.4~1.6)×1.6	1.1	双棺	皆仰身直肢葬	均较差	皆头向北,面向不详	东棺老年男性;西棺老年女性	陶罐1、银簪2、铜钱1	清	

续表

墓号	方向	墓口（长×宽×深）	墓底（长×宽×深）	深度	棺数/墓室	葬式	人骨保存情况	头向及面向	性别与年纪	随葬品	年代	备注
M19	275°	（2.4~2.8）×2.3×0.6	（2.4~2.8）×2.3×1.2	0.6	双棺	南棺仰身直肢葬；北棺不详	均较差	皆面向不详。南棺头向北；北棺头向不详	南棺老年女性；北棺老年	无	清	
M20	330°	2.5×（1~1.4）×0.4	2.5×（1~1.4）×1.2	0.8	单棺	仰身屈肢葬	一般	头向北，面向上	老年男性	铜钱1	清	
M21	330°	2.2×1×0.5	2.2×1×1.3	0.8	单棺	仰身直肢葬	较差	头向北，面向上	老年男性	无	清	
M22	329°	2.4×（0.9~1）×0.5	2.4×（0.9~1）×1.3	0.8	单棺	仰身直肢葬	较好	头向北，面向上	老年男性	半釉罐1、铜钱2	清	
M23	320°	2×1×0.5	2×1×1.1	0.6	单棺	不详	较差	不详	不详	无	清	
M24	330°	2.3×（1~1.2）×0.5	2.3×（1~1.2）×1.1	0.6	单棺	仰身屈肢葬	较好	头向北，面向东	老年男性	铜钱5	清	
M25	329°	（2.3~2.5）×（2.3~2.4）×0.5	（2.3~2.5）×（2.3~2.4）×（1.55~1.75）	1.05~1.25	三棺	皆仰身直肢葬	均较差	皆头向北。西、东棺面向上；中棺不详	西、东棺老年女性；中棺老年男性	半釉罐1、铜钱2	清	打破M94
M26	329°	2.3×（0.7~1）×0.5	2.3×（0.7~1）×1	0.5	单棺	仰身直肢葬	较差	头向北，面向下	不详	无	清	
M27	330°	2.2×1.2×0.5	2.2×1.2×1.5	1	单棺	仰身直肢葬	较差	头向北，面向下	不详	无	清	
M28	324°	2.1×0.9×0.5	2.1×0.9×1	0.5	单棺	仰身直肢葬	较好	头向北，面向上	老年男性	无	清	

续表

墓号	方向	墓口（长×宽×深）	墓底（长×宽×深）	深度	棺数/墓室	葬式	人骨保存情况	头向及面向	性别与年纪	随葬品	年代	备注
M29	294°	2.5×（0.9~1.1）×0.5	2.5×（0.9~1.1）×1.4	0.9	搬迁	无	无	无	无	无	清	
M30	345°	2.3×0.9×0.5	2.3×0.9×1.7	1.2	搬迁	无	无	无	无	无	清	
M31	322°	2.4×1.7×0.5	2.4×1.7×1.5	1	双棺	皆仰身直肢葬	均较好	皆头向北，面面向上	东棺老年女性；西棺老年男性	银簪1，铜钱3	清	
M32	320°	2.5×1.2×0.4	2.5×1.2×1.1	0.7	单棺	仰身直肢葬	较差	头向北，面向上	不详	无	清	
M33	163°	2.05×（0.8~0.9）×0.5	2.05×（0.8~0.9）×1.1	0.6	单棺	侧身屈肢葬	较差	头向南，面向西	老年男性	无	清	
M34	313°	2.28×1.6×0.5	2.28×1.6×（1.3~1.4）	0.8~0.9	双棺	皆仰身直肢葬	均一般	皆头向北，面面向东	东棺老年男性；西棺老年女性	无	清	
M35	312°	2.7×（1.48~1.6）×0.5	2.7×（1.48~1.6）×1.6	1.1	双棺	皆仰身直肢葬	均一般	皆头向北。西棺面向西；东棺面面向上	东棺老年男性；西棺老年女性	无	清	打破M76
M36	14°	2.2×2×0.4	2.2×2×1.2	0.8	双棺	皆仰身直肢葬	均较差	皆头向北，面面向上	东棺老年男性；西棺老年女性	无	清	
M37	214°	3×1.6×0.4	3×1.6×1.1	0.7	双棺	皆不详	均较差	皆不详	皆不详	铜钱5	清	
M38	313°	2.3×0.9×0.5	2.3×0.9×1.6	1.1	单棺	仰身直肢葬	一般	头向北，面向东	老年男性	无	清	

续表

墓号	方向	墓口（长×宽×深）	墓底（长×宽×深）	深度	棺数/墓室	葬式	人骨保存情况	头向及面向	性别与年纪	随葬品	年代	备注
M39	41°	2.4×1×0.4	2.4×1×1.4	1	搬迁	无	无	无	无	无	清	
M40	210°	2.2×1×0.5	2.2×1×1.1	0.6	单棺	仰身直肢葬	一般	头向南，面向东	老年男性	无	清	
M41	32°	2×0.9×0.5	2×0.9×0.9	0.4	搬迁	无	无	无	无	无	清	打破M42
M42	325°	2.3×1×0.5	2.3×1×1.8	1.3	搬迁	无	无	无	无	无	清	被M41打破
M43	45°	2.4×1×0.4	2.4×1×1.2	0.8	单棺	仰身直肢葬	一般	头向北，面向上	老年男性	无	清	
M44	318°	2.4×1×0.4	2.4×1×1.2	0.8	单棺	仰身屈肢葬	一般	头向北，面向上	老年男性	无	清	
M45	116°	2.5×1×0.5	2.5×1×0.8	0.3	单棺	仰身直肢葬	较差	头向北，面向东	少年男性	无	清	打破M46
M46	315°	2.5×1.05×0.5	2.5×1.05×0.8	0.3	单棺	仰身直肢葬	一般	头向北，面向不详	老年女性	无	清	被M45打破
M47	344°	2.4×1×0.4	2.4×1×1.2	0.8	单棺	仰身直肢葬	较好	头向北，面向西	老年男性	无	清	
M48	309°	（2.2~2.4）×（2~2.3）×0.5	（2.2~2.4）×（2~2.3）×1.3	0.8	三棺	西棺侧身屈肢葬；中棺不详；东棺仰身直肢葬	均较差	皆头向北。西棺面向西；中棺、东棺面向不详	西棺老年男性；中棺不详；东棺老年女性	无	清	
M49	300°	2.3×1×0.4	2.3×1×1.1	0.7	单棺	仰身直肢葬	较好	头向北，面向上	老年男性	无	清	

续表

墓号	方向	墓口（长×宽×深）	墓底（长×宽×深）	深度	棺数/墓室	葬式	人骨保存情况	头向及面向	性别与年纪	随葬品	年代	备注
M50	340°	（2.5~3）×（0.8~1.8）×0.4	（2.5~3）×（0.8~1.8）×1.2	0.8	双棺	皆仰身直肢葬	均较差	皆头向北，面向上	东棺老年女性；西棺老年男性	无	清	
M51	307°	2.3×1.1×0.5	2.3×1.1×1.5	1	单棺	仰身直肢葬	较差	头向北，面向上	老年男性	无	清	打破M52
M52	316°	2.3×（0.8~1.1）×0.5	2.3×（0.8~1.1）×1.5	1	单棺	仰身直肢葬	较差	头向北，面向不详	不详	无	清	被M51打破
M53	334°	2.1×1.26×0.5	2.1×1.26×（1.03~1.1）	0.53~0.6	双棺	皆仰身直肢葬	均较差	皆头向北。西棺面向东；东棺面向上	西棺老年女性；东棺老年男性	无	清	
M54	335°	2.4×1.3×0.4	2.4×1.3×1.2	0.8	单棺	仰身直肢葬	较好	头向北，面向下	老年男性	无	清	
M55	338°	2.2×0.9×0.4	2.2×0.9×1	0.6	单棺	仰身直肢葬	较好	头向北，面向上	老年男性	无	清	
M56	324°	2.8×（1.4~1.7）×0.5	2.8×（1.4~1.7）×1.4	0.9	双棺	皆仰身直肢葬	均较差	皆头向北，面向不详	东棺老年男性；西棺老年女性	银耳环1，银簪1	清	被M58打破，打破M57
M57	344°	1×0.7×0.5	1×0.7×1.2	0.7	搬迁	无	无	无	无	无	清	被M56打破
M58	326°	2.4×0.96×0.5	2.4×0.96×1.3	0.8	单棺	侧身屈肢葬	较差	头向北，面向不详	不详	无	清	打破M56、M59
M59	17°	2.5×0.9×0.4	2.5×0.9×1.4	1	搬迁	无	无	无	无	无	清	被M58打破

续表

墓号	方向	墓口（长×宽×深）	墓底（长×宽×深）	深度	棺数/墓室	葬式	人骨保存情况	头向及面向	性别与年纪	随葬品	年代	备注
M60	141°	2.3×1.2×0.4	2.3×1.2×1.4	1	单棺	仰身直肢葬	一般	头向南、面向上	老年男性	铜戒指1	清	
M61	351°	2.4×0.4×0.4	2.4×0.4×1.2	0.8	搬迁	无	无	无	无	无	清	
M62	345°	2.4×1×0.4	2.4×1×1.4	1	搬迁	无	无	无	无	无	清	
M63	68°	1.5×0.8×0.4	1.5×0.8×1.1	0.7	单棺	仰身直肢葬	一般	头向东、面向上	老年男性	无	清	打破M64，被M65打破
M64	345°	2.6×1.2×0.4	2.6×1.2×1.1	0.7	单棺	仰身屈肢葬	较差	头向北、面向上	不详	无	清	被M63、M65打破
M65	195°	2.4×1.6×0.4	2.4×1.6×1.2	0.8	双棺	皆仰身直肢葬	均较差	皆头向南。东棺面向上；西棺面向下	东棺老年男性；西棺老年女性	无	清	打破M63、M64，被M66打破
M66	320°	1.9×0.9×0.5	1.9×0.9×1.2	0.7	搬迁	无	无	无	无	无	清	打破M65、M67
M67	71°	2.5×1.05×0.5	2.5×1.05×1.2	0.7	单棺	仰身直肢葬	较差	头向东、面向不详	老年女性	无	清	被M65、M66打破
M68	310°	（2.2～2.7）×2.2×0.5	（2.2～2.7）×2.2×1.3	0.8	双棺	皆仰身直肢葬	均较差	皆头向北。西棺面向东；东棺面向上	西棺老年女性；东棺老年男性	无	清	

续表

墓号	方向	墓口（长×宽×深）	墓底（长×宽×深）	深度	棺数/墓室	葬式	人骨保存情况	头向及面向	性别与年纪	随葬品	年代	备注
M69	334°	2.4×(1.3~1.5)×0.5	2.4×(1.3~1.5)×1.5	1	双棺	皆仰身直肢葬	均较差	皆头向北。西棺面向东，东棺面向不详	西棺老年男性；东棺老年女性	铜钱3	清	
M70	343°	2.3×(0.9~1)×0.5	2.3×(0.9~1)×1.3	0.8	单棺	仰身直肢葬	较差	头向北，面向上	老年男性	无	清	打破M75
M71	344°	2×1×0.5	2×1×1.2	0.7	单棺	不详	较差	头向北，面向不详	不详	无	清	
M72	90°	1.5×0.76×0.5	1.5×0.76×1.1	0.6	单棺	仰身直肢葬	较差	头向东，面向不详	少年男性	无	清	打破M74
M73	339°	2×0.9×0.5	2×0.9×1.2	0.7	单棺	仰身直肢葬	较差	头向北，面向上	老年男性	铜钱1	清	打破M75
M74	339°	2.2×0.9×0.5	2.2×0.9×1.3	0.8	单棺	仰身直肢葬	较好	头向北，面向东	老年男性	无	清	被M72打破
M75	337°	2.2×1×0.5	2.2×1×1.5	1	单棺	仰身直肢葬	较差	头向北，面向东	老年男性	无	清	被M70、M73打破
M76	14°	2.3×1.1×0.4	2.3×1.1×1.2	0.8	单棺	仰身直肢葬	较差	头向北，面向上	不详	无	清	被M36打破
M77	190°	2.5×0.8×0.4	2.5×0.8×1.5	1.1	单棺	仰身直肢葬	较差	头向南，面向上	不详	无	清	
M78	168°	(2.5~2.7)×(2~2.2)×0.4	(2.5~2.7)×(2~2.2)×1.6	1.2	双棺	东棺不详；西棺仰身直肢葬	均较差	皆头向西，面向上	东棺不详；西棺老年男性	铜钱1	清	
M79	300°	1.4×1×0.5	1.4×1×1.1	0.6	搬迁	无	无	无	无	无	清	

续表

墓号	方向	墓口（长×宽×深）	墓底（长×宽×深）	深度	棺数/墓室	葬式	人骨保存情况	头向及面向	性别与年纪	随葬品	年代	备注
M80	290°	2.55×（0.9~1.1）×0.5	2.55×（0.9~1.1）×1.5	1	单棺	仰身直肢葬	较差	头向北，面向不详	老年女性	银耳勺1，银扁方1，银簪1	清	打破M81，M89
M81	325°	2.3×1×0.5	2.3×1×1	0.5	搬迁	无	无	无	无	无	清	被M80打破
M82	343°	（2.2~2.5）×（1~1.8）×0.4	（2.2~2.5）×（1~1.8）×1.1	0.7	双棺	皆不详	均较差	皆头向北。东棺面向东；西棺面向西	皆不详	铜钱1	清	打破M83
M83	295°	（2.3~2.9）×1.7×0.5	（2.3~2.9）×1.7×1.4	0.9	双棺	皆仰身直肢葬	均较差	皆头向西，面向上	南棺老年女性；北棺老年男性	银耳环2，铜簪2，银簪1，玉簪1	清	打破M89，被M82打破
M84	345°	（2.4~2.6）×（0.9~2）×0.4	（2.4~2.6）×（0.9~2）×（1.3~1.5）	0.9~1.1	双棺	皆仰身直肢葬	东棺较好；西棺较差	皆头向北，面向上	东棺老年男性；西棺老年女性	铜钱4	清	打破M85
M85	319°	2.4×1.2×0.4	2.4×1.2×1.2	0.8	单棺	仰身直肢葬	较好	头向北，面向东	老年女性	银扁方1，银簪1，铜钱3	清	被M84打破
M86	317°	2.3×1.6×0.5	2.3×1.6×1.4	0.9	双棺	皆仰身直肢葬	均较差	皆头向北，面向上	东棺老年男性；西棺老年女性	铜钱3	清	打破M87
M87	251°	2.66×1.8×0.5	2.66×1.8×（2.3~2.4）	1.8~1.9	双棺	皆仰身直肢葬	均较差	皆面向不详。南棺头向西，北棺头向不详	南棺老年男性；北棺老年女性	铜钱2	清	被M86，M88打破

续表

墓号	方向	墓口（长×宽×深）	墓底（长×宽×深）	深度	棺数/墓室	葬式	人骨保存情况	头向及面向	性别与年纪	随葬品	年代	备注
M88	320°	2×0.8×0.5	2×0.8×1.5	1	搬迁	无	无	无	无	无	清	打破M87
M89	330°	2.6×2.6×0.5	2.6×2.6×1.4	0.9	三棺	东棺侧身屈肢葬；中、西棺仰身直肢葬	均较差	皆头向北。东棺面向西；中棺面向不详；西棺面向东	东、中棺老年女性；西棺老年男性	铜钱2、银耳勺1	清	被M80、M83打破
M90	347°	（2.5~2.9）×（2.3~2.7）×0.4	（2.5~2.9）×（2.3~2.7）×1.4	1	三棺	皆不详	均较差	皆头向北，面向不详	西棺老年女性；中棺不详；东棺老年男性	陶罐1	清	
M91	6°	（2.3~2.5）×（1.48~1.6）×0.4	（2.3~2.5）×（1.48~1.6）×1.3	0.9	双棺	皆不详	均不详	皆头向北，面向不详	皆不详	铜钱1	清	
M92	275°	2.5×1.6×0.4	2.5×1.6×1.2	0.8	双棺	皆不详	皆不详	皆不详	皆不详	铜钱2、银簪1	清	
M93	300°	2.3×1.6×0.4	2.3×1.6×1.2	0.8	搬迁	无	无	无	无	铜钱5	清	
M94	307°	2.4×（2.02~2.08）×0.5	2.4×（2.02~2.08）×1.8	1.3	双棺	皆仰身直肢葬	均较差	皆头向北，面向向西	西棺老年女性；东棺老年男性	铜钱1	清	被M26打破

附表二　铜钱统计表　　　　　　　　　　单位: 厘米

单 位	编号	种 类	钱 径	穿 径	郭 厚	备 注
M9	1	嘉庆通宝	2.32	0.55	0.14	满文"宝源"
	2	乾隆通宝	2.35	0.56	0.15	满文"宝源"
M12	2-1	道光通宝	2.36	0.57	0.14	满文"宝泉"
M18	3	道光通宝	2.32	0.59	0.14	满文"宝泉"
M20	1	乾隆通宝	2.2	0.57	0.15	满文"宝源"
M22	2-1	万历通宝	2.56	0.49	0.12	
	2-2	乾隆通宝	2.2	0.65	0.14	满文"宝泉"
M24	1-1	嘉庆通宝	2.34	0.6	0.11	满文"宝泉"
M25	2	开元通宝	2.4	0.61	0.11	
	3	万历通宝	2.55	0.5	0.12	
M31	2-1	元丰通宝	2.41	0.69	0.09	
	2-2	弘治通宝	2.45	0.5	0.11	
	2-3	万历通宝	2.42	0.5	0.11	
M37	1-1	乾隆通宝	2.35	0.51	0.12	满文"宝源"
	1-2	道光通宝	2.3	0.59	0.13	满文"宝泉"
M69	1-1	万历通宝	2.5	0.51	0.11	
	1-2	天启通宝	2.61	0.55	0.11	
	1-3	崇祯通宝	2.59	0.56	0.11	
M73	1	嘉庆通宝	2.22	0.59	0.14	满文"宝泉"
M78	1	崇祯通宝	2.21	0.45	0.08	
M82	1	康熙通宝	2.29	0.51	0.11	满文"宝泉"
M84	1-1	康熙通宝	2.85	0.58	0.11	满文"宝泉"
	2-1	康熙通宝	2.32	0.49	0.12	满文"宝泉"
M85	3-1	乾隆通宝	2.54	0.54	0.11	满文"宝泉"
	3-2	嘉庆通宝	2.39	0.49	0.15	满文"宝泉"
	3-3	道光通宝	2.38	0.64	0.15	满文"宝泉"

续表

单 位	编 号	种　类	钱　径	穿　径	郭　厚	备　注
M86	1	万历通宝	2.51	0.51	0.15	
	2-1	乾隆通宝	2.48	0.63	0.11	满文"宝泉"
	2-2	嘉庆通宝	2.46	0.61	0.13	满文"宝泉"
M87	1-1	康熙通宝	1.95	0.49	0.08	满文"宝泉"
M89	1	康熙通宝	2.63	0.55	0.11	纪局字迹模糊
	3	嘉庆通宝	2.24	0.59	0.12	满文"宝泉"
M91	1	嘉靖通宝	2.45	0.59	0.09	
M92	1-1	道光通宝	2.28	0.51	0.15	
M93	1-1	宽永通宝	2.45	0.63	0.1	
	1-2	乾隆通宝	2.43	0.58	0.12	满文"宝浙"
	1-3	道光通宝	2.19	0.57	0.12	满文"宝泉"
	1-4	光绪通宝	2.35	0.48	0.11	满文"宝直"
	2	道光通宝	2.22	0.51	0.17	满文"宝泉"
M94	1	万历通宝	2.55	0.51	0.18	

第五章　结　　语

第一节　墓　葬　时　代

三个地块的地层略有差别。E6地块的文化堆积年代最早，第④层辽代层不见于A8、E1地块。清代层则普遍存在，分别是A8地块的第②层、E1地块的第①层、E6地块的第②层。虽然同属清代，但土质、土色并不相同，造成差异的原因应该是有机质含量、人类活动的性质与频率不同，以及风化淋溶和后期河水冲积等。

从三个地块的海拔高度看，A8、E6地块均约20.4米，E1地块略低，约为20.3米，总体看，前营、田家府两村的海拔基本相同。

E6地块的周邻地块中，东北部的E2地块有辽金、明清墓葬[1]，东南部的E12地块有汉代、清代墓葬[2]。西部的B8地块[3]，南部的E11地块[4]，东部的E7地块[5]、E8地块[6]则未见古代遗存。E6地块东北部的辽代墓明显与相邻E2地块的辽金墓属于同一墓群。

这说明整个遗址延续的年代跨度较大，早至汉代，历辽金至明清；同时局部地点的文化层存在着相当程度的年代差异，应该将整个遗址所有地块的材料整合通盘考虑才有利于对遗址的全面认识，那种将遗址肢解后分别发掘的方式极为不妥，可以休矣！

A8地块的出土器物主要是半釉罐、瓷罐、银簪等，都是清代中期常见的器形。特别是从随葬铜钱看，多为康熙通宝、乾隆通宝，最晚为嘉庆通宝，因此推断这32座墓葬的时代应属清代康熙朝至嘉庆朝，以康雍乾三朝居多。

E1地块的瓷罐等出土器物都属清代晚期。从随葬铜钱看，多为嘉庆通宝、道光通宝、同治通宝，所以这9座墓葬的时代应主要为清代嘉庆朝至同治朝，年代在嘉庆、道光、同治年间，出铜板

---

① 北京市文物研究所2014年发掘资料。

② 北京市文物研究所2014年发掘资料。

③ 北京市文物研究所2015年勘探资料。

④ 北京市文物研究所2015年勘探资料。

⑤ 北京市文物研究所2013年勘探资料。

⑥ 北京市文物研究所2014年发掘资料。

的M7年代最晚，已至民国初年。

E6地块的4座辽代墓葬形制相同。它们与通州潞城胡各庄辽代墓葬[1]、大兴北程庄M31[2]、门头沟龙泉务M17[3]等辽代中期墓葬相近，所以其年代应同为辽代中期，晚不过辽代晚期。《辽史》中有很多辽圣宗到和住过台湖的记载，统和十年（992年），还将台湖更名为望幸里[4]。在此期间，台湖地区不太可能埋有墓葬。所以，这4座辽代墓葬的年代应当在辽圣宗之后。

清代墓葬的出土器物主要为陶罐、银簪等，都是清代中期的器物。随葬铜钱有弘治通宝、万历通宝、天启通宝、崇祯通宝等明代中后期铜钱，但以清代的康熙通宝、乾隆通宝、嘉庆通宝为主，所以，这些墓葬的时代主要应为清代康熙朝至嘉庆朝。

第二节　形制、葬式与葬俗

三个地块共发掘135座古代墓葬，其中辽代4座、清代131座。131座清代墓葬中，单棺墓葬有61座，占全部清代墓葬的46.6%；双棺墓42座，占32.1%；三棺墓9座，占6.9%；搬迁墓17座，占13%；砖室墓1座，占0.8%；瓮棺墓1座，占0.8%（图一九〇）。

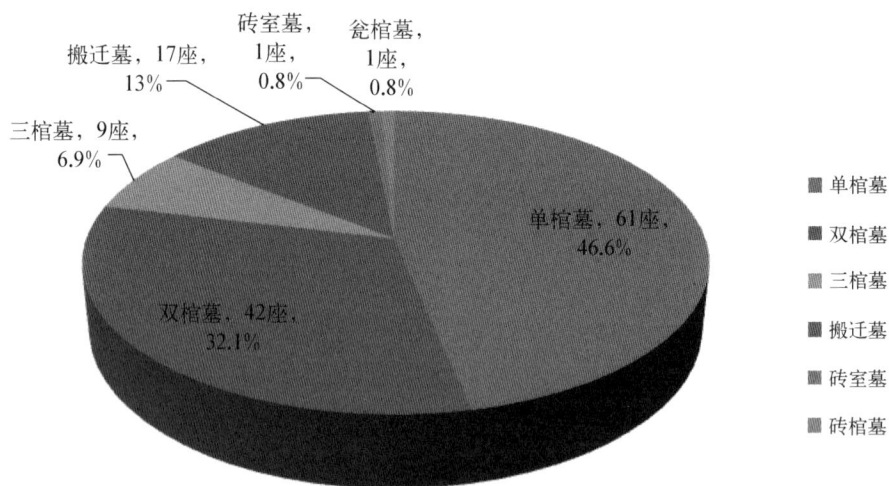

图一九〇　清代各形制墓葬百分比图

墓葬方向以南北向为主。形制皆为竖穴土坑墓。葬具以木棺为主，另有数量极少的瓮棺。单人葬、双人葬为常见的埋葬形式，但相比于北京其他地区的清代墓地，双棺墓的比重较低，单棺葬和搬迁墓较多，是本地葬俗的一个特点。葬者的年纪以老年居多，极少数为少年，说明该地区

---

① 北京市文物研究所2016年发掘资料。

② 北京市文物研究所：《大兴北程庄墓地——北魏、唐、辽、金、清代墓葬发掘报告》，科学出版社，2010年。

③ 北京市文物研究所：《北京龙泉务辽金墓葬发掘报告》，科学出版社，2009年。

④ （元）脱脱等撰：《辽史》，中华书局，1974年，第142页。

人均寿命较长。

A8地块Ⅰ区的墓葬以M1为中心,向南呈东西方向"雁翅"状分布,应该属于家族墓地。

墓向绝大多数在270～360°之间,极少数在0～90°和180～270°间。

墓葬以单棺墓为主,有16座,占墓葬总数的50%。墓长多在2.4～2.5米间,最长的3米;宽度多为0.8～0.9米或1～1.2米;深度多在0.8～1.1米间,最浅的0.54米。双棺墓12座,占墓葬总数的37.5%。墓长多在2.5～2.6米或2.7～2.8米间,最短的2.3米,最长的3.4米;墓宽多在1.6～1.7米或2.1～2.2米间,最窄的M1为1.12～1.3米;深度多为0.6～0.7米或0.9米,最深1.5米。三棺墓3座,占墓葬总数的9.4%。墓长在3米上下;宽约3米,最宽的3.6～3.98米;深约1米。搬迁墓1座,占墓葬总数的3.1%。

葬式绝大多数为仰身直肢葬,极少数为侧身屈肢葬。人骨保存情况大部分较差,少数较好和一般。头向北最多,向西北次之,极少数向西。

E1地块的墓葬分布较为疏散,仅M1～M3相对密集,但整体上观察不到排列之规律。

墓向在0～90°之间较多,有6座;270～360°间有3座。

单棺墓和双棺墓各有3座,各占墓葬总数的33.3%。单棺墓长都在2米以上;墓宽在1～1.5米间;深在0.48～0.9米间。双棺墓墓长在2.4～2.6米间;宽1.4～1.68米间;深在0.54～1.2米间。三棺墓1座,占11.1%。搬迁墓2座,占22.2%。

葬式以仰身直肢葬为主。人骨大多数保存情况较差。头向和面向方向不一,较为分散。

E6地块的墓葬主要集中在发掘区的东北部和中部。墓葬开口多距地表深0.5米,0.4米次之,0.3米、0.6米又次。人骨保存情况大部分较差,少数一般和较好。

辽代墓葬集中在东北部。墓道平面为长方形或梯形,以前者为主,皆为直壁、斜坡状,个别设第二级台阶。墓门两侧有砖墙,外封门用单立砖。墓室平面呈圆形,较小,直径在2～4米间。墓壁采用"二平一竖"法为主垒砌。墓砖一面素面,一面有七至九条沟纹。墓室北部设直尺形棺床,棺床东西长在2～3米间,高出墓室底部0.3～0.6米。

清代墓葬集中在中部,分布密集,排列有序,为家族墓地。它们大体上分为四组,组间没有叠压打破关系,应该属于四个不同的家族。

第1组为南部的M14～M16、M19～M28、M94,呈西北至东南分布。

第2组为中部的M29、M30、M36～M38、M68～M76。

第3组为北部的M55～M59、M61、M62、M77～M89。

第4组为西北部的M40～M48、M54、M63～M67。

第1组墓葬中,所出铜钱为乾隆通宝、嘉庆通宝,其年代最晚为嘉庆朝;第2组同时出乾隆通宝、嘉庆通宝,但M37出有道光通宝,因此推断第2组墓葬的年代晚于第1组,已进入道光朝;第3组出有康熙通宝、乾隆通宝、嘉庆通宝、道光通宝,与第2组相似,结合其分布位置和与第2组的相对位置关系,推断第3组的年代与第2组同时或略晚于第2组;第4组因未出铜钱,结合其分布位置,推断在4组墓葬中的年代最晚。4组由南向北基本呈现年代渐晚之势。

这种排列上有严格的顺序、分布上符合昭穆制度的清代家族墓地,也见于大兴小营和西红门①、榆垡②、东庄营村③、朝阳黑庄户北京鲜活农产品流通中心④、海淀中坞⑤、昌平张营⑥、房山岩上⑦、六间房⑧、独义村⑨、丰台丽泽⑩、奥运场馆⑪、通州郑庄⑫、苏宁电器物流中心⑬、潞城后屯⑭等地。这是北京清代考古中较为常见的现象。

它们的共同规律是最前方有一座祖墓，其他墓葬以“八”字形依次向后排列。《周礼·春官·冢人》载：“冢人掌公墓之地，辨其兆域而为之图。先王之葬居中，以昭穆为左右。”注曰：“公，君也。图，谓画其地形及丘垄所处而藏之。先王，造茔者。昭居左，穆居右，夹处东西。”疏曰：“子孙据昭穆夹处东西。若然，兄死弟及俱为君，则以兄弟为昭穆，以其弟已为臣，臣子一列，则如父子，故别昭穆也。”⑮昭穆制度表现在墓地中，则是一支的祖先居于祖位，即墓地的中心，长子居左，为一昭；长孙居右，为一穆；次之为二昭位、二穆位，依次类推⑯。

这提示着发掘者，对于北京清代家族墓地要注意到可能分布的现象并尽可能全面揭露。了解这一规律，可以为研究墓地布局、各墓葬间的相对早晚关系、当时的社会组织结构、等级制度、人口规模等问题提供更好的借鉴。

墓向多为270～360°；0～90°次之；90～180°和180～270°最少。深度以0.8～1米为多，均为直壁，平底。墓壁的拐角处略呈弧形。

单棺墓42座，占46.6%。墓长多在2.2～2.5米间，最长的2.7米，最短的1.5米；宽度在1米左右；深度多在0.7～1.1米间，最浅的0.3米。双棺墓27座，占30%。墓长以2.4～2.5米、2.7～2.8米居多，最短的1.9米，最长的3米；宽度多在1.5～2米间，最宽者为M13的2.6米；深度多在0.8米、

① 北京市文物研究所：《小营与西红门——北京大兴考古发掘报告》，上海古籍出版社，2018年。

② 北京市文物研究所2017年发掘资料。

③ 北京市文物研究所2017年发掘资料。

④ 北京市文物研究所2016年发掘资料。

⑤ 北京市文物研究所：《海淀中坞——北京市南水北调配套工程团城湖调节池工程考古发掘报告》，科学出版社，2017年。

⑥ 北京市文物研究所：《昌平张营遗址北区墓葬发掘报告》，《北京考古》第二辑，北京燕山出版社，2008年。

⑦《岩上墓葬区考古发掘报告》，北京市文物研究所编《北京段考古发掘报告集》，科学出版社，2008年。

⑧《六间房墓葬区发掘报告》，北京市文物研究所编《北京段考古发掘报告集》，科学出版社，2008年。

⑨ 北京市文物研究所2016年发掘资料。

⑩ 北京市文物研究所：《丽泽墓地——丽泽金融商务区园区规划绿地工程发掘报告》，科学出版社，2016年。

⑪ 有国家体育场、新奥公司体育场配套工程、国家体育馆、奥运村、中国科技馆新馆等，以上均见北京市文物局、北京市文物研究所：《北京奥运场馆考古发掘报告》，科学出版社，2007年。

⑫ 北京市文物研究所2009年发掘资料。

⑬ 北京市文物研究所2010年发掘资料。

⑭ 北京市文物研究所2018年发掘资料。

⑮（清）孙诒让：《周礼正义》，中华书局，1999年。

⑯ 张中华：《北京考古史·清代卷》，上海古籍出版社，2012年。

0.9～1.1米间,最浅的0.5米,最深的1.9米。三棺墓5座,占6%。墓长多为2.2～2.5米,最长达2.9米;宽度在2.3～2.7米;深度多在0.9～1.2米,最深1.25米,最浅0.8米。搬迁墓13座,占15%。单棺墓、双棺墓的墓长、墓宽与海淀中坞①、丰台丽泽②等相近,但比大兴小营、西红门③等地的清代墓葬尺寸为小,深度则相差无几,这应当属于不同地区的差异。

葬式以仰身直肢葬为主,侧身屈肢葬次之。

棺木多数平置在墓圹内,也有在墓圹内再挖墓坑的。如M1、M2、M9、M10、M12～M16、M20,这种方式也见于大兴西红门M9④、房山辛庄M3⑤、五棵松篮球馆M33⑥等,但总体而言,比例不高。

木棺材质一般,大多为松木、杉木等杂木。棺木的腐朽程度不一,大部分已朽烂,少数保存一般,棺盖基本无存。棺的残高以约0.2米最多,0.3米次之,最高的为0.65米。棺板厚度约在0.02～0.05米间,最厚者为0.1米。

这些墓葬形制均较简单,无等级较高的随葬器物,所以推断均为平民墓。

第三节 随 葬 器 物

三个地块所出随葬器物的品种和数量均较少,都是北京清代墓葬中的常见器形。

随葬品的出土位置较有规律,与北京其他地区相仿。釉陶罐、瓷罐通常出在墓主人的头部前方,发簪、耳环等通常出在女性逝者的头部,戒指、手镯出在手部,骨盆及双手两侧有数目不等的铜钱。

A8地块的陶瓶M1∶4,溜肩,小平底,多见于明代墓葬中,与海淀中坞M26∶2⑦等相近。

陶罐M16∶1,敞口,短束颈,溜肩,弧直腹,底部较宽,与海淀中坞M134∶1⑧、国家体育馆

① 北京市文物研究所:《海淀中坞——北京市南水北调配套工程团城湖调节池工程考古发掘报告》,科学出版社,2017年。

② 北京市文物研究所:《丽泽墓地——丽泽金融商务区园区规划绿地工程发掘报告》,科学出版社,2016年。

③ 北京市文物研究所:《小营与西红门——北京大兴考古发掘报告》,上海古籍出版社,2018年。

④ 《西红门商业综合区一、二、三号地块考古发掘报告》,北京市文物研究所编《小营与西红门——北京大兴考古发掘报告》,上海古籍出版社,2018年。

⑤ 《辛庄墓葬区发掘报告》,北京市文物研究所编《北京段考古发掘报告集》,科学出版社,2008年。

⑥ 《五棵松篮球馆工程考古发掘报告》,北京市文物局、北京市文物研究所编《北京奥运场馆考古发掘报告》,科学出版社,2007年。

⑦ 北京市文物研究所:《海淀中坞——北京市南水北调配套工程团城湖调节池工程考古发掘报告》,科学出版社,2017年。

⑧ 北京市文物研究所:《海淀中坞——北京市南水北调配套工程团城湖调节池工程考古发掘报告》,科学出版社,2017年。

M16：2^①、海淀东升M1：3^②等相近。M27：1，直口，平折沿，短颈，溜肩，弧腹，这种形态不多见。

半釉罐的形态均较常见。M4：1，侈口，颈微束，肩部略凸，平底略内凹，与之相近的有大兴小营M11：3^③、丽泽M15：1^④、国家体育馆M27：1^⑤等。M10：15，侈口，短束颈，溜肩，腹弧直，与之相近的有大兴小营M13：2^⑥、海淀中坞M98：2^⑦、五棵松篮球馆M44：3^⑧等。M1：3，侈口，束颈，弧腹，与之相近的有丽泽M15：3^⑨、鲁谷M1：4^⑩、海淀中坞M111：3^⑪等。M20：1，直口，短颈，弧腹，平底内凹，肩部饰对称双系，与之相近的有大兴小营M17：1^⑫、丽泽M63：1^⑬、海淀中坞M68：2^⑭等。

瓷罐，直领，鼓肩，下腹弧收，以平底略内凹为多，与M13：1、M17：1相近的有鲁谷M4：5^⑮、丽泽M32：1^⑯、海淀中坞M83：1^⑰等。少数为平底，如M12：1，与之相近的有武夷花园二期

---

① 《国家体育馆工程考古发掘报告》，北京市文物局、北京市文物研究所编《北京奥运场馆考古发掘报告》，科学出版社，2007年。
② 北京市文物研究所：《北京市海淀区东升乡明清墓发掘简报》，《北京文博文丛》2013年第2辑。
③ 《轨道交通大兴线枣园路站考古发掘报告》，北京市文物研究所编《小营与西红门——北京大兴考古发掘报告》，上海古籍出版社，2018年。
④ 北京市文物研究所：《丽泽墓地——丽泽金融商务区园区规划绿地工程发掘报告》，科学出版社，2016年。
⑤ 《国家体育馆工程考古发掘报告》，北京市文物局、北京市文物研究所编《北京奥运场馆考古发掘报告》，科学出版社，2007年。
⑥ 《轨道交通大兴线枣园路站考古发掘报告》，北京市文物研究所编《小营与西红门——北京大兴考古发掘报告》，上海古籍出版社，2018年。
⑦ 北京市文物研究所：《海淀中坞——北京市南水北调配套工程团城湖调节池工程考古发掘报告》，科学出版社，2017年。
⑧ 《五棵松篮球馆工程考古发掘报告》，北京市文物局、北京市文物研究所编《北京奥运场馆考古发掘报告》，科学出版社，2007年。
⑨ 北京市文物研究所：《丽泽墓地——丽泽金融商务区园区规划绿地工程发掘报告》，科学出版社，2016年。
⑩ 北京市文物研究所：《鲁谷金代吕氏家族墓葬发掘报告》，科学出版社，2010年。
⑪ 北京市文物研究所：《海淀中坞——北京市南水北调配套工程团城湖调节池工程考古发掘报告》，科学出版社，2017年。
⑫ 《轨道交通大兴线枣园路站考古发掘报告》，北京市文物研究所编《小营与西红门——北京大兴考古发掘报告》，上海古籍出版社，2018年。
⑬ 北京市文物研究所：《丽泽墓地——丽泽金融商务区园区规划绿地工程发掘报告》，科学出版社，2016年。
⑭ 北京市文物研究所：《海淀中坞——北京市南水北调配套工程团城湖调节池工程考古发掘报告》，科学出版社，2017年。
⑮ 北京市文物研究所：《鲁谷金代吕氏家族墓葬发掘报告》，科学出版社，2010年。
⑯ 北京市文物研究所：《丽泽墓地——丽泽金融商务区园区规划绿地工程发掘报告》，科学出版社，2016年。
⑰ 北京市文物研究所：《海淀中坞——北京市南水北调配套工程团城湖调节池工程考古发掘报告》，科学出版社，2017年。

M3：1[1]、新奥公司体育场配套工程 M5：1[2] 等。

银、铜簪，首部为不同造型，有包珠式首簪、禅杖簪、福寿簪、八棱锤形首簪、耳勺簪、双股簪、梅花形首簪等。锥体，尾尖。

包珠式首簪，M13：8、M29：10，首以仰覆莲瓣抱一珍珠，有的顶部有花瓣卯，又名"珠子抱头莲"[3]。类似的有朝阳望京综合酒店 M5：3-8[4]、昌平张营 M12：1[5]、丽泽 M132：2[6] 等。

佛教艺术以及佛教人物中的妆束和器具，是明清首饰取材的重要来源。M9：2、M23：1、M12：4、M12：2、M10：2，均为禅杖簪，初心是取护佑之意，式样细巧别致。簪首为铜丝缠绕成的六面形或五面形禅杖，以前者居多。

福寿簪，北京地区出土很多。顶端分别用打作"福"、"寿"、"金"、"玉"、"满"、"堂"等字样的铜箔从正面包向后面，以"福"、"寿"最多，字体上有很多变化——如细加整理，将是类型学研究很好的选题，实盼有心人将来继之。平面呈葵圆形或花瓣形；侧面多为凸字形，极少数为帽形，如 M6：5。与"寿"、"福"字 M17：3、M17：4 类似的有昌平沙河 M16：4、M16：5[7]，昌平张营 M20：4[8]，密云大唐庄 M82：2[9]，丽泽 M149：1、M149：2[10] 等。"满"、"堂"字，M13：3、M13：5 与丽泽 M9：3、M9：4[11]，北程庄 M14：7、M14：12[12] 等相近。与 M6：10 纹样相近的有昌平张营 M101：2[13] 等，与 M13：2、M12：5 纹样相近的有沙河 M77：3[14] 等，与 M12：5 纹样相近的有昌平张营 M23：3[15]、昌平沙河 M77：3[16] 等。

---

[1] 北京市文物研究所：《北京市通州区武夷花园二期项目遗址考古发掘报告》，《北京考古》第二辑，北京燕山出版社，2008年。

[2] 《新奥公司体育场配套工程考古发掘报告》，北京市文物局、北京市文物研究所编《北京奥运场馆考古发掘报告》，科学出版社，2007年。

[3] 扬之水：《中国古代金银首饰》，故宫出版社，2014年，第826页。

[4] 《朝阳区中关村电子城西区 F1 望京综合酒店工程考古发掘报告》，北京市文物研究所编《京沪高铁与北京新少年宫考古发掘报告集》，上海古籍出版社，2014年。

[5] 北京市文物研究所：《昌平张营遗址北区墓葬发掘报告》，《北京考古》第二辑，北京燕山出版社，2008年。

[6] 北京市文物研究所：《丽泽墓地——丽泽金融商务区园区规划绿地工程发掘报告》，科学出版社，2016年。

[7] 北京市文物研究所：《昌平沙河——汉、西晋、唐、元、明、清代墓葬发掘报告》，科学出版社，2012年。

[8] 北京市文物研究所：《昌平张营遗址北区墓葬发掘报告》，《北京考古》第二辑，北京燕山出版社，2008年。

[9] 北京市文物研究所：《密云大唐庄——白河流域古代墓葬发掘报告》，上海古籍出版社，2010年。

[10] 北京市文物研究所：《丽泽墓地——丽泽金融商务区园区规划绿地工程发掘报告》，科学出版社，2016年。

[11] 北京市文物研究所：《丽泽墓地——丽泽金融商务区园区规划绿地工程发掘报告》，科学出版社，2016年。

[12] 北京市文物研究所：《大兴北程庄墓地——北魏、唐、辽、金、清代墓葬发掘报告》，科学出版社，2010年。

[13] 北京市文物研究所：《昌平张营遗址北区墓葬发掘报告》，《北京考古》第二辑，北京燕山出版社，2008年。

[14] 北京市文物研究所：《昌平沙河——汉、西晋、唐、元、明、清代墓葬发掘报告》，科学出版社，2012年。

[15] 北京市文物研究所：《昌平张营遗址北区墓葬发掘报告》，《北京考古》第二辑，北京燕山出版社，2008年。

[16] 北京市文物研究所：《昌平沙河——汉、西晋、唐、元、明、清代墓葬发掘报告》，科学出版社，2012年。

　　八棱锤形首簪，首为菱形面和三角形面组成的镂空八棱锤状，有的边连接点处焊有小圆珠。M13∶6与大兴小营M33∶2-3①、丽泽M205∶6②、奥林匹克会议中心M15∶2③等相近。

　　耳勺簪，耳挖斜高在一侧，已不具实用功能，细颈呈累珠式或凸弦纹状。M29∶7与大兴小营M44∶2④、昌平张营M97∶3⑤、五棵松棒球场M6∶2⑥、丽泽M205∶4⑦等相近。

　　双股簪，首方形，镂空，雕出花朵形纹、云纹等；体分为两股，亦称钗。M13∶11与大兴西红门M37∶1⑧、昌平张营M98∶3⑨、鲁谷M43∶7-2⑩等相近。

　　如意首簪，首呈如意形浮雕，分层；体扁平。M29∶9、M29∶12与奥运一期M36∶3⑪、丽泽M25∶1⑫、岩上M8∶5⑬等相近。

　　梅花形首簪，首为五瓣花瓣状，向外展开，花瓣为相连的圆状。M10∶1与大兴西红门M53∶4⑭、海淀中坞M13∶3⑮、奥林匹克会议中心M31∶7⑯等相近。

―――――――――

① 《轨道交通大兴线枣园路站考古发掘报告》，北京市文物研究所编《小营与西红门——北京大兴考古发掘报告》，上海古籍出版社，2018年。

② 北京市文物研究所：《丽泽墓地——丽泽金融商务区园区规划绿地工程发掘报告》，科学出版社，2016年。

③ 《奥林匹克会议中心工程考古发掘报告》，北京市文物局、北京市文物研究所编《北京奥运场馆考古发掘报告》，科学出版社，2007年。

④ 《轨道交通大兴线枣园路站考古发掘报告》，北京市文物研究所编《小营与西红门——北京大兴考古发掘报告》，上海古籍出版社，2018年。

⑤ 北京市文物研究所：《昌平张营遗址北区墓葬发掘报告》，《北京考古》第二辑，北京燕山出版社，2008年。

⑥ 《五棵松棒球场工程考古发掘报告》，北京市文物局、北京市文物研究所编《北京奥运场馆考古发掘报告》，科学出版社，2007年。

⑦ 北京市文物研究所：《丽泽墓地——丽泽金融商务区园区规划绿地工程发掘报告》，科学出版社，2016年。

⑧ 《西红门商业综合区一、二、三号地块考古发掘报告》，北京市文物研究所编《小营与西红门——北京大兴考古发掘报告》，上海古籍出版社，2018年。

⑨ 北京市文物研究所：《昌平张营遗址北区墓葬发掘报告》，《北京考古》第二辑，北京燕山出版社，2008年。

⑩ 北京市文物研究所：《鲁谷金代吕氏家族墓葬发掘报告》，科学出版社，2010年。

⑪ 《奥运一期工程考古报告》，北京市文物局、北京市文物研究所编《北京奥运场馆考古发掘报告》，科学出版社，2007年。

⑫ 北京市文物研究所：《丽泽墓地——丽泽金融商务区园区规划绿地工程发掘报告》，科学出版社，2016年。

⑬ 《岩上墓葬区考古发掘报告》，北京市文物研究所编《北京段考古发掘报告集》，科学出版社，2008年。

⑭ 《西红门商业综合区一、二、三号地块考古发掘报告》，北京市文物研究所编《小营与西红门——北京大兴考古发掘报告》，上海古籍出版社，2018年。

⑮ 北京市文物研究所：《海淀中坞——北京市南水北调配套工程团城湖调节池工程考古发掘报告》，科学出版社，2017年。

⑯ 《奥林匹克会议中心工程考古发掘报告》，北京市文物局、北京市文物研究所编《北京奥运场馆考古发掘报告》，科学出版社，2007年。

长方形或近长方形首簪,上雕花纹。M29:8与岩上M5:12[①]、鲁谷M13:5[②]、丽泽M235:1[③]、五棵松篮球馆M29:1[④]等相近。

银簪M29:8,背面戳印"兴化",M29:12,背面戳印"福"。这些印记为银楼字号,体现出手工业制作的专业化、品牌意识和商业文化。

扁方,实为特殊大簪,多为清满族妇女所用。种类较多,依首部有蘑菇状首、梅花瓣首等不同造型,体扁平,尾圆弧。

蘑菇状首扁方,首作蘑菇状或半圆形。M12:6与丽泽M97:3[⑤]、朝阳望京综合酒店M5:3-4[⑥]、张营M39:2[⑦]等相近。

梅花瓣首扁方,首卷曲,上有凹纹,侧面如五瓣梅花状。M6:3、M10:4与鲁谷M23:1-1[⑧]、昌平张营M1:2[⑨]、五棵松篮球馆M45:1[⑩]等相近。

铜扣,较为常见。球形,上有环系。多为素面,少量底部刻有花纹,如M23:6-2刻有莲花纹等。

金耳环M10:13,式样简单,尺寸小,首与钩身为一个整体,近"S"状,中间无连接物。首作蘑菇状,时名丁香或丁香儿[⑪]。形态与五棵松篮球馆银耳环M40:4[⑫]、张营M9:2[⑬]、密云大唐庄M27:3[⑭]等相近。

耳坠M29:3,坠为石榴形,较为少见。此外,坠形还有如意形、蝙蝠形、花朵形、蝴蝶形、花篮形等。

① 《岩上墓葬区考古发掘报告》,北京市文物研究所编《北京段考古发掘报告集》,科学出版社,2008年。

② 北京市文物研究所:《鲁谷金代吕氏家族墓葬发掘报告》,科学出版社,2010年。

③ 北京市文物研究所:《丽泽墓地——丽泽金融商务区园区规划绿地工程发掘报告》,科学出版社,2016年。

④ 《五棵松篮球馆工程考古发掘报告》,北京市文物局、北京市文物研究所编《北京奥运场馆考古发掘报告》,科学出版社,2007年。

⑤ 北京市文物研究所:《丽泽墓地——丽泽金融商务区园区规划绿地工程发掘报告》,科学出版社,2016年。

⑥ 《朝阳区中关村电子城西区F1望京综合酒店工程考古发掘报告》,北京市文物研究所编《京沪高铁北京段与北京新少年宫考古发掘报告集》,上海古籍出版社,2014年。

⑦ 北京市文物研究所:《昌平张营遗址北区墓葬发掘报告》,《北京考古》第二辑,北京燕山出版社,2008年。

⑧ 北京市文物研究所:《鲁谷金代吕氏家族墓葬发掘报告》,科学出版社,2010年。

⑨ 北京市文物研究所:《昌平张营遗址北区墓葬发掘报告》,《北京考古》第二辑,北京燕山出版社,2008年。

⑩ 《五棵松篮球馆工程考古发掘报告》,北京市文物局、北京市文物研究所编《北京奥运场馆考古发掘报告》,科学出版社,2007年。

⑪ 扬之水:《中国古代金银首饰》,故宫出版社,2014年,第617页。

⑫ 《五棵松篮球馆工程考古发掘报告》,北京市文物局、北京市文物研究所编《北京奥运场馆考古发掘报告》,科学出版社,2007年。

⑬ 北京市文物研究所:《昌平张营遗址北区墓葬发掘报告》,《北京考古》第二辑,北京燕山出版社,2008年。

⑭ 北京市文物研究所:《密云大唐庄——白河流域古代墓葬发掘报告》,上海古籍出版社,2010年。

　　银戒指,以上饰凸弦纹者为多,如M13∶13、M29∶1;也有在上面铸花瓣的,如M13∶14,与五棵松篮球馆M29∶5①、奥运村M20∶10②等相近。

　　这些器物大部分都是清代中晚期常见的器形,从另一侧面表明墓葬所属的时代属于清代中晚期。

　　铜钱背穿左右为满文"宝泉"者,为北京户部宝泉局所铸;背穿左右为满文"宝源"者,为北京工部宝源局所铸。背穿左右为满文"宝吉"者,为吉林宝吉局所铸,开铸至停铸为光绪年间。背穿左右为满文"宁"者,为甘肃宁夏府局所铸;背穿左右为满文"临"者,为山东临清局所铸,这两类钱局开铸年间均为顺治至康熙末年。

　　E1地块的缠枝花卉纹鼓腹青花瓷罐M1∶6与大兴西红门M53∶1③、丰台亚林西三期M5∶3④、鲁谷M8∶14⑤、丽泽墓地M17∶1⑥、新少年宫M31∶1⑦等相近。青花喜字罐M1∶7较为少见。根据它们的形制、用料和绘画特点,可推断为清代景德镇窑烧制。

　　瓷罐M4∶1、M7∶3,斜颈,鼓肩,腹部以下内收。与五棵松篮球馆M38∶1⑧、奥运村M25∶1⑨、海淀中坞M113∶1⑩、新少年宫M26∶1⑪等相近。

　　佛手簪,首呈佛手形,食指与拇指呈"○"形,作"说法印"⑫状。M1∶2的形态与国家体育馆

---

① 《五棵松篮球馆工程考古发掘报告》,北京市文物局、北京市文物研究所编《北京奥运场馆考古发掘报告》,科学出版社,2007年。

② 《奥运村工程考古发掘报告》,北京市文物局、北京市文物研究所编《北京奥运场馆考古发掘报告》,科学出版社,2007年。

③ 《西红门商业综合区一、二、三号地块考古发掘报告》,北京市文物研究所编《小营与西红门——北京大兴考古发掘报告》,上海古籍出版社,2018年。

④ 北京市文物研究所:《北京市丰台区亚林西三期明清墓葬发掘简报》,《北京文博文丛》2014年第4辑。

⑤ 北京市文物研究所:《鲁谷金代吕氏家族墓葬发掘报告》,科学出版社,2010年。

⑥ 北京市文物研究所:《丽泽墓地——丽泽金融商务区园区规划绿地工程发掘报告》,科学出版社,2016年。

⑦ 《北京市新少年宫考古发掘报告》,北京市文物研究所编《京沪高铁北京段与北京新少年宫——考古发掘报告集》,上海古籍出版社,2014年。

⑧ 《五棵松篮球馆工程考古发掘报告》,北京市文物局、北京市文物研究所编《北京奥运场馆考古发掘报告》,科学出版社,2007年。

⑨ 《奥运村工程考古发掘报告》,北京市文物局、北京市文物研究所编《北京奥运场馆考古发掘报告》,科学出版社,2007年。

⑩ 北京市文物研究所:《海淀中坞——北京市南水北调配套工程团城湖调节池工程考古发掘报告》,科学出版社,2017年。

⑪ 《北京市新少年宫考古发掘报告》,北京市文物研究所编《京沪高铁与北京新少年宫——考古发掘报告集》,上海古籍出版社,2014年。

⑫ 佛像姿态之一,以拇指与中指(或食指、无名指)相捻,其余各指自然舒散。

M8：1①，海淀中坞 M140：7、M109：19②，昌平张营 M92：7③等相近。多为铜质或银质，由于其材质的特点，往往会在大拇指或食指上挂一小圆环或手持一禅杖。而 M1：2 采用骨质，则较为少见。

银簪 M7：1，耳勺首，体铸花卉纹。相同装饰风格但纹样有异者见于丰台王佐 M52：5④、鲁谷 M24：4⑤、昌平张营 M92：1⑥、昌平沙河 M11：8⑦、丽泽 M143：3⑧等。

蝎形簪 M1：3，造型写实，较为少见。

M1：5 是玉带板，做工一般，均为素面，明代人称之为"光素带"。玉带板始于唐代，是从蹀躞带上的牌饰演变而来的一种装饰，五代、宋、辽、金、明时期都沿袭玉带制度。玉带由銙和铊尾组成，两者统称为带板。玉带板在明早期臻于鼎盛，晚期开始衰落，直至清代废除。

它是官场礼服必不可少的组成部分，不同的銙数和纹饰标志着佩戴者不同的身份地位。明代只有皇帝、皇后、妃嫔、太子、亲王、郡王、公、侯、驸马、伯及文武一品官才有资格使用。明初玉带板数量不定，永乐之后的多为二十块，其中銙十八块，铊尾两块。

北京出有玉带板的有海淀地质力学研究所明代太监墓⑨、工商大学明代太监墓⑩、海淀北下关明代太监墓⑪、海淀魏公村⑫、海淀二里沟⑬、海淀玲珑巷宦官墓⑭、八里庄明代赵政墓⑮、南苑明代夏儒夫妇墓⑯、西客站南广场明墓⑰、朝阳施聚家族墓⑱、朝阳区广渠门外马圈⑲、

① 《国家体育馆工程考古发掘报告》，北京市文物局、北京市文物研究所编《北京奥运场馆考古发掘报告》，科学出版社，2007年。

② 北京市文物研究所：《海淀中坞——北京市南水北调配套工程团城湖调节池工程考古发掘报告》，科学出版社，2017年。

③ 北京市文物研究所：《昌平张营遗址北区墓葬发掘报告》，《北京考古》第二辑，北京燕山出版社，2008年。

④ 北京市文物研究所：《丰台王佐遗址》，科学出版社，2010年。

⑤ 北京市文物研究所：《鲁谷金代吕氏家族墓葬发掘报告》，科学出版社，2010年。

⑥ 北京市文物研究所：《昌平张营遗址北区墓葬发掘报告》，《北京考古》第二辑，北京燕山出版社，2008年。

⑦ 北京市文物研究所：《昌平沙河——汉、西晋、唐、元、明、清代墓葬发掘报告》，科学出版社，2012年。

⑧ 北京市文物研究所：《丽泽墓地——丽泽金融商务区园区规划绿地工程发掘报告》，科学出版社，2016年。

⑨ 程利：《地质力学所出土明代太监墓》，《北京文博》2000年第1期。

⑩ 北京市文物研究所：《北京工商大学明代太监墓》，知识产权出版社，2005年。

⑪ 国家文物局主编、北京市文物局编：《中国文物地图集·北京分册》，科学出版社，2008年。

⑫ 首都博物馆馆藏文物。

⑬ 首都博物馆馆藏文物。

⑭ 北京市文物研究所2014年发掘资料。

⑮ 国家文物局主编、北京市文物局编：《中国文物地图集·北京分册》，科学出版社，2008年。

⑯ 北京市文物工作队：《北京南苑苇子坑明代墓葬清理简报》，《文物》1964年第11期。

⑰ 北京市文物研究所：《北京西站南广场墓葬发掘简报》，《北京文博》2009年第2期。

⑱ 北京市文物研究所：《北京华能热电厂明墓发掘简报》，《文物春秋》2006年第6期；北京市文物研究所2007年发掘资料。

⑲ 首都博物馆馆藏文物。

东郊方锐墓①、石景山南宫明代太监墓②、北京射击场明代墓葬③、奥运村明代赵胜夫妇墓④等。

　　这些玉带板主要有两种装饰方法。一种是明中叶以前的,纹饰较为丰富,多用镂雕法。如地质学所,工商大学,射击场M6∶4、M155∶1、M130∶1,西客站南广场M15∶5、M16∶2,海淀玲珑巷宦官墓等。另一种是明中叶之后,以素面居多。如射击场M167∶5、M98∶5、M24∶5、M133∶3、M171∶3,西客站南广场M16∶3,朝阳施聚家族墓,奥运村明代赵胜夫妇墓,海淀玲珑巷宦官墓等。通州田家府发现的玉带板为玉带板的研究增加了新的资料。

　　玻璃珠M1∶4-2-3,与国家体育馆M22∶2⑤、奥运村M36∶31⑥、丽泽墓地M166∶2⑦等相近。

　　铜钱背穿左右为满文"宝泉"者,为北京户部宝泉局所铸;背穿左右为满文"宝源"者,为北京工部宝源局所铸。

　　E6地块辽代墓葬中的瓷碗M6∶1与龙泉务M31∶15相近,陶器盖M3∶8-2与龙泉务M24∶23⑧相近,都是辽代墓葬中常见的器物。瓷碗M3∶7花卉纹较为精美,与通州潞城胡各庄出土者⑨相近。

　　清代墓葬大部分没有随葬器物,现存的随葬品主要为陶罐、半釉罐、瓷罐、银簪、银耳环、铜簪、铜钱等。

　　陶罐M12∶1,耸肩,下腹略内收,与鲁谷M41∶5⑩、新奥公司体育场配套工程M5∶1⑪、奥运村M41∶1⑫等相近。M18∶1,圆肩,鼓腹,与海淀中坞M3∶3⑬、奥林匹克会议中心M19∶2⑭等相近。

---

① 首都博物馆馆藏文物。

② 北京市文物研究所2017年发掘资料。

③《北京射击场工程考古发掘报告》,北京市文物局、北京市文物研究所编《北京奥运场馆考古发掘报告》,科学出版社,2007年。

④ 北京市文物研究所:《北京市朝阳区明赵胜夫妇合葬墓发掘简报》,《文物》2008年第9期。

⑤《国家体育馆工程考古发掘报告》,北京市文物局、北京市文物研究所编《北京奥运场馆考古发掘报告》,科学出版社,2007年。

⑥《奥运村工程考古发掘报告》,北京市文物局、北京市文物研究所编《北京奥运场馆考古发掘报告》,科学出版社,2007年。

⑦ 北京市文物研究所:《丽泽墓地——丽泽金融商务园区规划绿地工程发掘报告》,科学出版社,2016年。

⑧ 北京市文物研究所:《北京龙泉务辽金墓葬发掘报告》,科学出版社,2009年。

⑨ 北京市文物局等编:《北京城市副中心考古》第一辑,科学出版社,2018年。

⑩ 北京市文物研究所:《鲁谷金代吕氏家族墓葬发掘报告》,科学出版社,2010年。

⑪《新奥公司体育场配套工程考古发掘报告》,北京市文物局、北京市文物研究所编《北京奥运场馆考古发掘报告》,科学出版社,2007年。

⑫《奥运村工程考古发掘报告》,北京市文物局、北京市文物研究所编《北京奥运场馆考古发掘报告》,科学出版社,2007年。

⑬ 北京市文物研究所:《海淀中坞——北京市南水北调配套工程团城湖调节池工程考古发掘报告》,科学出版社,2017年。

⑭《奥林匹克会议中心工程考古发掘报告》,北京市文物局、北京市文物研究所编《北京奥运场馆考古发掘报告》,科学出版社,2007年。

M90：1，侈口，束颈，鼓肩，鼓腹弧收。此形态多见于瓷罐，陶罐较少。相近者有新奥公司体育场配套工程M5：1[1]、国家体育馆M23：1[2]等。

半釉罐M13：1，侈口，沿面稍长，肩部略凸，腹部较长，平底略内凹，与之类似的有海淀中坞M103：3[3]、丽泽M91：1[4]、国家体育馆M27：2[5]等。M25：1，直口，肩部软折，弧腹，与之类似的有昌平张营M66：1[6]、大兴西红门M33：2[7]、奥运村M8：1[8]等。

瓷罐M14：1，束颈，卷沿，鼓肩，鼓腹，多见于唐墓，清代墓葬中较为少见。与之相近者有五棵松篮球馆M5：1[9]。

圆球簪，首为镂空圆球形，上焊有小圆珠。M92：2与张营M86：4[10]、机场南线M9：3-5[11]、大兴小营M33：2-3[12]、大兴西红门M57：3[13]、海淀中坞村M104：3[14]等相近。

方形簪，首为镂空正方形，相交点焊有小圆珠。M80：3与张营M93：1[15]、大兴西红门M37：5[16]

[1]《新奥公司体育场配套工程考古发掘报告》，北京市文物局、北京市文物研究所编《北京奥运场馆考古发掘报告》，科学出版社，2007年。

[2]《国家体育馆工程考古发掘报告》，北京市文物局、北京市文物研究所编《北京奥运场馆考古发掘报告》，科学出版社，2007年。

[3] 北京市文物研究所：《海淀中坞——北京市南水北调配套工程团城湖调节池工程考古发掘报告》，科学出版社，2017年。

[4] 北京市文物研究所：《丽泽墓地——丽泽金融商务区园区规划绿地工程发掘报告》，科学出版社，2016年。

[5]《国家体育馆工程考古发掘报告》，北京市文物局、北京市文物研究所编《北京奥运场馆考古发掘报告》，科学出版社，2007年。

[6] 北京市文物研究所：《昌平张营遗址北区墓葬发掘报告》，《北京考古》第二辑，北京燕山出版社，2008年。

[7]《西红门商业综合区一、二、三号地块考古发掘报告》，北京市文物研究所编《小营与西红门——北京大兴考古发掘报告》，上海古籍出版社，2018年。

[8]《奥运村工程考古发掘报告》，北京市文物局、北京市文物研究所编《北京奥运场馆考古发掘报告》，科学出版社，2007年。

[9]《五棵松篮球馆工程考古发掘报告》，北京市文物局、北京市文物研究所编《北京奥运场馆考古发掘报告》，科学出版社，2007年。

[10] 北京市文物研究所：《昌平张营遗址北区墓葬发掘报告》，《北京考古》第二辑，北京燕山出版社，2008年。

[11] 北京市文物研究所：《机场南线工程考古发掘报告》，《北京考古》第二辑，北京燕山出版社，2008年。

[12]《轨道交通大兴线枣园路站考古发掘报告》，北京市文物研究所编《小营与西红门——北京大兴考古发掘报告》，上海古籍出版社，2018年。

[13]《轨道交通大兴线枣园路站考古发掘报告》，北京市文物研究所编《小营与西红门——北京大兴考古发掘报告》，上海古籍出版社，2018年。

[14] 北京市文物研究所：《海淀中坞——北京市南水北调配套工程团城湖调节池工程考古发掘报告》，科学出版社，2017年。

[15] 北京市文物研究所：《昌平张营遗址北区墓葬发掘报告》，《北京考古》第二辑，北京燕山出版社，2008年。

[16]《轨道交通大兴线枣园路站考古发掘报告》，北京市文物研究所编《小营与西红门——北京大兴考古发掘报告》，上海古籍出版社，2018年。

等相近。

禅杖簪，M31：1、M83：4为六面形簪首，与海淀中坞M104：4、M105：2[1]，丰台王佐M65：2[2]，昌平沙河M60：4[3]，通州武夷花园M3：5[4]等相近。

针形簪，首似针，上有圆孔。M85：2与新街M9：4d[5]、五棵松篮球馆M41：2[6]等相近。

锥纽簪，首似锥筒，纽状。较为少见，M18：2-2与大兴西红门M50：3、M56：3[7]等相近。

卷首扁方，似卷轴。M80：2与朝阳望京综合酒店M9：1-1[8]、昌平沙河M17：3[9]、鲁谷M28：3-1[10]、丰台王佐M66：4[11]、五棵松篮球馆M22：3[12]等相近。

银耳环M56：1、M83：1，首作圆饼状，与海淀中坞M140：2[13]、奥运村M9：4[14]、张营M8：3[15]等相近。

玉烟嘴M2：1，伞状顶，束颈，颈部较短，下腹直。这种形态也见于朝阳望京中关村科技园区[16]，丰台亚林西[17]，石景山鲁谷M9：7、M10：2[18]，海淀中坞M109：15-1[19]，奥林匹克会议中心

① 北京市文物研究所：《海淀中坞——北京市南水北调配套工程团城湖调节池工程考古发掘报告》，科学出版社，2017年。

② 北京市文物研究所：《丰台王佐遗址》，科学出版社，2010年。

③ 北京市文物研究所：《昌平沙河——汉、西晋、唐、元、明、清代墓葬发掘报告》，科学出版社，2012年。

④ 北京市文物研究所：《北京市通州区武夷花园二期项目遗址考古发掘报告》，《北京考古》第二辑，北京燕山出版社，2008年。

⑤ 《新街墓葬区发掘报告》，北京市文物研究所编《北京段考古发掘报告集》，科学出版社，2008年。

⑥ 《五棵松篮球馆工程考古发掘报告》，北京市文物局、北京市文物研究所编《北京奥运场馆考古发掘报告》，科学出版社，2007年。

⑦ 《西红门商业综合区一、二、三号地块考古发掘报告》，北京市文物研究所编《小营与西红门——北京大兴考古发掘报告》，上海古籍出版社，2018年。

⑧ 《朝阳区中关村电子城西区F1望京综合酒店工程考古发掘报告》，北京市文物研究所编《京沪高铁北京段与北京新少年宫——考古发掘报告集》，上海古籍出版社，2014年。

⑨ 北京市文物研究所：《昌平沙河——汉、西晋、唐、元、明、清代墓葬发掘报告》，科学出版社，2012年。

⑩ 北京市文物研究所：《鲁谷金代吕氏家族墓葬发掘报告》，科学出版社，2010年。

⑪ 北京市文物研究所：《丰台王佐遗址》，科学出版社，2010年。

⑫ 《五棵松篮球馆工程考古发掘报告》，北京市文物局、北京市文物研究所编《北京奥运场馆考古发掘报告》，科学出版社，2007年。

⑬ 北京市文物研究所：《海淀中坞——北京市南水北调配套工程团城湖调节池工程考古发掘报告》，科学出版社，2017年。

⑭ 《奥运村工程考古发掘报告》，北京市文物局、北京市文物研究所编《北京奥运场馆考古发掘报告》，科学出版社，2007年。

⑮ 北京市文物研究所：《昌平张营遗址北区墓葬发掘报告》，《北京考古》第二辑，北京燕山出版社，2008年。

⑯ 北京市文物研究所2016年发掘资料。

⑰ 北京市文物研究所：《北京市丰台区亚林西三期明清墓葬发掘简报》，《北京文博文丛》2014年第4辑。

⑱ 北京市文物研究所：《鲁谷金代吕氏家族墓葬发掘报告》，科学出版社，2010年。

⑲ 北京市文物研究所：《海淀中坞——北京市南水北调配套工程团城湖调节池工程考古发掘报告》，科学出版社，2017年。

M32：6①，中国科技馆M3：3-2②，丰台王佐③，延庆东王化营M8：2④等。所不同的是，其他遗址所出多为白色玉质，而E6所出绿色玉质较为少见。

出土的铜钱中，唐代的有开元通宝；北宋的有元丰通宝；明代中期的有弘治通宝和万历通宝，晚期的有天启通宝和崇祯通宝；清代早期的有康熙通宝，晚期的有光绪通宝。

铜钱背穿左右为满文"宝泉"者，为北京户部宝泉局所铸；背穿左右为满文"宝源"者，为北京工部宝源局所铸；背穿左右为满文"宝浙"者，为杭州府局宝浙局所铸；背穿左右为满文"宝直"者，为直隶省宝直局所铸。

M93：1-1为宽永通宝。宽永通宝是日本历史上铸造量最大、铸造时期最长、版别最多也是流入我国数量最多的货币之一。它始铸于日本天皇宽永三年（1626年），自1636年起大量铸造，前后流通长达240余年，相当于中国的明代晚期至清代早期，至明治后，机制币开始出现，宽永钱才逐渐停止铸造。

宽永通宝的出现不仅改变了中国向日本输入铜钱的现状，还在双方贸易及交往中流入中国，其数量之多竟超过了某些明代钱⑤。以往，通州轻轨L2线次渠站B2地块⑥、D1地块⑦、E3-1地块⑧等地均有考古发现。这表明，北京特别是南部地区是该货币的重要流入市场之一。

通州的大运河是南上北下的交通要络，也是对外联络的重要路线，通州张家湾镇至今仍有当年琉球国使者、学生的墓园。宽永通宝在通州一地发现尤多，想必与大运河作为联结南北方地区的交通要道有关。

总体看来，三个地块所出随葬器物种类和形制与北京其他地区清代墓葬出土者相近，但也有一定的地区差异。例如福寿簪、禅杖簪较多；烟锅、鼻烟壶、龙首簪、铜三事、押发、手镯、戒指等则较少。这一原因应当与当地的民俗、风俗、习俗等相关。

第四节 周边地区明清墓葬的考古发现

近年来，通州地区为配合各类建设，有很多明清墓葬的考古发现。例如宋庄⑨、寨辛

① 《奥林匹克会议中心工程考古发掘报告》，北京市文物局、北京市文物研究所编《北京奥运场馆考古发掘报告》，科学出版社，2007年。

② 《中国科技馆新馆工程考古发掘报告》，北京市文物局、北京市文物研究所编《北京奥运场馆考古发掘报告》，科学出版社，2007年。

③ 北京市文物研究所：《丰台王佐遗址》，科学出版社，2010年。

④ 北京市文物研究所：《延庆县东王化营窑址、墓葬发掘报告》，《北京考古》第二辑，北京燕山出版社，2008年。

⑤ 孙仲汇：《古钱》，上海古籍出版社，1990年。

⑥ 北京市文物研究所2012年发掘资料。

⑦ 北京市文物研究所2012年发掘资料。

⑧ 北京市文物研究所2016年发掘资料。

⑨ 北京市文物研究所2010年发掘资料。

庄①，运河核心区②，梨园地区大稿③、三元村④、半壁店⑤、高楼金⑥、土桥⑦、久居雅园A区⑧，潞城镇武夷花园⑨、胡各庄⑩、后北营⑪、后屯⑫、孙各庄新村⑬、东小营村⑭、张家湾镇小圣庙⑮，马驹桥镇物流基地⑯、西集⑰、永乐店镇半截河⑱，苏宁电器物流中心⑲，华北总部物流储备基地⑳，通州北苑商务区㉑，物流基地F14地块㉒等。

　　这些几乎遍布通州各个乡镇的明清时期地下遗存表明通州在该时期有着一定规模的人类活动。人口众多与大运河的漕运、通州的开发有着直接的关系。明初，在元代通州城的基础上修筑了通州旧城。正统十四年（1449年），营建了通州新城。嘉靖四十三年（1564年），修张家湾城。通州一直作为漕运枢纽，对稳定封建国家的统治秩序起到了巨大作用，因此，一直有"一京、二卫、三通州"的说法。清代，大批满族贵族在通州圈地，"红果园"、"果园"等不少带"园"的地点是

―――――――

① 北京市文物研究所2014年发掘资料。

② 北京市文物研究所2010年发掘资料。

③ 北京市文物研究所：《北京市通州区大稿村明清墓葬发掘简报》，《北京文博》2010年第1期。

④ 北京市文物研究所：《通州新城基业项目墓葬发掘简报》，《北京文博》2009年第1期。

⑤ 北京市文物研究所：《北京市通州区梨园镇半壁店旧村明清墓葬发掘简报》，《北京文博文丛》2013年第4辑。

⑥ 北京市文物研究所2013年发掘资料。

⑦ 北京市文物研究所：《北京地铁土桥车辆段墓葬、窑址发掘报告》，《北京考古工作报告·平谷、通州、顺义卷（2000～2009）》，上海古籍出版社，2011年。

⑧ 北京市文物研究所：《通州区久居雅园A区工程考古发掘报告》，《北京考古工作报告·平谷、通州、顺义卷（2000～2009）》，上海古籍出版社，2011年。

⑨ 北京市文物研究所：《北京市通州区武夷花园二期项目遗址考古发掘报告》，《北京考古》第二辑，北京燕山出版社，2008年。

⑩ 北京市文物研究所2016年发掘资料。

⑪ 北京市文物研究所2017年发掘资料。

⑫ 北京市文物研究所2018年发掘资料。

⑬ 北京市文物研究所2017年发掘资料。

⑭ 北京市文物研究所2017年发掘资料。

⑮ 北京市文物研究所2019年发掘资料。

⑯ 北京市文物研究所2011年发掘资料。

⑰ 北京市文物研究所2014年发掘资料。

⑱ 北京市文物研究所：《京津磁悬浮铁路工程考古发掘报告》，《北京考古工作报告·平谷、通州、顺义卷（2000～2009）》，上海古籍出版社，2011年。

⑲ 北京市文物研究所2010年发掘资料。

⑳ 北京市文物研究所2012年发掘资料。

㉑ 北京市文物研究所2012年发掘资料。

㉒ 北京市文物研究所2013年发掘资料。

为孑遗。进入21世纪后,通州被确定为北京城市副中心,古城焕发了勃勃生机。

明清遗存丰富、类型多是通州地区考古学文化的特点,提示后人在开发建设前首先要做好文物保护工作。

台湖镇的明清考古发现有胡家垡明代宫女墓[1]、尖垡村清文林郎肃迟公墓[2]、郑庄[3]、次渠[4]、田家府[5]、台湖生态土地一级开发[6]等。

上述资料均为零散所见或简报,《通州田家府村——通州文化旅游区A8、E1、E6地块考古发掘报告》作为通州区真正意义上的第一部正式考古发掘报告,无疑具有重要的意义。对于通州其他考古报告的刊布,也提供着一定的借鉴意义。

通州文化旅游区的考古发现,反映出该地区辽金时期之后特别是明清时期有一定规模的人口居住及开发,证明台湖及通州地区有着丰厚的地下文物,为了解和研究通州地区平民的埋葬制度、丧葬习俗、日常习俗等相关问题提供了一批新的资料。

---

① 北京市通州区文化委员会等:《通州文物志》,文化艺术出版社,2006年,第72页。

② 北京市通州区文化委员会等:《通州文物志》,文化艺术出版社,2006年,第83页。

③ 北京市文物研究所2009年发掘资料。

④ 轻轨L2线通州段次渠站、垡渠南站、亦庄火车站土地一级开发2012~2018年发掘资料。

⑤ 北京市文物研究所2016年通州文化旅游区发掘资料。

⑥ 北京市文物研究所2015年发掘资料。

编　后　记

　　这是我的"救火"系列之三。2017年6月13日,在《小营与西红门——北京大兴考古发掘报告》交稿后的第2天,我投入到《通州田家府村——通州文化旅游区A8、E1、E6地块考古发掘报告》的编写之中。仓促两年,百转千回,老天知道我是在一种怎样的时间和状态下把它完成的。

　　虽然,这本报告的学术分量没有那么重;手中还有更精彩的报告在等待;一如既往,没有报告编写所需的系统时间——种种理由似乎都可以让我偃旗息鼓,至少这部报告看来并非似雪中送炭般紧迫。

　　但是,我也想尽力而为,不负流年。我做了那么多改变,只是为了心中不变。我不会向那些推诿、扯皮、浪费时间的人妥协,纵然千军万马,巧言令色,奇招迭出。交稿、销账,方能倦鸟归巢。

　　所以,同样一如既往,报告最主要的编写时间源自春节时分。这本报告等到的是2018年、2019年的春节,但它没有像它的前任一样看到新春的焰火,因为前一年北京五环内已经禁止燃放烟花,后一年则要实名制购买。我用七零八碎的时间拱出了这部报告。对于两个夏天的汗水,我可以坦诚面对;对于报告的编写,我仍心存敬畏。

　　感谢刘风亮和通州区文化委员会(现为通州区文化和旅游局)在勘探、发掘过程中的协助。感谢靳枫毅先生在审稿过程中提出的宝贵意见。感谢李永强先生对瓷器内容的审核。感谢北京市古代钱币展览馆李廙先生对铜钱内容的审核。感谢上海古籍出版社和宋佳女士为编辑此书付出的艰辛。还要特别感谢在我孤独、迷茫、苦闷、无助的时候,让我没有放弃、不畏压力、坚持到底的人们。

　　本书由郭京宁执笔。

郭京宁

2019年3月

1. 勘探现场（东至西）（第6页）

2. 勘探现场（南至北）（第6页）

A8 地块勘探现场

1.E1 地块勘探现场（南至北）（第 6 页）

2.E6 地块勘探现场（南至北）（第 6 页）

E1、E6 地块勘探现场

1. 发掘现场（第 8 页）

2. 发掘 I 区（由南向北）（第 8 页）

A8 地块发掘现场

1.M8（第 10 页）

2.M14（第 10 页）

3.M16（第 13 页）

A8 地块清代单棺 A 型墓葬（一）

1.M17（第 13 页）

2.M17 随葬器物（第 13 页）

3.M21（第 15 页）

4.M22（第 16 页）

A8 地块清代单棺 A 型墓葬（二）

1.M24（第 17 页）

2.M25（第 17 页）

3.M26（第 18 页）

4.M27（第 18 页）

A8 地块清代单棺 A 型墓葬（三）

1.M30（第 20 页）

2.M31（第 20 页）

3.M31 随葬器物（第 20 页）

4.M32（第 20 页）

A8 地块清代单棺 A 型墓葬（四）

1.M5（第 21 页）　　　　　　　　2.M5 局部（第 21 页）

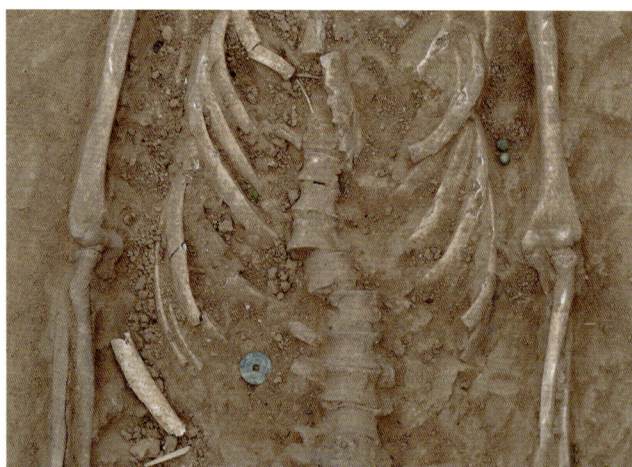

3.M7（第 22 页）　　　　　　　　4.M7 局部（第 22 页）

5.M28（第 24 页）

A8 地块清代单棺 B 型墓葬

1.M3（第 25 页）

2.M4（第 27 页）

3.M9（第 27 页）

4.M9 局部（第 27 页）

A8 地块清代双棺 A 型墓葬

1.M1（第 30 页）

2.M6（第 30 页）

3.M18（第 33 页）

4.M19（第 34 页）

5.M29（第 35 页）

A8 地块清代双棺 B 型墓葬

1.M11（第 38 页）

2.M12（第 39 页）

3.M20（第 42 页）

4.M23（第 43 页）

A8 地块清代双棺 C 型墓葬

1.M2（第 44 页）

2.M10（第 47 页）

A8 地块清代三棺墓葬（一）

1.M13（第48页）

2.M13中棺头骨及铜簪出土情况（第48页）

A8 地块清代三棺墓葬（二）

1.M15 发掘前（第 53 页）

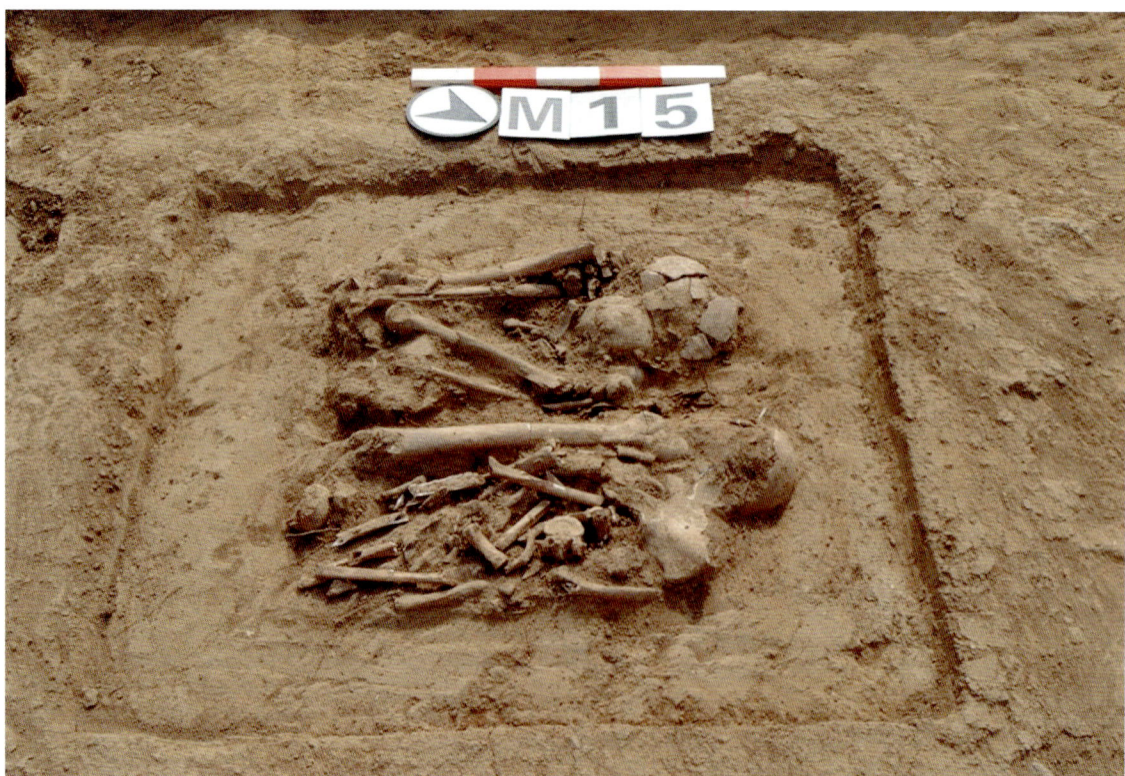

2.M15（第 53 页）

A8 地块清代搬迁墓葬

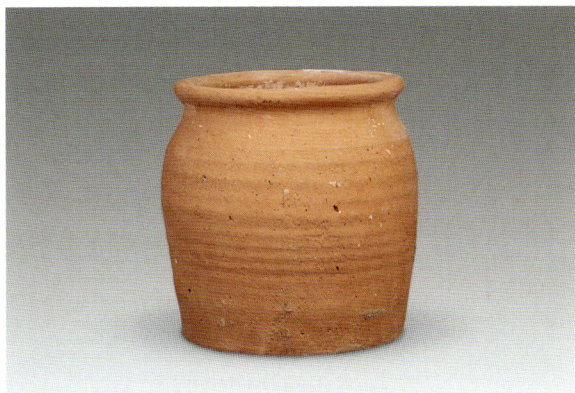

1.M16：1 陶罐（第 13 页）

2.M17：1 瓷罐（第 13 页）

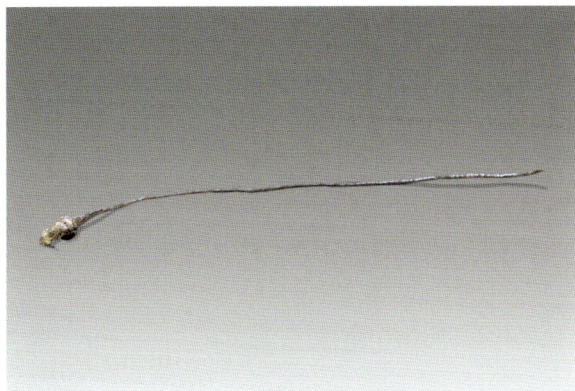

3.M17：2 银簪（第 13 页）

4.M17：3 铜簪（第 13 页）

5.M17：4 铜簪（第 13 页）

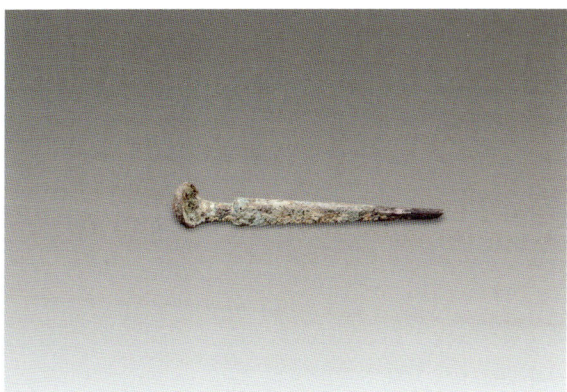

6.M17：5 银耳勺（第 13 页）

A8 地块清代单棺 A 型墓葬随葬器物（一）

1.M21：2 铜扣（第 16 页）

2.M22：1 铜扣（第 17 页）

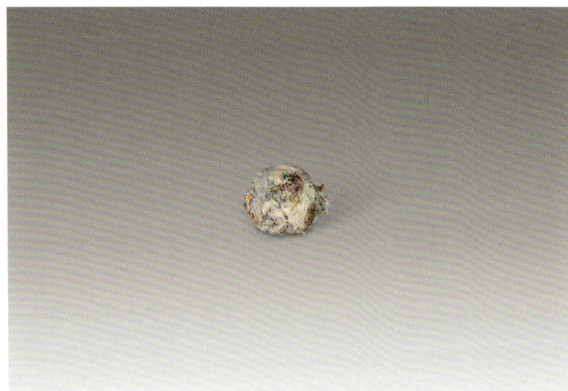

3.M22：2 铜扣（第 17 页）

4.M25：1 陶罐（第 17 页）

5.M26：1 陶罐（第 18 页）

6.M27：1 陶罐（第 18 页）

A8 地块清代单棺 A 型墓葬随葬器物（二）

1.M27 ∶ 2 银耳钉（第 18 页）

2.M27 ∶ 3 铜扣（第 20 页）

3.M31 ∶ 1 瓷罐（第 20 页）

4.M32 ∶ 1 铜扣（第 21 页）

5.M7 ∶ 3 半釉罐（第 22 页）

6.M7 ∶ 2 铜扣（第 24 页）

A8 地块清代单棺 A 型、B 型墓葬随葬器物

1.M4 ：1 半釉罐（第 27 页）

2.M4 ：2 鎏金银簪（第 27 页）

3.M4 ：4 鎏金银簪（第 27 页）

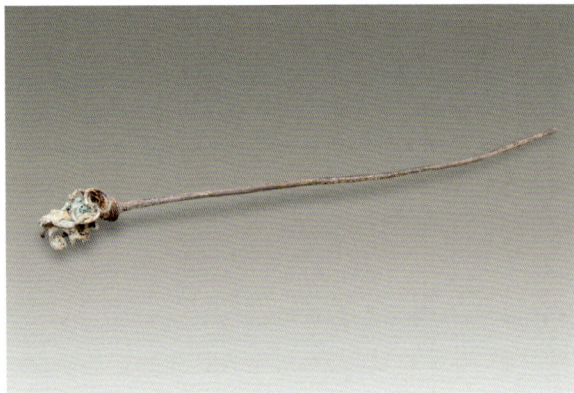

4.M9 ：2 鎏金银簪（第 28 页）

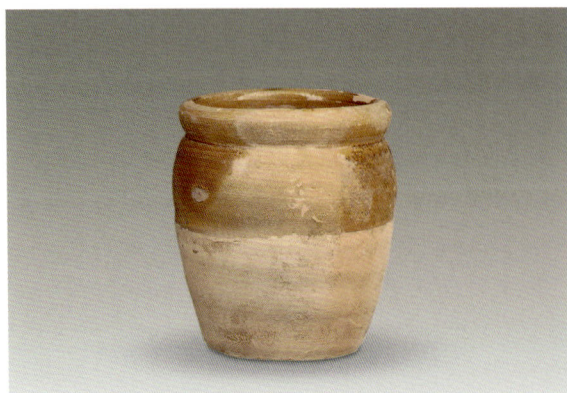

5.M1 ：3 半釉罐（第 30 页）

6.M1 ：4 陶瓶（第 30 页）

A8 地块清代双棺 A 型、B 型墓葬随葬器物

1.M6：3 银簪（第 30 页）

2.M6：5 银簪（第 31 页）

3.M6：10 银簪（第 31 页）

4.M18：3 银簪（第 33 页）

5.M18：1 铜扣（第 33 页）

6.M18：2 铜扣（第 33 页）

A8 地块清代双棺 B 型墓葬随葬器物（一）

1.M18 ：5 铜扣（第 34 页）

2.M29 ：1 银戒指（第 35 页）

3.M29 ：3 鎏金耳坠（第 35 页）

4.M29 ：5 银簪（第 36 页）

5.M29 ：6 银簪（第 36 页）

6.M29 ：8 银簪（第 36 页）

A8 地块清代双棺 B 型墓葬随葬器物（二）

1.M29：9 银簪（第 36 页）

2.M29：10 银簪（第 36 页）

3.M29：11 银簪（第 36 页）

4.M29：12 银簪（第 36 页）

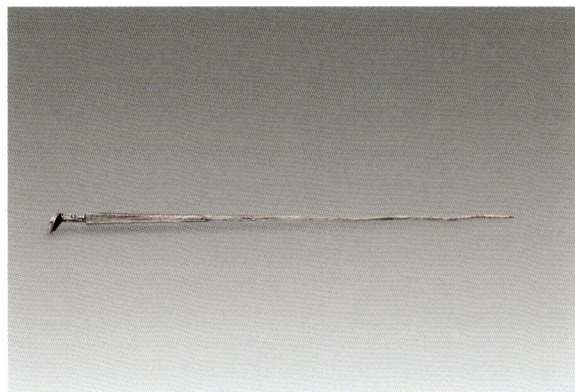

5.M29：7 银耳勺（第 38 页）

6.M29：13 银耳勺（第 38 页）

A8 地块清代双棺 B 型墓葬随葬器物（三）

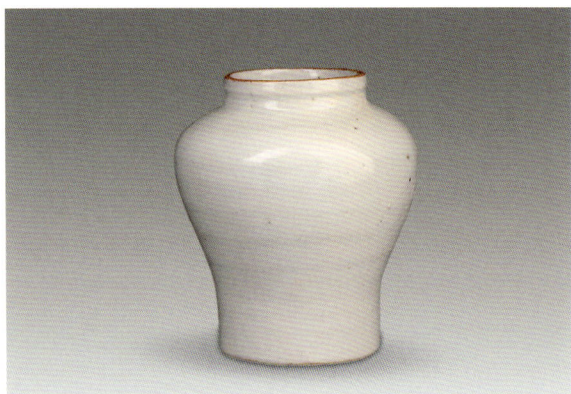

1.M12 ： 10 瓷罐（第 40 页）

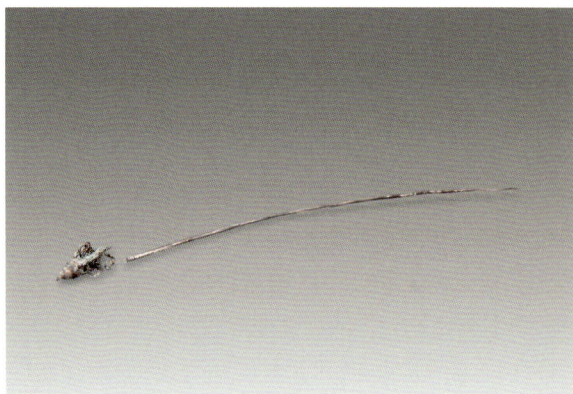

2.M12 ： 2 银簪（第 42 页）

3.M12 ： 4 银簪（第 42 页）

4.M12 ： 3 银簪（第 42 页）

5.M12 ： 5 银簪（第 42 页）

6.M12 ： 6 银簪（第 42 页）

A8 地块清代双棺 C 型墓葬随葬器物（一）

1.M20：1 半釉罐（第 43 页）

2.M20：2 铜扣（第 43 页）

3.M23：1 银簪（第 43 页）

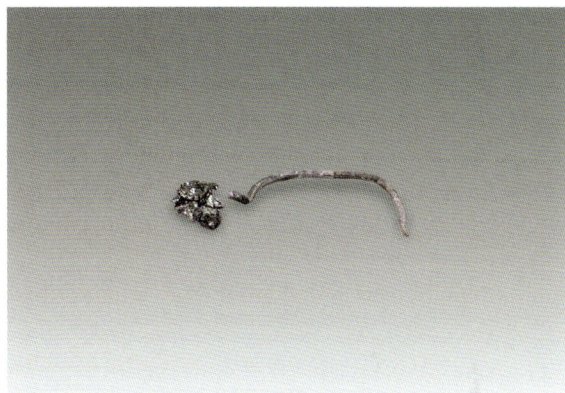

4.M23：2 银耳环（第 43 页）

5.M23：3 铜扣（第 43 页）

6.M23：4 铜扣（第 43 页）

A8 地块清代双棺 C 型墓葬随葬器物（二）

1.M23：6 铜扣（第 44 页）

2.M2 ：1 半釉罐（第 44 页）

3.M2 ：7 半釉罐（第 44 页）

4.M10 ：1 银簪（第 48 页）

5.M10 ：2 银簪（第 48 页）

6.M10 ：3 银簪（第 48 页）

A8 地块清代双棺 C 型、三棺墓葬随葬器物

1.M10：4 银簪（第 48 页）

2.M10：11 铜扣（第 48 页）

3.M10：12 铜扣（第 48 页）

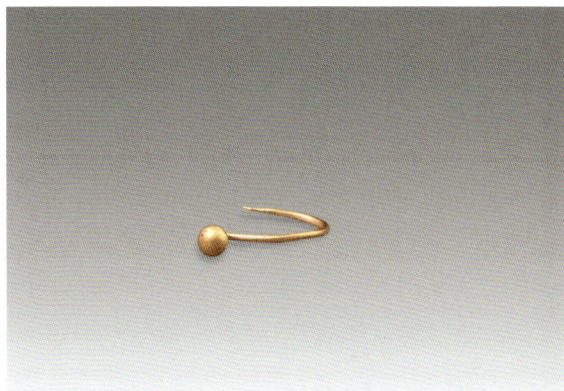

4.M10：13 金耳环（第 48 页）

5.M10：15 半釉罐（第 48 页）

6.M13：1 瓷罐（第 50 页）

A8 地块清代三棺墓葬随葬器物（一）

1.M13∶2 银簪（第 52 页）

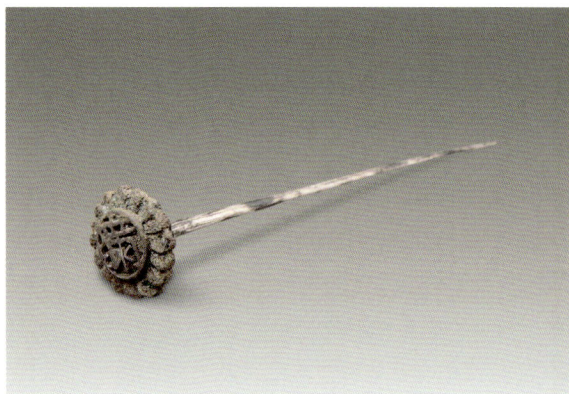

2.M13∶3 银簪（第 52 页）

3.M13∶5 银簪（第 52 页）

4.M13∶9 银簪（第 52 页）

5.M13∶4 银簪（第 53 页）

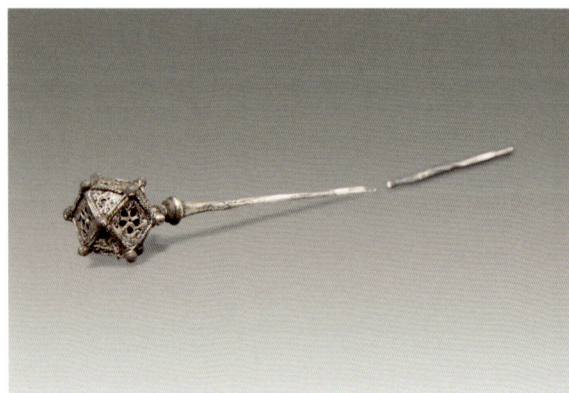

6.M13∶6 银簪（第 53 页）

A8 地块清代三棺墓葬随葬器物（二）

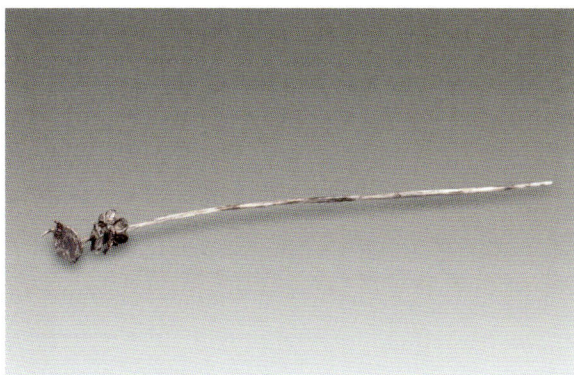

1.M13：7 银簪（第 53 页）

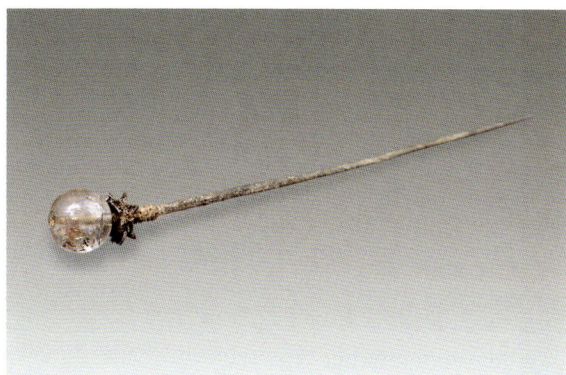

2.M13：8 银簪（第 53 页）

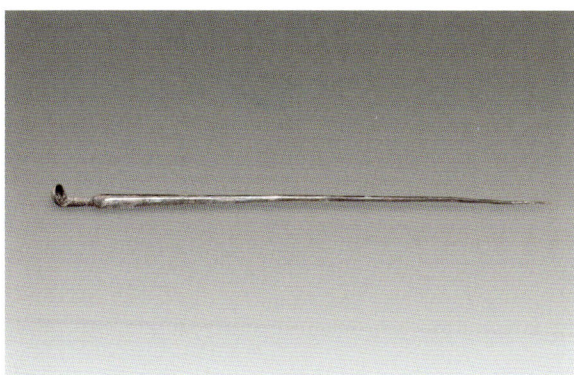

3.M13：10 银耳勺（第 53 页）

4.M13：11-1 银钗（第 53 页）

5.M13：11-2 银钗（第 53 页）

6.M13：13 银戒指（第 53 页）

7.M13：14 银戒指（第 53 页）

A8 地块清代三棺墓葬随葬器物（三）

1. 北区发掘现场（第62页）

2. 南区发掘现场（第62页）

E1 地块发掘现场

1.M3 发掘前（第 63 页）

2.M3 发掘后（第 63 页）

3.M4 发掘前（第 63 页）

4.M4 发掘后（第 63 页）

5.M7（第 64 页）

E1 地块清代单棺墓葬

1.M2 发掘前（第 66 页）

2.M2 发掘后（第 66 页）

3.M8 发掘前（第 66 页）

4.M8 发掘后（第 66 页）

5.M9（第 68 页）

E1 地块清代双棺墓葬

1.M1（第 69 页）

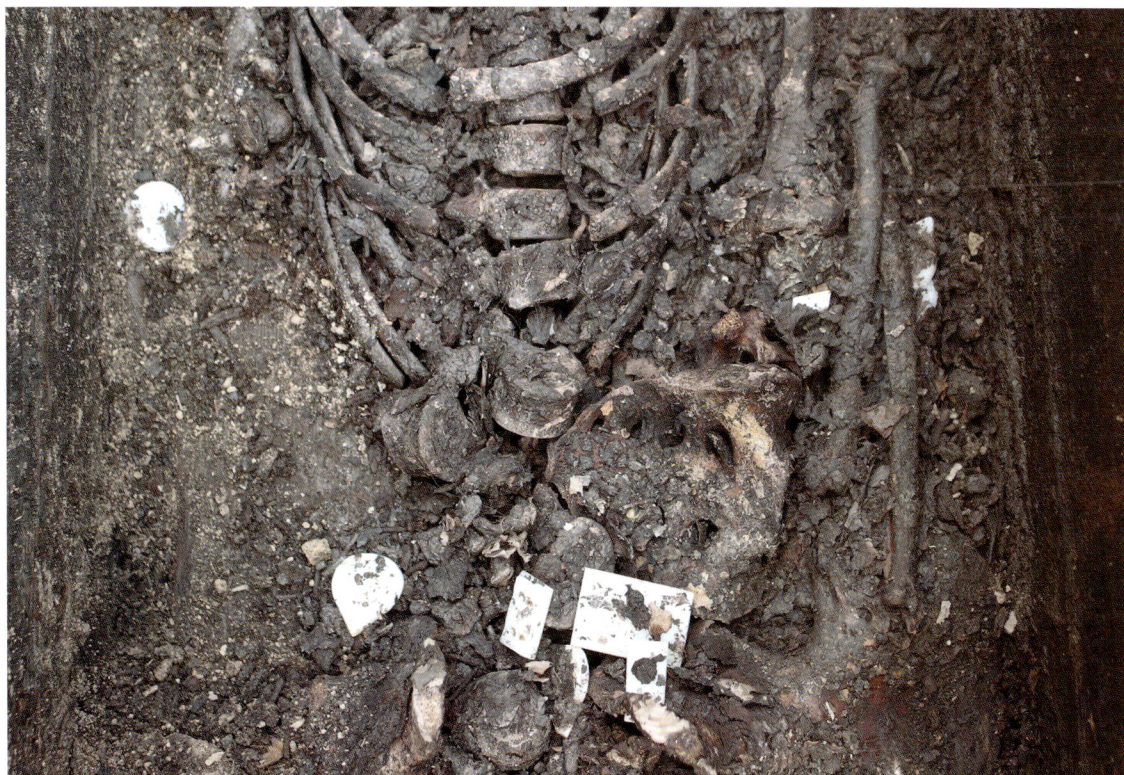

2.M1 西棺玉带板出土情况（第 69 页）

E1 地块清代三棺墓葬

1.M5（第 74 页）

2.M6（第 75 页）

E1 地块清代搬迁墓葬

1. 瓷罐 M4：1（第 64 页）

2. 瓷罐 M7：3 侧面（第 64 页）

3. 瓷罐 M7：3 底部（第 64 页）

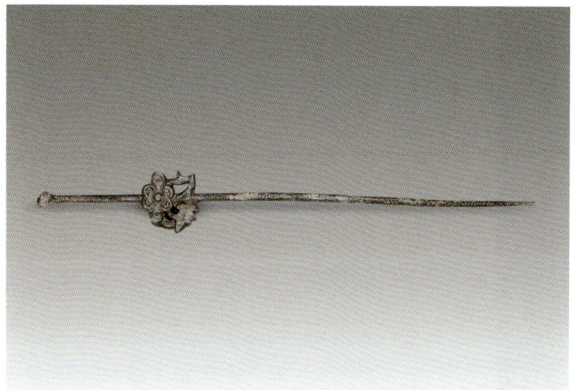

4. 银簪 M7：1（第 65 页）

5. 瓷罐 M8：1 侧面（第 68 页）

6. 瓷罐 M8：1 底部（第 68 页）

E1 地块清代墓葬随葬器物（一）

1. 青花瓷罐 M1 ∶6 侧面（第 70 页）

2. 青花瓷罐 M1 ∶6 肩部（第 70 页）

3. 青花瓷罐 M1 ∶6 底部（第 70 页）

4. 青花瓷罐 M1 ∶7 侧面（第 70 页）

5. 青花瓷罐 M1 ∶7 肩部（第 70 页）

6. 青花瓷罐 M1 ∶7 底部（第 70 页）

1. 骨簪 M1 ：2（第 70 页）

2. 骨簪 M1 ：3（第 70 页）

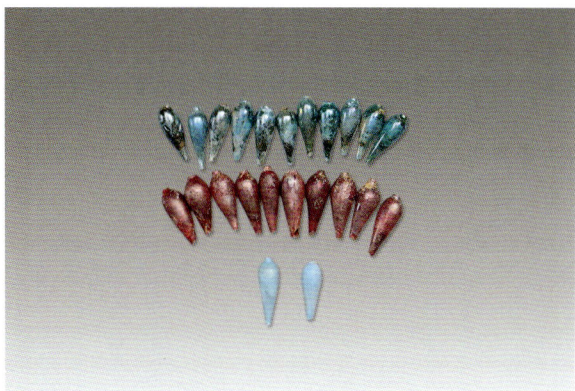

3. 玻璃饰 M1 ：4-3（第 71 页）

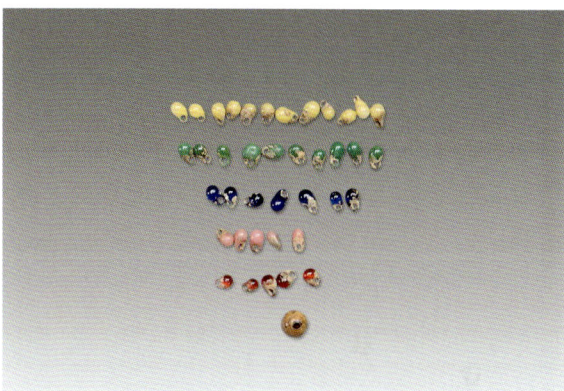

4. 玻璃饰 M1 ：4-2（第 72 页）

5. 玉珠 M1 ：4-1（第 72 页）

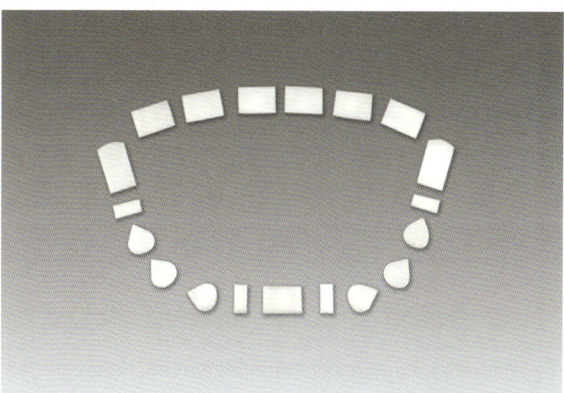

6. 玉带板 M1 ：5（第 72 页）

E1 地块清代墓葬随葬器物（三）

1. 发掘现场（第 78 页）

2. 发掘区局部（北至南）（第 78 页）

E6 地块发掘现场

1.M3（第 79 页）

2.M3 墓门（第 79 页）

3.M3 棺床（第 79 页）

4.M4（第 84 页）

1.M5（第 85 页）

2.M6（第 87 页）

E6 地块辽代墓葬（二）

1.M2（第 89 页）

2.M11（第 90 页）

3.M15（第 90 页）

E6 地块清代单棺 A 型墓葬（一）

1.M16（第 90 页）

2.M21（第 93 页）

3.M23（第 93 页）

4.M27（第 93 页）

E6 地块清代单棺 A 型墓葬（二）

1.M28（第 94 页）

2.M32（第 94 页）

3.M38（第 95 页）

4.M40（第 95 页）

E6 地块清代单棺 A 型墓葬（三）

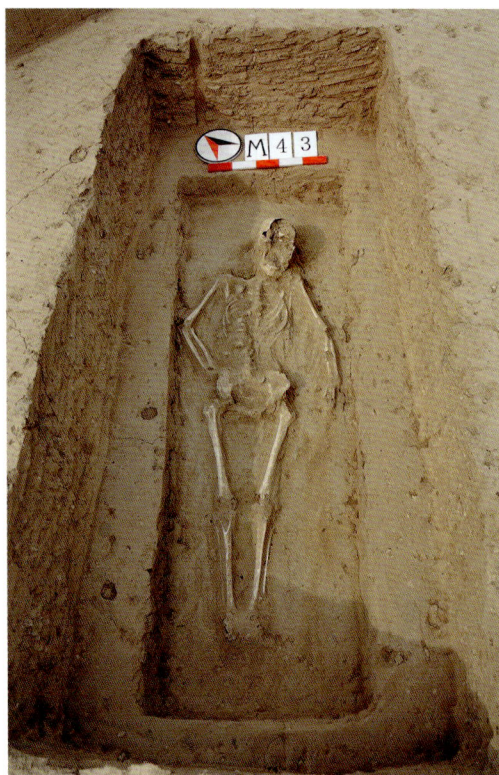

1.M43（第 95 页）

2.M44（第 96 页）

3.M45（第 96 页）

4.M46（第 96 页）

E6 地块清代单棺 A 型墓葬（四）

1.M47（第 96 页）

2.M49（第 98 页）

3.M51（第 98 页）

4.M54（第 98 页）

E6 地块清代单棺 A 型墓葬（五）

1.M55（第 99 页）

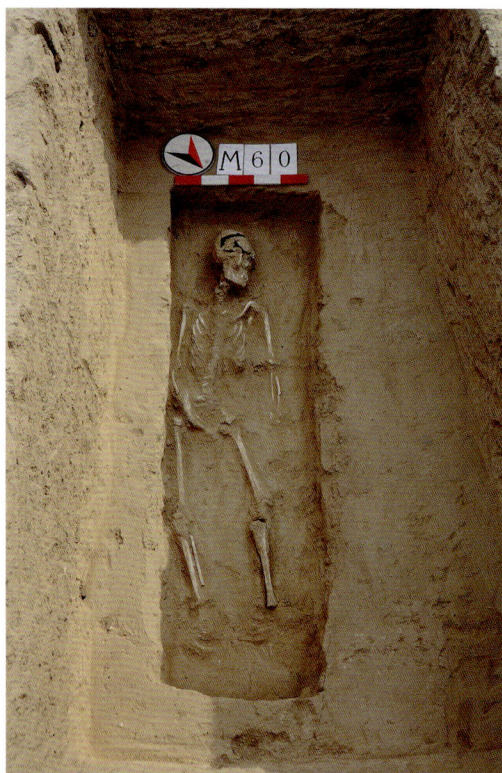

2.M60（第 99 页）

3.M63（第 100 页）

E6 地块清代单棺 A 型墓葬（六）

1.M64（第 100 页）

2.M67（第 101 页）

3.M71（第 101 页）

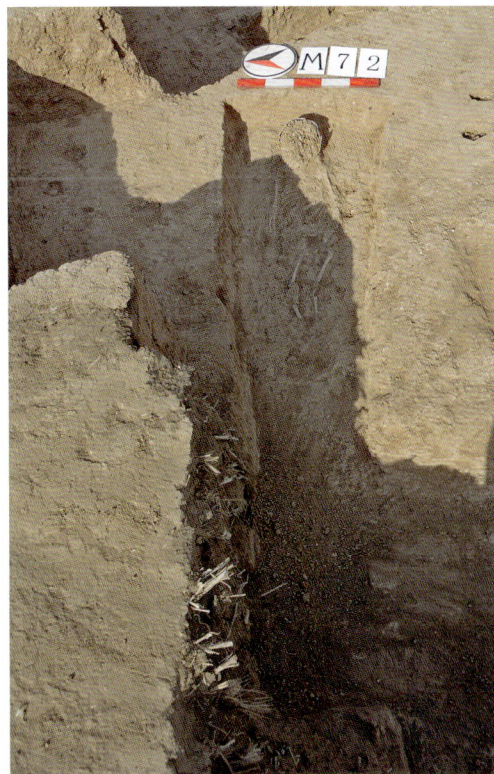

4.M72（第 101 页）

E6 地块清代单棺 A 型墓葬（七）

1.M73（第 102 页）

2.M74（第 102 页）

3.M75（第 103 页）

E6 地块清代单棺 A 型墓葬（八）

1.M76（第 103 页）

2.M77（第 103 页）

3.M85（第 103 页）

E6 地块清代单棺 A 型墓葬（九）

1.M14（第 105 页）

2.M22（第 106 页）

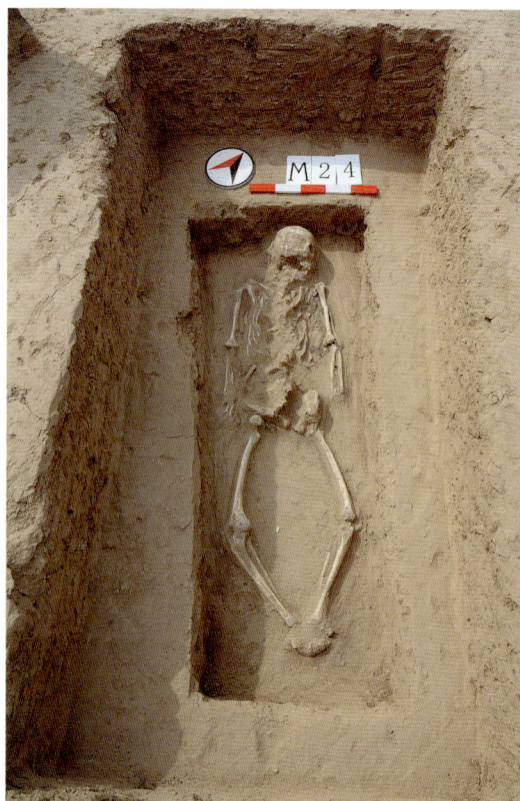

3.M24（第 107 页）

E6 地块清代单棺 B 型墓葬（一）

1.M26（第 108 页）

2.M80（第 109 页）

E6 地块清代单棺 B 型墓葬（二）

1.B 型 M33（第 108 页）

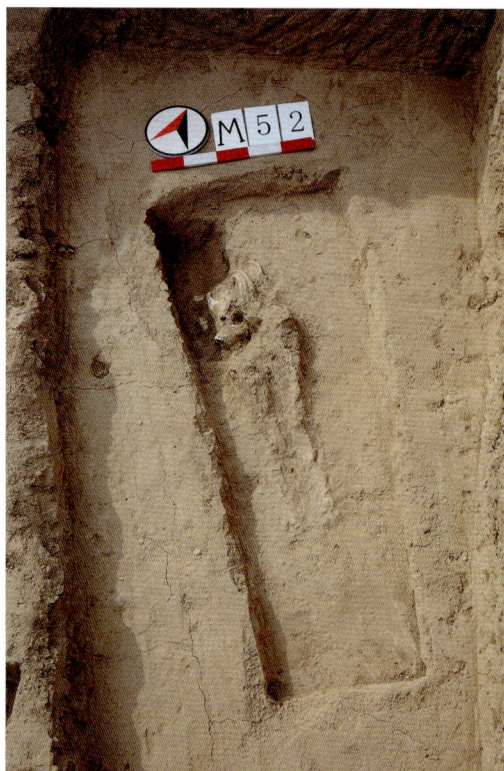

2.B 型 M52（第 109 页）

3.B 型 M70（第 109 页）

4.C 型 M20（第 111 页）

E6 地块清代单棺 B 型、C 型墓葬

1.M1（第 111 页）

2.M9（第 111 页）

3.M10（第 114 页）

E6 地块清代双棺 A 型墓葬（一）

1.M13（第 115 页）

2.M37（第 120 页）

3.M31（第 116 页）

E6 地块清代双棺 A 型墓葬（二）

1.M34（第 117 页）

2.M35（第 118 页）

E6 地块清代双棺 A 型墓葬（三）

1.M36（第 118 页）

2.M53（第 121 页）

3.M65（第 121 页）

E6 地块清代双棺 A 型墓葬（四）

1.M86（第 121 页）

2.M87（第 121 页）

E6 地块清代双棺 A 型墓葬（五）

1.M92（第 123 页）

2.M94（第 124 页）

E6 地块清代双棺 A 型墓葬（六）

1.M12（第 125 页）

2.M18（第 126 页）

E6 地块清代双棺 B 型墓葬（一）

1.M56（第 129 页）

2.M69（第 130 页）

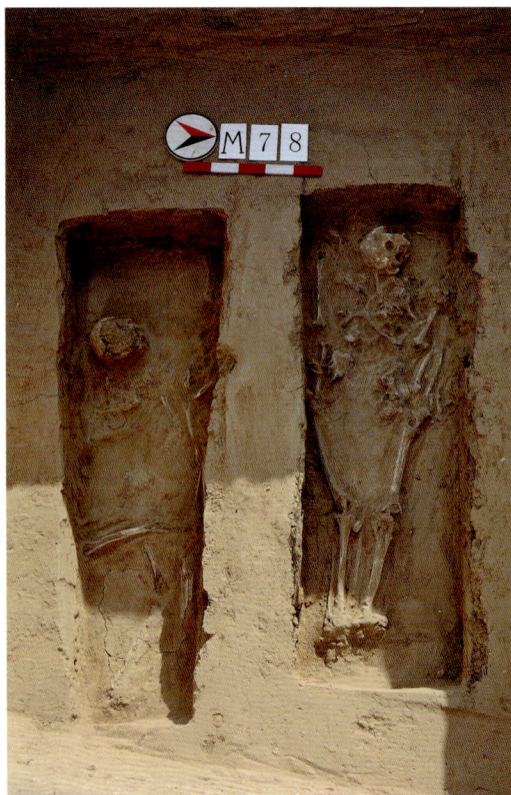

3.M78（第 131 页）

E6 地块清代双棺 B 型墓葬（二）

1.M19（第 132 页）

2.M50（第 132 页）

3.M68（第 133 页）

E6 地块清代双棺 C 型墓葬（一）

1.M82（第 133 页）

2.M83（第 133 页）

3.M84（第 137 页）

4.M91（第 138 页）

E6 地块清代双棺 C 型墓葬（二）

1.M17（第 139 页）

2.M89（第 140 页）

E6 地块清代三棺 A 型墓葬

1.M25（第 141 页）　　　　　　　　2.M90（第 143 页）

3.M48（第 143 页）

E6 地块清代三棺 B 型墓葬

1.M30（第 144 页）

2.M39（第 145 页）

3.M41（第 145 页）

4.M42（第 145 页）

E6 地块清代搬迁 A 型墓葬（一）

1.M57（第 146 页）

2.M59（第 146 页）

3.M61（第 147 页）

4.M62（第 147 页）

E6 地块清代搬迁 A 型墓葬（二）

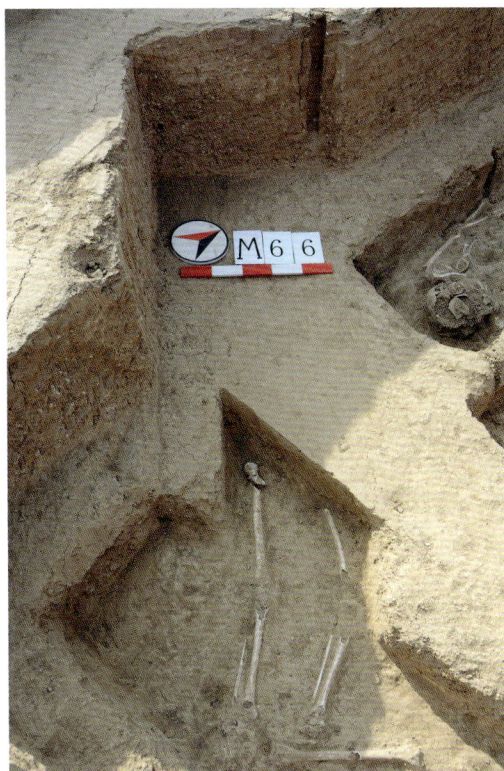

1.M66（第 147 页）

2.M79（第 148 页）

3.M81（第 148 页）

4.M88（第 148 页）

E6 地块清代搬迁 A 型墓葬（三）

1.A 型 M93（第 150 页）

2.B 型 M29（第 151 页）

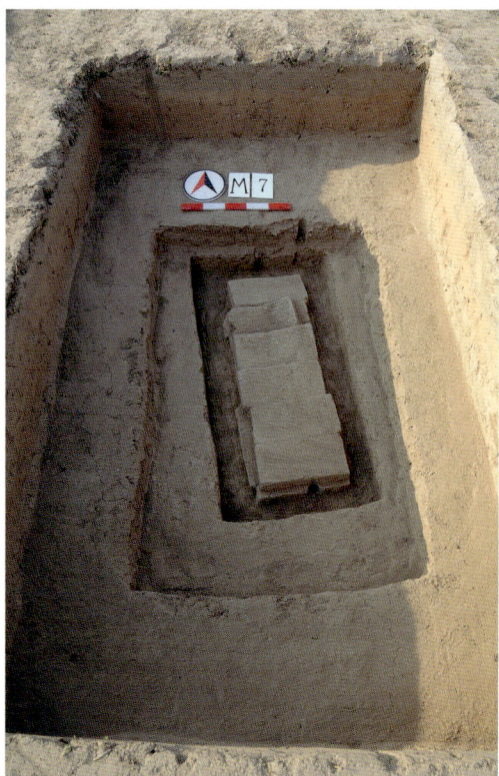

3.砖室 M7（第 151 页）

4.瓮棺 M8（第 152 页）

E6 地块清代搬迁墓、砖室墓、瓮棺墓

1. 瓷瓶 M3：1（第 81 页）

2. 瓷碗 M3：3-1（第 82 页）

3. 瓷碗 M3：3-2（第 82 页）

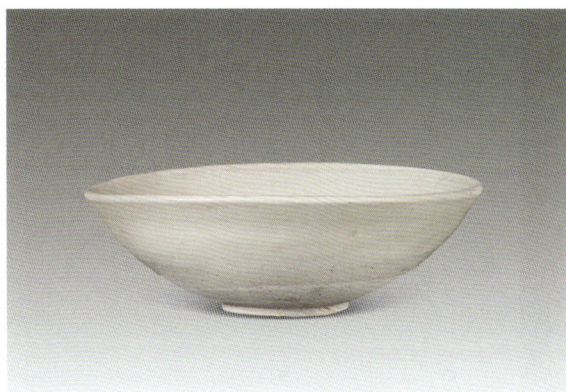

4. 瓷碗 M3：4（第 82 页）

5. 瓷碗 M3：7 侧面（第 82 页）

6. 瓷碗 M3：7 内部纹饰（第 82 页）

E6 地块辽代墓葬随葬器物（一）

1. 陶鼎 M3：2（第 82 页）

2. 陶钵 M3：5（第 82 页）

3. 陶器残件 M3：8-5（第 82 页）

4. 陶器残件 M3：8-6（第 83 页）

5. 陶器盖 M3：6（第 83 页）

6. 陶器盖 M3：8-1（第 83 页）

1. 陶器盖 M3 ： 8-2（第 83 页）

2. 陶罐 M3 ： 8-3（第 83 页）

3. 陶盆 M3 ： 8-4（第 83 页）

4. 瓷碗 M4 ： 1（第 85 页）

5. 瓷碗 M5 ： 1（第 87 页）

6. 瓷碗 M6 ： 1（第 87 页）

E6 地块辽代墓葬随葬器物（三）

1. 瓷碗 M6：2 侧面（第 87 页）

2. 瓷碗 M6：2 底部（第 87 页）

3. 瓷碗 M6：3（第 87 页）

4. 瓷碗 M6：4（第 87 页）

5. 瓷碗 M6：5 侧面（第 87 页）

6. 瓷碗 M6：5 底部（第 87 页）

1. 玉烟嘴 M2∶1 侧面（第 90 页）

2. 玉烟嘴 M2∶1 底部（第 90 页）

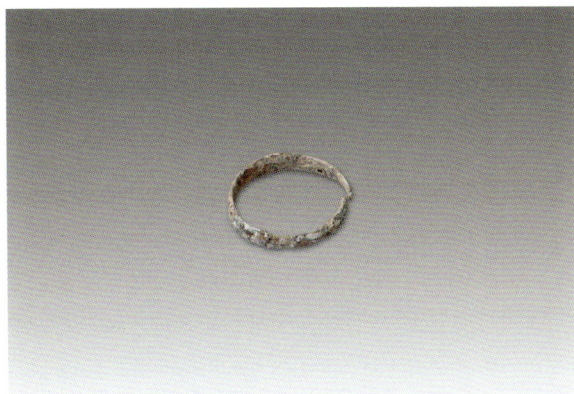

3. 铜戒指 M60∶1（第 100 页）

4. 银扁方 M85∶1（第 105 页）

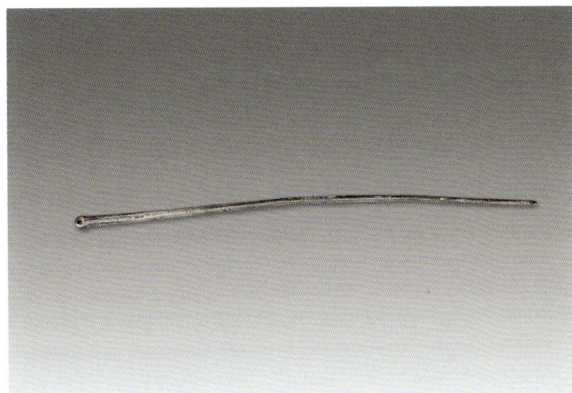

5. 银簪 M85∶2 正面（第 105 页）

6. 银簪 M85∶2 侧面（第 105 页）

E6 地块清代单棺 A 型墓葬随葬器物

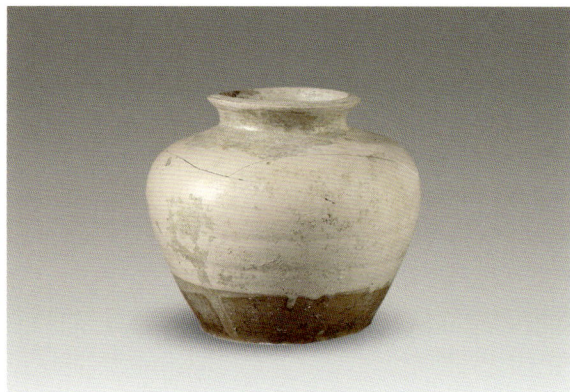

1. 瓷罐 M14：1 侧面（第 106 页）

2. 瓷罐 M14：1 底部（第 106 页）

3. 半釉罐 M22：1（第 106 页）

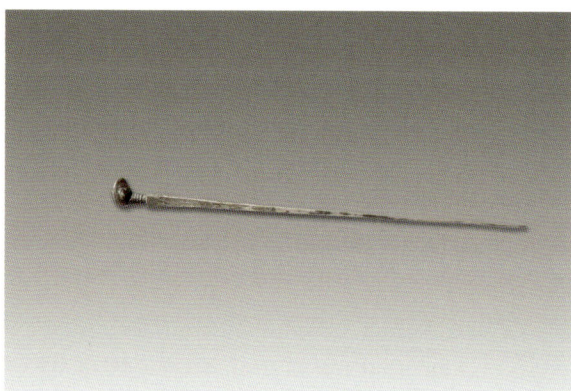

4. 银耳勺 M80：1（第 110 页）

5. 银扁方 M80：2（第 110 页）

6. 银簪 M80：3（第 110 页）

E6 地块清代单棺 B 型墓葬随葬器物

1. 半釉罐 M1：1（第 111 页）

2. 半釉罐 M10：1（第 115 页）

3. 半釉罐 M10：2（第 115 页）

4. 半釉罐 M13：1（第 116 页）

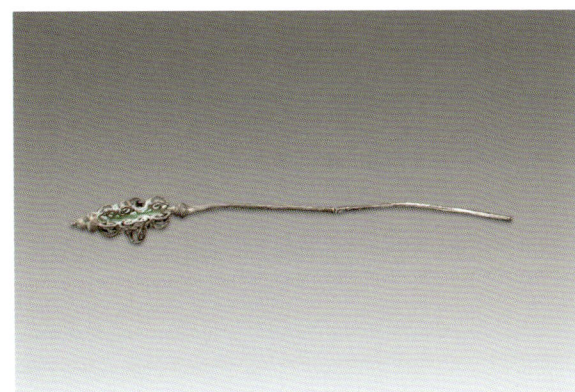

5. 银簪 M31：1（第 117 页）

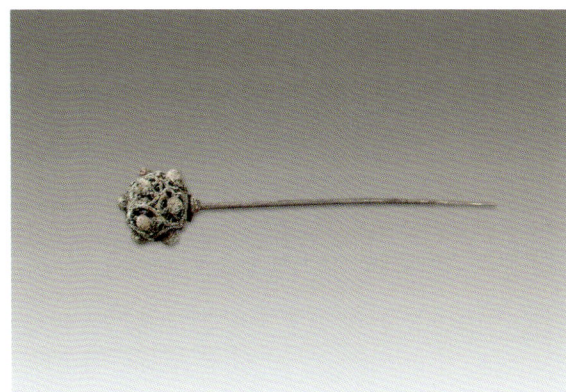

6. 银簪 M92：2（第 124 页）

E6 地块清代双棺 A 型墓葬随葬器物

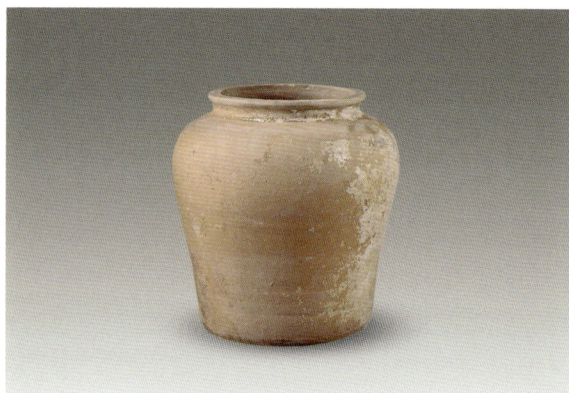

1. 陶罐 M12 : 1（第 125 页）

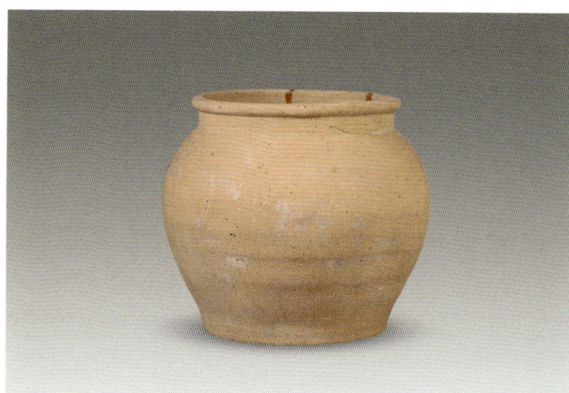

2. 陶罐 M18 : 1（第 126 页）

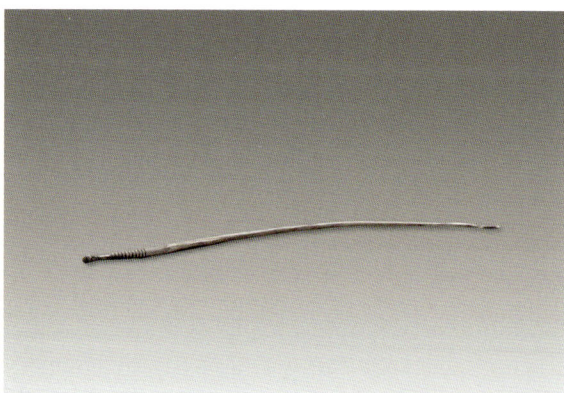

3. 银簪 M18 : 2-1（第 129 页）

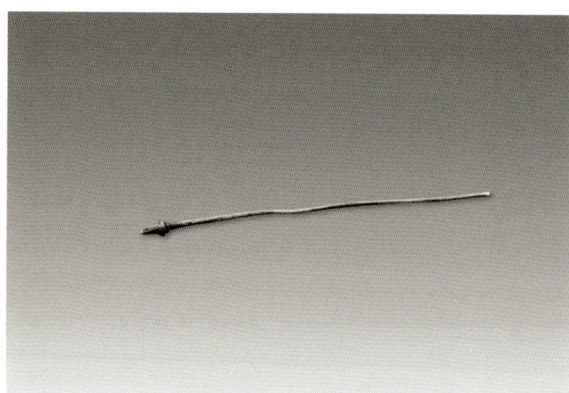

4. 银簪 M18 : 2-2（第 129 页）

5. 银耳环 M56 : 1（第 130 页）

6. 银簪 M56 : 2（第 130 页）

E6 地块清代双棺 B 型墓葬随葬器物

1. 银簪 M83：4（第 133 页）

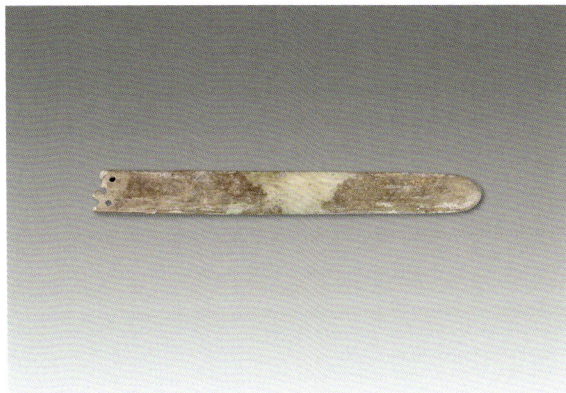

2. 玉簪 M83：3（第 137 页）

3. 铜簪 M83：2-1（第 137 页）

4. 铜簪 M83：2-2（第 137 页）

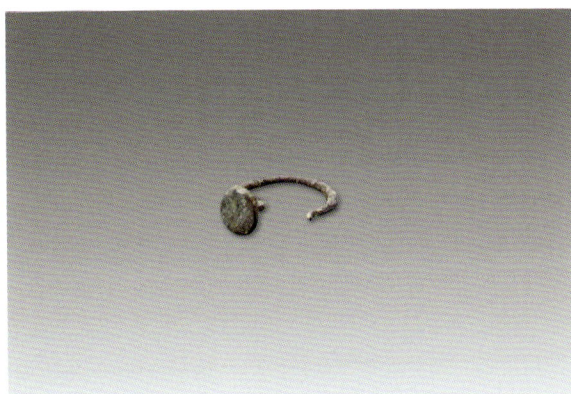

5. 银耳环 M83：1-1（第 137 页）

6. 银耳环 M83：1-2（第 137 页）

E6 地块清代双棺 C 型墓葬随葬器物

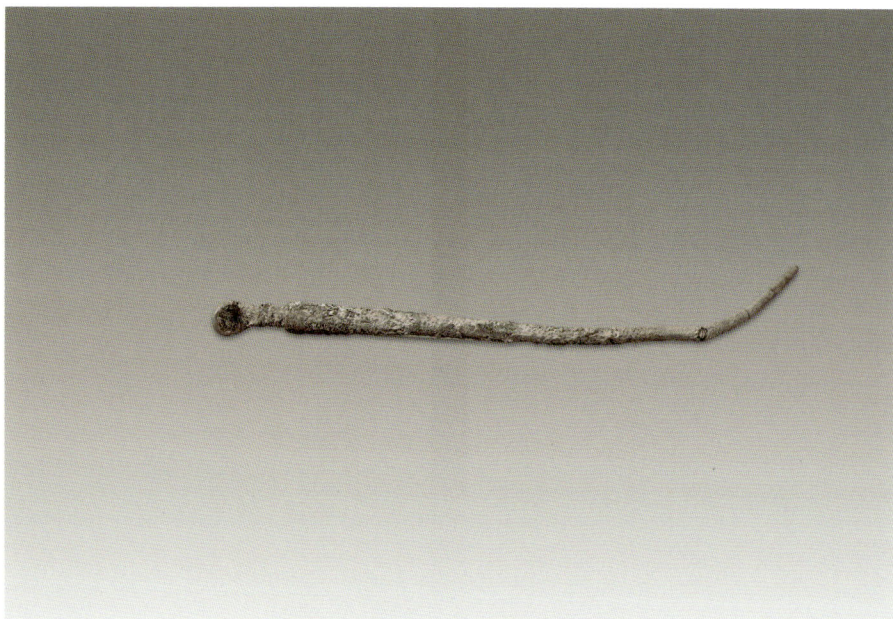

1. 银耳勺 M89 ∶ 2（第 140 页）

2. 半釉罐 M25 ∶ 1 侧面（第 142 页）

3. 半釉罐 M25 ∶ 1 底部（第 142 页）

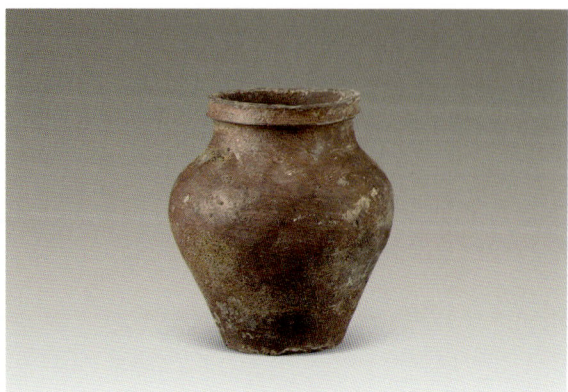

4. 陶罐 M90 ∶ 1 侧面（第 144 页）

5. 陶罐 M90 ∶ 1 底部（第 144 页）

E6 地块清代三棺墓葬随葬器物